食品药品安全犯罪的刑法规制

刘仁文　等著

中国社会科学出版社

图书在版编目（CIP）数据

食品药品安全犯罪的刑法规制 / 刘仁文等著. —北京：中国社会科学出版社，2020.10

ISBN 978-7-5203-6902-2

Ⅰ.①食… Ⅱ.①刘… Ⅲ.①食品安全—违法—刑事犯罪—研究—中国 ②药品管理—违法—刑事犯罪—研究—中国 Ⅳ.①D922.164②D924.33

中国版本图书馆CIP数据核字（2020）第138877号

出 版 人　赵剑英
责任编辑　许　琳
责任校对　夏慧萍
责任印制　郝美娜

出　　版　中国社会科学出版社
社　　址　北京鼓楼西大街甲158号
邮　　编　100720
网　　址　http://www.csspw.cn
发 行 部　010-84083685
门 市 部　010-84029450
经　　销　新华书店及其他书店

印刷装订　北京市十月印刷有限公司
版　　次　2020年10月第1版
印　　次　2020年10月第1次印刷

开　　本　710×1000　1/16
印　　张　27
字　　数　401千字
定　　价　158.00元

凡购买中国社会科学出版社图书，如有质量问题请与本社营销中心联系调换
电话：010-84083683

前　言

“民以食为天，食以安为先”，随着大规模的工业化所产生的普遍风险，走出“我饿”时代的中国人又进入“我怕”的时代。与古典社会的自然风险不同，现代社会出现了越来越多的“人造风险”，食品安全和药品安全即属此类。二者同为当前牵动人心的两大民生问题，彼此既相联系又有区别。

对食品药品安全的法律规制包括民事法律、行政法律和刑事法律三大类，相应地，追究危害食品药品安全的法律责任也包括民事责任、行政责任和刑事责任。本书虽然重点从刑法的角度来讨论食品药品安全犯罪的刑法规制问题，但“系统性的风险必须系统性地应对”，从社会治理的角度来看，刑法只能是整个法律体系中的最后一道防线，它既不能缺位，也不能越位，只有相互衔接好，才能实现良法善治的效果。甚至在法律体系外，行业自治、职业伦理等对于规范食药行业活动的基础性作用也不容小觑。这些虽是老调重弹，却也常谈常新。

本书共分五章。第一章为立法论的内容，对我国食品药品安全犯罪的刑事立法进行了回顾，并从实然、应然两个角度展开描述和评析，同时也涉及帮助行为的正犯化、犯罪圈的划定等内容。

第二章为司法论的内容，侧重从司法认定的角度对我国食品药品安全犯罪的一些司法实务疑难问题进行阐释，包括因果关系判断、法益侵害的规范解释等。当然，立法论和司法论的区分也是相对的，有的问题可能既涉及立法论，又涉及司法论，综合研究不仅完全可以，而且有时还显得很必要。

第三章的内容原本是食品药品安全犯罪的若干理论问题，后来考虑到有些理论问题其实与前面的立法、司法不可分，所以将相关内容并入前面两章，而将本章瘦身为风险社会语境下的食品药品安全犯罪这一主题。

第四章可能相比同类作品的编排有点新意，就是专门对近年来一些食品药品安全犯罪的典型个案进行集中研究，这也包含了本人的一个学术理念，即随着中国法学研究本土化的深入，可能越来越需要重视对本国判例的研究，并从中提炼理论话题和中国元素。

第五章为本书最后一章，从比较法的视野对食品药品安全的刑法规制模式等进行了考察。中国法学虽然已经摆脱了对域外知识的过分依赖，但比较法以“知他而知己”为目的，通过比较，我们能更好地了解自身，在全球化、可持续发展、区域共同体的语境下处理好法的普遍性与民族性的关系。

全书统稿完毕，掩卷沉思，本课题尚有许多值得深思的问题徘徊于自己的脑际，兹列举如下：

一是关于推动构建食药领域的附属刑法。通过比较研究，我们发现，无论国外还是我国港澳台地区，规制食品药品安全犯罪的立法模式大多采刑法典、单行刑法和附属刑法的混合模式，尤其附属刑法在这个领域很是发达。这个问题近年来也在国内得到很多讨论，包括笔者在内的不少学者都主张，我国应改变刑法典统揽全部罪刑规范的做法，而确立真正的附属刑法体制，如在食品安全法和药品管理法中直接规定相关的食品安全犯罪和药品安全犯罪。原来总是担心这样的立法会破坏刑法典的统一，但现在看来，与其勉为其难地维持表面上的统一，还不如在相关的经济、行政法律中直接规定具体的罪刑规范，这样可以在维持刑法典相对稳定的同时，使这些罪刑规范随相关的经济、行政法律的变动而变动。不仅如此，附属刑法的真正落地还有利于这些罪刑规范的适用，有利于其与相关的经济、行政法律相衔接，确保法秩序的统一。

二是刑法体系内的协调。以药品监管渎职的刑法规制为例，我国刑法中的渎职罪包括普通渎职罪和特殊渎职罪，其中滥用职权罪与玩忽职守罪属于普通渎职罪，而食品监管渎职罪、环境监管失职罪、传染病防治失职罪等属于特殊渎职罪。在当前的司法实践中，负有药品安全监管职责的国家机关工作人员渎职犯罪，致使公共财产、国家和人民利益遭受重大损失的，只能适用刑法第 397 条成立滥用职权罪或玩忽职守罪。药品监管渎职行为与食品监管渎职行为的社会危害性相当，却分别适用普通渎职罪和特殊渎职罪，不仅法定刑差距较大，而且由于缺少专门的药品监管渎职罪，也不利于对药品监管渎职犯罪的特殊预防。有鉴于此，我们主张，应当借鉴食品监管渎职罪的立法例，将药品领域监管人员的渎职犯罪行为从一般滥用职权罪和玩忽职守罪中分离出来，另行设置单独、具体的罪名和法定刑，即在刑法第四百零八条之一的食品监管渎职罪后增加一条作为第四百零八条之二，专门规定药品监管渎职罪，并设置与食品监管渎职罪相同的法定刑（也可直接在食品监管渎职罪条款中的食品后面加上药品，使之成为食品药品监管渎职罪）。

三是刑法与相关领域法的协调。例如，食品安全法第 135 条第 2 款规定，因食品安全犯罪被判处有期徒刑以上刑罚的，终身不得从事食品生产经营管理工作，但刑法第 37 条之一对“从业禁止”的规定却是刑罚执行完毕后的三至五年，虽然刑法规定其他法律另有规定的从其规定，所以从法律适用的角度倒不会带来大的障碍，但从学理上如何解释清楚行政法的处罚后果可以严厉于刑法的处罚后果，仍然需要研究。类似的问题还有食品安全法和药品管理法的行政罚款能否高于刑法上的罚金。又如，2019 年 8 月 26 日修订的《药品管理法》对假药的范围作了修改，没有再将未经批准进口的境外合法药品列为假药，而刑法中的“假药”明确规定以《药品管理法》规定为准。但问题在于，新的《药品管理法》要到 2019 年 12 月 1 日才生效，那么对于公安机关于 2019 年 8 月 26 日前已经立案的销售“假药”的案件（即按照旧的《药品管理法》属于假药却不属于新的《药品管理法》规定的假药），以及对于行为人在2019年8月26日–12月1日间销售前述所谓“假药”的案件，我们该如何处理？如果按照前面附属刑法的构想，当然就不存在这个困惑了，但在现今立法格局下，怎样做才能取得最佳的法律效果和社会效果呢？我在回答一个检察院的咨询时，曾建议检察院对已逮捕的犯罪嫌疑人变更强制措施，待到新的药品管理法施行后，再作出不起诉的决定。

四是宽严适度的问题。例如，随着检察机关刑事、民事、行政、公益诉讼“四大检察”的推进，食品药品安全领域已经成为拓展公益诉讼的一个重要领域，与之相应，该领域的刑事附带民事诉讼也越来也多，如笔者手上的一份法院判决书就显示，法院在以“销售假药罪”判处六名被告人有期徒刑并处罚金的同时，还判处其于判决生效30日内在省级以上报刊公开赔礼道歉，并责令其追回各自所销售的假药并销毁。本来我国刑法这种自由刑和财产刑并罚的制度就有严苛之嫌（不少域外立法例都原则上对判处较重自由刑的被告人不再施加罚金刑，而对于轻罪被告人则将罚金刑等非自由刑作为优先选择），现在又施加刑法之外的一些制裁措施，能不能从理念上甚至制度上把这些刑法之外的制裁措施折抵成犯罪成本进而相应地适当减轻刑罚处罚呢？另外，还应当看到，目前我们对食药领域的刑法规制，一方面存在刑事法网不严密的缺陷，另一方面又出现某些过罪化的倾向，这种并存的矛盾现象应当得到改变。未来在织密刑事法网的同时，也应当慎重区分刑法与食品安全法、药品管理法等行政法律的彼此分工，避免简单地将违反食品、药品监管秩序的行为入刑，特别要考虑到食品、药品监管秩序正处于行政许可改革这样一个时代背景下。

需要说明的是，本书的最初书稿来源于我几年前主持的中国政法大学中欧法学院一个有关食品安全犯罪的课题，后来以此为基础申请了中国社会科学院创新工程的出版资助。由于种种原因，书稿的扩充与统稿工作拖了下来。而有关这方面的法律又频繁修改，如最新的一次食品安全法修订是在2018年，而药品管理法也在2019年刚刚修订过，正在讨论的刑法修正案（十一）也将对有关食品药品安全犯罪的刑法规制再次作出修订。考虑到要对全书的内容都根据新法做出调整几乎是一项不可能的工作，所以这次只好原则上保留原文（注明原发表载体和时间），另外，撤下一部分之前已经完成、但明显与新法相冲突的书稿，相应地，增加了一部分完成时间较新、发表档次较高的内容，包括在本书最后付印阶段，将我和王林林博士后针对刑法修正案十一（草案）一、二审稿所写的一篇评析文章也作为附录收入。

本书的编辑和出版得到众多师友的大力支持，在此诚挚致谢。我的博士后邵彦铭副教授和博士生刘畅以及本书的责任编辑许琳副编审也前后付出甚多，谨此一并致谢。

刘仁文

2020 年 2 月 28 日一稿、10 月 26 日改定

目　　录

第一章　食品药品安全犯罪的刑事立法

第一节　食品安全犯罪刑事立法的回顾与反思

近年来，我国食品安全案件接连发生，从2008年年初的“毒饺子事件”到该年下半年的三鹿奶粉事件，再到2011年的“瘦肉精”事件，一起起触目惊心的食品安全案件不仅在国内外引起轩然大波，而且不断动摇着人们对于食品安全的信心。2010年6月，相关机构对全国12个城市开展公众安全感调查。在社会治安等11项安全问题调查问卷中，食品安全以72%的比例成为被调查对象“最担心”的安全问题。[①]另据《2010—2011年消费者食品安全信心报告》显示，近七成的受访者对食品安全状况“没有安全感”。[②]2011年5月26日，时任最高人民法院副院长的熊选国在接受采访时介绍：自2008年起，全国法院系统判决的危害食品安全犯罪数量明显增长，如2008年审结生产、销售不符合卫生标准的食品案件和生产、销售有毒、有害食品案件84件，生效判决人数101人；2009年，审结148件，生效判决人数208人。除此之外，还有更多的危害食品安全犯罪案件依照生产、销售伪劣产品

---

① 参见《法制日报》2010年9月21日文《严惩危害食品安全犯罪亟须修订刑法》，记者杜萌报道。

② 转引自李少平等《危害食品安全犯罪刑法之规制研究》，载朱孝清等主编《社会管理创新与刑法变革》（下），中国人民公安大学出版社2011年版，第1354页。

罪等罪名追究刑事责任。[①]在这样一个背景下，刑法学界关注对食品安全犯罪的研究也就是很自然的事情了。

一　中国食品安全犯罪的刑事立法沿革

（一）1949—1979 年：非犯罪化时期

1949 年新中国成立后，国家实行的是公有制下的计划经济，包括生产、销售食品在内，都是实行高度集中的行政管理。由于政企不分，企业本身既无破产的风险，也缺乏追逐私利的动力，因而生产、销售伪劣食品的犯罪在当时并不成为一个问题。在相当长的一个时期内，食品安全的监管主要采取行政措施，没有设置刑事制裁。另外需要指出的是，由于新中国成立后长期靠政策治理国家，法律体系迟迟没有建立健全起来，因而即便是规制食品安全的行政立法，也零星可数，如 1953 年卫生部颁发的《清凉饮食物管理暂行办法》、1965 年国务院转发的《食品卫生管理试行条例》等。可见当时的行政监管也主要是一种“人治”，而非“法治”。

1979 年全国人大通过了新中国第一部刑法典，尽管此前的 1978 年已经开启了改革开放，但由于刑法典是在过去的草案上形成的，而且当时我国仍然处于高度集中的计划经济体制之下，经济犯罪仍没有大量发生，因此这部刑法典对违反食品卫生法规、造成严重后果的行为，并没有规定为犯罪。不过，当时社会上已经开始出现勾兑毒酒之类的案件，对此，实践中往往按照性质相似的“以其他危险方法危害公共安全罪”来定罪量刑。[②]

---

① 参见新华社记者杨维汉《五问危害食品安全之罪——专访最高人民法院副院长熊选国》，2011 年 5 月 25 日，来源“新华网”。

② 参见房清侠《食品安全刑法保护的缺陷与完善》，《河南财经政法大学学报》2012 年第 2 期。对于刑法中的“以其他危险方法危害公共安全罪”，笔者主张取消这一兜底条款（参见刘仁文《取消“以其他危险方法危害公共安全罪”有何妨》，《新京报》2009 年 7 月 25 日）。

（二）1980—1996 年：犯罪化时期

肇始于 20 世纪 70 年代末 80 年代初的改革开放，带动了商品经济的空前发展。随着各种经济主体的利益追求被激发出来，社会上不断出现一些不法之徒，置人民群众的健康于不顾，生产经营不符合卫生标准甚至是有毒、有害的食品。在这种情况下，1982 年全国人大常委会通过的《中华人民共和国食品卫生法（试行）》第 51 条规定："违反本法，造成严重食物中毒事故或者其他严重食源性疾患，致人死亡或者致人残疾因而丧失劳动能力的，根据不同情节，对直接责任人员分别依照中华人民共和国刑法第 187 条、第 114 条或者第 164 条的规定，追究刑事责任；情节轻微，依照中华人民共和国刑法可以免予刑事处分的，由主管部门酌情给予行政处分。"这是我国第一次以附属刑法的方式明确将危害食品安全的行为宣告为犯罪。根据 1979 年刑法，第 187 条、第 114 条和第 164 条分别为玩忽职守罪、重大责任事故罪和制造、贩卖假药罪。1985 年，最高人民法院、最高人民检察院联合下发了《关于当前办理经济犯罪案件中具体应用法律的若干问题的解答（试行）》的司法解释，其中规定："在生产、流通中，以次顶好、以少顶多、以假充真、掺杂使假"，情节严重的，按投机倒把罪定罪处罚。

针对伪劣商品不断增加、一度充斥于市的现实，为进一步打击生产、销售伪劣商品的犯罪，1993 年全国人大常委会专门制定了一个单行刑法，即《关于惩治生产、销售伪劣商品犯罪的决定》。该决定第 3 条首次明确规定了生产、销售不符合卫生标准的食品罪和生产、销售有毒、有害食品罪这两种食品犯罪。

1995 年通过的《中华人民共和国食品卫生法》第 39 条第 2 款规定：违反本法规定，生产经营不符合卫生标准的食品，造成严重食物中毒事故或者其他严重食源性疾患，对人体健康造成严重危害的，或者在生产经营的食品中掺入有毒、有害的非食品原料的，依法追究刑事责任。不过对于这种立法模式，不少学者从适用困难等角度进行了反思和批评。[①]

（三）1997—2011 年：完善和扩张期

1997 年，全国人大通过了新修订的刑法典，在刑法分则第三章“破坏社会主义市场经济秩序罪”的第一节中，专门规定了“生产、销售伪劣商品罪”，吸收并完善了《关于惩治生产、销售伪劣商品犯罪的决定》的相关内容。其中 143 条的“生产、销售不符合卫生标准的食品罪”和第 144 条的“生产、销售有毒、有害食品罪”是与食品安全直接相关的犯罪，分别来源于前述决定第 3 条的第一款和第二款。与决定相比，一个显著的变化是把生产、销售不符合卫生标准的食品罪由原来只有结果犯和结果加重犯两种情形修改为增加规定了“足以造成严重食物中毒事故或者其他严重食源性疾患”的危险犯情形。另外，对生产、销售有毒、有害食品罪，增加了“销售明知掺有有毒、有害的非食品原料的食品的”这一罪状，可以说是进一步严密了法网，加大了对此类犯罪的惩处力度。还有其他一些修改，如将原来决定中笼统规定的“罚金”修改为处以销售金额一定百分比以上和一定倍数以下，这当然更加符合罪刑法定和刑法明确性的要求；又如将生产、销售有毒、有害食品罪的特别结果加重犯，即生产、销售有毒、有害食品，致人死亡或者对人体健康造成其他特别严重危害的，不直接像原来决定那样规定处十年以上有期徒刑、无期徒刑或者死刑，而是规定依照刑法第 141 条的生产、销售假药罪来处罚，这可能与立法者不想在刑法条文上过多出现死刑字眼有关，但这种逻辑不符的立法技术遭

---

① 参见田禾《论中国刑事法中的食品安全犯罪及其制裁》，《江海学刊》2009 年第 6 期；杜菊、刘红《食品安全刑事保护研究》，法律出版社 2012 年版，第 43 页。笔者也曾指出过这种立法模式可能带来的消极后果：首先，它不符合法治社会的行为可预期性原则；其次，容易给恣意执法提供可乘之机；再次，也不利于达到法律的目的，因为从大众心理学而言，这样的规定由于平时流于形式，公众往往也置之不理；最后，给法律适用带来了难题（参见刘仁文《质疑“依法追究刑事责任”》，《人民法院报》2006 年 11 月 10 日）。

到了学者们的批评。[①]

至2011年，全国人大常委会通过的刑法修正案（八）又对食品安全犯罪作了进一步的完善，表现在：（1）将143条的“生产、销售不符合卫生标准的食品罪”修改为“生产、销售不符合安全标准的食品罪”，这主要是考虑到2009年全国人大常委会通过了《中华人民共和国食品安全法》，取代了原来的《食品卫生法》，已将“食品卫生标准”改为“食品安全标准”，刑法应与之衔接。（2）加大了打击力度，例如，取消了原来的生产、销售不符合卫生标准的食品罪的单处罚金刑，删除了生产、销售有毒、有害食品罪的可以判处拘役和单处罚金的规定，使这两个罪的起刑点都提高了，而且也取消了这两个罪罚金的数额上限。（3）降低了适用较重刑罚的门槛。如对生产、销售不符合安全标准的食品罪，在适用加重处罚的第二档刑时，除原来的“对人体健康造成严重危害”外，又增加了“或者有其他严重情节的”。对生产、销售有毒、有害食品罪，也采取了类似的处理法。总之，通过使用“其他严重情节”“其他特别严重情节”这种极富弹性的用词，大大拓宽了可适用加重处罚的范围。（4）新增加了“食品监管渎职罪”这样一个新罪名，作为刑法典第408条之一。本来1997年新刑法第397条对国家机关工作人员滥用职权罪和玩忽职守罪作了一般性规定，负有食品安全监督管理职责的国家机关工作人员滥用职权或者玩忽职守构成犯罪的，可以依照该条的规定定罪处罚。但考虑到食品安全关系到人民群众的身体健康和切身利益，近年来在食品领域又屡屡发生重大食品安全事故，社会各界反响强烈，于是立法机关将负有食品安全监督管理职责的国家机关工作人员的滥用职权罪和玩忽职守罪单独拿出来。由于我国的传统是立法时并不确定具体的罪名，而是将这个任务交给司法机关，因而最高人民法院、最高人民检察院在刑法修正案（八）通过后，颁布了《关于执行〈中华人民共和国刑法〉确定罪名的补充规定（五）》，将本条的罪名确定为食品监管渎职罪。

---

① 参见陈兴良《刑法疏议》，中国人民公安大学出版社1997年版，第265页。

二 中国食品安全刑事立法特点

（一）刑法介入时间呈提前之势

根据1982年的《食品卫生法（试行）》第51条的规定，只有“违反本法，造成严重食物中毒事故或者其他严重食源性疾患，致人死亡或者致人残疾因而丧失劳动能力的”，才可以对直接责任人员按玩忽职守罪、重大责任事故罪等罪名来追究刑事责任；而且当时还特别强调“情节轻微，依照中华人民共和国刑法可以免予刑事处分的，由主管部门酌情给予行政处分”。可见，当时对食品卫生犯罪的要求还必须是结果犯。[①]到1993年的《关于惩治生产、销售伪劣商品犯罪的决定》，则将生产、销售有毒、有害食品罪设立为行为犯，即只要“在生产、销售的食品中掺入有毒、有害的非食品原料”就构成犯罪。不过该决定对另一个罪名“生产、销售不符合卫生标准的食品罪”仍然要求必须“造成严重食物中毒事故或者其他严重食源性疾患，对人体健康造成严重危害”。到1997年新刑法，把生产、销售不符合卫生标准的食品罪也由原来的结果犯改成了危险犯，即只要“足以造成严重食物中毒事故或者其他严重食源性疾患的”就构成犯罪。之所以作这样的修改，主要是基于严厉打击这种犯罪、保障人民群众的身体健康的考虑。[②]值得注意的是，在颇为时髦的风险刑法理论的旗帜下，当前立法机关和学界似乎对刑法的这种提前介入格外青睐，2011年刑法修正案（八）虽然没有采纳那种把生产、销售不符合安全标准的食品罪由危险犯改为行为犯的主张，但在相关罪名的修改上采取了该思路，如把生产、销售假药罪由原来的危险犯改成了行为犯，即删除了原来的

① 从广义上讲，结果犯除了包括实害犯，也可以包括具体危险犯，因为行为导致某一具体危险状态的出现也是一种结果。但本节仅从狭义上来使用结果犯，即将其等同于实害犯。而本节所采用的行为犯，其实就等同于抽象危险犯。

② 参见全国人大常委会法制工作委员会刑法室编《中华人民共和国刑法条文说明、立法理由及相关规定》，北京大学出版社2009年版，第224页。

"足以严重危害人体健康"的要件，只要实施生产、销售假药的行为就构成犯罪。刑法修正案（八）通过后，仍然有不少立法建议主张要将生产、销售不符合安全标准的食品罪由危险犯修改为行为犯（或者说由具体危险犯修改为抽象危险犯）。[①]

（二）刑法介入范围呈扩展之势

以刑法修正案（八）为例，它对生产、销售不符合安全标准的食品罪适用加重处罚的第二档刑的情形，就在原来"对人体健康造成严重危害"的基础上，又增加了"或者有其他严重情节的"。这里的"有其他严重情节"，包括生产、销售不符合食品安全标准的食品，尽管没有造成对人体健康造成严重危害的后果或者后果难以查清，但从非法获利的金额、销售食品的数量、食品扩散的范围等角度能够证明其严重危害的，仍然可依法处以该档较重刑。[②]对生产、销售有毒、有害食品罪，刑法修正案（八）也采取了类似的做法，在规定可以适用加重处罚的第二档刑的条件时，删除了原来的"造成严重食物中毒事故或者其他严重食源性疾患"，增加了"或者有其他严重情节的"，即不论是否造成食物中毒或食源性疾患，只要对人体健康造成严重危害，或者具有大量生产、销售有毒、有害食品等其他严重情节的，就可以适用该档刑；在规定可以适用加重处罚的第三档刑即十年以上有期徒刑、无期徒刑或者死刑的条件时，除保留"致人死亡"外，将原来的"或者有其他对人体健康造成特别严重危害的"修改为"或者有其他特别严重情节的"。这里的"或者有其他特别严重情节的"主要是指生产、销售的有毒、有害食品被食用后，致使多人严重残疾，已经具有生产、销售特别大量有毒、有害食品等情形。这样修改后，从法益保护的角

---

① 参见彭凤莲等《食品安全行政犯罪探析》，以及盛宏文等《食品安全犯罪立法完善研究》，均载朱孝清等主编《社会管理创新与刑法变革》（下），中国人民公安大学出版社 2011 年版，第 1394、1471 页。

② 参见黄太云《刑法修正案解读全编》，人民法院出版社 2011 年版，第 79 页。

度，无疑是“更加有利于打击此类犯罪”，[①]但作为一个硬币的两面，从人权保障的角度，在中国刑法学界致力于推动从国权刑法走向民权刑法、主张立法应尽量少用“其他严重情节”“其他特别严重情节”这类模糊不清的用词时，在食品犯罪领域却出现了这种“倒退”，足见事物发展的复杂性和多面性，也很令人深思。

（三）刑法介入力度呈趋严之势

与1997年新刑法相比，2011年通过的刑法修正案（八）取消了生产、销售不符合安全标准的食品罪的“单处罚金”的规定，也取消了生产、销售有毒、有害食品罪的“单处罚金”和可以判处拘役的规定，同时还取消了这两个罪罚金的数额上限。这样，生产、销售不符合安全标准的食品罪的最低起刑点就由原来的可单处罚金提升到拘役并处罚金，生产、销售有毒、有害食品罪的最低起刑点由原来的可单处罚金提升到有期徒刑并处罚金。按照1997年新刑法第397条对滥用职权罪和玩忽职守罪的规定，第一个量刑档次为3年以下有期徒刑或者拘役；第二个量刑档次为3年以上7年以下有期徒刑，刑法修正案（八）将负有食品安全监督管理职责的国家机关工作人员滥用职权或者玩忽职守的行为单独拿出来成立食品监管渎职罪，其第一个量刑档次为5年以下有期徒刑或者拘役；第二个量刑档次为5年以上10年以下有期徒刑，可见，也提高了对食品监管渎职罪的刑罚。本来，近年的刑事政策已经由“严打”调整为“宽严相济”，而“宽严相济”相比“严打”而言，更多地表现在立法和司法上的“以宽济严”，包括刑法修正案（八）取消了13个非暴力犯罪的死刑。但从食品犯罪的刑事立法来看，却表现出从严的一面，[②]这

① 参见黄太云《刑法修正案解读全编》，人民法院出版社2011年版，第82页。

② 据新华社报道，2011年11月召开的国务院常务会议强调，要研究修改刑法，降低侵权和假冒伪劣行为的刑事责任门槛，加大刑事处罚力度。这是继刑法修正案（八）施行半年之后，国家对食品安全犯罪再次发出的信号。“需求的逻辑决定刑罚的高度……食品安全犯罪的持续重典，在轻刑化大潮中已毫无悬念。”有学者于是说。（参见房清侠《食品安全刑法保护的缺陷与完善》，《河南财经政法大学学报》2012年第2期。）

同样可以看出宽严相济刑事政策的贯彻也不是单线的。

三 中国食品安全刑事立法完善的几点思考

（一）要注意法益保护与人权保障的平衡

现代社会的刑法既是法益保护法，又是人权保障法，且二者常处于紧张的对立之中，如何保持二者妥当的协调和衡平，是刑法学的任务。[①]中国当下食品安全的严峻形势催生出对该类犯罪祭起"严打"的大旗，过度寄希望于刑法的打击，以收"乱世用重典"的功效。[②]从人权保障的角度来看，有些地方是值得检讨的：

首先，罚金刑还是应当有一个上限的规定，这是罪刑法定原则的起码要求，否则动辄可以把人"罚至倾家荡产"、只为"罚金刑更好适用"，这就不是充当人权保障法的现代刑法所应有的形象。有了这个理念，就不致因立法技术上曾经的瑕疵而因噎废食，而是可以通过改进立法技术来实现既有上下限的规定又不致留下漏洞或给法律适用带来难题。[③]

其次，应当严格限制使用"其他严重情节""其他特别严重情节"这类模糊不清的用词，因为它在本质上也是与罪刑法定原则及其所派生的明确性要求相悖的。从现今与食品安全犯罪最直接相关的三个罪名来看，都使用了这类用词，而且是刑法修正案（八）新增加的，如生产、销售不符合安全标准的食品罪在第二档刑使用了"或者有其他严重情节的"；生产、销售有毒、有害食品罪在第二档、第三档刑都使用了"或者有其他严重情节的""或者有其他特别严重情节的"；食品监管渎职罪也分别使用了"造成其他严重后果的""造成特别严重后果

① 对食品安全犯罪的罚金刑从笼统规定，到有上下限的规定，再到笼统规定，可以作为法益保护与人权保障在变动中的社会处于紧张的对立关系之中的一个例子。

② 参见温长军等《食品安全犯罪的刑法规制》，《中国检察官》2012年第2期。

③ 在立法暂时修改不了的情况下，可以通过司法解释的方式对罚金刑的上下限尤其是上限作出规定。

的”。应当说，这与我国刑法正从国权刑法走向民权刑法的时代脉搏是不相吻合的。事实上，在那些法治比较发达的国家，刑法中对各种情节是要具体列举出来的，“情节严重”“情节特别严重”等抽象、模糊的表述实在罕见。[①]笔者在与境外学者交流时，他们对我国刑法中频繁出现的这类笼统措辞也表示不解，并认为若在一个有违宪审查机制的国家，这种立法方式很可能会被宣布为违宪。[②]

（二）应从“厉而不严”走向“严而不厉”

“厉而不严”和“严而不厉”是中国当代著名刑法学家储槐植教授创造的两个用来描述不同刑罚结构的形象说法，其中，“厉而不严”的刑罚结构表现为：刑罚苛厉，法网不严；而“严而不厉”的刑罚结构则表现为：刑罚轻缓，法网严密。[③]他认为，中国的刑事立法应从“厉而不严”走向“严而不厉”。[④]这一思路得到了包括笔者在内的许多刑法学界同人的共鸣。在食品安全的刑事立法方面，我们当前也存在“厉而不严”的问题，一方面，刑罚相当严厉，生产、销售不符合安全标准的食品罪最高刑是无期徒刑，还可并处无限额罚金或者没收犯罪分子的全部财产；生产、销售有毒、有害食品罪的最高刑更是死刑，并可并处无限额罚金或者没收犯罪分子的全部财产。另一方面，法网又多有疏漏，例如，不少学者指出，仅用生产、销售这两种行为方式涵盖不了食品安全犯罪的客观行为表现方式，还应当包括流通等经营

---

① 参见钱叶六等《情节加重犯基本问题探究》，《宁夏大学学报》（人文社会科学版）2005 年第 6 期。

② 在立法上已有“情节严重”“情节特别严重”等抽象、模糊的表述这一既成事实的情况下，司法解释不能再在解释这类抽象、模糊的表述时仍然在最后用“其他情节严重”“其他情节特别严重”这样的兜底条款，否则就等于没解释。教科书在论述有关个罪时，也不宜简单地重复刑法条文中的这类字眼，而应致力于阐明何为“情节严重”“情节特别严重”。不幸的是，目前我们的司法解释和相关教科书的论述在这方面的表现并不令人满意。

③ 参见储槐植《刑事一体化论要》，北京大学出版社 2007 年版，第 54 页以下。

④ 参见储槐植《刑事一体化与关系刑法论》，北京大学出版社 1997 年版，第 305 页以下。

行为，实践中也确有运输、仓储等行为致食品不安全而放任不安全食品进入市场，进而造成严重食物中毒事故或对人体健康造成严重危害的情况，因此建议用含义更广的“经营”来取代“销售”二字。未来的食品安全刑事立法，在进一步严密法网的同时，要减缓刑罚的苛严，不要说死刑必须取消，就是无期徒刑也没有必要，我们考察国外和境外一些法治比较发达的国家和地区的立法，发现经济犯罪所设置的刑罚往往比我们要轻许多。

（三）反思立法技术

从生产、销售伪劣产品罪中分化出生产、销售不符合安全标准的食品罪和生产、销售有毒、有害食品罪等诸多罪名，从滥用职权罪和玩忽职守罪中分化出“食品监管渎职罪”等诸多罪名，这种立法越来越琐碎化的做法是否需要反思？[①] 最近看到美国学者罗宾逊批评美国刑法内容不断膨胀的一篇文章，他说，许多州现在的刑法典比它们在20世纪70年代以《模范刑法典》为蓝本的原刑法典要多出七八倍的内容，但新立法的大多数是不必要的条款，有益的修订和补充可能占不到十分之一甚至二十分之一，结果造成刑法条款的重复累赘，严重影响了刑法的明晰性，到最后连立法者也不知道什么是刑法典已经包含的和尚未包含的，导致整个刑法越来越混乱，问题越来越严重。他还指出，对法律不必要的修订和补充产生的原因来自三方面：政治上的原因、民众的影响和立法者的无知。[②] 联想到我们国家频繁出台的刑法修正案，我觉得其中有些问题多有相似，却迄今没有引起我们足够的重视。立法不能抱“今天只管今天”的

---

① 风险引发的社会性恐慌可能使刑事立法偏离理性立场，而屈从于政治情绪。食品监管渎职罪之所以被设置出来，很可能是由于食品安全事故频发，国家希望通过刑法修改来缓解政治压力，以便让民众觉得事情已经被郑重地对待和处理。其实，即便不增设专门的食品监管渎职罪，问题也完全可以通过适用滥用职权罪和玩忽职守罪得到处理。

② 参见［美］保罗·罗宾逊《美国刑事责任和刑罚中的合法性、统一性和可信性》，http://www.criminallawbnu.cn/criminal/info/showpage.asp?showhead=&pkid=35004。

思想，而应力求垂范久远，能通过法律适用解释来解决的，就不一定非得修改刑法，否则解得一时之渴，却给未来留下隐患（刑法典无益的甚至是有害的不断膨胀）。

（四）实行真正的附属刑法与刑法典相结合的立法模式

人类步入工业社会以后，犯罪形态在数量变化上由传统的自然犯占绝对优势逐渐演变为法定犯占绝对比重。随着法定犯时代的到来，刑法立法模式也出现了由单轨制向双轨制的重大变动：在自然犯时代是单轨制，也就是说都规定在刑法典和有限的几个特别刑法中，到法定犯时代，刑法立法体制变成双轨制，也就是说，自然犯规定在刑法典中，法定犯则规定在比刑法典多几十倍上百倍甚至上千倍的其他法律中。[①]这种立法模式的好处不仅在于能使刑法典相对稳定（刑法的稳定对社会的稳定有重要作用），而且也有利于在刑罚设计上有所区分（对法定犯的处刑一般要比自然犯轻，至少其他法治比较发达的国家和地区的法定犯没有死刑），更有利于法定犯的司法适用（把法定犯从其所附属的法律中剥离出来，单独放入刑法中，难免产生“皮之不存，毛将焉附”的结果），以及更好地发挥刑法预防犯罪的作用。

食品安全犯罪作为一种典型的法定犯，以目前的态势看，它还会不断地处于修改和发展之中，而且与其密切相关的《食品安全法》等法律也会不断地面临修改。在这样一种背景下，如果我们不打破传统的刑法立法单轨制（即只能由刑法典和单行刑法来规定具体的罪名和刑罚），不确立真正的附属刑法体制（现在通行的那种“依法追究刑事责任”的所谓附属刑法其实是一种伪附属刑法），那将会带来许多问题。从国外和境外的立法经验看，我们今后应当在修改《食品安全法》等经济法律或行政法律的同时，直接规定或修改有关的食品安全犯罪。这并无任何法律障碍，因为根据我国宪法和立法法的规定，只要是全

① 参见储槐植《要正视法定犯时代的到来》，《检察日报》2007年6月1日。

国人大及其常委会制定的法律，就可以规定犯罪和刑罚的内容。[①]

［本节原以《中国食品安全的刑法规制》为题，载于《吉林大学学报》（社会科学版）2012 年第 4 期。此次收入略有修改。作者刘仁文为中国社会科学院法学研究所研究员］

第二节　食品安全犯罪刑事立法规制的重点与路径

孔子曰：食、色，性也。意乃吃是人生头等要务。最近由于地沟油、皮革奶等事件的影响，国人对于吃的问题表现出空前的忧虑情绪，有复旦学子创设食品安全网站，并研究得出了国人正在“易粪相食”的结论。刑法学界在研究食品安全的刑法保护问题时，也往往因囿于现有刑法法条的局限而焦躁不安。本节欲就食品安全刑法保护的着力点和路径问题进行宏观层面的探讨，以期抛砖引玉。

一　食品安全问题的成因与刑法保护的重点

（一）重视食品安全是社会进步的标志

客观地认识问题、认清问题，是解决问题的基础和前提。目前的食品安全问题与一定时期社会的经济发展水平密不可分，在传统的农耕、畜牧社会中，食物的种类和用途比较单一，对其要求以能否果腹为衡量标准，没有人会质疑食品的质量问题。进入工业社会后，技术要素开始介入食品的生产过程，如人工饲养畜禽、人工杂交高产农作物等出现，新技术的运用带来的是食物品种的衍生、食品产量的增加。随着时代的进步、人们生活水平的提高和收入的增加，更加刺激了新

---

① 相反，根据立法法的规定，行政法规、地方性法规以及部门规章、地方政府规章均无权规定犯罪和刑罚的事项，包括无权采用“构成犯罪的，依法追究刑事责任”来改变刑法的内容。

技术在食品生产中的运用。

事物的发展往往都有一个利弊相依的问题，食品技术的运用也有一个量与质的适度平衡问题。最初的瘦肉型生猪的出现，深受市场欢迎，少有人会质疑这种饲养技术的安全性问题。肯德基这种快餐食品进入市场，因节省就餐时间备受推崇，但也少有人会质疑其营养成分问题。公众对科学与技术的尊重行进到某一阶段就会停滞下来，并随着对科学的进一步认识而逐渐下降。[①] 随着时间的流逝，人们从最初的对新型食品的热衷中冷静下来之后，开始反思此类食品的安全性问题。人工饲养的速生禽畜、反季节果蔬产品、转基因食品等本身就违反动植物的自然生长规律，单纯从技术的角度就值得我们对此类食品的安全性表示担忧。

在食品生产已经完全工业化的时下，原生态的食品生产模式反而成为少数另类，以至于市场老农出售的鸡要声明是“跑山鸡”，鱼贩出售的鱼要宣传是“野生”捕捞的，而非人工养殖而来。这种情形表明了民众对工业化生产得来的食品品质的不信任，和对获取高品质食品的渴求与无奈。如何评价这种现象，马斯洛创设的需求层次理论认为，人的需求由低到高，按层次逐级递增，分别是：生理上的需求，安全上的需求，情感和归属的需求，尊重的需求，自我实现的需求。按照马斯洛的观点，当人们解决了基本的吃、穿、住等第一层次的基本需要之后，当然需要考虑安全上的需求满足问题，公众对吃、穿、住的安全意识开始变得敏感强烈，就是一种不足为奇的趋势。从某种意义上说，关注食品安全是公众个体权利意识觉醒和社会文明进步的标志。

（二）食品安全的成因

因噎废食非问题解决之上策，如何应对食品安全问题，首要的工作是认清产生食品安全的原因有哪些，有针对性地采取措施，做到有

---

① 参见王小钢《贝克的风险社会理论及其启示——评〈风险社会〉和〈世界风险社会〉》，《河北法学》2007 年第 1 期。

的放矢。产生食品安全的原因复杂，有时是多因一果所致，为方便说明问题，可归类为如下数种：

第一，客观原因造成的食品安全隐患。主要包括种养殖业的源头污染，造成粮食、蔬菜、肉蛋奶等食品原材料、初级食用农产品不安全；还包括食品的生产加工工艺、储存运输手段落后，难以达到安全标准。现代工业社会大气、水体、土地污染严重，个别地区为了追求经济的高增长，不惜以牺牲环境安全为代价，居民的基本生存条件遭到破坏，也直接影响食品原材料、初级食用农产品的安全性。此类原因造成的食品安全问题，对于食品生产经营者而言属于不可抗力，不具有道德上的可谴责性。

第二，主观原因造成的食品安全隐患。在食品生产供应链上的利益相关者为牟取私利故意非法作为，人为造成的食品安全问题。此类安全问题系行为人故意所为，明知是有毒、有害物质，或者禁止在食品中添加的物质，但为牟取私利而违法使用。食品作为一种涉及公共福利的特殊商品，行政法律法规一般会对其生产供应全程加以调控，2002 年农业部、卫生部、国家药品监督管理局发布的《禁止在饲料和动物饮用水中使用的药物品种目录》，公告了 40 种被禁止使用的药品；2010 年 4 月 22 日卫生部公布的《食品中可能违法添加的非食用物质和易滥用的食品添加剂名单》，列举了 47 种食品中可能违法使用的非食用物质、22 种可能滥用的食品添加剂。

第三，技术原因造成的食品安全隐患。由于科技认知水平的局限，引发的食品安全忧虑。此类食品安全隐患不一定会产生实际的人身损害，但会引发公众的焦虑情绪，同样成为不容忽视的社会问题。此类问题如进行深入，可细分为以下几种：（1）对某些新型食品现有科技水平无法作出是否安全的确切结论，如转基因植物产品、克隆动物产品、太空育种技术产品等。（2）对于普通食品安全的技术检测，存在检测项目缺失、检测频率低、检测覆盖面狭窄，难以做到食品安全的普检。（3）原来被认为是安全的食品，经现代科技手段测定发现具有较大的安全隐患。如我国传统的熏（腌烤炸）制、发酵食品，经过现代科技手段检测，其间大多含有亚硝酸盐等致癌物质、多种霉菌毒株。现代医学研究也可以证实某些疾病确与人们的地域饮食习惯有密不可分的关系。

第四，监管渎职原因造成的食品安全隐患。在食品的供应链条中，负有监督监管职责的责任主体疏于管理，未能有效阻断问题食品进入市场。这是造成食品安全的间接原因。食品安全牵涉公共福祉，政府负有不可推卸的监管职责，监管主体的玩忽职守行为虽不直接制造问题食品，但却一方面可造成市场之门洞开，问题食品进入市场坑害公众，另一方面可能会诱发更多的食品生产供应的不法行为。监管渎职实是助推食品安全违法犯罪的重要原因，损害政府的公信力和整个社会交往的基本信赖。

（三）食品安全刑法保护的着力点

当代国人存有一种惯性思维，每当某一类社会矛盾尖锐时，指责“法律不健全”“司法无能”的论调就会兴起，成为化解民怨的导流渠。社会压力固可以促进法界人士积极作为，建言献策，但从上述的分析中可知，食品安全隐患的原因存在于食品生产供应的各个环节，既有客观原因，也有主观原因，既有食品生产者的责任，也有监管者的渎职责任。法律不是万能的，在食品安全的刑法保护上，同样需要做到张弛有度，有所为亦有所不为，找准刑法介入保护的着力点。

对于第一种原因造成的食品安全问题，应加强环境污染的综合治理，提高初级农副产品的初始品质。政府应设定食品安全市场准入的最低门槛，杜绝问题食品进入流通领域。通过市场手段鼓励经营规模相对较小的食品生产者合并重组，以利于提高食品生产工艺，加强食品安全的自我监管能力。对于此类食品安全问题，应以经济和行政调控手段为主，法律调控手段为辅。如发生食品安全意外事件不宜追究食品生产者，尤其是种养殖业者的刑事责任，刑法保护的着力点以追究市场准入监管职责者的渎职责任为主。

对于第二种原因造成的食品安全问题，系食品生产经营者人为损害食品安全，具有道义上的可谴责性，尤为广大人民群众深恶痛绝，应为食品安全刑法保护的主要着力点。食品安全犯罪作为一种行政犯，追究其刑事责任，要注意行政法与刑法的衔接。严重违反食品安全行政法禁止性规定的行为，才应被纳入刑法的调整范畴中，所以刑法所打击的食品安全犯罪首先是行政违法行为，行政法与刑法的位次关系不能颠倒，当食品安全的行政法调控手段尚不完善时，刑法不能越俎代庖。人为损害食品安全符合构成要件者，应直接追究其相关食品安全犯罪的刑事责任。监管者对此如有失察，亦应追究其渎职之责。对于此种食品安全刑法保护的方向应是注重与行政法的协调，行政法所禁止的严重损害食品安全的违法行为应尽量纳入刑法的调整范围，减少法律漏洞。

对于第三种原因造成的食品安全问题，是刑法保护的难点。刑法的介入应十分审慎，避免陷入唯法益损害为判断标准的结果责任。对某些食品生产经营行为，有时不能简单地依纯粹的“科学标准”判断其危险性，如传统餐饮烹制方法可能会产生人身损害，但将其置于一般社会伦理之中判断，足可阻却违法。如同香烟虽自体标注“吸烟有害健康”，也能造成严重的损害后果，[①] 但现实生活中香烟仍可公开合法销售而无须担责。解决此类安全问题的举措有二：一是要满足公众基本的、必要的知情权，食不食用交由消费者选择；二是监管机构应尽量设定一个最低安全数值，公告于众，对极端消费者进行警示教育。而目前我国现有的可用于打击食品安全犯罪的罪名设计，都是以侵害消费者人身权为构成要件，尚未见以侵害保护消费者知情权为构成要件的立法例。未来对此类食品安全刑法保护的着力点应向保护消费者的知情权方向转移，对于不准确标注食品主要成分、比例、烹制方式及可能存在的潜在安全风险的，要追究责任主体的刑事责任。监管失

① 据报道，烟草燃烧的烟雾中含有 7000 多种已知的化学物质，它们是造成吸烟者成瘾和健康损害的罪魁祸首。每 10 个去世的成年人中，就有一人死于烟草相关疾病。烟草每年杀死近 600 万人，其中超过 500 万人是烟草使用者和曾经使用者。——参见《十分之一的死亡与烟草有关》，《烟台晚报》2012 年 5 月 31 日第 A33 版。

察者，应负渎职之责。

对于第四种原因造成的食品安全监管渎职行为，刑法修正案（八）列为独立罪名，这是食品安全刑法保护的新设着力点。此举可督促食品安全监管者于食品生产供应链的各个环节积极作为，预防食品安全事故的发生，对于食品安全可收事半功倍之效。

二　食品安全刑法保护的路径选择

（一）刑法典路径选择的利弊

从法理的角度，大陆法系国家适用成文法，刑法主要有刑法典、单行的刑事法律、附属刑法等表现形式。目前我国刑法典中涉及食品安全犯罪的罪名有三个：第 143 条的“生产、销售不符合安全标准的食品罪”，第 144 条的“生产、销售有毒、有害食品罪”，第 408 条之一“食品监管渎职罪”。我国目前尚无真正意义上的单行刑事法律，[①]更无有关食品安全犯罪的单行刑法。非刑事法律中存有一定数量的附属刑法规范，《食品安全法》中亦存在此种情形，如第 149 条规定：“违反本法规定，构成犯罪的，依法追究刑事责任。”显然我国目前是选择刑法典这一路径应对食品安全问题。

将全部或大部分罪名集中于法典，主要的意义在于可通过对不同的犯罪分类、排列，平衡个罪之间的刑事责任大小，从总体上控制刑罚的烈度。通过刑法典路径惩处食品安全犯罪，于司法的优势在于方便查找罪名，但其弊端也不容忽视。法典需要较长时期内保持必要的稳定性，满足法的预测指引功能，因此法典的制定修改程序严格烦琐，造成以刑法典制裁自然犯罪尚可，但要应对行政犯罪的新奇就显得力不从心。如刑法第 143 条、第 144 条限定的犯罪对象为“食品”，而不论是原《食品卫生法》，还是 2009 年 6 月 1 日新实施的《食品安全法》

---

① 根据《刑法》第 452 条的规定，虽将列于附件二的八个单行刑法予以保留，但只是保留其有关行政处罚和行政措施的规定继续有效，有关刑事责任的规定，1997 年 10 月 1 日之后不再适用。

都将调整对象不仅规定为食品，还包括食品添加剂，用于食品的包装材料、容器、洗涤剂、消毒剂和用于食品生产经营的工具、设备，供食用的源于农业的初级产品。那么针对食品之外的调整对象，如食品添加剂的生产经营中的违法行为，按照《食品安全法》第149条之规定构成犯罪的，又该如何追究刑责着实非常棘手。又如《食品安全法》将危害食品安全的行为定义为食品的“生产”和“经营”行为，而刑法第143条和第144条对此的罪状描述却是“生产、销售”，刑法的规定与《食品安全法》有衔接上的不吻合。刑法学术界因此将大量的精力投入刑法的解释上，力图弥合二者间的错位，但往往因收效甚微转而动议修法。司法实务中更是适用混乱，在曾经的三鹿奶粉系列案件中，法院对制造可以提高原奶蛋白质含量含有三聚氰胺蛋白粉的张玉军等人，判处的是以危险方法危害公共安全罪，耿金平等人判处的是生产销售有毒、有害食品罪，对利用添加了含有三聚氰胺蛋白粉的原奶制造销售奶粉的三鹿公司、三鹿公司法人代表田文华等四名高管，判处的是生产销售伪劣产品罪。同一事件最终出现了三个罪名，不仅与民众的普遍法感相去甚远，就是在法律界业内也不能取得共识。[①]

（二）非刑法典路径选择的可能性

相对于刑法典的呆板，制定单行刑法、附属刑法规范相应便捷一些，在确定构成要件和法定刑时，无须左顾右盼，容易做到有的放矢，便于实务操作。从比较法的视角考察域外保护食品安全的立法例，澳门地区采取特别刑法路径，为处罚涉及食品领域的安全、价格供需、征用、消费等违法行为，1997年专门制定了《惩治妨害公共卫生及经济违法法》，规定了11种具体的罪名：非法屠宰动物及交易罪；异常食品或食品添加剂罪；妨害食品或食品添加剂之真实性、质量或组成

① 质疑的文章如，卢有学：《“三鹿奶粉”系列案定性探疑》，《西南政法大学学报》2009年第5期；杨德寿：《三鹿系列刑事案被告人犯罪行为的定性问题》，http://www.docin.com/p-302129282.html。

罪；持有可用于伪造食品或食品添加剂之物质或用具罪等等。[①]个罪构成要件清晰明了，非常具有针对性，适用不易产生分歧。日本采取附属刑法的方式，日本《食品卫生法》[②]第九章“罚则”之各条采用如下的模板：“对于违反第 × 条的规定的禁止事项者，处以 × 年以下徒刑或 × 万日元以下罚款。”日本的刑事司法活动中有这样的传统，“日本裁判所的刑事判决书的主文不是指明行为所触犯的罪名，而是指明行为所触犯的条款”，[③]实务中据此操作起来也是易如反掌。

笔者以为，上述法域的立法例足可给我们以启示，在选择食品安全的刑法保护路径时，我们可否改变目前刑法典这种单一路径，而采取特别刑法或附属刑法等多种路径的思路。这样就可以避免每当有新的行政法律法规推出，对新的行政犯刑法典张力不足时，只能寄希望于修法，刑法始终是处于一种被动应付的局面，如此反复无疑如钻牛角尖，最终是死路一条。

（三）附属刑法路径选择的合理性辨析

在非刑法典路径的选择上，究竟是采用特别刑法还是采取附属刑法，应当再做仔细的甄别。在我国已经有人大代表建议选择特别刑法的保护路径，制定《中华人民共和国食品、药品安全犯罪法》。[④]特别刑法相比刑法典路径，具有针对性，对食品药品安全领域的犯罪具有更大的震慑力，此为其长处。但是笔者认为，选择特别刑法路径，立法也要经过“行政法→特别刑法”两个环节，与选择刑法典路径要经

① 参见赵国强《澳门刑法》，中国民主法制出版社 2009 年版，第 155—156 页。

② 该法原文可由如下网址获取：http://wenku.baidu.com/view/1f95f66627d3240c8447efe6.html。

③ 李克非：《点校者序》，载［日］牧野英一《日本刑法通义》，中国政法大学出版社 2003 年版。

④ 有报道称：2011 年 3 月“两会”期间，439 名代表联名提交了《关于制定〈中华人民共和国食品、药品安全犯罪法〉，以严刑峻法惩治食品、药品领域严重犯罪的议案》，据说是 1983 年以来联名代表人数最多的单项议案，刷新了全国“两会”的该项纪录。参见《“毒食品”危害猛于黑恶势力》，《中国青年报》2011 年 3 月 11 日第 1 版。

过“行政法→刑法典”两个环节，在立法程序上烦琐程度相当，且最大的短板是二次立法造成的相互衔接障碍仍无法克服，故笔者更推崇如日本采附属刑法的解决之道。

选择附属刑法路径不需要启动二次立法程序，可与非刑事法律的制定一并完成，因此不会造成行政法与刑法规范之间的衔接障碍。另外，于行政违法构成要件描述之后附加刑事责任，相比特别刑法更具灵活性和针对性。以最近各地曝出的“甲醛白菜”如何刑事追责为例，食品安全法律法规是空白的。目前各地行政执法机关对于查获的甲醛白菜，只能简单地作为问题食品予以销毁了事。行政处罚难以实施，追究其刑事责任更是奢求，如能在未来出台专门治理食品保鲜的行政法规之际，同时规定严重违法者的刑事责任无疑是最为简洁、最具针对性的手段。

我国现虽有关于食品安全的附属刑法规范——食品安全法第 149 条，其作用只是表明严重的食品安全违法可构成犯罪，要被追究刑事责任，该第 149 条既不直接规定法定刑，也不指明要援用刑法哪条哪个罪名追究刑事责任，实务中如何落实完全靠法官的“意会”。从其实际法律效果看，除有点儿警示作用之外，该第 149 条基本是一个废条。因此在选择附属刑法路径时，应当改变目前食品安全法第 149 条采用的这种抽象性条款，转而采取引用性条款和独立性条款两种类型：（1）对于可以直接援用刑法现有法条的应当直接指明条文序号，杜绝法官实务中的“意会”操作；（2）现有刑法法条与严重的食品安全行政行为无匹配者时，应当在食品安全行政法律法规中直接规定罪名和法定刑，以供实务操作时引用。

至于附属刑法路径选择可能存在的问题，笔者亦有所虑及：

1. 应景之作是否管用

附属刑法这种头痛医头、脚痛医脚的应景之作是否管用，乍一看其成效似成问题。但考虑到人的认知能力的局限性，立法上解决问题的万全之策不可能一蹴而就，那么这种零打碎敲式的立法举措只要坚持不懈，最终会形成一张围堵食品安全犯罪的恢恢法网。美国打击食品安全犯罪采用附属刑法模式，前后经历了一个长达百余年的不断完善过程，虽然立法比较分散，但最终做到了调控范围的尽可能严密。[①]美国涉及食品安全保护的附属刑法，从1906年的《纯净食物和药品法》肇始，逐步制定了《联邦肉类检验法》(1907)、《美国谷物标准法》(1916)、《食用奶法》(1923)、《进口奶法》(1927)、《公共健康服务法》(1944)、《家禽产品检验法》(1957)、《包装和标签法》(1966)、《蛋产品检验法》(1970)、《猪类健康保护法》(1980)、《卫生食品运输法》(1990)、《联邦杀虫剂、杀菌剂和杀鼠剂法》(1996)等，努力的结果是使美国成为当今食品安全刑事立法最完善的国家。

2. 是否会损害刑法典的权威和刑法整体的和谐

按我们的惯常思维，附属刑法过于发达是否会损害刑法典的权威和刑法整体的和谐，实则不然。刑法典的生命力是衡量法典权威的最重要标志。日本刑法典颁布于1907年，原有264个条文，历经修订至今本身也只有272个条文，但其特别刑法，尤其是附属刑法所确立了数量庞大的刑法规范，日本学者将刑法典本身历经百余年仍具生命力的重要原因归结为，在刑法典之外存在大量的特别刑法，尤其是附属刑法规范。[②]我国台湾也存在大量的特别刑法和附属刑法，据台湾学者的统计，台湾含有刑罚制裁内容的附属刑法条文总数可能已超过刑法典本身。[③]台湾刑法沿用1935年民国刑法至今也有近80年历史。另据现有资料查询，尚未见有日本、我国台湾地区因存在大量附属刑法而损害刑法整体和谐之论题探讨。

关注食品安全是社会进步的体现，食品安全刑法保护应找准着力点，将保护的重点置于因主观原因造成的食品安全问题上。对于因技术原因造成的食品安全问题，刑法的介入保护要审慎而为，刑法的着

---

① 参见左袖阳《中美食品安全刑事立法特征比较分析》，《中国刑事法杂志》2012年第1期。

② 参见［日］西原春夫《日中刑法的本质差异》，http://oa.law.tsinghua.edu.cn/fxy/xiaoyou/ info/showinfo.asp?typeid=19&newsid=319。

③ 参见林东茂《刑法综览》(修订五版)，中国人民大学出版社2009年版，第4页。

力点应由消费者人身权保护转向知情权保护。选择刑法典路径保护食品安全，面临着行政法与刑法规范衔接的错位障碍，与其将解决问题的希望寄予刑法解释、修改刑法，不如改选附属刑法路径，以此构筑食品安全刑法保护的法网更为有效。

（本节原以《论食品安全刑法保护的着力点和路径》为题，载于《刑法与宪法之协调发展》，中国人民公安大学出版社2012年版。此次收入略有修改。作者杨曙光为山东工商学院法学院副教授）

第三节　食品安全犯罪领域帮助行为的正犯化

一　我国食品安全犯罪的刑法困境

随着科技的迅猛发展，源于人类社会实践活动的各种社会风险及危机对人类的生存和发展构成了严重的威胁，我们逐渐步入风险社会之中。食品安全犯罪问题的频发在风险社会背景中更为引人关注，同时，随着人们食品安全意识的逐渐提高，如何保护食品安全的重要性也为人们所重视。在应对食品安全问题这一社会风险过程中，刑法也应在其边界内，为食品安全保驾护航。如有学者认为："刑法作为防治违法犯罪行为的最后一道防线，必须为中国食品安全提供更加有力的保护。"[①]有鉴于此，2011年《刑法修正案（八）》对此进行了极大关注，除新增食品安全监管失职罪外，原"生产、销售不符合卫生标准的食品罪"以及"生产、销售有毒、有害食品罪"也获得很大修正，降低了食品安全犯罪的入罪标准，同时对刑罚方式进行了部分调整并适当提高了法定刑，体现了刑法对此类犯罪从严打击的态度。

但是尽管如此，在对食品安全犯罪进行惩治的过程中，我们发

① 卢建平、方羿：《完善食品安全的刑法保护》，《昆明理工大学学报》2009年第1期。

现由于食品安全犯罪的两个最主要罪名“生产、销售不符合安全标准的食品罪”及“生产、销售有毒、有害食品罪”规定的行为方式仅仅包括生产、销售行为，加之我国刑法总则中缺乏对帮助犯的明确规定，这使得我们在对食品安全犯罪进行惩治的过程中，对于犯罪链条的其他环节如原材料的提供、运输、储存等帮助行为在司法实践中多以行政处罚了事，不能有效地对食品安全犯罪进行规制，食品安全犯罪屡禁不止。虽然2012年2月24日最高法、最高检以及公安部针对人民群众关注较多“地沟油事件”联合发布了《关于依法严惩“地沟油”犯罪活动的通知》,《通知》规定：“知道或应当知道他人实施犯罪行为，而为其掏捞、加工、贩运‘地沟油’，或者提供贷款、资金、账号、发票、证明、许可证件，或者提供技术、生产、经营场所、运输、仓储、保管等便利条件的，按共犯论处。”这为明确地沟油犯罪中的刑法适用提供了较好的指导作用，但是,《通知》并不能从根本上解决问题。一方面，司法解释所规定的一系列地沟油犯罪的帮助行为仅仅是指在地沟油犯罪中可以应用本规定，其是否可以适用于其他食品安全犯罪存在疑问；另一方面，根据罪刑法定原则,《通知》规定的合法性也是一个值得商榷的问题，有学者就敏锐地分析道：“刑法确立的罪刑法定原则否定了类推适用，在法律没有明确规定帮助犯时，不能以惩罚犯罪为名违反罪刑法定原则，因此就通过司法解释明确对生产、销售伪劣产品的帮助行为也构成犯罪，达到惩罚犯罪和预防的目的。”[①] 所以作为间接法源的司法解释，应该在食品安全犯罪的构成要件之内对此类犯罪进行解释，而不是如《通知》所规定的那样脱离刑法规定自行规定新的构成要件，如此使得法官在适用《通知》对食品安全犯罪所做的相关规定时也不得不打个问号。综上所述，正因为存在如此多法律适用上的掣肘，我们通过刑法实现打击食品安全犯罪的任

① 黄国盛：《为生产假冒商品者提供场所能否构成共犯》，《中国检察官》2008年第11期。

务依然困难重重，在实践中很难对食品安全犯罪的原材料提供、运输、储存等帮助行为进行处罚，在某种程度上有放纵犯罪之嫌，刑事法网亟待完善。

二 国外食品安全犯罪规定对我国的启示

经过数百年的发展，发达国家对食品安全犯罪的规定已相当完善，在充分认识本国实际的基础上，面对我国刑法对食品安全犯罪相关帮助行为处罚的困境，通过对其他国家食品安全犯罪所做规定的比较分析，我们可以较为明确地找出我国刑法中对食品安全犯罪行为方式规定的不足，为以后的刑事立法的完善提供参考。

（一）美国刑法对食品安全犯罪的规定

美国的食品安全刑事立法经历了较为漫长的过程，这也使得美国食品安全立法能够有充足的时间实现自我完善，主要分为两部分。第一部分以《联邦食品、药品和化妆品法》等基本法律为例，其中规定食品安全犯罪链条的第三章第 301 条规定：（a）在州际贸易中引进或运送这些假冒或者掺假的劣质食品、药品的；……（c）为了薪酬或者其他的目的经销或者运送的；（e）拒绝公开其记录或未依法建立、保留记录的；（f）拒绝执法人员的检查的；（h）提供虚假保证的；……同时第 303 条规定了对此类犯罪行为的处罚。第二部分为专门法律，在这些专门法律中我们也可以发现关于食品安全犯罪链条刑事责任的规定，以《家禽制品检查法》规定为例，规定：（1）违反本法规定，宰杀家禽以及加工可以用作人类食物的家禽制品的；（2）出售、运输、提供出售、运输以及为了运输目的而接受伪劣掺假的或未经经验的家禽制品；…… 对此可处最高 3 年监禁或最高 1 万美元以下罚款，或者并罚。

美国《联邦食品、药品和化妆品法》等一系列食品安全法律的颁布施行，构筑了相对完善的食品安全法律体系。“所有这些规定加强了法律的效果，包括给予联邦政府禁制令的权力加重了刑罚，以此防止相关产品的保护因该法案而贬值或被贴上失败的标签。”[①]所以较之我国对食品安全犯罪所做的规定，美国刑法规定的实行行为更为宽泛，不仅包括生产、销售行为，而且大量在我国只能被认定为是食品安全犯罪帮助犯的引进、运送、记录、拒绝检查以及虚假保证等行为也被相关刑事法律规定为实行行为纳入犯罪圈，有利于食品安全执法机构进一步加强对市场的监管，起到了良好的社会效果。

（二）德国刑法对食品安全犯罪的规定

德国食品安全立法体系庞杂，其中尤以《食品和日用品法》最为重要。《食品和日用品法》第九章就食品安全犯罪及刑事责任主要采用空白罪状的方式做了规定，其中关于食品安全犯罪链条的内容包括：第 51 条规定出售作为食品的原材料的、制造或处理、销售、进行试验的，处最高五年监禁或者罚款；第 52 条规定采用出售添加剂或离子交换剂、违背批准的照射法、添加食品添加剂以及采用欺骗性标志或广告出售食品的，处最高一年监禁或罚款；第 53 条规定了运输行为的刑事责任；第 54 条规定寄放、逃避检查、不回答以及不完全回答询问等行为的刑事责任；……此外，德国的食品安全立法模式同美国类似，大量食品安全犯罪也可以在其他专门法律找到处罚的依据，如《德国葡萄酒法》第 67、第 68 条也采用空白罪状的方式对食品安全犯罪的各个环节的刑事责任做了详细规定。

德国的食品安全犯罪规定的实行行为也相当细化，不仅包括我国刑法规定的生产、销售行为，而且原材料的提供、处理、试验、寄放、照射以及欺骗性广告和告示也被纳入其刑法的规制范畴，形成了完整的食品安全犯罪规制链条。“由于我国食品安全管理中，没有引入‘食品链’的概念，长期以来，没有把食品安全建立在‘从田头到餐桌’

---

① Fred B.Linton: “Leaders in Food and Drug Law Part Five”, *Food and Drug Journal*, No. 50(1995), 53.

的全程监控基础上，食品安全体系的系统性不够。”[①]所以在我国刑法改革过程中有必要进一步完善我国刑法对食品安全犯罪“食品链”的规定，补充刑法的不足。“隐匿于德国高质量食品生产流程之后的则是完备的食品卫生法律制度，其中不乏许多值得借鉴的经验，可用于健全我国的食品卫生法律体系。”[②]

（三）日本刑法对食品安全犯罪的规定

日本刑法食品安全犯罪主要在1948年制定的《食品卫生法》第九章罚则中得到规定，日本食品安全刑事立法也是主要采取空白罪状的方式进行规定。关于食品安全犯罪链条的规定包括：第二十条规定在食品安全犯罪中，销售，或者以销售为目的进行采集、制造、进口、加工、使用、调制、贮藏或陈列食品、添加剂、病死动物、化合用品的，可以处三年以下有期徒刑或者五万元以下罚金，也可并罚；第三十条之二规定，在食品安全犯罪中，违反厚生省对食品或添加物的规定，以不符合标准的方法制造、加工、使用、烹饪、保存食品或添加物的；……可以处一年以下有期徒刑或者三万元以下罚金。第三十三条规定犯以上两款罪之法人或者个人的刑事责任。

日本《食品卫生法》对食品安全犯罪链条的规定十分详细，不仅包括生产、销售环节，而且许多其他犯罪环节如采集、进口、加工、调制、储藏或者陈列食品、添加剂等行为也通过空白罪状的方式规定为实行行为，避免了食品安全犯罪中行为性质的认定困难。“食品安全一旦发生问题，保健所将根据有关法令进行检查，无论哪一个环节违反规定，都要依法追究肇事者的刑事责任并处以罚款。”[③]所以作为与我国人文环境具有一定相似性的邻国，日本《食品卫生法》对食品安全

① 冒乃和、刘波：《中国和德国的食品安全法律体系比较研究》，《农业经济问题》2003年第10期。

② 田成刚、倪妮：《德国食品卫生法律制度刍议》，《南京工业大学学报》2009年第1期。

③ 金雪梅：《日本食品安全体系对我国的借鉴》，《中国食品工业》2008年第12期。

犯罪所做的规定对我国刑法的完善具有重要意义。

通过对上述三个国家食品安全犯罪所规定的行为方式的梳理，我们发现不管是大陆法系的德日或者英美法系的美国，尽管其在食品安全犯罪中对食品安全犯罪所做的具体规定都不尽相同，但是其却呈现出一个共同的规律：在三国食品安全行政刑法之中，许多在我国只能被认定为食品安全犯罪帮助行为的行为，如原材料的提供、运输、储存等行为，在这些国家中大多通过不同形式的刑事立法将之明文规定为实行行为。如此既可避免认定食品安全犯罪帮助犯所带来的操作困难，又能避免违背罪刑法定的尴尬，形成了从农田到餐桌的严密刑事监管体系。相比之下，由于我国刑法食品安全犯罪所规定的实行行为仅包括生产、销售行为，如此也显得过于粗疏。为了解决现阶段我国食品安全犯罪所面临的刑法困境，我们有必要学习发达国家在食品安全犯罪中的规定，将现阶段这些只能作为食品安全犯罪帮助行为处理的原材料的提供、运输、储存等行为实行行为化，延展食品安全犯罪的打击环节。

三　食品安全犯罪帮助行为实行化的依据

在我们应对食品安全犯罪所面临的刑法困境的过程中，从比较法的角度发现我们应该将食品安全犯罪的相关帮助行为实行行为化，如此可以为我们打击食品安全犯罪的相关帮助行为提供法律依据。但是学界对这种帮助行为实行化的立法模式并没有形成共识，反对者认为这种立法模式“违反共同犯罪立法的一般原理，在司法实践上也无法适用，在今后的立法中应当引以为戒”①。与反对者相对应，许多学者也从刑法的基本原理及司法实践两个角度分别对质疑声做了回应。这种回应基于罪刑均衡原则和司法实践两面进行了分析。如张明楷教授从刑法罪刑均衡原则出发认为：“如果按照总则关于共同犯罪的规定，会

① 陈兴良:《晚近期刑事立法中的共同犯罪现象及其评释》,《法学》1993年第1期;汪红飞：《帮助型犯罪问题研究》，《浙江万里学院学报》2003年第5期。

导致刑罚畸轻现象，规定为独立的罪名就可以不按照共同犯罪的原理，从而分别定罪量刑。”[①]有学者从司法实践角度出发，认为这种帮助行为实行化的立法模式也不会增加认定困难。[②]笔者认为，诚然在我们将食品安全犯罪相关帮助行为实行化的过程中需要解决一系列理论及实践难题，但是这些困难并非无解。无论从刑法基本理论抑或司法实践角度看，将食品安全犯罪的相关帮助行为实行化都大有裨益，主要有以下几点：

（一）风险刑法理论法益保护前置化的内在要求

德国学者乌尔里希·贝克在《风险社会》一书将风险社会理论展示在我们面前，受此影响，以法益保护前置化为基础的风险刑法理论应运而生，使传统自由刑法理论受到巨大冲击。一般认为风险刑法是指通过刑法来惩治侵犯法益的风险，如有学者认为：“刑法从传统的后卫地带走向前沿地带，通过惩治行为人行为所带来的风险来实现对法益更为前置的保护，这便是风险刑法。”[③]风险刑法理论的提出在整个刑法学界掀起热烈讨论，并形成了不同立场。赞同者基于社会安全的维护，认为风险刑法理论具有现实的重要性。如德国著名刑法学家马普所所长乌尔里希·齐白教授认为：“这将在极大程度上影响到刑法和传统上的刑法规范对象，因为对于保障安全的目标而言，预防的实现和一种新的安全法是最重要的问题。”[④]而反对者则基于刑法的边界认为刑法应该和干预法有所区别，不应干涉太广。如以哈斯·默尔教授为代表的法兰克服学派则认为：“刑法应当仅限于刑法领域，……反之，通常被视为风险刑法中风险犯罪类型的经济犯、交通犯、环境犯等应以

① 张明楷：《刑法分则的解释原理》，中国人民大学出版社 2004 年版，第 50 页。

② 参见劭士春《论帮助行为单独定罪——以协助组织卖淫罪与组织卖淫罪的切分为例》，《中国刑事法杂志》2011 年第 1 期。

③ 卢建平：《风险社会的刑事政策与刑法》，《法学论坛》2011 年第 4 期。

④ ［德］乌尔里希·齐白：《刑法的边界——马普外国与国际刑法研究所最新刑法研究项目的基础和挑战》，周遵友译，《刑法论丛》2008 年第 4 期。

干预法的立法方式解决，而非使用刑法。”[①] 笔者同意第一种观点。诚然，风险刑法理念必然带来传统刑法观念的改变，而且其本身也面临着一定的刑法风险。但是，在社会风险广泛存在的今天，遵循当下的刑法体系以及自身的内在逻辑使得刑法不能有效发挥其利器的功效，反而会陷入刑法缺乏理性的困境。乌尔斯·金德霍伊泽尔认为：“应该坚信，对安全的追求是合法的。安全是一项人权，这项人权将从根本上表明国家及其垄断权力的存在是合法的。那些认为应该忽略或者根本否定风险社会的危险的态度显然是错误的。”[②] 面对风险社会人们对安全的迫切需求，风险刑法理念必不可少，随着讨论的逐渐深入，我国大多数学者开始逐渐重视风险刑法理论。如陈兴良教授认为：“如果刑法面对‘风险社会’无动于衷，毫无作为，那么这样的刑法肯定是不可取的。”[③] 齐文远教授、卢建平教授、陈晓明教授等也持相似观点。[④] 为了防范社会风险，风险刑法通过对法益更为前置的保护达到其目的，刑法所划定的犯罪圈不可避免地发生变化，由此也产生了刑罚处罚的早期化（前置化）的要求。如有学者认为：“世界各国刑罚处罚的早期化主要表现为：增加危险犯的规定，……处罚对预备、未遂的教唆、帮助，增加持有型犯罪，等等。”[⑤] 所以笔者认为，面对风险社会中食品安全犯罪的迅猛发展，为了更加周延地保护法益将食品安全犯罪的相关帮助行为实行行为化符合风险刑法理论法益保护前置化的基本要求，刑法有必要将这些帮助行为直接纳入犯罪圈。

---

① 转引自刘明祥《“风险刑法”的风险及控制》，《法商研究》2011 年第 4 期。

② ［德］乌尔斯·金德霍伊泽尔：《安全刑法：风险社会的刑法危险》，《马克思主义与现实》2005 年第 3 期。

③ 陈兴良：《“风险刑法”与刑法风险：双重视角的考察》，《法商研究》2011 年第 4 期；陈晓明：《风险社会之刑法应对》，《法学研究》2009 年第 6 期；劳东燕：《公共政策与风险社会的刑法》，《中国社会科学》2007 年第 3 期。

④ 参见齐文远《刑法应对社会风险之有所为与有所不为》，《法商研究》2011 年第 4 期；卢建平《风险社会的刑事政策与刑法》，《法学论坛》2011 年第 4 期；陈晓明《风险社会之刑法应对》，《法学研究》2009 年第 6 期。

⑤ 张明楷：《刑事立法的发展方向》，《中国法学》2006 年第 4 期；利子平：《风险社会中传统刑法立法的困境与出路》，《法学论坛》2011 年第 4 期。

（二）彰显二元的行为无价值论的基本理念

行为无价值论与结果无价值论的争论由来已久，随着争论的持续深化，持一元论行为无价值论的学者已不多见。在现代刑法学理论中，主要存在二元的行为无价值论和结果无价值论之间的对立。结果无价值是指："违法性的根据在于行为造成了法益侵害或者危险结果，即结果恶才是违法性的根据。"[①]二元的行为无价值虽然也承认对于违法性的判断，应以结果无价值为基础，但其认为："犯罪的对象基准是：行为以及结果，其中对行为的评价是核心。"[②]笔者认为二元的行为无价值论更具有合理性。首先，无论是对犯罪构成持传统四要件理论的学者还是三阶层理论的学者，对违法性的判断是必须面对的问题。对此，二元的行为无价值理论能涵摄行为的结果和具有高风险的行为。有学者就分析道："（二元的行为无价值理论）不仅从理论上能够自洽，而且充分吸收了法益侵害原理的合理之处，紧扣当前中国社会的现实，因而具有合理性。"[③]其次，在风险社会中，为了预防实害结果的发生，刑法有必要将被禁止可能带来巨大不可逆转风险的行为直接入罪，坚持风险刑法理论没有理由排斥行为无价值论："这意味着刑法评价或非难的结果转为行为本身，即以行为不法作为刑事不法的核心。"[④]因此这种理论能够成为刑法惩治前置化的重要依据。最后，即使是持结果无价值论的学者也不得不承认行为无价值有其合理性，结果无价值论对行为无价值论的许多批评意见是不能成立的。如张明楷教授就这样深刻分析过。[⑤]二元的行为无价值论强调以对行为的评价为核心来确定犯罪对象的基准，所

① 张明楷：《行为无价值的疑问——兼与周光权教授商榷》，《中国社会科学》2009 年第 1 期。

② 周光权：《违法性判断的基准与行为无价值论——兼论当代中国刑法学的立场问题》，《中国社会科学》2008 年第 4 期。

③ 同上。

④ 陈晓明：《风险社会之刑法应对》，《法学研究》2009 年第 6 期。

⑤ 参见张明楷《外国刑法纲要》，清华大学出版社 2007 年版，第 146 页。

以在我们应对食品安全犯罪刑法困境的过程中，将食品安全犯罪的相关帮助行为直接规定为实行行为，不仅考虑到这种对法益造成切实威胁甚至是已经侵害法益的渐趋常态化的帮助行为在结果上对法益价值的否定，而且同时在对犯罪对象基准的评价上进一步强调对这些帮助行为本身性质的评价并以之为核心，如此符合二元的行为无价值论的基本理念。

（三）符合宽严相济刑事政策的基本精神

“宽严相济”刑事政策既是一项刑事司法政策，也是一项刑事立法政策，包括“宽”和“严”两方面的内容。“‘宽’是指宽大、宽缓。主要表现为非犯罪化、非刑罚化和刑罚轻缓化三个方面。宽严相济中的‘严’是指严格、严厉。主要表现为犯罪化、刑法严厉化和刑法的必然性三个方面。”①在“轻刑化”思想迅速扩展的今天，人们似乎更加重视对“宽”的强调而忽视了对“严”的关注。但事实上，“宽”和“严”应是统一的。姜伟教授就很深刻地分析过“宽”和“严”之间的关系：“宽严相济中的‘宽’与‘严’是对立统一的，两者的区别不是目的，区别的目的在于对社会危害性程度不同的犯罪做出严厉程度不同的刑事制裁，并由此达到预防犯罪的功效。”②从我国刑法对犯罪的规定来看，其中既存在从宽不够的问题，也存在从严不够的问题。其中，刑法对食品安全犯罪的规定就属于从严不够。在暴利的诱惑下，许多不法分子违背良心从事食品安全犯罪活动，给人们的身体健康造成了重大损害。面对食品安全犯罪泛滥的现实状况，宽严相济的刑事政策“严”的一面应该发挥作用，通过帮助行为实行行为化的刑事立法扩大食品安全犯罪的犯罪圈，迫使相关犯罪人在利益冲突时放弃其将要实行或者正在实行的犯罪，达到一般预防的刑罚目的。

---

① 康均心：《和谐社会建设与宽严相济的刑事政策》，载赵秉志、种松志、韩豫宛主编《宽严相济刑事政策与和谐社会构建》，中国法制出版社 2009 年版，第 37 页。

② 姜伟、卢宇蓉：《宽严相济刑事政策的辩证关系》，《中国刑事法杂志》2007 年第 6 期。

（四）刑法条文可操作性的迫切需求

是否具有切实的可操作性是评价某种立法模式是否合理的重要标准。对此，学者们曾围绕协助组织卖淫罪帮助行为实行行为化展开激烈讨论。反对者认为“将协助组织卖淫罪单独定罪，会造成司法实践中的定罪困难。……在有些情况下，‘组织’与‘协助组织’之间的界限难以区分”[①]。赞成者的观点与此相反，认为帮助行为实行行为化后的协助组织卖淫罪“不会增加认定困难”[②]。笔者同意第二种观点。一方面，在我们将食品安全犯罪的相关帮助行为实行行为化之后，在特定情况下区分是构成原正犯还是实行行为化后的帮助犯确实存在困难，但是这种困难本就存在，即使没有这种实行行为化的立法，我们仍然要面对食品安全犯罪正犯和帮助犯的区分，实行行为化的刑事立法只是使得这种困难更加外现；另一方面，面对理论界对片面正犯理论的质疑。[③]食品安全犯罪中的帮助行为实行化，可以使得法官在惩罚片面帮助犯时获得法律适用上的依据，更好地打击食品安全犯罪。由此看来，食品安全犯罪相关帮助行为实行行为化不仅不会增加认定上的困难，对于刑法的可操作性还大有裨益。

四　走出食品安全犯罪刑法困境的路径选择

通过对食品安全犯罪相关帮助行为实行化进行论证之后，在刑法修正的过程中如何具体操作就是我们下一步需要解决的问题。由于我国采取统一刑法典的立法模式，这也使得我们在将食品安全犯罪的相关帮助行为实行化的过程中照搬西方行政刑法对于食品安全犯罪的规

① 郑先兰、董先乐：《协助组织卖淫不宜单独定罪》，《人民检察》2004年第2期。

② 茹士春：《论帮助行为单独定罪——以协助组织卖淫罪与组织卖淫罪的切分为例》，《中国刑事法杂志》2011年第1期。

③ 参见王志远《共犯制度的根基与拓展——从“主体间”到“单方化”》，法律出版社2011年版，第140页；夏勇、罗立新《论非共犯的帮助犯》，《法学杂志》2000年第3期。

定并不合适。对此，我们不妨做适当的变通，从现行刑法条文中寻找解决办法。

以协助组织卖淫罪，就是典型地把帮助行为实行化："立法上为了防止法官引用从犯的规定，对帮助犯处罚过轻，而在该条第3款将协助组织卖淫的行为规定为独立的罪名，协助组织卖淫行为和组织卖淫行为之间就不再有共犯与正犯上的从属关系。"[①]通过刑法总则所规定的对帮助犯的处罚已经不能满足保护法益的要求时，立法者往往将帮助行为类型化并直接规定为正犯，赋予其独立的罪名，通过这种方法严厉打击此类犯罪。这种立法模式学界一般也称之为帮助犯的正犯化。[②]其实也就是帮助犯的实行化。

从我国刑法体系内部来看，帮助犯正犯化的立法模式并不鲜见，大致可以分为两类：第一类是在规定正犯行为的基础上，将帮助行为等共犯的行为明确规定为独立的犯罪，资助危害国家安全犯罪活动罪、资助恐怖活动罪以及容留卖淫罪就是其中典型的代表；第二类是不规定正犯行为，但是却将帮助行为等共犯行为明确规定为独立的犯罪，其中帮助毁灭、伪造证据罪就是其中典型的代表。从国际刑法以及其他国家的刑事立法来看我们也并不孤单，一方面在国际刑法打击恐怖主义犯罪的规定中，2000年联合国大会开始签署的《联合国压制资助恐怖主义公约》以及2011年通过的第1373号决议就将资助恐怖主义活动的行为规定为犯罪；[③]另一方面在其他国家刑法典中我们也可以看到帮助犯正犯化的身影，例如德国刑法典第180条规定的促使未成年人为性行为罪、181条a规定的介绍娼妓罪以及第219条b规定的销售中止妊娠工具罪以及日本刑法100条规定的帮助脱逃罪、101条规定的看守人员帮助脱逃罪、138条规定的海关职员走私或者允许走私罪以及自杀关联罪等。对此情况，有学者论证道："应该说，'共犯正犯化'

① 陈兴良主编：《刑法总论精释》，人民法院出版社2011年版，第515页。

② 参见张明楷《刑法学》，法律出版社2011年版，第1023页。

③ 参见王世洲主编《现代国际刑法学原理》，中国人民公安大学出版社2009年版，第566—567页。

的立法模式，是国际社会企图前置可罚时点，加大法益保护力度，有效防卫社会的立法趋势的具体表现。”[①]所以笔者认为，以国内外刑法对帮助行为实行化的立法模式来看，在解决我国食品安全犯罪面临的刑法困境的过程中，我们可以根据帮助犯的正犯化的立法模式，将食品安全犯罪中生产、销售行为的相关帮助行为正犯化，区别于原正犯规定单独的“协助”罪名。

在具体操作上，以生产、销售有毒、有害食品罪为例，我们可以比照协助组织卖淫罪的模式，在刑法第144条之后增加一款，规定协助生产、销售有毒、有害食品罪，罪状为：协助生产、销售有毒、有害食品罪的，处罚金；对人体健康造成严重危害或者其他严重情节的，处五年以下有期徒刑并处罚金；致人死亡或者有其他严重情节的，处五年以上十年以下有期徒刑并处罚金，如此不失为我们解决食品安全犯罪刑法困境的可行途径。

［本节原以《法益保护前置：刑法对食品安全保护的路径选择——以帮助行为正犯化为研究视角》为题，载于《北京师范大学学报》（社会科学版）2013年第5期。此次收入略有修改。作者姜敏为西南政法大学法学院教授］

第四节　食品安全犯罪的立法完善

在风险社会下，食品安全问题出现了新的类型和特征。为了加强对民众生命健康法益和社会公共安全法益的全面有效保护，我国刑法有必要扩大食品安全犯罪的主观罪过形式，特别是通过设立过失危险犯，实现食品安全犯罪中过失犯和危险犯的结合，避免刑法规范保护的阙如。

---

① 陈毅坚、孟莉莉：《“共犯正犯化”立法模式正当性评析》，《中山大学法律评论》2010年第2期。

一 食品安全犯罪的立法现状

（一）刑事立法的演变与应对

1979年《刑法》并没有直接关于食品安全的罪名，主要是通过生产、销售伪劣产品罪进行定罪量刑，这也与当时以计划经济为主的社会经济大背景相适应。在1997年《刑法》编纂时，食品安全犯罪有了自己的独立地位，反映出国家对食品安全问题的重视。但通过其被归类于破坏社会主义市场经济秩序罪的定位来看，立法者仍将食品安全犯罪的主要法益归结为制度法益。而近年食品安全问题出现了新的情况，既严重破坏了社会主义市场经济秩序，也侵害了公民的身体健康，更是造成了国民的社会不安全感。正如《全国人民代表大会法律委员会关于〈中华人民共和国刑法修正案（八）（草案）〉修改情况的汇报》所言："有的常委会组成人员、代表、部门和社会公众提出，近年来食品安全方面的违法犯罪出现了一些新情况，刑法有关规定应及时作出相应的调整……建议将刑法第一百四十三条修改为……"[①]为了实现在新的社会条件下对法益的有效保护和消除公民的不安全感，刑法对这种新的情势作出了积极回应。

在刑事政策的指引下，国家对食品安全犯罪展开了一系列打击：在立法层面上，国家在2011年的《刑法修正案（八）》中将生产、销售不符合卫生标准食品罪修改为生产、销售不符合安全标准食品罪，扩大了犯罪对象，增加了自由刑的刑期，取消了罚金刑数额的限制；同时修改了生产、销售有毒、有害食品罪，同样扩大了犯罪对象，提高了刑罚幅度，取消了罚金刑的限度。此外，增设了食品监管渎职罪，并相比普通渎职犯罪规定了更高的法定刑，增强了刑罚的威慑力。2013年进一步通过《最高人民法院、最高人民检察院关于办理危害食品安全刑事案件

---

① 李适时：《全国人民代表大会法律委员会关于〈中华人民共和国刑法修正案（八）（草案）〉修改情况的汇报》，《全国人民代表大会常务委员会公报》2011年第2期，第141页。

适用法律若干问题的解释》扩大了刑法对食品安全犯罪的规制范围。在司法层面上，2010 年最高人民法院、最高人民检察院、公安部以及司法部联合下发了《关于依法严惩危害食品安全犯罪活动的通知》，要求依法严惩危害食品安全犯罪活动。同年，最高人民检察院、公安部、监察部、商务部联合下发了《关于开展对行政执法机关移送涉嫌犯罪案件专项监督活动的工作方案》，坚决杜绝一些行政执法机关有案不移、以罚代刑的现象。从具有刑事政策指标意义的最高人民法院指导性案例中也可以看出，对于食品安全犯罪多处以严峻刑罚。

这一系列应对食品安全犯罪的措施，反映出犯罪化与重刑化的立法趋向，即通过扩大罪名和加重刑罚的方式应对当前的食品安全犯罪乱象。最高人民法院年度工作报告中的数据显示，各级法院审结的生产销售有毒、有害食品等犯罪案件数量从 2012 年的 1.4 万起下降到 2015 年的 10349 起。同时根据北京市二中院统计的数据，其下辖的 5 个基层法院在 2015 年、2016 年、2017 年审结的危害食品安全刑事案件数量分别为 372 起、249 起及 127 起。[①] 食品安全犯罪整体呈下降趋势，国人对食品问题的担忧有所缓解，犯罪化和重刑化取得了阶段性的成果。

（二）刑事立法的阙如与掣肘

通说认为，我国《刑法》第 144 条和第 146 条的主观罪过都仅限于故意，立法者当时的考量不得而知，但这种立法方式不利于建立缜密的法网，已有相当数量的学者对当下的刑法规定提出异议[②]。主观罪过范围的狭窄也给司法实践造成了一定困惑。由于实践中存在部分过失犯罪的情况，刑事立法以规制故意犯罪为主，对此缺乏应对，进而

---

① 以上数据来自人民法院网：https：//www.chinacourt.org/index.shtml，2019 年 1 月 10 日访问。

② 吴喆检察长在《论食品安全的刑法保护——以食品安全犯罪本罪的立法完善为视角》中指出，食品安全犯罪主观罪过范围过窄（《中国刑事法杂志》2011 年第 10 期）；刘媛媛教授在其《食品危险的刑法规制及其改进》中提出，食品安全犯罪主观调整范围过窄（《江西社会科学》2013 年第 10 期）；等等。

造成司法活动与依法治国思想背道而驰的现象。

目前针对被告人辩称自己主观心态属于过失的情况，司法审判中主要有3种处理方式：（1）以“明知”为理由，推断其主观上存在认知，然后以故意犯罪定罪，如案例一[①]；（2）对于相关责任人采取不立案起诉的方式，不追究其刑事责任，如案例二[②]；（3）直接忽略被告人的相关辩解，不作出回应，或不经过论证，直接予以排除，如案例三。[③]然而这些处理方式要么有违反罪刑法定之嫌，要么是对程序正义的破坏，难以有效发挥刑法的规范机能和社会防卫的作用。综上所述，食品安全犯罪的主观罪过扩大至过失具有学理上的基础和司法实践的需要。

在主观罪过包括过失的情况下，如何实现刑法的提前介入，即如何确保食品安全犯罪标准构成要件（危险犯）与过失的对接，值得深入研究。西原春夫先生曾经指出，社会的复杂化和高科技化使得一些犯罪一旦发生，结果就会造成不可估量的损失，因此不能等待造成实害结果之后再处罚，有必要对法益进行提前保护[④]。通过考察食品安全犯罪的立法例，就可以发现设立相关危险犯并非只是学者们的空谈，立法者也已经将其付诸法律制度的构建之中。我国现行食品安全犯罪一般既规定了危险犯，也规定了结果犯。以《刑法》第144条生产销售有毒、有害食品罪为例：“在生产、销售的食品中掺入有毒、有害的非食品原料的，或者销售明知掺有有毒、有害的非食品原料的食品的，

---

① 正阳县人民法院（2013）正刑初字第415号。在本案中被告人使用隔夜的剩米饭为学生做盒饭，但恰巧该剩米饭中感染了蜡样芽孢杆菌，结果造成29人食物中毒。法院以“被告人王某某明知在生产新米饭中加入剩米饭是不卫生行为，可能造成严重食物中毒的危害后果，仍继续实施该行为”为由，认定王某某的行为属于故意。

② 涞源县人民法院（2016）冀0630刑初字第115号。厨师王某甲误将亚硝酸盐当作碱面使用，导致67名就餐学生出现不同程度的中毒现象，但公诉机关并未对直接行为人王某甲提起刑事诉讼，仅追究了购买亚硝酸盐的饭店老板的刑事责任。

③ 佛山市顺德区人民法院（2015）佛顺法刑初字第3164号。在判决书中，法官直接以“经查，被告人冯某的辩护人所提上述辩护意见因与事实不符或与被告人的定罪量刑无关，本院不予采纳”这一句话，便排除了被告人的主张。

④ ［日］西原春夫：《日本刑法与中国刑法的本质差别》，黎宏译，载赵秉志主编《刑法评论》（第7卷），法律出版社2005年版，第123页。

处五年以下有期徒刑，并处罚金；对人体健康造成严重危害或者有其他严重情节的，处五年以上十年以下有期徒刑，并处罚金；致人死亡或者有其他特别严重情节的，依照本法第一百四十一条的规定处罚。”其标准的犯罪构成是危险犯，派生的犯罪构成属于结果犯。那么，如果食品安全犯罪的主观罪过扩展到过失，是否能够完全契合当前食品安全犯罪的规定呢？

目前学界的主流观点对此持否定意见[①]，原因在于我国传统过失理论以发生实害结果为中心，即过失行为必须导致实害结果的发生，才能构成过失犯罪。但如果仅在食品安全犯罪中增设过失结果犯，仍不足以实现刑法保护法益、预防犯罪的社会机能。如将上述案例二略微作以下改编：王某甲在给学生分发米饭的过程中，偶然遭遇监督部门的突击检查，有毒米饭被查获，食物中毒事故并没有发生，即仅发生了食物中毒的危险而没有发生实害结果。由于传统过失犯罪要求有实害结果发生，那么对于王某甲的行为应当如何规制呢？至少目前的刑法对于这种风险行为是无能为力的，借此笔者提出将过失犯和危险犯相结合的观点，通过在食品安全犯罪中设立过失危险犯的概念解决上述问题。也许有人会提出可以用《食品安全法》进行行政处罚，但行政罚由于其自身的局限性，很难达到彻底预防食品安全犯罪的目的，具体的论述将在本节第三部分展开。

二　食品安全犯罪中增设过失危险犯的必要性

（一）法益保护的必然要求

1997 年《刑法》设立食品安全罪之初，将其归入破坏社会主义市

① 张明楷教授在《“风险社会”若干刑法理论问题反思》中提出不赞成增设过失危险犯，主要原因在于过失危险犯会限制乃至剥夺公民的自由（《法商研究》2011 年第 5 期）。陈兴良教授在《过失犯的危险犯：以中德立法比较为视角》中虽然赞同过失危险犯的概念，但是认为在我国目前的双重制裁体制下，过失危险行为仍属于行政处罚的范畴，没有达到刑事处罚的程度（《政治与法律》2014 年第 5 期）。

场经济秩序罪一章中，如果以“《刑法》中罪名的归类是以保护的主要法益为标准”这一学界主流观点为基准，那么这从侧面反映出当时立法者认为食品安全犯罪侵害的法益仍然主要是一种财产类型的法益或者制度法益。但伴随社会主义市场环境的变化，食品安全犯罪侵犯的主要法益已经开始逐渐向生命健康和公共安全法益转移。可以说，食品安全问题第一次引起全社会的真正重视，是在2008年“毒奶粉事件”发生以后，这场席卷全国的灾难性事故所造成的创伤至今还没有抚平。因过失导致的食品安全犯罪并不比故意犯罪产生的危害后果轻微。在上述案例一和案例二中，被告人的过失行为均导致数十名学生食物中毒；2003年辽宁省海城市由被告人过失导致的“豆奶中毒”案件，造成292名师生严重中毒[①]。类似案例还有很多，除直接对生命健康和财产法益造成损失外，亦给社会造成巨大的不良影响。因此，从法益角度来看，过失行为和故意行为所造成的危害结果是没有区别的。那么既然《刑法》为了实现法益的提前保护，在故意犯中设立了危险犯，那么单独从客观方面来讲，对于过失犯也有必要设立危险犯，以实现对法益的缜密保护。

与此同时，由于食品安全犯罪中结果的不确定性，既不能准确预测行为产生结果的时间和具体内容，也加剧了危害结果的严重性，并导致刑法中罪责刑相适应原则难以准确适用。例如某些非法的食品添加剂除具有一般毒性外，还具有特殊毒性，如致癌、致突变、致畸等，典型代表是亚硝酸盐。如果超量摄入会使血红细胞携氧量下降，导致生物体窒息，引发急性中毒，同时其又被世界卫生组织国际癌症研究机构列为2A级致癌物质，有诱发癌症的严重危险。然而不确定性致癌因素又由于每个人原癌基因特性不同而会产生不同的结果，同时癌症也并不像急性中毒那样容易查明原因，且具有时间上的延后性和累积性。类似的还

① 参见吴喆《论食品安全的刑法保护——以食品安全犯罪本罪的立法完善为视角》，《中国刑事法杂志》2011年第1期。

有后遗症的情形，例如“日本森永奶品公司出售含砷奶粉中毒事件”。[①]因此，在司法实践中，特殊中毒由于自身的隐蔽性而难以被作为结果加重事由处理。以《刑法》第 143 条生产、销售不符合安全标准食品罪为例，除非导致急性中毒事件或者销售金额达到一定标准，被告人一般都是以普通的犯罪构成定罪受罚，而且相当一部分人被判处了缓刑。而“对人体健康造成严重危害”的派生的犯罪构成难以发挥其效用，从严格意义上讲，相当一部分被告人逃脱了法律的制裁，其后果是造成了刑罚威慑力的下降。为了改变食品安全犯罪中这一尴尬局面，刑法必须尽量提前介入，以期在实害结果发生前对此类行为进行规制，减少罪责刑相适应原则难以有效适用的情况。

因此，刑法有必要在食品安全犯罪中增设过失危险犯罪，以实现在过失情况下对法益的提前保护。同时，尽量避免刑法对于食品安全犯罪结果犯处罚不力的情况出现。

（二）新新过失论的必要组成部分

20 世纪 60 年代后期，为了应对公害、药害、企业灾害等现象频发的情况，日本学者提出新新过失论，日本最高裁判所也曾以“日本森永奶品公司出售含砷奶粉中毒事件”为例，承认新新过失论。新新过失论一方面扩大了预见可能性的范围，由具体转化为抽象即“危惧感”；另一方面对回避义务进行更为客观和具体的规定，甚至将其物化为规章制度，并且否定了信赖原则在食品安全领域的应用可能性。虽然其在处理交通事故等日常过失案件时存在极大地扩张过失犯成立范围的嫌疑，但在食品安全等广义的公害问题上，相比传统过失理论具有更强的合理性和可操作性，故其至少在食品安全等广义公害领域，

① 1955 年，日本森永奶品公司生产销售的罐头装奶粉中混有大量的砷，导致西日本一带许多婴儿砷中毒。当时查明原因后，对患儿进行了砷中毒针对性治疗，患儿基本痊愈，并一度断定不存在后遗症。但是直到 14 年后，1969 年大阪大学丸山博士通过调查研究，发表了《第十四年的访问》的研究报告，指出有患者存在的全身麻痹、神经障碍等症状是砷中毒的后遗症。

成为最契合风险社会语境的过失理论。日本学者藤木英雄以及板仓宏等学者亦持有此观点[①]。

此外，需要指出的是，由于旧过失论与新过失论均要求只有在行为人存在具体的预见可能性时，才存在探讨过失的基础，并引入信赖原则限制过失犯罪的范围。因此，在风险社会语境下，特别是在广泛存在分业加工的食品安全领域，由于难以认定行为人具备具体的预见可能性，并且基于在分业加工中信赖原则的适用，在食品安全领域很难追究被告人的过失责任。如上述案例二中，王某甲虽发觉米饭有异味，但其并不能预见到将会发生生产、销售有毒、有害食品罪所要求的具体结果（国内部分学者把具体的预见结果解释为符合构成要件的结果[②]），而且由于其与范某甲的分工作业，其亦有理由相信范某甲不会将亚硝酸盐置于碱面处，这也很可能是公诉机关并未追究其刑事责任的原因。不过王某甲由于自己的不注意，导致 67 名学生食物中毒，最终却不用承担刑事责任，这从社会道义上来讲是极不合理的，同样的案件若以新新过失论为理论依据进行判断，则不会得出这种违背常理的结论。

正如高桥则夫的主张："构成要件的结果，并不为过失犯中的行为规范奠定基础。"[③]新新过失论以结果避免义务为中心，一般适用于涉及公共安全的领域，由于该法益的重要性，行为人一般被科以更高的注意义务。这些注意义务超出了一般的社会生活中的注意义务，所以如果没有客观的、具有普遍约束力的判断标准，而仅以行为人的注意能力进行个别化判断，势必会造成司法实践中的混乱。故持新新过失论的学者主张将注意义务客观化为行为规范，如果行为人违反了行为规

---

① ［日］藤木英雄在其《刑法讲义总论》中主张新新过失论要与追究企业组织体过失责任相结合使用；［日］板仓宏在其《刑法总论》中指出新新过失论适用于现代性的过失犯罪。参见陈家林《外国刑法理论的思潮与流变》，中国人民公安大学出版社 2017 年版，第 227 页。

② 参见赵秉志《过失犯罪的基础理论问题探讨——以注意能力和注意义务为中心》，《过失犯罪基础理论》，法律出版社 2002 年版，第 38 页。

③ ［日］高桥则夫：《刑法总论》（第 3 版），成文堂 2016 年版，第 217—218 页。

范，则可以推定其制造了刑法所不允许的危险。在追究过失责任的时间点问题上，新新过失论的创立者认为，应该从其违反结果避免义务的时间点开始，追究行为人的过失责任。新新过失论的上述观点，就要求同样惩罚尚未造成实害结果的过失危险犯。

在食品安全领域能得出上述论断的具体原因是：新新过失论在处理食品安全问题时主张义务人要承担特殊保证义务。其根源在于食品安全犯罪的另一个特征"构造性"[①]，正如风险社会理论的创始人贝克所描述的那样："那些发觉每天喝的茶里面有滴滴涕，新买的蛋糕里有甲醛的人，处于一种十分不同的境地。他们的受害不是由他们自己的认知方式和可能的经验决定的。茶里是否有滴滴涕或者蛋糕里是否有甲醛，以及在哪里发生的污染这样的问题，就像这些物质是否并且达到多大浓度时会导致长期或短期的有害作用这样的问题，仍旧超出人们的认知。"[②]食品安全问题已经超出普通人的可感知范围，被害人不能依靠自身的生活经验规避这种侵害行为，而必须依赖于政府或媒体的宣传。

因此按照新新过失论的观点，在食品安全犯罪中，被害人处于一种与其他犯罪中被害人完全不同的地位，被害人不知道自己在何时、因为何事而遭到了侵害，也没有任何抵抗和规避的机会，可以认为被害人处于一种完全赤裸的状态。因此，食品生产商就负有特殊的保证义务：在主观上保持小心谨慎的态度，以确保生产的食物是完全卫生和安全的[③]。因此，任何的过失情况都是不被允许的。那么因为操作失误而生产出的不安全的食品在流通至消费者手中之前，亦有必要追究其过失责任，因为如果没有偶然的行政食品安全检查行动的介入，这

① ［德］乌尔里希·贝克：《风险社会》，何博闻译，译林出版社2004年版，第20页。

② ［德］乌尔里希·贝克：《风险社会》，何博闻译，译林出版社2004年版，第61页。

③ ［日］藤木英雄：《公害犯罪》，丛选功等译，中国政法大学出版社1992年版，第73页。

批食品势必会流入市场，导致食品安全事故的发生，也必然发生预料之中的危害。因此食品加工企业所承担的特殊的保证义务是追究其过失危险犯责任的基础。

对于为何藤木英雄并未在其著作《公害犯罪》中直接谈论过失危险犯的概念的质疑，笔者认为主要原因在于，当时日本在公害犯罪中已经设立了过失危险犯，且相关法条已被藤木英雄列于书后附页之中[①]。例如日本《公害罪法》第3条规定："凡无视业务上必要的注意义务，伴随工厂或事业单位的企事业活动而排放有损于人体健康的物质，给公众的生命或身体带来危险者，应处以二年以下的徒刑或监禁，或处以二百万日元的罚金。"同时日本《刑法修正草案》第211条规定："因过失而把毒物及其他有损健康的某种物质混入供给多数人饮食的物品，或者把这类毒物混入原料中或混入通过自来水供给公众饮用的水中及其水源中，对人的生命或身体造成的危险者，应处以一年以下的监禁或二十万日元的罚金。"故藤木英雄将讨论的重点置于新新过失论在公害犯罪中的应用上，即只要证明存在过失，则过失危险犯的成立顺理成章。此外，藤木英雄将民众的生命健康以及公共安全法益置于最优先保护地位的基本立场[②]，以及肯定民众对于企业的仅产生危险的行为的自救行为正当性的态度上，亦从侧面证明了其并不反对过失危险犯。

（三）预防食品安全犯罪的必要手段

刑法的社会机能之一是预防犯罪，因此若在食品安全犯罪中设立过失危险犯，那么其必须具有预防食品安全犯罪的功能。有学者认为过失危险犯并不具有预防的必要性：陈兴良教授考虑到由于过失危险犯仅仅是造成了对法益的危险状态，并没有实际侵害法益，虽然随着

① 参见［日］藤木英雄《公害犯罪》，丛选功等译，中国政法大学出版社1992年版，第158页。

② 参见［日］藤木英雄《公害犯罪》，丛选功等译，中国政法大学出版社1992年版，第99页。

科技的发展，过失犯的危害性不断提高，但是不能企图通过犯罪化来实现犯罪预防[①]；孙国祥教授认为，从主观上讲，过失犯罪的行为人主要是由于马虎大意，其并没有追求和放任结果发生的意愿，因此难以实现特殊预防的作用[②]。笔者认为，在风险社会的语境下，无论是故意犯罪还是过失犯罪，一旦发生实害结果，往往就会造成巨大的损失，因此即便是对于过失行为，也存在预防的必要性。对该问题的讨论要具体区分一般预防和特殊预防。

1. 一般预防的实现

首先，基于消极的预防理论，通过对犯罪人实施刑罚来达到一般预防的目的。过失犯罪中由于行为人不存在对危害结果的追求心理，故以结果为本位的传统过失犯罪理论在犯罪的一般预防方面表现得较为乏力，因此有必要通过设置过失危险犯罪，使得行为人在意图违反注意义务的时间点上就感受到刑罚的威吓力，以实现一般预防的目的。其次，结合积极的一般预防理论，并非把犯罪人当作展示刑罚残酷性的工具，而是通过缜密的法律体系，达到对公民的教育作用，目的不在于告诫人们什么样的行为是无价值的，而在于培养公民对法秩序的忠诚，以实现一般预防的目的。就如同《刑法修正案（八）》实行之后，在整个社会层面上培养出了喝酒不开车的优良习惯，大大减少了因酒驾导致的交通事故数量。而在食品安全犯罪中，则表现为使行为人养成法律法规所要求的谨慎小心的态度，从而在整个社会层面上减少过失犯罪的发生。

2. 特殊预防的实现

首先，考虑刑罚最基本的特殊预防功能，即通过自由刑、财产刑等方式限制或剥夺行为人再犯的条件，同时通过刑罚对行为人制造痛苦感，对其产生威慑力以达到特殊预防的目的。其次，受“过失性

---

① 参见陈兴良《刑法哲学》，中国政法大学出版社 1992 年版，第 191 页。

② 参见孙国祥等《过失犯罪导论》，南京大学出版社 1991 年版，第 132 页。

格”[①]论分析的启发，笔者认为可以从犯罪人类学出发进行分析。虽然龙勃罗梭的天生犯罪人理论受到彻底的批判，但是犯罪人类学并没有止步不前，反而伴随着生物科学的发展取得了新的进展。“特殊预防刑罚理论之父”冯・李斯特认为“事实上并不存在所谓的天生犯罪人，也就是说，犯罪人并没有形成一个统一的人类学类型”“同样也不存在所谓的犯罪人大脑”[②]。李斯特认为并不能以器官为标准进行犯罪人的划分，但是存在一种“神经退化”的现象，这不同于精神疾病，仍然属于刑法的研究范围。这种退化可能来自遗传，也可能是后天的营养不良或者疾病造成的，但并不是一种实施犯罪的基因，而需要与社会因素相结合才能产生作用，主要的表现形式是中枢神经的抵抗力减弱，平静的生活易受彻底的干扰。李斯特主张要对这类人进行特殊的规制。德国精神病学家施耐德也持有类似的被命名为“精神病质学”的观点，他认为精神病质属于性格异常，而非精神病。在他的分类中具有爆发型、寡情型和意志薄弱型特征的人，被定义为危险性高的人[③]。虽然以上论述有些抽象，但只要通过观察身边的人，就一定能得出每个人的性格都是不同的结论，有的人严格谨慎，而有的人马虎大意。储槐植教授主张通过过失危险犯来建立一种规制和诱导机制，培养严谨的工作作风，以减少再犯的情况[④]。笔者同意这种观点，但是在特殊情况下，笔者认为有必要通过适用资格刑的方式，彻底避免再犯。在涉及重大公共安全法益的场合，如果行为人在出现过失危险犯罪之后，经由科学的医学检测，确实存在性格上的某些缺陷，以至于不能继续进行安全的操作，则应该以资格刑的方式对其进行限制。这是由食品安全犯

① 储槐植、蒋建峰：《过失危险犯之存在性与可存在性思考》，《政法论坛》2004 年第 1 期。

② ［德］冯・李斯特：《论犯罪、刑罚与刑事政策》，徐久生译，北京大学出版社 2016 年版，第 226 页。

③ 参见［日］川出敏裕、金光旭《刑事政策》，钱叶六等译，中国政法大学出版社 2016 年版，第 39 页。

④ 参见储槐植、蒋建峰《过失危险犯之存在性与可存在性思考》，《政法论坛》2004 年第 1 期。

罪的特殊地位所决定的，由于该领域涉及的法益重大，会对消费者的身体健康产生直接且不明确的长期侵害，且被害人难以依靠自己的知识能力规避风险。因此，应该对该领域的工作人员提出更高的要求，既包括一定的技术能力，也包括性格健全。

（四）前瞻性立法的必要举措

从宏观方面来看，要实现风险社会语境下的风险规避，就必须进行前瞻性的立法。虽然刑法要立足于当前的社会条件，但社会是在不断加速发展的，特别是在科技高速发展的当下，新的违法活动类型不断涌现，如果坚持被动式的立法技术，一方面会造成法益保护不及时的被动局面，另一方面也会导致刑法的朝令夕改，破坏民众对法秩序的信赖感。对此陈兴良教授认为，超前立法能反映未来社会发展趋势以及犯罪化特点，有利于保障刑法的相对稳定性[①]。因此，如果存在避免被动性的可能时，就应当最大限度地变被动为主动，进行前瞻性的立法，这也符合刑事立法的功利性目的。[②]

当前我国的食品安全犯罪问题虽然还是以故意犯罪为主，但随着社会的发展，特别是民众诚信理念的增强，食品安全犯罪将主要集中在过失领域，这一点从当下德、日等发达国家（地区）的案例中就可以得到印证[③]。有句民谚说“太阳底下没有新鲜事”，世上的很多事情都是有规律可循的，今天在这里发生的事情，可能在别的地方早就出现过。例如日本20世纪六七十年代经济腾飞带来的环境污染问题，在当下的我国也得到了重现。在食品安全领域也是如此，如1984年我国台湾地区就出现了“毒奶粉”事件，二十多年后的大陆地区也出现了类似情况。随着我国经济、社会的全面发展，特别是伴随着近年国家大

① 参见陈兴良《我国刑法立法指导思想的反思》，《法学》1992年第7期。

② 参见田鹏辉《论风险视野下的刑法立法技术——以设罪技术为视角》，《吉林大学社会科学学报》2009年第3期。

③ 参见房清侠《食品安全刑法保护的缺陷与完善》，《河南财经政法大学学报》2012年第2期。

力推行的社会诚信体系建设，我国也必然会面临这种境况。为了防止未来出现无法可依的情况，就有必要借鉴日本等法治先行国家（地区）的立法例，通过在食品安全犯罪中增设过失危险犯，以实现缜密法网的编织。

三　食品安全犯罪中增设过失危险犯的可行性

（一）符合《刑法》总则关于过失犯罪的规定

符合我国《刑法》总则关于过失犯罪的规定是立法的前提。我国《刑法》第 15 条是关于过失犯罪的规定，其内容为："应当预见自己的行为可能发生危害社会的结果，因为疏忽大意而没有预见，或者已经预见而轻信能够避免，以致发生这种结果的，是过失犯罪。"那么立法规范要求的结果是否包含有危险状态呢？虽然张明楷教授认为此处的结果只能理解为实害结果[①]，但是笔者认为应当基于实质解释论和目的解释论的立场来理解上述法律规范。首先，从实质解释论来看，刑法的目的是保护法益，而危险状态和实害结果只是对法益的侵害程度不同，两者并无本质区别。高铭暄教授也认为危险犯和实害犯同是结果犯，只是结果不同[②]。其次，从目的解释论来看，需要通盘考察相关法条所包含的法的规范保护目的，才能够确定法益保护的内容。既然《刑法》分则中存在诸如第 124 条第二款过失损坏广播电视设施、公用电信设施罪等过失危险犯的立法例，那么总则中的结果也理应包含造成危险状态的情况，这样才不会出现总则与分则之间的矛盾，以实现法秩序的统一。

（二）不违背刑法的谦抑性原则

刑法的最后手段原则来源于比例原则，并在德国取得了巨大的发

---

① 参见张明楷《"风险社会"若干刑法理论问题反思》，《法商研究》2011 年第 5 期。

② 参见高铭暄主编《中国刑法学》，中国人民大学出版社 1989 年版，第 169 页。

展，在日本类似的概念被称为谦抑性原则。耶塞克教授指出，最后手段原则具有两个含义："从广义上说，是非犯罪化思想；从狭义上说，是非刑罚化的思想。"[①]笔者认为，在风险社会中，公共安全法益被置于极其重要的地位，需要动用刑罚以实现对其缜密的保护。储槐植教授也认为，由于风险社会的到来，公共安全法益变得极为重要，所以危害公共安全的危险行为，也被提升到值得刑法处罚的地位[②]。在我国的双罚体制下，刑罚和行政处罚有着质的区别，行为人一旦遭受过刑罚处罚，在职业选择、社会诚信积累等多个方面都会受到很大程度的限制。因此相较于行政处罚，刑罚有着更强的威慑力，通过酒驾行为由行政处罚上升为刑罚后酒驾数量明显下降这一现象就可见一斑。在行政法体系中，对于食品安全事故的相关责任人一般只能处以警告、通报、拘留、吊销证照、罚款等惩罚措施，对于行为人来说并没有特别重大的影响，很难促使其深刻反省，这也是部分黑心厂商违法行为屡禁不止的原因。因此行政罚无论是在行为性质的评价上，还是处罚的质量上，都与刑罚存在差距。

同时，还存在行政执法不严的问题，也在侧面为刑法的介入提供了条件。我国现实生活中存在不少已经达到追究刑事责任的程度，却仅仅受到行政处罚的情况。其中一个重要原因就是行政执法不严导致案件移送率低下，而这种不正之风在食品安全犯罪领域表现得尤为明显。2010 年工商部门在种植养殖、食品生产加工、商贸流通、餐饮服务等环节总共查获违法违规行为 13 万起，取缔和停产相关企业 10 万余家，但是同年全国审结的食品安全犯罪案件仅有 119 起[③]。由此反映出食品安全犯罪领域的案件移交率之低，大大削弱了刑法的威慑作用。此外，我国一些地方政府行政官员政绩意识根深蒂固，为了保障地区

---

① 王世洲：《刑法的辅助原则与谦抑原则的概念》，《河北法学》2008 年第 10 期。

② 参见储槐植、蒋建峰《过失危险犯之存在性与可存在性思考》，《政法论坛》2004 年第 1 期。

③ 参见王峰、陈虹伟《严刑围堵食品安全犯罪》，http：//www.legaldaily.com. cn/integrity-observe/content/2013-07/31/content_4713105.htm，2013 年 8 月 5 日访问。

经济发展，对于企业的监管往往是睁一只眼、闭一只眼，这种观念直到今天仍然没有明显改善。

以上内容进一步印证了藤木英雄曾经指出的情况："在事故发生前通过行政罚则的灵活运用将事故防止于未然才是根本之策，但在行政制裁的机能尚不能发挥的现在，依靠业务上过失致死罪的处罚实施事故防止机能，虽属不得已，也是势所必然。"[①]由于我国食品安全犯罪案件一般是通过相关行政机关向司法机关移送的，所以必须承认如果行政监管没有切实负起责任，那么在刑法中增设过失危险犯罪也不能发挥直接地规制犯罪的作用，但是至少可以通过刑罚对行为人产生侧面的威慑作用，以期达到预防的目的。如果对过失危险行为仅科处行政罚，那就无异于隔靴搔痒。

刑法的谦抑性原则包括非犯罪化、非刑罚化和轻刑化三个方面[②]，因此除在立法阶段适用谦抑性原则外，在司法阶段同样可以适用谦抑性原则。只要在司法阶段灵活运用好不起诉制度和缓刑制度，同样也可以满足非刑罚化的要求。

四　食品安全领域中过失危险犯的制度构建

（一）构建严密舒缓的刑法体系

通过在食品安全领域中设立过失危险犯罪，可构建出一个缜密的法网，实现对法益的全面保护，正如贝卡利亚所言："对于犯罪最强有力的约束力量不是刑罚的严酷性，而是刑罚的必定性和不可避免性。"[③]但同时由于过失危险犯罪主观上没有追求和放任结果发生的故意，客观上也没有造成实害结果，因此其责任较轻，按照罪责刑相适应原则的要

① 曹菲:《管理监督过失研究——多角度的审视与重构》, 法律出版社 2013 年版, 第 12 页。

② 参见姜雯《刑法的最后手段原则之解读》，《法学论坛》2011 年第 2 期。

③ ［意］贝卡利亚:《论犯罪与刑罚》, 黄风译, 中国大百科全书出版社 2002 年版, 第 59 页。

求，其刑罚的设计也应该相较于故意危险犯更为轻缓，可以考虑以短期自由刑和罚金刑为主。同时在量刑上除单一考察货品总价值以外，还要考量企业的营业状况和市场占有率，相较于微小企业，对于那些市场占有率高、影响力大的企业，应当科处更重的刑罚。这并不是对责任原则的违反，反而是对责任原则的切实履行。依据在于大企业的商品消费量大，而且范围广，其危险行为造成的危害可能性更大，即便是同样货值的食品，大企业的产品也会在更短时间内被消费者购买消费，减少了被市场监督管理局查获的可能性，进而产生更大的危险性。

（二）强化行政监督制度

由于过失危险犯罪只是产生了一种危险状态，尚无实害结果的发生，故曾经在发生食物中毒事故后，再着手进行调查取证的传统侦查制度不再适用，且这种被动式的行政监管机制，也不能满足风险社会语境下的社会需要。故必须以强有力的行政监督为依托，通过日常的食品安全检查工作，及时发现已产生食品安全风险的行为，对于有可能构成过失危险犯的案件，应及时移送司法机关，这样才能更有效地发挥设置过失危险犯罪保护法益、预防犯罪的目的。

（三）完善刑罚中的资格刑

资格刑在应对风险社会问题时，具有天然的优势，其兼具惩罚、警戒和防卫的功能。对于食品安全犯罪而言，资格刑可以暂时或永久地剥夺犯罪人再犯的能力。2015 年《刑法修正案（九）》中对资格刑作出了规定："因利用职业便利实施犯罪，或者实施违背职业要求的特定义务的犯罪被判处刑罚的，人民法院可以根据犯罪情况和预防再犯罪的需要，禁止其自刑罚执行完毕之日或者假释之日起从事相关职业，期限为三年至五年。"笔者认为，这种总则中的规定稍显笼统，主要缺陷是资格刑的期限过于局限，难以适应司法实践的需要，应进一步扩大资格刑的期限范围，并将永久性资格刑纳入其中。此外，应尽量将资格刑规定于《刑法》分则各罪名之后，并根据不同的构成要件划定不同的资格刑期限，以提高司法实践中的可操作性。在行政法规中也存在资格刑，但受行政处罚性质的影响，作为刑罚的资格刑具有更强的威慑力[①]，其主要原因在于犯罪的附随负面效应。资格刑可以说是一种强力限制犯罪人自由的惩罚措施，具有极强的严厉性，与一般行政处罚中的警告、罚款等措施具有本质上的区别。特别是永久性的资格刑，可能直接就将犯罪人的谋生手段画上了句号。因此笔者认为，可以考虑将行政罚中的资格刑逐步转移至刑罚中，设立刑罚资格刑。

（四）规范适用罚金刑

从刑事政策上考量，罚金刑是一种适用于过失犯罪和轻罪的刑罚方式，作为刑罚的罚金刑要具有威慑力才有意义。[②]但《刑法修正案（八）》取消了生产、销售不符合安全标准食品罪和生产、销售有毒、有害食品罪中罚金刑的限制，完全由法官自由裁量，这虽然从侧面反映出立法者对食品安全犯罪重拳打击之势，但是有违反罪刑法定之嫌。因此在为食品安全犯罪中的过失危险犯罪设计罚金刑时，应当规定具体的上下限，具体的金额考量应以货值为基准，设定为两倍以上、十倍以下为宜。

（五）规范法律条文的表达方式

在法条的表达方式上，笔者认为应当参考《刑法》第124条过失损坏广播电视设施、公用电信设施罪的规定，即在基本和加重犯的规定之后，增加“过失犯前款罪的，处……”以生产、销售有毒、有害食品罪为例，可在《刑法》第144条之后增加“过失犯前款罪的，处五年以下有期徒刑；情节轻微的，处三年以下有期徒刑或者拘役”，这

① 参见骆群《我国食品安全犯罪的立法变革及发展趋势》，《社会科学辑刊》2013年第4期。

② 参见［日］川出敏裕、金光旭《刑事政策》，钱叶六等译，中国政法大学出版社2016年版，第74页。

样可以保持刑法典内格式的统一性。

（本节原以《食品安全犯罪的立法完善——以过失危险犯为分析视角》为题，载于《河南社会科学》2019 年第 6 期。此次收入略有修改。作者付玉明为西北政法大学刑事法学院教授，李泽华为北京师范大学刑法学博士研究生）

第五节　食品药品安全犯罪刑事立法的调整对象

2012 年 4 月 15 日，央视《每周质量报告》播出节目《胶囊里的秘密》，曝光河北一些企业用生石灰处理皮革废料进行脱色漂白和清洗处理，随后熬制成工业明胶，卖给浙江省新昌县药用胶囊生产企业，最终流向药品企业，进入消费者腹中。据检测，这些由工业明胶制成的空心胶囊存在重金属铬含量超标问题，其中超标最多的达 90 多倍。[①]报道播出后，在全国引起轩然大波。显然，这是继“三聚氰胺毒奶粉”“瘦肉精”“地沟油”等之后食品、药品安全领域的又一重大事件。“毒胶囊”不仅牵动着社会大众、政府部门的神经，同时也引起法律人的思考。“毒胶囊”事件的司法定性，关键在于确定空心胶囊是属于食品还是药品，这就涉及食品、药品安全刑法调整中的对象及其区分问题。关于这一问题，目前我国的刑法学界并无深入涉及。本节拟以“毒胶囊”事件为例，对这一问题展开分析。

一　刑法规范视野下食品与药品之区分

关于空心“毒胶囊”的规范属性，以及生产、销售、使用空心“毒胶囊”的刑法定性中，最为核心的问题在于空心胶囊究竟是属于食

① “铬”是一种毒性很大的重金属，容易进入人体细胞，对肝、肾等内脏器官和 DNA 造成损伤，在人体内蓄积具有致癌性并可能诱发基因突变。参见吴杭民《毒胶囊再次重演“媒体曝”》，《法制日报》2012 年 4 月 17 日。

品还是药品，只有在这一问题得到明确之后，才有可能进一步探讨生产、销售、使用空心“毒胶囊”的司法认定。而这涉及一个更为前提性的问题，即从刑法的角度如何准确区分食品与药品。

（一）食品与药品之区分在于其是否“以治疗为目的”

在社会民众的日常观念中，食品是指商店出售的经过加工制作的可以充饥的东西。[①]根据这一概念，食品必须具备三个要素：商店出售、经过加工制作以及用于充饥。显然，这一理解下食品的外延非常狭小。比如，它无法涵盖通过地下渠道（或自己）销售的食品，无法涵盖未经加工制作的食品原料，也无法涵盖冒充食品、根本不能称作食品的有毒、有害物质。但是，行为人生产、销售上述物品无疑具有严重的社会危害性，需要法律予以惩处。于是，无论理论界还是立法层面，都对食品进行了重新界定。比如有学者指出：“食品是泛指能通过人体消化系统，被人体消化吸收，能满足人体生理需求和营养需要的一切物品。”[②]而根据《中华人民共和国食品安全法》(以下简称《食品安全法》)[③]第150条，食品，指各种供人食用或者饮用的成品和原料以及按照传统既是食品又是中药材的物品，但是不包括以治疗为目的的物品。这一立法层面的界定使得食品不再受到销售场所、加工制作以及功能（充饥）的限制，而以供人食用（或饮用）为核心，极大地扩大了食品的外延。正如立法者在《食品安全法》的释义中所指出的：“食品的外延进一步扩大，不仅包括经过加工制作的能够直接食用的各种食物，还包括未经加工制作的原料，囊括了农田到餐桌的整个食物链中的食品。”[④]据此，行政规范层面的食品实际上是指一切不以治疗为目的、可

① 《现代汉语词典》对食品的解释为“商店出售的经过加工制作的食物”，而对食物的解释为“可以充饥的东西”。参见中国社会科学院语言研究所词典编辑室编《现代汉语词典》（第五版），商务印书馆2005年版，第1239页。

② 赵秉志：《刑法分则问题专论》，法律出版社2004年版，第109页。

③ 本节涉及的《食品安全法》指2009年颁布的《食品安全法》。

④ 信春鹰主编：《中华人民共和国食品安全法释义》，法律出版社2009年版，第248页。

以为人食用（或饮用）的物品。

上述行政法关于食品的概念，不仅为刑法中食品的概念提供了依据，也指明了食品与药品区分的关键点。《中华人民共和国药品管理法》（以下简称《药品管理法》）[①]第100条指出，药品是指用于预防、治疗、诊断人的疾病，有目的地调节人的生理机能并规定有适应症或者功能主治、用法和用量的物质，包括中药材、中药饮片、中成药、化学原料药及其制剂、抗生素、生化药品、放射性药品、血清、疫苗、血液制品和诊断药品等。可以看出，药品的核心在于预防、治疗疾病。结合食品概念中"不包括以治疗为目的的物品"之表述，食品与药品的区别已经很明显，即本身是否以治疗疾病为目的。

（二）"以治疗为目的"的理解

从抽象的层面而言，"以治疗为目的"足以将食品与药品加以区分，但是随着社会的不断发展，实践中新情况、新问题的出现，使得这一抽象的区分标准面临着诸多挑战。比如，用来包装药品粉末的空心胶囊，应该认定为药品还是食品？这一认定，直接关系到最近发生的"毒胶囊"事件的刑法定性。显然，"以治疗为目的"这种颇为抽象的论断无法为空心"毒胶囊"的归属提供具体依据。因此，只有对"以治疗为目的"作更深入的剖析，才能真正把握食品与药品区别的关键点，并进一步为"毒胶囊"事件在可能涉嫌到的生产、销售假药罪，生产、销售劣药罪，生产、销售有毒、有害食品罪，生产、销售伪劣产品罪等多个罪名中找到精确的坐标。[②]那么，何谓"以治疗为目的"呢？我们认为，这主要包括以下三层意思：

---

① 本节涉及的《药品管理法》指2001年修订的《药品管理法》。

② 2012年5月3日，最高人民检察院侦查监督厅、公诉厅联合下发《关于依法严厉打击制售铬超标胶囊相关犯罪的通知》，《通知》指出，由于制售铬超标胶囊犯罪涉及多个环节，可能涉嫌生产、销售假药罪，生产、销售劣药罪，生产、销售有毒、有害食品罪，生产、销售伪劣产品罪等多个罪名，办案工作中要具体案情具体分析，根据案件事实和证据准确适用法律，正确认定罪名。

第一，物品的主要特性（而并非唯一特性）在于治疗疾病。我国一直有“医食同源，食药同用”这一中医学传统。在中医实践中，一些物品既是药品，又具有相当长的食用历史和较高的食用价值，比如，蜂蜜是众所周知的营养价值很高的食品，不仅可以直接食用，也可以作为医家良药。[①]但是，《食品安全法》将这些既是食品又是药品的物品归为食品。又比如，针对保健食品，《食品安全法》第75条规定，声称具有特定保健功能的食品应当具有科学依据，不得对人体产生急性、亚急性或者慢性危害。

第二，物品本身的性质具有独立治疗疾病的功能，而不是物理性地对其他物品治疗疾病起辅助作用。因此，用于诊断、治疗、预防疾病、调节人的生理机能或者代替人体器官的仪器、设备、装置、器官、植入物等医疗器械，用于诊断、预防、治疗疾病的纱布、药棉、缝线、绷带、一次性注射器等医用卫生材料，以及药品包装材料、容器等辅助材料，都不属于药品。我国刑法对于医疗器械和医用卫生材料的独立评价（《刑法》第145条规定了生产、销售不符合标准的医用器材罪，以区别于《刑法》第141条的生产、销售假药罪和第142条的生产、销售劣药罪），也证明了仅对治疗疾病具有辅助功能的物品不认定为药品。尽管上述物品同药品一样，为现代医疗活动所不可或缺，同时也为治疗疾病所必需，但是其自身的性质并不具有独立治疗疾病的功能，而仅仅是为了便于药品治疗疾病所进行的物理性辅助，因而并不等于药品，其只能属于药品相关产品或药品辅助产品。

第三，物品治疗疾病通过药理作用而实现。药理，系药物在机体内所起的变化、对机体的影响及其防治疾病的原理。[②]药理作用，就是药物与机体相互作用，通过药物在机体内吸收、分解、代谢、排泄

① 类似兼具药用和食用价值的物品还有麦芽、山药、百合、杏仁、无花果、生姜、桂皮、蛇等。

② 参见中国社会科学院语言研究所词典编辑室编《现代汉语词典》（第五版），商务印书馆2005年版，第1585页。

的过程引起机体功能的变化，从而消除原发治病因子，改善疾病症状，彻底治愈疾病。概言之，药品治疗疾病，需要影响机体功能，而引起机体功能变化的直接、最终目的就是改善或治愈疾病。显然，药品治疗疾病有着一套独特的运作机制，其更多是化学性的，且直接对疾病发生作用。如果无法与机体发生作用，或者与机体发生作用但该种作用并非直接指向疾病治疗，都不属于“以治疗为目的”。

二 药用空心胶囊的规范属性

应该看到，无论是我国的刑事立法者还是行政立法者，均未预见到空心“毒胶囊”这一社会事实的产生，因而在既有的法律框架下并未给空心“毒胶囊”留下空间，换言之，在我国现有的法律体系下，关于空心“毒胶囊”的法律属性，并没有明确的界定。但是，在上文就食品与药品区分这一前提性问题作出论述之后，有关空心“毒胶囊”的法律定性开始明晰。

（一）药用空心胶囊属于食品

胶囊，医药上指用明胶制成的囊状物，把味苦或刺激性大的药粉按剂量装入胶囊中，便于吞服。[①] 医学界的专家指出：“之所以药物要用胶囊包裹，一是避免受到空气污染，二是较容易吞咽，三是有些药物是肠溶性的，需要包裹胶囊延迟药物溶解速度，确保不被胃部消化。如果贸然拆掉胶囊服用药物，有可能影响药物的吸收，还有可能伤及胃部。”[②]这说明，药用空心胶囊之所以存在，一方面是为了保护药物的纯净性，避免污染；另一方面则是有利于患者服用，减轻服用者可能受到的伤害以及更好地发挥药效。而胶囊质量标准则已纳入《中华人民共和国药典》控制标准。据 2010 年版《中国药典》规定，生产药用胶囊所用的原料明胶至少应达到食用明胶标准。按照标准，

① 参见中国社会科学院语言研究所词典编辑室编《现代汉语词典》（第五版），商务印书馆 2005 年版，第 683 页。

② 陈玺撼等：《追踪“毒胶囊”》，《解放日报》2012 年 4 月 17 日第 5 版。

食用明胶应使用动物的皮、骨等作为原料，严禁使用制革厂鞣制后的任何工业废料。[①]

由此看来，药用空心胶囊的主要特性不在于治疗疾病，而是让药物健康、顺利、无害地进入人体；由于以动物的皮、骨等作为原料，因而根本不存在独立治疗疾病的功能，也无法与机体发生药理作用，而仅仅是物理性地辅助药物被人体吸收。从这个角度而言，药用空心胶囊所起的作用，与一次性注射器将药物输送进人体是一样的，只是前者将药物“输送”入人体之后自行溶解、消失，而后者则无法“全程陪同”药物。另外，医学上有些冲剂必须要温水冲服，而此时温水所起的作用无非是便于药物进入人体并加快吸收，其与空心胶囊的作用并无实质差别。显然，药用空心胶囊“不以治疗为目的”，应当属于食品。更准确地说，是一种药品功能性强化食品。

（二）药用空心胶囊不属于我国法律拟制的药品

尽管上文的分析已经表明，药用空心胶囊不是药品，但是，由于药用空心胶囊与药品的关系非常紧密，甚至有人指出：“药用空心胶囊不仅是一种简单的包装材料，而且是一种特殊的药用辅料。”[②]因此，药用空心胶囊的安全性非常重要，甚至在很大程度上决定了药品安全。这种情况下，我国法律是否对药用空心胶囊予以特殊关照，即类似于刑法对携带凶器抢夺拟制为抢劫那样，将药用空心胶囊拟制为药品？这是一个值得研究的问题。

应该承认，在我国现有的法律规范下，药用空心胶囊存在被法律拟制为药品的种种表象。这主要表现在以下三个方面：第一，我国《刑法》第 141 条（生产、销售假药罪）第 2 款规定，本条所称假药，

---

① 因为使用工业废料加工制成的工业明胶往往含有大量铬。依据《中国药典》，药用胶囊铬含量不得超过 2 毫克 / 千克，而被曝的“毒胶囊”铬含量最高的达 181.54 毫克 / 千克。参见陈玺撼等《追踪“毒胶囊”》，《解放日报》2012 年 4 月 17 日第 5 版。

② 富子梅：《三问“毒胶囊”事件》，《人民日报》2012 年 5 月 7 日第 17 版。

是指依照《中华人民共和国药品管理法》的规定属于假药和按假药处理的药品、非药品。这说明，有些非药品在我国法律体系中是可以按照药品（假药）来认定的，这似乎可以囊括非药品的药用空心胶囊。第二，《药品管理法》第49条（关于劣药的规定）列举了按劣药论处的六种情形，[①]其中之一为“直接接触药品的包装材料和容器未经批准的”，药用空心胶囊系直接接触药品的包装材料，而部分企业采用工业明胶制售“毒胶囊”，确实属于未经批准，这似乎可以将“毒胶囊”以劣药论处。第三，国家食品药品监督管理局就四川省药品监督管理局关于空心胶囊有关问题的请示作出的《关于空心胶囊有关问题的批复》将原按药包材管理的药用空心胶囊按药用辅料管理，药用空心胶囊生产企业按药品生产企业管理。[②]这似乎也表明，药用空心胶囊就是一种药品。然而，如果对这些表象作进一步分析，则会得出不同的结论。

首先，依照《药品管理法》的规定能够按照药品（假药）论处的非药品，实际上仅限于“药品所含成分与国家药品标准规定的成分不符”和“以非药品冒充药品或者以他种药品冒充此种药品”这两种情形中的后一种情形，因为第一种情形和其他六种按假药论处的前提均

① 《药品管理法》第49条规定，禁止生产、销售劣药。药品成分的含量不符合国家药品标准的，为劣药。有下列情形之一的药品，按劣药论处：（一）未标明有效期或者更改有效期的；（二）不注明或者更改生产批号的；（三）超过有效期的；（四）直接接触药品的包装材料和容器未经批准的；（五）擅自添加着色剂、防腐剂、香料、矫味剂及辅料的；（六）其他不符合药品标准规定的。

② 国家食品药品监督管理局就四川省药品监督管理局关于空心胶囊有关问题的请示作出了《关于空心胶囊有关问题的批复》（药管注函〔2001〕9号），批复指出：（1）我局已明确按《仿制药品审批办法》有关规定对药用空心胶囊按药用辅料进行管理。（2）对原按药包材管理已批准生产的药用空心胶囊，其《药包材生产企业许可证》到期前6个月按《仿制药品审批办法》申报程序重新登记，核发批准文号。（3）对于新申请药用空心胶囊批准文号，按《仿制药品审批办法》审批程序由省级药品监督管理局初审合格后报我局审批。（4）药用空心胶囊生产企业按药品生产企业管理，凡开办药用空心胶囊生产企业，应由所在地省级药品监督管理局审批，核发《药品生产企业许可证》。

为“药品”。[①] 换言之，第一种情形和其他六种可以按假药论处的情形，本身必须是药品，因而并不存在非药品拟制为药品的问题。只有“以非药品冒充药品或者以他种药品冒充此种药品”这种情形，才可能存在非药品被拟制为药品（假药）。“有些物品本来不能用于人体，但行为人将其假冒为药品而提供给人使用的，就是本罪中的假药。”[②] 这其实就是对“以非药品冒充药品”的解释。比如，行为人将工业酒精冒充医用盐水供人使用。值得注意的是，判断非药品能否按假药论处，除了看是否以假充真，还应结合行为人的主观意图，即行为人将非药品假冒为药品是否用于满足人治疗疾病之目的。[③] 空心胶囊生产、销售企业生产、销售药用空心“毒胶囊”，或许可以认定为以假充真，但是无法认定生产、销售空心“毒胶囊”系用于治疗人体疾病，其目的是给药品生产企业提供药品包装材料，因而药用空心“毒胶囊”并不能被拟制为药品（假药）。

其次，药用空心“毒胶囊”也无法按劣药论处。根据《药品管理法》第 49 条，劣药有两种类型，一是药品成分的含量不符合国家药品标准；二是六种按劣药论处的情形。对于前者，学界一般认为是以次充好的问题。换言之，其所含成分的名称与国家药品标准或省、自治区、直辖市的药品标准规定是一致的，只是其中某些成分的含量低于或高于国家、省、自治区、直辖市的药品标准规定的含量而已。[④] 作为非药品的药用空心胶囊，自然无法归入这一情形。对于按劣药论处

---

① 《药品管理法》第 48 条规定，禁止生产、销售假药。有下列情形之一的，为假药：（一）药品所含成分与国家药品标准规定的成分不符的；（二）以非药品冒充药品或者以他种药品冒充此种药品的。有下列情形之一的药品，按假药论处：（一）国务院药品监督管理部门规定禁止使用的；（二）依照本法必须批准而未经批准生产、进口，或者依照本法必须检验而未经检验即销售的；（三）变质的；（四）被污染的；（五）使用依照本法必须取得批准文号而未取得批准文号的原料药生产的；（六）所标明的适应症或者功能主治超出规定范围的。

② 张明楷：《刑法学》（第四版），法律出版社 2011 年版，第 650 页。

③ 张明楷：《刑法学》（第四版），法律出版社 2011 年版，第 650 页；周光权：《刑法各论讲义》，清华大学出版社 2003 年版，第 223 页。

④ 赵秉志：《刑法分则问题专论》，法律出版社 2004 年版，第 108 页。

的六种情形，其前提均为“药品”，且“直接接触药品的包装材料和容器未经批准”，是就合格的药品用了不合格的包装材料和容器之后对药品作出的一种否定性评价，而这种评价，尽管由药品包装材料的瑕疵而起，但是评价的对象却是药品本身。申言之，由于药品生产、销售者使用了未经批准的包装材料，使得药品受到污染或者处于一种危及用药者健康的风险之中，而这种风险需要禁止，于是对于这种充满风险的药品予以否定性评价（按劣药论处）。显然，这种评价落脚点在于行为人使用未经批准的药品包装材料，而并不关注药品包装材料的生产、销售本身。据此，空心胶囊生产、销售企业生产、销售的药用空心“毒胶囊”，并非《药品管理法》中的劣药。

最后，国家食品药品监督管理局《关于空心胶囊有关问题的批复》将原按药包材管理的药用空心胶囊按药用辅料管理，药用空心胶囊生产企业按药品生产企业管理，这是从卫生管理、安全监管的层面所作的安排，之所以将药用空心胶囊的生产、管理提升到药品生产、管理的层次，则是为了确保药品卫生、健康和安全。因为药用空心胶囊与药品同时进入人体（不同于一般的容器和医用卫生材料），其安全性要求非常高，并很大程度上决定了用药安全。这种情况下，我国在生产、管理环节对药用空心胶囊予以特殊“关照”，将药用空心胶囊按照药品的要求来生产和管理，是完全可以理解的，也是必需的。但是也应当看到，将药用空心胶囊的管理提升至药品管理的级别，只能说明对药用空心胶囊卫生、安全的高度重视和监管上的严格，且其最终目的依然是确保药品安全，这无法改变药用空心胶囊在本质上不是药品这一事实。现实中，由于种种原因，借用 B 事物的标准来要求 A 事物的情形很多，但是并不能在性质上将事物 A 和 B 画等号。

三　“毒胶囊”事件的刑法定性

在药用空心胶囊的规范属性得到确定之后，接下来的问题便是“毒胶囊”事件的司法实务问题。由于“毒胶囊”事件涉及多个环节，因而对于该事件的刑法分析，也需要分主体、分阶段进行。

（一）生产、销售空心“毒胶囊”行为之定性

由于药用空心胶囊属于食品，其应当符合《食品安全法》的有关标准，最低要求就是无毒无害。根据我国《刑法》第144条，生产、销售有毒、有害食品罪之基本罪状包括两种情形：一是在生产、销售的食品中掺入有毒、有害的非食品原料；二是销售明知掺有有毒、有害的非食品原料的食品。“有毒、有害的非食品原料，指对人体具有生理毒性，食用后会引起不良反应，损害机体健康的不能食用的原料。”[①]其既包括本身具有毒性的物质，也包括本身虽无毒性，但与相应的食品混合后会产生毒性的物质。[②]有些胶囊生产企业用重金属铬含量超标的工业明胶制作药用空心胶囊，而铬含量超标的工业明胶对人体具有毒害性，显然，用于生产空心胶囊的工业明胶属于有毒、有害的非食品原料。

但是，用铬含量超标的工业明胶制作空心胶囊，是否属于“在生产、销售的食品中掺入有毒、有害的非食品原料”情形中的“掺入”行为？有人认为，“掺”应当是一种物质放入另一种物质之中的行为，以存在两种以上物质为前提，仅有一种物质是无论如何不可能进行“掺”的。并且这种情形下只可能是人为的“掺”，不存在非人为之“掺”。[③]我们认为，这是对本罪“掺”的最基本理解，但实际上“掺”的外延并不仅限于此。比如，行为人直接用工业酒精充当白酒（而不是与水混合兑制白酒），用石灰水直接冒充牛奶（而不是将石灰水掺进牛奶中），行为人用于生产食品的本身就是有毒、有害的不能食用的原料，此时并不存在行为人将一种物质放入另一种物质的问题，也不存

---

① 高铭暄、马克昌主编：《刑法学》（第五版），北京大学出版社、高等教育出版社2011年版，第380页。

② 熊选国、任卫华主编：《刑法罪名适用指南——生产、销售伪劣商品罪》，中国人民公安大学出版社2007年版，第13页。

③ 孙建保：《生产、销售有毒、有害食品罪司法认定解析》，《政治与法律》2012年第2期。

在人为的“掺”，而仅仅是行为人使用了一种有毒、有害物质，且这种毒害性是该物质自身性质决定的，并非行为人人为添加的结果。这种情形显然也是本罪中的“掺入”。据此，本罪第一种情形中的“掺”，既包括人为地将一种物质放入另一种物质之中，也包括使用一种有毒、有害的非食品原料（其毒害性并非人为添加，而是自身携带）生产食品，后者实际上也是一种拟制。企业生产空心“毒胶囊”的行为，就是该种情形，理应依生产有毒、有害食品罪论处。[①]而如果胶囊销售企业在明知的前提下对该种空心“毒胶囊”予以销售，则构成销售有毒、有害食品罪。

（二）向空心胶囊生产企业提供工业明胶行为之定性

正如媒体所曝出的，一些企业用生石灰处理皮革废料进行脱色漂白和清洗处理，随后熬制成工业明胶，卖给浙江省新昌县药用胶囊生产企业。这种向空心胶囊生产企业出售工业明胶的行为，实际上是空心胶囊生产企业生产药用空心“毒胶囊”的组成部分，其与空心胶囊企业生产、销售空心胶囊的行为是基础与结果的关系。对于这种行为，根据最高人民法院、最高人民检察院《关于办理生产、销售伪劣商品刑事案件具体应用法律若干问题的解释》（以下简称《伪劣商品解释》）第9条之规定，[②]应当按照共犯论处。因此，企业生产工业明胶并向空心胶囊生产企业提供的行为，构成生产、销售有毒、有害食品罪。

---

① 由于生产、销售有毒、有害食品罪的责任形式为故意，因而还需要行为人主观上具有“明知”。据专业人士介绍，使用明胶和工业明胶的价格差异非常明显，食用明胶每吨最低价比工业明胶贵一倍以上（参见陈玺撼等《追踪“毒胶囊”》，《解放日报》2012年4月17日第5版）。空心胶囊生产企业不可能不了解这种作为原料的明胶价格信息，其采购价格明显偏低的明胶，完全可以据此推定其主观上的“明知”。

② 《伪劣商品解释》第9条规定，知道或者应当知道他人实施生产、销售伪劣商品犯罪，而为其提供贷款、资金、账号、发票、证明、许可文件，或者提供生产、经营场所或者运输、仓储、保管、邮寄等便利条件，或者提供制假生产技术的，以生产、销售伪劣商品罪的共犯论处。

（三）药品生产企业使用空心“毒胶囊”行为之定性

尽管空心胶囊属于食品的范畴，但不可否认的是，药品生产企业在生产药品时将空心“毒胶囊”作为直接接触药品的包装材料，却有可能导致原本完好的药品以劣药论处。[①]一般认为，假药、劣药犯罪的客体是双重客体，即国家药政管理制度和公民的健康权、生命权。[②]我国刑法也明确规定假药、劣药的判断标准依照《药品管理法》，因而可以说生产、销售假药、劣药罪属于行政犯。在行政犯中，“行政法与刑法是基础依据和实质依据的关系，行政法的规定为刑法的规定提供基础……是一种递进式的基础和实质的关系。”[③]这就决定了刑法在对假药、劣药的认定时应以行政法为基础。

《药品管理法》第52条规定，直接接触药品的包装材料和容器，必须符合药用要求，符合保障人体健康、安全的标准，并由药品监督管理部门在审批药品时一并审批。《中华人民共和国药品管理法实施条例》（以下简称《药品管理实施条例》）第43条也规定，药品生产企业使用的直接接触药品的包装材料和容器，必须符合药用要求和保障人体健康、安全的标准，并经国务院药品监督管理部门批准注册。这说明，药品生产企业使用的直接接触药品的包装材料，必须经过批准。如果未经批准，则因符合《药品管理法》第49条按论处的第四种情形“直接接触药品的包装材料和容器未经批准”而以劣药论处。显然，药品生产企业使用空心“毒胶囊”作为直接接触药品的包装材料，不可能获得药品监督管理部门的批准，因而其购买空心“毒胶囊”用以包

---

① 显然，此时法律评价所关注的是药品生产企业使用空心“毒胶囊”包装药品的行为，而不是药用空心“毒胶囊”本身。

② 参见张军主编《刑法分则及配套规定新释新解（上）》（第二版），人民法院出版社2011年版，第265—268页。

③ 张建：《“醉驾型”危险驾驶罪的反拨与正源》，《华东政法大学学报》2011年第5期。

装药品的行为属于生产劣药的行为，[①]而药品销售企业在明知的情况下销售该种药品的，则属于销售劣药行为。根据《刑法》第142条，生产、销售劣药罪之成立要求“对人体健康造成严重危害”，因此，如果药品企业使用空心“毒胶囊”包装、销售药品的行为没有“对人体健康造成严重危害”，则不构成生产、销售劣药罪，如果销售金额在五万元以上的，则依《刑法》第149条第1款，[②]按《刑法》第140条（生产、销售伪劣产品罪）论处。

四　我国食品、药品安全法律保障的反思与完善

应当看到，一方面，目前我国的食品、药品安全形势依然非常严峻。据统计，仅2011年，全国检察机关依法批准逮捕生产销售假药劣药、有毒、有害食品等犯罪嫌疑人2012人，提起公诉1562人，立案侦查“瘦肉精”“假牛肉”等食品安全事件中涉嫌渎职犯罪的国家机关工作人员202人。[③]人民法院审结涉及“瘦肉精”“地沟油”等生产销售有毒、有害食品犯罪案件278起，判处罪犯320人。[④]通过法律保障食品、药品安全任重而道远。另一方面，我国关于食品、药品安全的法律规范已经比较完备，甚至有人称之为“重典严刑”。[⑤]但是，众多的法律并没有很好地起到应有的作用。这应当引起我们的反思。

---

① 工业明胶和食用明胶的价格差异非常明显，决定了由这两种不同原料制成的药用空心胶囊的价格也存在巨大差异，因此，药品生产企业以极低的价格购进空心胶囊，而按照行业惯例，这种价格不可能是用“正规”明胶做原料制成胶囊的价格时（参见陈玺撼等《追踪“毒胶囊”》，《解放日报》2012年4月17日第5版），便可以推定药品生产企业主观上为“明知”。

② 我国《刑法》第149条第1款规定，生产、销售本节第一百四十一条至第一百四十八条所列产品，不构成各该条规定的犯罪，但是销售金额在五万元以上的，依照本节第一百四十条的规定定罪处罚。

③ 参见曹建明《最高人民检察院工作报告》，《人民日报》2012年3月20日第2版。

④ 参见王胜俊《最高人民法院工作报告》，《人民日报》2012年3月20日第2版。

⑤ 郑博超、杨波：《重典严刑为什么没管住“毒胶囊”》，《检察日报》2012年4月18日第1版。

（一）我国食品、药品安全法律保障存在的问题

实际上，我国关于食品、药品安全的法律规范是很多的。既有刑法中的生产、销售假药、劣药，生产、销售不符合安全标准的食品、生产、销售有毒、有害食品等罪名，又有《食品安全法》《药品管理法》《食品卫生许可证管理办法》《药品管理实施条例》《药品生产质量管理规范》《药品生产监督管理办法》等行政规范，对食品、药品的生产、销售、经营、质量管理、监督管理等作出了全面的规定，并对其中的违法以及不作为等情形配置了相应的法律责任。可以说，我国行政规范层面对食品、药品安全之规定已经非常细致，但是“毒胶囊”以及其他一系列食品、药品安全事件的频发，则说明目前我国关于食品、药品安全的法律规定在很大程度上形同虚设。造成这种局面的最主要原因，是食品、药品监管、执法部门并没有严格按照有关规定监管、执法，在食品、药品监管领域，普遍存在“事前、事中执法真空，事后突击式执法”这种乱象。

以“毒胶囊”事件为例。“毒胶囊”事件发生后，卫生部办公厅紧急发布《关于立即暂停使用媒体曝光的13个铬超标产品的通知》，随后，国家食品药品监督管理局印发了《关于查处部分药品生产企业使用铬含量超标胶囊行为的通知》，国家质检总局也发出《关于对非法使用工业明胶加工食品彻查严打的通知》，要求各地质监部门认真组织对所有食用明胶的生产企业、食用明胶的食品生产企业等开展“四查”，[①]

① 这“四查”是指：一是对所有食用明胶的生产企业认真检查。要求企业翔实报告明胶生产销售的情况，检查企业使用的原材料和台账，并抽样检验企业产品。二是对使用明胶的食品生产企业，进行全面检查。要求企业翔实报告使用明胶生产产品的情况。检查企业原材料的来源、进货台账、所生产食品添加明胶的用量，抽查企业使用的明胶原料。三是由省级质监部门统一组织对辖区范围内的所有使用明胶的加工食品开展风险监测和专项抽查，若发现产品中铬含量异常情况，要立即对该产品的生产企业进行检查，查明原因，分析研判。四是配合当地有关部门，对所有的明胶生产企业（包括工业明胶生产企业）进行检查。要求企业写出自查报告，并检查使用原料、生产加工过程和销售台账。参见《国家质检总局将检查所有明胶生产企业》，《东方早报》2012年4月20日第A02版。

彻查生产明胶和使用明胶生产食品的企业。国家食品药品监督管理局也发出通知，要求各省区市食品药品监管局全面开展药用明胶和药用空心胶囊生产企业的监督检查，要求药用空心胶囊企业严格原料把关和质量检验，严防工业明胶流入药用胶囊生产环节；要求药品生产企业从有资质的企业采购药用空心胶囊，严防不合格药用胶囊流入药品生产企业。[①]可以说，以“毒胶囊”事件为契机，我国掀起了一阵食品、药品监管“风暴”，显然，其对我国的食品、药品安全是有益处的。但是也应当看到，监管部门的这种监管和检查，仅仅是在“毒胶囊”的推动之下进行的，是一种被动的、运动式的监管和执法。实际上，在“毒胶囊”之前的“三聚氰胺”“瘦肉精”“地沟油”等事件之后，我们均看到了类似的监管和执法“风暴”。显然，这种监管、执法的事后性、突击性，决定了其治标不治本，不可能对我国的食品、药品安全起到真正的、长期的、实质的保障作用。

（二）改进行政执法理念和执法模式

食品、药品安全领域“事前、事中执法真空，事后突击式执法”的乱象，是行政执法理念和执法模式落后的反映。我们认为，要改变这种乱象，应树立和践行行政刑法化意识。行政刑法化意识，就是在行政立法以及行政执法等环节上按照刑法处理问题的意识和模式去进行。那么，刑法处理问题的意识和模式是怎样的呢？我们认为主要表现为三个方面：第一，责任与禁止性或义务性规范同在。“刑法法规是由保障权利或规定义务的构成要件和法律后果组成。构成要件是对特定事实从法律特征上的描述。如果实现了构成要件，就应当产生法律后果。”[②]确实，如果翻开刑法分则，就可以发现任何一个条文在规定禁止性要求或义务强制的同时均配置了相应的刑罚。第二，责任追究的

---

① 参见《国家食药监局公布药用空心胶囊铬超标事件的第一批抽检结果》，《东方早报》2012年4月20日第A02版。

② ［德］汉斯·海因里希·耶塞克、托马斯·魏根特：《德国刑法教科书（总论）》，徐久生译，中国法制出版社2001年版，第64页。

及时性。“刑罚应该尽可能紧随罪行而发生，因为它对人心理的效果将伴随时间间隔而减弱。”[①] 因而，“犯罪案件发生后，司法机关应当在尽可能短的时间内，将犯罪人缉拿归案，交付审判，执行刑罚。”[②]刑事责任追究的及时性意味着刑法对社会强有力的保护。第三，责任的必然性，也就是刑罚的必然性。“所谓刑罚必然，是指只要发生了犯罪必然受到刑罚处罚，任何人都难以逃脱法网。”[③]刑罚必然性，对于犯罪分子而言是一种极大的威慑。正如贝卡利亚所指出的：“对于犯罪最强有力的约束力量不是刑罚的严酷性，而是刑罚的必定性。即使刑罚是有节制的，它的确定性也比联系着一线不受处罚希望的可怕刑罚所造成的恐惧更令人印象深刻。”[④]

据此，行政刑法化意识也相应包含三个方面：第一，有关食品、药品安全的行政规范设置上，要包含并突出法律后果要素，从而形成“禁止性规定或义务性规定＋处罚”的行政规范结构。当然，这种行政规范结构并不一定要在一个行政条文中体现出来，而可以在某部分单独设禁止性或义务性规定，在另一部分单独设法律责任（实际上我国绝大多数的行政法规都是将基本规定和法律责任分设在不同的章节中），但是应当要确保每一个禁止性或义务性规定的背后都有相对应的法律责任。第二，强调食品、药品监管、行政执法的主动性和及时性。尽量缩短行政处罚与食品、药品违法行为的时间间隔，凸显食品、药品违法行为随时招致处罚的强联系，增大食品、药品违法成本。第三，要树立和强化食品、药品安全违法必究的行政执法惯性。强化食品、药品违法必然招致处罚的客观关联，充分发挥其对食品、药品安全违法犯罪者的威慑力。将食品、药品安全违法消灭在萌芽中，避免刑事

① ［英］吉米·边沁：《立法理论——刑法典原理》，孙力等译，中国人民公安大学出版社1993年版，第69页。

② 高铭暄、马克昌主编：《刑法学》（第五版），北京大学出版社、高等教育出版社2011年版，第226页。

③ 陈兴良：《刑法哲学》（修订三版），中国政法大学出版社2004年版，第340页。

④ ［意］贝卡利亚：《论犯罪与刑罚》，黄风译，中国大百科全书出版社1993年版，第59页。

犯罪的发生。唯此，才能变被动执法为主动执法，变事后执法为事前、事中执法，变突击式、运动式执法为预防式、长期性执法。

（三）刑法调整的科学性与协调性

在我国 1997 年《刑法》中，罪状表述中包含“对人体健康造成严重危害的”，一共有 6 条。分别为《刑法》第 141 条（生产、销售假药罪）、第 142 条（生产、销售劣药罪）、第 143 条（生产、销售不符合卫生标准的食品罪）、[①]第 144 条（生产、销售有毒、有害食品罪）、第 145 条（生产、销售不符合标准的医用器材罪）、第 334 条（非法采集、供应血液或者制作、供应血液制品罪，采集、供应血液或者制作、供应血液制品事故罪）。在这 6 个条文中，有 4 个条文将“对人体健康造成严重危害的”作为加重处罚条件，分别是第 141 条、第 143 条、第 144 条和第 334 条，而在加重处罚之前，均对相应的危险犯或行为犯予以规定，第 141 条和第 334 条为“足以严重危害人体健康的”，[②]第 143 条是“足以造成严重食物中毒事故或者其他严重食源性疾患的”，[③]第 144 条则是前置性的生产、销售有毒、有害食品行为。而在“对人体健康造成严重危害的”加重之后，则进一步规定了更为严重的加重处罚事由，从而形成了危险犯、实害犯和特别加重犯这样一种层级递进式的惩处模式。《刑法修正案（四）》对第 145 条（生产、销售不符合标准的医用器材罪）的修改中，在“对人体健康造成严重危害的”之前，也增设了“足以严重危害人体健康的”这一情形，从而使得《刑法》第 145 条也形成了危险犯、实害犯和特别加重犯这一惩处模式。这种

---

① 《刑法修正案（八）》对其修改之后，2011 年 4 月 27 日颁布的最高人民法院、最高人民检察院《关于执行〈中华人民共和国刑法〉确定罪名的补充规定（五）》已将其改为生产、销售不符合安全标准的食品罪。

② 《刑法修正案（八）》已经删除第 141 条生产、销售假药罪中的“足以严重危害人体健康”，而改采行为犯的模式。换言之，只要实施生产、销售假药的行为即构成生产、销售假药罪。

③ 《刑法修正案（八）》已经将其改为“足以造成严重食物中毒事故或者其他严重食源性疾病的”。

修改，将对医用器材的保护提前，无疑体现了我国对医用器材安全的重视。实际上，无论是药品、食品还是医用器材，都是关乎人民群众身心健康、生命安全的物品，因而从刑法上对这些物品设置严密、科学的保护网，显得非常必要。

但值得注意的是，在我国刑法关于食品、药品安全的6个条文中，唯有第142条（生产、销售劣药罪）还将“对人体健康造成严重危害的”作为本罪的第一个量刑幅度，换言之，只有在生产、销售劣药行为造成严重后果之后，才能构成本罪。显然，这种做法是不科学的。劣药系《药品管理法》明令禁止生产、销售的不安全物品，生产、销售劣药的行为与后果，具有潜在性、后发性和长期性，犯罪行为一旦实施，就将对药品安全产生潜在的危险，如果在行为实施这个源头放任不管，这种潜在的危险将变成现实的危害结果，最终危害不特定多数人的生命健康。因此，仅仅实施生产、销售劣药的行为就已经威胁到人体健康，具有严重的社会危害性，需要刑法对其予以及时规制。[①]可以说，劣药对人体健康的威胁与不符合食品安全标准的食品、不符合标准的医用器材在本质上并无区别，而生产、销售劣药罪采用的实害犯和加重犯的惩处模式，与其他5个食品、药品安全犯罪危险犯、实害犯和特别加重犯的惩处模式极不协调，也无法理上的依据。因此，我们建议对《刑法》第142条（生产、销售劣药罪）进行修改，在“对人体健康造成严重危害的”这一量刑幅度之前，增设“足以严重危害人体健康的”这一情形，从而使得那些虽未造成严重后果但对人体健康有严重威胁的生产、销售劣药行为纳入刑法规制的视野，严密刑事法网，实现食品、药品安全刑法调整的协调化、科学化。

“毒胶囊”事件的司法定性，关键在于确定空心胶囊是属于食品还是药品。在规范层面，是否“以治疗为目的”，是区分食品和药品的唯一标准。其含义包括：主要特性在于治疗；本身的性质具有独立治疗

① 就食品、药品安全犯罪而言，其与人的身体、生命健康紧密相关，且食品、药品安全犯罪一旦发生，危害极大，因而应设置相应的危险犯，从而更有利于打击该类犯罪。

的功能；治疗系通过药理作用而实现。空心胶囊不符合“以治疗为目的”之含义，应认定为食品。针对“毒胶囊”事件中的不同环节，对于生产、销售空心“毒胶囊”、为他人提供空心“毒胶囊”生产原料以及药品生产企业使用空心“毒胶囊”的行为，应分别认定为生产、销售有毒、有害食品罪、生产劣药罪或生产、销售伪劣产品罪。在药品安全领域的行政治理上，则需树立和践行行政刑法化意识，从而取代目前“事前、事中执法真空，事后突击式执法”之乱象。同时，应增设生产、销售劣药罪的危险犯，实现刑法条文在食品、药品安全保障上的科学性与协调性。

（本节原以《食品、药品安全刑法调整中的对象问题——兼及“毒胶囊”事件的刑法定性》为题，载于《刑法与宪法之协调发展》，中国人民公安大学出版社2012年版。此次收入略有修改。作者张建为上海市法学会刑法学研究会副会长兼秘书长，俞小海为华东政法大学法律方法研究院博士研究生）

第六节　药品监管渎职罪的证成与确立

2016年3月发生的“山东疫苗事件”导致“疫苗恐慌”民众和政府不得不反思药品质量监管的粗疏问题。其实，早在2011年，全国人民代表大会常务委员会委员在审议《刑法修正案（八）（草案）》时就提出，应在修正案中单独、明确设立“药品监管渎职罪”的同时，有专家建议将草案中有关食品安全监管渎职罪的规定予以修改，增加药品安全监管渎职行为的规制。随即法学法律界就药品监管渎职行为是否应直接设立新罪名的问题展开热烈的讨论。毋庸置疑，当前药品安全事故频繁爆发，与药品监管渎职行为密切相关，基于我国刑事立法的体制、模式，参照我国刑法典中的“食品监管渎职罪”的立法，新设“药品监管渎职罪”势在必行。

一 药品监管渎职法律规制的现状——罪罚不适配和刑责认定困难

药品监管渎职行为危害重大，但相关法律对责任人的处罚偏轻，且刑事责任的追究困难重重。如果尝试完善现有规定还不能解决药品监管渎职行为问题，就不得不考虑单独设立药品监管渎职罪。

（一）罪罚不适配

我国刑法已设立生产销售假药、劣药罪，但对处于关键环节的药品监管渎职行为却没有有效的法律规制。在立法上，对药品监管渎职行为的刑事处罚规定在相关司法解释中，即 2012 年 12 月发布的《最高人民法院、最高人民检察院关于办理渎职刑事案件适用法律若干问题的解释（一）》第 9 条。[①] 在司法实践中，由于没有与药品监管渎职行为直接对应的罪名，药品监管渎职行为均以玩忽职守罪和滥用职权罪的一般罪名论处。根据我国现行《刑法》的规定，对滥用职权罪和玩忽职守罪，法定刑一般为 3 年以下；情节严重的，为 3 年以上 7 年以下；对一些徇私舞弊、徇私枉法情节特别严重的，法定最高刑为 10 年。

药品监管渎职行为与滥用职权、玩忽职守行为一样，都会对渎职罪的客体——国家机关正常的管理活动造成侵害，但有所不同的是，药品监管渎职行为比一般渎职行为具有更大的社会危害性，其不仅侵犯了国家机关的正常活动，还给公共健康造成了重大损害，如“齐二药”事件、“欣弗”事件、江西“博雅免疫球蛋白”事件、江苏狂犬疫苗造假案、湖北“第一大”假药案、河北“毒胶囊”事件、浙江“毒

① 该条规定：“负有监督管理职责的国家机关工作人员滥用职权或者玩忽职守，致使不符合安全标准的食品、有毒、有害食品、假药、劣药等流入社会，对人民群众生命、健康造成严重危害后果的，依照渎职罪的规定从严惩处。”

胶囊”事件等。[①]2016 年发生的“山东疫苗事件”涉案人员数百人，“毒疫苗”流向 18 个省，该事件的爆发使人们更加关注药品安全问题，处于关键环节的药品监管问题成为社会议论的焦点。药品安全监管是保障药品安全的最重要环节，然而，药品安全在药品监管工作的防控上却显得力有未逮。这其中，药品监管渎职行为是无法忽视的重要原因。药品监管者责任意识淡薄，滥用职权或玩忽职守，使大量假药、劣药在市场流通，给民众的生命健康造成重大威胁。

药品监管渎职行为之危害后果较一般渎职行为更严重，仍以玩忽职守罪和滥用职权罪论处会出现刑罚偏轻问题。因为相对于药品监管渎职行为的社会危害性，现有罪名的法定刑不足以实现危害结果与刑罚的一致性。

---

① 2006 年，齐二药违反相关规定，购进一批假冒“丙二醇”的“二甘醇”；发现药品原料密度超标后，也没有进一步检测，直接非法出具了合格的化验单，后期用假丙二醇辅料生产了大批亮菌甲素注射液并投入市场使用，导致 13 名患者死亡，多名患者肾衰竭。同年，安徽华源在生产“欣弗”的过程中违反规定，未按批准的工艺参数灭菌，其降低灭菌温度、缩短灭菌时间及增加灭菌柜装载量的行为影响了灭菌效果，100 多人出现不良反应，致 11 名患者死亡。2008 年，江西南昌大学第二附属医院的 6 名患者出现严重的不良反应导致死亡，后经国家食品药品监管局表示，送检的免疫球蛋白样品异常，可以推定这和患者死亡有着直接关系。2009 年，江苏延伸在疫苗生产过程中掺入一种不易发觉的添加物，可以令出厂疫苗在一般检测时达标，但实际效用却大大降低。已销售的问题疫苗总数量为 21 万余人份，已经流向全国 27 个省、自治区、直辖市。2011 年湖北荆州 6 个制假窝点半年内用锯末、粗糠和面粉做原料疯狂炮制出上亿粒胶囊，冒充 201 种药品，通过互联网销往全国 28 个省份的 100 多个市，案件涉及药品多、辐射地域广、涉案金额大，被称为湖北假药“第一大案”。2012 年，河北一些企业，用生石灰处理皮革废料，熬制成工业明胶，卖给绍兴新昌一些企业制成药用胶囊，最终流入毒胶囊药品企业，进入患者腹中。由于皮革在工业加工时，要使用含铬的鞣制剂，因此这样制成的胶囊，往往重金属铬超标。经检测，修正药业等 9 家药厂 13 个批次药品，所用胶囊重金属铬含量超标，最高超标 90 倍。查封胶囊生产企业、明胶生产企业 28 家，查明涉案胶囊 5 亿余粒，召回铬超标胶囊（剂）药品 12.3 亿余粒，查封涉案企业的生产线 94 条，查明胶囊产品和工业明胶产品销往各地的 80 余家药品及食品生产单位的事实。2014 年，浙江宁海检察院通报了一起非法生产“毒胶囊”的案件，来自新昌县儒岙镇的老板潘某雇用 10 名新昌老乡生产大量“毒胶囊”出售，多达 9000 万粒“毒胶囊”流入全国各地。经检测，被查获的空心胶囊及生产原料中，重金属铬的含量均超标，最高的超过正常标准的 65 倍。摄入金属铬会对肝、肾等内脏器官和 DNA 造成损伤，在人体内蓄积具有致癌性并可能诱发基因突变。

药品监管渎职行为的法律规制内容更多地出现在附属刑法中，如《药品管理法》[①]第98条规定，对于药品监管渎职行为“尚不构成犯罪的，依法给予行政处分”，另外，国家对药品的监管途径多依赖于行政法规。例如，2016年，受“山东疫苗事件”影响，国务院颁布了《关于修改〈疫苗流通和预防接种管理条例〉的决定》。该《决定》为严格落实地方政府的属地监管责任，增加了地方政府以及监管部门主要负责人引咎辞职的规定。上述两种情形，在一定程度上对药品监管渎职行为的法律规制从刑事领域“引入”行政领域，偏向于在行政系统内部以行政处分等措施解决，而一般难以进入刑事责任阶段。但是，行政处分与刑事处罚是两种性质不同的规制途径。关于行政处分，通行观点认为是指享有行政处分权的行政机关依照法定程序对违法行使职权或违反法定纪律的公务人员作出惩戒的行政行为。还有观点认为：“行政处分指国家行政机关对其系统内部违法失职的公务员实施的一种惩戒措施。”故此，行政处分与刑事责任应是有“质的区别”，行政处分是对渎职行为的行政制裁，在行政违法违纪行为涉嫌犯罪时，必将转化为刑事责任。尽管相关法律明确规定了行政责任转化为刑事责任时的移送问题，[②]但在具体实践中，如何对两种责任“质”的区别与把握上却存在着极大的自由裁量性，是否涉嫌犯罪多取决于是否造成较大的危害后果或社会舆论影响。

然而，在实践中，不仅对于药品监管渎职行为，即使其他监管渎职行为的责任追究也一般仅止于行政处分，除非该渎职行为所引发的后果对监管部门形成巨大的舆论压力。因为在具体的渎职犯罪案件查处过程中，无论是犯罪线索的发现，还是调查取证、犯罪嫌疑人职务职责的认定乃至损失结果的认定等，都离不开相关行政机关的配合。如果相关行政机关不予以配合，办案阻力无疑进一步加大。在司法追诉受阻的情况下，检察机关往往会妥协，使涉案机关公务人员在职务

---

① 本节涉及的《药品管理法》指2015年修订的《药品管理法》。

② 《行政机关公务员处分条例》第5条规定“行政机关公务员违法违纪涉嫌犯罪的，应当移送司法机关依法追究刑事责任”。

过程中的过失行为，在受到行政处分后就“小事化了”[①]。众所周知，食品安全监管渎职罪在2011年就独立成罪，但在立法几年后还存在“不是故意的”“可考虑行政处分”的现象。相对于还没有单独成罪的药品监管渎职行为，以行政处分代替刑事责任的问题可能更为严重。

（二）刑事责任认定困难

我国现行司法实践是将药品监管渎职行为以玩忽职守罪和滥用职权罪论处，但在认定该犯罪行为的刑事责任时，其主观方面和客观方面的认定存在困难。这虽然是渎职罪刑事责任认定中的通性问题，但目前司法实践中药品监管渎职行为皆是以刑法渎职罪一章中的两个一般罪名论处，所以，在认定刑事责任时，首先面临的就是作为类罪名的渎职罪刑事责任认定的普遍性问题，或者是作为监管型渎职罪的通性问题。

1. 主观方面认定

药品监管类渎职行为的主观方面难以判断。一方面，因为主观恶性属于人的内心活动难以探知，虽然可以通过行为人外部行为予以推断，但药品安全事故的长期性和隐蔽性，致使证据收集极为困难；另一方面，监管类渎职行为的主观方面既有过失也有故意，但主要表现为过失，且该过失责任的本质是监督过失。监督过失责任是主观责任，自20世纪初以来“违法是客观的，责任是主观的”一直是刑法理论中的经典标语，而认定监督过失责任的核心问题是注意义务的违反。[②]但

① 2014年7月，河南省郑州市人民检察院反渎局局长马玉东向《法制日报》记者表示：“在食品安全事件背后，往往会出现监管人员涉嫌渎职犯罪的问题。食品安全类渎职犯罪线索虽然大量存在，但查处难度大，行政监管部门往往以‘工作失误’为由不认为是犯罪，并规避检察机关侦查”，“近一年来，郑州市检察机关共立案查处食品安全类渎职犯罪6件共15人，几乎每起案件都被行政执法机关认为‘不是故意的’‘可考虑行政处分’。”张亮、赵敏君、赵长霖《“工作失误”成监管渎职者脱罪挡箭牌》，《法制日报》2014年7月12日。

② 注意义务是指法律法令及社会日常生活所要求的为一定行为或不为一定行为时应当谨慎留心，以避免危害社会结果发生的责任。参见胡鹰《过失犯罪的定罪与量刑》，人民法院出版社1995年版，第74页。

是，对于注意义务的预见内容是否包括危害结果的发生还存在争议，有学者认为，“监督过失主观上只能限于能够预见到被监督人的过失行为，不能扩展到对危害结果的预见”。也有学者认为：“监督者应当预见的内容表现为：自己的行为－中间项－危害结果。”另外，对于预见的程度也存在不同争议，这些争议给监管渎职行为主观方面的认定造成了很大阻碍。

2. 客观方面难以认定

造成渎职犯罪的危害后果的因素本身就非常复杂，往往涉及数量较多的人员和其他多方面因素。对于“重大损失”的认定标准，学术界主要有三种观点，即“一元标准说”“二元标准说”和“三元标准说”。“一元标准说”是指用量的标准来衡量渎职罪的损失，持此说的学者认为，渎职罪的损失仅仅包括物质损失，如经济损失和人员伤亡等，而不包括非物质性损失。“二元标准说”是指采用量的标准和质的标准分析渎职罪的损失。质的标准是用于确定非物质性的、无形的损害后果，相对于量的标准，质的标准缺乏具体性、直观性和可感性。持此说的学者认为在确定渎职罪的危害结果是否达到重大损失，应当首先考虑其量的标准，即人员伤亡和经济、财产损失这类有形的、物质性的损失，其次再运用质的标准确定非物质性损失的危害程度。“三元标准说”是指在分析渎职罪的危害结果时采取质的标准[①]、量的标准以及质与量相结合的标准。持此观点者认为，有些犯罪所造成的损害后果，既有物质性损害后果，又有非物质性损害后果，应当从“量”和“质”的统一上来确定损失的数额和程度，正确把握渎职所造成的损失的标准。

笔者认为“三元标准说”一方面更符合我国现在的法治精神和党的从严治吏方针，确认了非物质性损害结果是渎职的危害结果，更有利于惩治渎职犯罪；另一方面“三元标准说”可以将“量”与“质”

---

① 在采用“质”的标准来考察渎职结果时，一般适用于确定无形的、非物质性的损害后果，如损害国家声誉、造成恶劣社会影响等。

实现辩证统一，是基于分析客观环境的基础上具体确定渎职危害结果的大小。“三元标准说”也与2006年7月起施行的《最高人民检察院关于渎职侵权犯罪案件立案标准的规定》的精神相契合。药品监管渎职行为所造成的结果一般都包含非物质性的损害后果，最典型的就是造成恶劣的社会影响。对于非物质性危害后果的举证上富有极大的裁量性，这也给药品监管渎职罪行为刑事问责带来了阻碍。

在因果关系上，如果药品监管渎职行为表现为消极的不作为犯罪，那么该犯罪的因果关系就更加难以认定。因为不作为是“没有行为的行为”，基于此，有些学者甚至不承认不作为犯罪有因果关系，“撇开不承认不作为有因果关系的观点不说，单就承认不作为有因果关系的观点来讲，古今中外的刑法学家们几乎是一致地认为不作为不具有起果性，只具有防果破坏性。”“不作为是由于不防止结果的发生，因而才成为结果的原因。”这种观点以西方的“排除防果条件说”为代表，并得到了世界多数学者的支持。在药品监管中，监管是药品安全的可信赖保障，监管人员监管不力使这种可信赖的保障丧失，即不具有防止药品安全事故发生的条件。这样的监管不作为的因果关系认定，有防果破坏性程度之分，依据不同程度会有不同的量刑。首先，对表现为不作为的监管渎职行为的防果破坏性程度的判断存在很大的困难。其次，由于药品监管主体与药品监管渎职犯罪的危害结果并不直接发生联系，空间上有一定距离，因此在认定药品监管渎职行为与已发生的药品安全事故是否有因果关系时缺乏可操作性。

二 完善药品监管渎职法律规制的路径及其评析

如前文所述，对药品监管渎职行为的法律规制存在诸多缺陷，不仅处罚偏轻，而且刑事问责面临困境。弥补上述缺陷的路径有两种：一是完善相关“口袋罪”的规定；二是新设药品监管渎职罪。基于刑法分则第九章的法条竞合关系以及玩忽职守罪和滥用职权罪的“口袋罪”特征，完善现有法律规定的路径并非理想的选择。

（一）完善相关“口袋罪”的规定

1. 药品监管渎职行为适用的“口袋罪”

药品监管渎职行为通常适用的罪名是滥用职权罪和玩忽职守罪，这两个罪名在刑法分则第九章中是普通罪名，规定这两条罪的条文也是普通法条。普通法条是相对特殊法条而言的，普通法条和特殊法条之间是法条竞合关系，适用原则一般是“特别法（条）优先于普通法（条）”。法条竞合中的竞合，实质是不同罪名的竞合，是不同罪名所涵盖的“相同的”犯罪事实的竞合，是因为这些“相同的”犯罪事实的竞合而导致对某一具体案件事实，似乎可以同时评价为符合不同犯罪的构成要件。“相同的”犯罪事实是作为类罪名的渎职罪的客观方面，普通罪名和特殊罪名的犯罪事实都能构成渎职罪的客观方面，但要以不同罪名论处，是为了突出特殊罪名在客观方面上表现出的独特性。处于同一论域之下的特殊罪名和普通罪名，并非种属关系，而是反对关系。特殊罪名和普通罪名外延中的所有犯罪事实，共同组成同一论域中的所有犯罪事实。性质上明显属于某一行为类型的具体犯罪事实，如果不能为该论域下的特殊罪名所涵盖，必然能够为同一论域下的普通罪名所涵盖，在其不能构成特殊罪名的情况下，必然能够构成普通罪名，除非其本来就不属于该论域。应用到渎职罪领域，渎职犯罪就是一个独立的论域，凡是渎职行为触犯渎职罪，如果能适用特殊罪名，就不应适用普通罪名，在不符合特殊罪名的构成要件但是又超越刑法谦抑性时，就适用普通罪名处罚。这也体现出了普通罪名具有“口袋罪”的作用，药品监管渎职行为因此而适用玩忽职守罪和滥用职权罪。

2. 修改“口袋罪”有利于渎职犯罪体系的稳定

基于这种竞合关系，以及滥用职权罪和玩忽职守罪“口袋罪”特征，对其进行修改完善会比较困难，“竞合”取义竞争与合作，在刑事立法上“竞合”既是目的又是动机，条文之间的竞合必须是恰如其分，首先要保证在同一论域，其次普通法条要体现出在同一论域中的统摄性，而特殊法条要有脱离普通法条自成体系的差别和依据。另外，修改普通罪名会使刑法分则第九章所设立的犯罪体系造成破坏，与刑法的稳定性特征相违背。

作为普通罪名，滥用职权罪和玩忽职守罪还承担着“口袋罪”的职能，故其是稳定渎职罪这一章的关键部分。“口袋罪”是对刑法中一些因内容概括、外延模糊而容易混淆罪与非罪、此罪与彼罪界限之罪名的形象称呼。一个罪名之所以成为口袋罪，源于两个方面：一是条文规定的模糊性；二是司法实践的曲解。滥用职权罪和玩忽职守罪条文上的规定呈现模糊性，最明显的就是作为危害结果的“重大损失”以及作为主观方面的“模糊罪过”的存在。“口袋罪”的产生还与我国特有的法治环境和法治理念相关，口袋罪是依赖于政策而存在的。刑事政策是刑法的灵魂与核心。通过对我国刑事政策历史的考察会发现，我国现在的刑事政策仍然是延续新中国早期的镇压与宽大相结合的刑事政策，国家把某些行为定为犯罪的行为原本就具有政治色彩。既然如此，作为渎职罪的“口袋罪”滥用职权罪和玩忽职守罪必须符合我国当前形势政策，不能随意“完善”以解决某一行为的定罪量刑问题。换言之，完善现有规定来解决对药品监管的行为规制问题是行不通的，那么就需要考虑另外的刑法规制途径。

（二）新设药品监管渎职罪

药品安全关乎人身健康，民众对相继爆发的药品安全事故深恶痛绝的同时，对药品监管渎职行为也诟病已久。药品监管是避免事故发生的最主要手段，所以，这个环节最不能也最不应该出现问题。通过上述分析可知，通过完善相关“口袋罪”的规定实现有效的法律规制并不可行。新设药品监管渎职罪需要考察民意基础、司法适用以及是否符合刑法谦抑性等诉求。

1. 民意回应

刑事立法回应民意具有必要性。刑事立法回应民意的必要性，来源于回应民意是刑事立法获得公众认同的必要前提，制定出的刑事法律如果想要得到良好的实施，必要条件就是该法律能够得到广大民众的认同。比如醉驾行为的入刑，醉驾行为入刑的前几年，因为酒后驾车导致了一系列震惊全国的严重交通事故，广大民众纷纷呼吁要用刑罚来惩治酒后驾车的行为。在这样的社会背景之下，我们国家刑事立法机关当机立断，及时地回应民意，制定《刑法修正案（八）》规定醉驾一律予以刑事立案。而实践证明，醉驾入刑以来，取得了良好的社会效果，大部分民众都能够从自身做起，认识到醉驾的危害性、后果的严重性。

对于药品监管渎职行为的单独定罪，以特殊罪名而不是普通罪名定罪，也是回应民意的表现。生命健康是人们的首要关切，没有了健康的躯体，作为人就不能够发挥其主观能动性，也就失去了追求幸福和自由的能力。药品的质量直接关系人的生命健康，国家的药品监管是保障药品质量的关键环节。因为药品是由复杂的化学物质成分组成的，普通药品消费者，对药品质量的辨识全依赖于政府的监管。基于消费者和制药企业信息不对称的现象，企业出于利润最大化的驱动，会尽可能地摆脱药品监管部门的管制。所以，一旦药品监管处于失控或者宽松的状态下，药品安全就成为一种社会隐患。我们仔细分析之前发生的多起食品药品安全事故，药品生产企业及药品经营销售的主要负责人难辞其咎，但实践中还存在着药品安全监管的各种渎职行为，如药品检测、行政许可证的随意发放等，可见政府部门的监管不力和查处问责不严，更应受到苛责。从某种意义上讲，打击各类药品安全监管上的渎职行为比治理生产和销售达不到药品安全标准的药品的行为显得更加急需、更加迫切。

我国 1997 年《刑法》没有就食品药品监管单列罪名，2011 年《刑法修正案（八）》增设食品监管渎职罪，但未对药品安全监督管理渎职行为的刑事责任作出明确规定。毋庸置疑，食品监管渎职罪的设立，不仅回应了社会对预防和打击食品监管渎职犯罪的现实需求，而且体现了国家对社会民生民情的关注与重视，更在相当程度上完善了食品安全监管法律体系。但是，对于关乎民生重大问题的药品安全监管渎职行为，却没有单独定罪，司法实践中往往以滥用职权罪与玩忽职守罪定罪处罚。但是适用两个普通罪名不具有专门性和针对性，因此不利于严厉打击药品安全监管领域的渎职犯罪。另外，现实中也鲜见对药品监管者渎职行为的刑事追责，这在某种程度上助长了药品监管人员的渎职违法行为，也为药品安全事故的频发建造了温床。受多次重大药品安全事故的“洗礼”后，民众在呼吁严惩药品事故直接行为人的同时，更呼吁负有药品安全监督管理职责的人员应在药品监管工作中恪守职责、勤政为民，切实保障药品消费安全。这为药品监管渎职罪的设立提供了民意回应之必要性。

2. 司法适用性

新设罪名首先必须满足有效司法适用的要求，在本罪的司法适用上，有四个方面问题必须得到有效解决：一是该罪与玩忽职守罪、滥用职权罪的关系；二是渎职又徇私的处罚；三是该罪的共犯问题；四是该罪的溯及力问题。

首先，设立药品监管渎职罪，规定比玩忽职守罪、滥用职权罪更重的法定刑，以进一步加大对药品监管渎职犯罪的打击力度。作为发生在药品监管领域的特殊渎职犯罪，药品监管渎职罪与玩忽职守罪、滥用职权罪在犯罪构成上存在着包容和交叉的情况：一是玩忽职守罪、滥用职权罪的主体“国家机关工作人员”包容药品监管渎职罪的主体“负有药品监督管理职责的国家机关工作人员”；二是在客观要件上，药品监管渎职罪的危害行为分别与玩忽职守罪、滥用职权罪的危害行为存在着交叉。由此可见，药品监管渎职罪和滥用职权罪、玩忽职守罪之间存在着法条竞合关系。“一般来说，立法者在普通法条之外又设特别法条，是为了对特定犯罪给予特定处罚，或因为某种犯罪特别突出而予以特别规定。因此，行为符合特别法条时，原则上应按特别法条的规定论处。”当行为人实施的渎职行为既符合玩忽职守罪、滥用职权罪的规定，又符合药品监管渎职罪的规定时，应该根据特殊法条优于一般法条的适用原则，以处罚更重的特别法条即药品监管渎职罪定罪处罚。同时，当发生在药品安全监管领域的渎职行为不符合药品监管渎职罪的标准，如没有造成重大安全事故或其他严重后果，但却符合玩忽职守罪、滥用职权罪的标准时，则可以一般的渎职犯罪论处，以实现罪刑均衡、刑法公正。

其次，如果药品监管人员渎职又徇私，应从重处罚。为量刑情节予以规定，是因为在药品安全监管领域，既存在着药品安全监管机关工作人员因为法律素质、政策水平、业务能力不高、责任心不强、工作不严谨等原因而出现的不正确履职的情形，也存在着部分工作人员基于徇私的动机滥用职权或者玩忽职守的情形，后者的主观恶性较之前者更加深重，在量刑时应对这两种情形适当予以区别，给予徇私舞弊的行为更为严厉的谴责。值得注意的是，该罪中的“徇私”不仅包括个人之私，还应当包括单位、集体之私。如药品监管人员为了单位员工福利或获得财政返还等原因，对药品生产过程中违法行为只罚款而不采取相应的查封、制止、整顿等措施从而致使食品安全事故的发生。笔者认为，两种徇私行为所侵犯的法益都是一样的。从某种意义上说，徇单位、集体之私比徇个人之私造成危害更加严重，性质更为恶劣，所以这种情形也应该认定为有徇私舞弊的从重处罚情节。

再次，药品监管渎职罪的主观方面一般表现为过失，但也会有故意的情形。在实践中，药品监管人员也可能存在着以下的行为：有的药品监管人员在明知药品生产、经营单位生产销售的药品不符合药品安全标准（如生产、销售的是假药、劣药），因徇私情、私利而不予监管或者不依法监管，对严重后果的发生持追求或者希望的心理态度；有的药品监管人员利用自身药品监管业务知识、技能方面的优势，积极、主动为不法生产商、销售商制售假药、劣药的活动出谋划策、提供条件。对此，可以认为上述的这些行为系他人从事生产、销售假药、劣药罪的帮助犯，可分别构成以危险方法危害公共安全罪，生产、销售不符合安全标准的产品罪，生产、销售假药罪，生产、销售劣药罪，生产、销售伪劣产品罪等罪名。如果上述行为同时构成药品监管渎职罪，属于同一行为触犯数个罪名，此种情形构成想象竞合，应依照处罚较重的规定定罪处罚。

最后，增设药品监管渎职罪，必然是以刑法修正案的形式出现，那么药品监管渎职罪的溯及力应采“从旧兼从轻”的原则。根据“从旧兼从轻”的原则，对于刑法修正案生效前的药品监管渎职犯罪行为，原则上应按修正前的刑法规定追究刑事责任；而对于连续实施构成一罪的数犯罪行为跨越新旧刑法的情况，根据刑法理论上关于连续犯的处理原则以及我国《刑法》第 89 条关于连续犯的追诉规定，原则上应适用新法。由此可见，凡是新刑法修正案生效以前实施药品监管渎职行为，均不得认定为药品监管渎职罪；如果其行为具有明显的社会危害性，且应当追究刑事责任的，可按照其行为时的法律处理，即以玩忽职守罪或滥用职权罪论处；如果其渎职行为有连续或者继续状态的，行为终了之日是在新修正案生效之后，则应当以药品监管渎职罪论处。

3. 刑法谦抑性预审视

若增设药品监管渎职罪，对于其条文表述可参照食品安全渎职罪的规定，但法定最高刑应进一步提高。因为是新设罪名，可能会引起犯罪圈的扩大，所以笔者预先进行刑法谦抑性审视，包括犯罪圈划定的谦抑性预审视和刑罚配置的谦抑性预审视。

（1）犯罪圈划定的谦抑性预审视

在现代刑法发展的过程中，刑法谦抑在现代刑法发展中地位举足轻重，已经成为刑事法律在立法、司法和执法过程中的最基本的理念，刑法实践中无不贯穿着刑法谦抑的精神。刑法谦抑与犯罪圈划定息息相关，刑法谦抑要求犯罪圈应当是“必要且最小的”。

刑法谦抑在刑事立法中体现罪刑法定原则的同时，强烈要求明确地划定出“必要且最小的”犯罪圈，适用刑罚应持节俭的态度，总是要在刑事立法中全面体现刑法的谦卑。当然刑法谦抑的另一个应有之义就是刑法是规范人的行为的最后手段。刑法作为维护国家秩序的强制手段，本应保持补充性和谦抑性，如果能在民事、行政法律法规内部解决的问题，就无须刑法介入。又因为刑事制裁相对于民事制裁和行政制裁更为严厉，所以它在维护社会秩序上只能占辅助性地位。

在划定犯罪圈时，立法者首先进行价值上的均衡，根据当前时期刑法中社会危害性标准，把那些达到严重社会危害性的标准挑选出来，纳入犯罪圈中来。其次还要综合考虑刑事立法的经济性、有效性和人道性，进一步限制犯罪圈，确定犯罪圈的界限的价值审视标准体系。犯罪圈应是“刚性”明确，不允许其他权力任意妄为、干涉司法，这也是司法独立的应有之义。

药品监管渎职罪的增设符合“最小”犯罪圈的要求。首先从立法的有效性来看，药品监管渎职罪的立法是在原有的渎职罪体系和药品安全行政法规中的行政制裁基础上设立。但是药品监管渎职行为严重危害社会，记过、引咎辞职等行政处分根本难以让监管人员忌讳，药品监管渎职行为所造成的严重危害后果也难以用一般渎职罪危害后果的“重大损失”所概括，因此产生了社会上的“不是故意的”“可考虑行政处分”等不良法治状况。那么单独设立药品监管渎职罪就成了正确规制药品监管渎职行为的必然选择。其次从立法的经济性来看，刑法谦抑性要求把更多的成本投入效益高投入少的刑法规制中去，对于社会在一定程度上能够容忍的危害行为，可以少投入甚至不投入，这也体现了法律经济学的精神。在前文已经论述，药品监管是保障药品安全的关键性环节，一旦监管失灵，市场经济的趋利性会导致假药劣药盛行于市。如不对药品监管以刑事策略严格把关，伤害的不仅仅是国民经济，更有可能是人民的生命健康。增设药品监管渎职罪，摆脱原有的以普通渎职罪定罪的缺陷，而以特殊罪名进行针对性的规制可能会导致犯罪圈的扩张，但这种扩张是极小的、有限的。因为本来就是在进行投入，现在只是增加少量投入，而其带来的效益会明显超过投入，这样的立法完全符合低投入、高收益的刑法谦抑要求。最后从立法人道性来看，药品安全关系到民生民意，对药品监管渎职进行重新规范并不会损毁人的价值，而且保障的是人最为重要的生命价值，也就是没有不人道，反而更人道。从以上三个方面的预审视可以看出，增设药品监管渎职罪是符合刑法谦抑性“必要且最小”的划定犯罪圈要求。

（2）刑罚配置的谦抑性预审视

刑法的谦抑性在刑罚上的表现是指要求刑罚的适用必须严格限制。

只能在最小的范围内，尽可能宽和人道地对犯罪行为进行适用。关于增设的药品监管渎职罪的量刑是否符合刑罚谦抑的要求，分析如下：

如果单独设立药品监管渎职罪，其构成要件和量刑基本上是可以参照食品安全渎职罪的，但是在法定刑上进一步提高。量刑幅度有所提升，改变了量刑偏轻的问题。从此种量刑幅度预设来看，法定刑有两个幅度：基本刑幅度是“5 年以下有期徒刑或者拘役”，加重刑幅度是“5 年以上有期徒刑”。对于该刑罚幅度预设是否符合刑法谦抑性标准，我们要采用比较分析的办法。纵观刑法分则第九章，其他相同刑罚幅度还有徇私舞弊不征、少征税款罪，徇私舞弊发售发票、抵扣税款、出口退税罪，违法提供出口退税证罪，放纵走私罪等四个罪名。从罪责刑相适应的原则来看，药品监管渎职罪的刑罚幅度设置如果比以上四个罪名还要低，那就会产生刑法配置中常见的“重物轻人”问题，即有形物质利益高于人的生命健康以及自由幸福的利益，这在价值平衡上是失败的，也不符合刑法谦抑性要求的人道性原则。徇私舞弊不征、少征税款罪，徇私舞弊发售发票、抵扣税款、出口退税罪，违法提供出口退税证罪，放纵走私罪等犯罪行为可能会导致税收秩序受到破坏，国家会因此损失税款收入，但相比因药品监管不力而导致人的生命健康受到的侵害仍有一定的差距，这两种不同的“重大损失”的预防投入应该有所倾向。所以，如果药品监管渎职罪的法定最高刑低于以上四罪，明显违背了罪刑责相适应原则，也不符合刑罚谦抑的人道性要求。综上所述，笔者认为，把药品监管渎职罪的法定最高刑预设为“5 年以上有期徒刑”是有必要的；若有可能的话，食品安全监管渎职罪的最高刑也可以修改为“5 年以上有期徒刑”。

在对法定刑的预设审视完毕后进一步分析刑种的配置是否符合刑法谦抑性要求。本罪预设的刑种仅为两种主刑，即有期徒刑和拘役，并没有配置财产刑等附加刑。此刑种选择与刑法分则第九章的整体刑罚配置情况是相适应的，也符合刑罚谦抑所要求的刑罚的经济性、宽容性和人道性（拘役是最明显的体现）。罚金刑通常是刑罚宽严相济的代表，但监管型渎职行为主要表现为玩忽职守，通常并不会涉及财产利益，如果遇到徇私利而渎职的行为，可将私利转化为徒刑，这样同样也能达到罚其所当。只适用主刑而不适用附加刑，也能体现刑罚谦抑的要求。

三　药品监管渎职罪的构成要件

危害行为符合刑法规定的构成要件才能定罪处罚，所以有必要对新设药品监管渎职罪的构成要件进行分析。由于“四要件”是我国通说，本节是依犯罪客体、犯罪客观方面、犯罪主体和犯罪主观方面的顺序，逐一明确其内涵。量刑幅度已在前文论述，不再赘述。

（一）犯罪客体

在犯罪客体方面，应参照渎职罪的犯罪客体。理论界对渎职罪的犯罪客体有很多观点，占据主导地位的观点认为渎职罪侵犯的客体是单一客体，即国家机关的正常管理活动。我国刑法分则规定渎职罪的犯罪主体是国家机关工作人员，国家机关工作人员代表国家行使权力，如果出现滥用职权或玩忽职守的行为，国家机关的正常管理活动必然受到侵犯，药品监管渎职罪的客体就可以归纳为药品监管部门的正常监管活动。

如果基于“法益侵害理论”的立场，该罪的客体又可概括为药品监管部门的公务利益。理由如下：第一，药品监管部门的工作人员在从事相关公务过程中滥用职权或者玩忽职守，便违背了其职责，改变了监管活动的性质，从而侵害了该机关的公务利益。因此，把药品监管渎职罪的客体表述为药品监管部门的公务利益，是比较妥当的。第二，作为国家机关的利益是多方面的，如财产利益、精神利益等。从刑法分则第九章的规定看，立法者惩处的是国家机关工作人员违反职责的滥用职权、玩忽职守行为。这表明刑法保护的不是国家机关的一般利益，而是其公务利益。因此，把药品安全渎职罪的同类客体理解为药品监管部门的公务利益，不仅符合立法精神，而且也有助于从犯罪客体上与其他类罪加以区分。

（二）犯罪客观方面

药品监管部门的工作人员滥用职权或者玩忽职守的行为，并导致发生重大药品安全事故或者发生其他严重的危害后果，是本罪的客观方面表现。笔者认为，该罪是特定国家机关工作人员的渎职犯罪，其渎职行为与一般主体渎职犯罪中的滥用职权罪、玩忽职守罪行为应该在本质上是一致的。

药品安全监督管理机关工作人员滥用职权的行为通常表现为不依法履行药品安全监管职务的行为，包括非法行使职务范围内的权力的行为和超越职权范围而实施的违法行为。具体情形如下：一是擅自超越职权处理药品安全监管事务，擅自行使其本来没有的职权，违法、违规对药品监管事务作出处理决定；二是随心所欲，搬弄是非，在其职权范围内，故意对明知不符合规定的事项作出决定或处理，或“租借职权”以权谋私；三是故意不履行或任意放弃法律规定的药品监管职责。

玩忽职守表现在药品监管领域，是指药品监管人员严重不负责任，不履行职责或者不正确履行职责的行为。不履行是指行为人应当履行能履行的职责，但出于过失而没有履行，最明显的就是擅离职守的行为；不正确履行，是指行为人在履行职责的过程中，违反职责义务规定，马虎大意，错误履行。该罪的玩忽职守行为主要是指过失违反药品监管职责，一般包括以下两类情形：一是行为人严重不负责任，不履行药品监管职责，对法律规定的职责义务应为而不为，放弃履行或擅离岗位。二是行为人不认真履行药品监管职责，即药品监管工作人员严重不负责任，对法定监管义务轻率马虎，任意做出决定或处理。

（三）犯罪主体

在犯罪主体方面，与其他渎职罪的主体基本一致，没有什么争议。依据最高人民法院和最高人民检察院于 2012 年 12 月共同颁布的《关于办理渎职刑事案件适用法律若干问题的解释（一）》第 7 条规定，该罪的主体可以归纳为负有药品监管职责的国家机关工作人员以及依法或受委托行使药品监管职责的公司、企业、事业单位的工作人员。

（四）犯罪主观方面

对于药品监管渎职罪犯罪构成主观方面既可以表现为故意，又可以表现为过失。行为人以滥用职权方式实施的药品监管渎职行为的，则主观方面为故意，即行为人明知其滥用职权行为可能破坏药品安全的正常监督管理活动而为之。行为人以玩忽职守的方式实施药品监管渎职行为的，则表现为过失。司法实践中在认定药品监管人员的滥用职权行为较为容易，一般涉及以作为表现形式的文件签发、许可等故意，但是药品监管人员玩忽职守由于过失而导致发生药品安全事故的认定较为复杂，需要借助刑法理论对其进行分析才能准确认定。

从司法实践的角度看，认定犯罪过失的起点，是危害结果已经发生了的这一事实。在确定行为人能否避免发生危害结果时，应该先考虑行为人有无避免结果发生的义务，有无预见到发生这一危害结果的能力。结合我国渎职罪中关于主体的规定可以明确，药品监管人员注意义务来源，主要是法律上的注意义务和接受委托或期约而产生的注意义务，这主要是与药品监管人员的职务性质相关的，根据我国药品监管制度建制和实践情况，如根据《中华人民共和国药品管理法》等相关规定，我国药品监管机构主要有国家食品药品监督管理局（SFDA），省、自治区、直辖市、市、县食品药品监督管理局等药品监督管理行政机构，省、自治区、直辖市、市食品药品检验所等是药品监督管理技术机构，其工作人员大部分是国家机关工作人员，部分是受国家机关委托，从而代表国家机关行使相关职权的组织中从事药品监管公务的人员，也有部分是指虽未被列入国家机关人员编制，但在药品监管部门从事药品监管公务的人员。一旦发生药品安全事故，除了追究药品安全事故的直接责任人，对本单位涉及的药品安全事故也有可能要承担监管过失责任。这里又需要我们从结果预见义务与结果避免义务来分析药品监管过失，药品监管人员从结果预见义务来看，必须具有比普通人更高的药品监管责任意识，提高自己的专业知识和业务水平，对工作内容要紧绷神经，对药品安全持敏感的态度，尽可能发现药品生产、流通、储藏、使用中的漏洞，从制度上和程序上完善药品安全的监管。从结果避免义务来分析，药品监管人员一旦发现药品安全的漏洞或者已经出现轻微的药品安全问题，药品监管人员必须竭尽全力弥补药品安全漏洞，或者将已经出现的药品安全损害程度降到最小，否则将构成药品监管失职。

药品安全关系国家民生大计，现行以玩忽职守罪和滥用职权罪定罪处罚模式出现很多问题，难以遏制由于药品监管不力导致的药品安全事故频繁发生的趋势。把药品监管渎职行为以单独的（食品）药品监管渎职罪论处并加重法定刑，有充足的民意基础，也符合在司法适用上的理论和实践要求，同时也没有违反刑法谦抑性要求。另外，该新罪名不仅能够解决犯罪行为刑罚偏轻、刑事责任认定困难的问题，还能够发挥刑法的教育和预防作用，使药品监管人员更加认真履行药品监管职责。新的药品监管渎职罪在构成要件和量刑幅度上可借鉴现有的食品安全监管渎职罪，但在该罪的立案标准上，应在《最高人民检察院关于渎职侵权犯罪案件立案标准的规定》中予以明确规定。新罪名应努力解决现实中的“不是故意的”“可考虑行政处分”问题，只有这样才能将药品监管渎职行为的刑事处罚落到实处，刑法惩罚犯罪、保障人权的目的也才能真正得以实现。

（本节原载于《社会科学研究》2016年第6期。此次收入略有修改。作者李雪媛为大连海事大学法学院博士研究生）

第七节 危害药品安全犯罪圈实质划定的向度

一 问题的引出

药品安全作为民生刑法观中的重要议题一直以来备受瞩目，危害药品安全犯罪圈的合理划定直接关涉刑法在该领域法益保护与人权保障的实际效果，但近年来的一系列热点案件引发了公众对危害药品安全犯罪圈的普遍质疑。首先是刑法保护的力度不够。严重的社会现实表明刑法在保障药品安全方面有些力不从心。仅以重大药品安全事件为例，从2006年的“齐二药事件”“欣弗事件”到2007年的“甲氨蝶呤事件”，再到2009年的“糖脂宁事件”；从2012年的“毒胶囊事件”到2016年的“山东疫苗事件”再到2018年长生生物的“疫苗之殇”。每一起涉药事件对民众而言都可谓是一场灾难，对类似疫苗等中国药品在民众心中的品牌形象更是毁灭性的打击，使全国陷入药品安全恐慌。笔者认为，重大药品安全事件频发的背后是我国药品安全领域长期以行政监管为主导、刑法调整不力与滞后所累积的弊病。虽然《刑法修正案（八）》解决了部分定罪难的问题，危害药品安全刑事案件的数量也较以往有了明显的增长，但相关数据还是暴露出刑法在规制危害药品犯罪方面的不足。据食品药品监督管理部门发布的数据显示，从2012年到2017年，食品药品监督管理部门每年查处的药品案件数量分别为170266起、247459起、89226起、96825起和11.2万起，其中，移送司法机关的案件数量分别为2160起、2337起、1308起、1529起、1655起和1951起[①]。这组数据至少可以说明三点情况：其一，我国每年查处的危害药品安全案件数量庞大，药品安全形势严峻；其二，当前我国的大部分危害药品安全案件都是通过行政处罚结案的，移送司法机关的数量有限，这就说明因“药”获“刑”的案件数量较少；其三，每年行政处罚的危害药品安全案件众多，但危害药品安全案件的数量并没有明显的下降趋势，说明当前我国行政处罚在应对危害药品安全的案件时威慑不足，亟待更有力的惩处措施。其次是过罪化现象频发，行刑界限不明，司法的公众认同感不高。保护不足仅仅是刑法应对药品安全所面临困境的一个方面，过罪化则是该困境的另一个表现。应该说，保护不足与过罪化是一对矛盾的概念，然而这组

① 数据来源于国家食品药品监督管理总局发布的2012—2017年统计报告，载国家食品药品监督管理总局网站，http：//www.sfda.gov.cn/WS01/CL0463/，2018年10月11日访问。

矛盾的概念却以某种颇为诡异的形式并存于司法实务中，如“倪海清案”等民间偏方案件[①]和“陆勇案”[②]等海外代购药品案件的大量涌现即引起了学者们对生产、销售假药罪保护过余的担忧和反思。司法实务中完全依照《中华人民共和国药品管理法》(以下简称《药品管理法》)[③]来认定假药，再结合当下我国抽象危险犯的立法模式，将大量单纯违反药品监管秩序的行为也纳入犯罪圈，因而引发过罪化的风险。此外，司法实践中将许多极其轻微的生产、销售假药行为也一概认定为犯罪，导致行刑界限不明，进一步加剧了过罪化。当前，我国刑法在划定危害药品安全犯罪圈时，由于立法技术与司法理念的双重问题，催生出了矛盾体的现实困境，既不利于惩罚危害药品安全犯罪，又不利于人权保障，因而亟待革新立法，引导司法，通过立法和司法的双向努力，共同合理确定危害药品安全的犯罪圈。

二　危害药品安全犯罪圈失衡的刑法教义学检讨

（一）危害药品安全犯罪圈窄小的现实成因

经过几轮修法之后，当前我国刑事立法在危害药品安全犯罪问题上形成了较为独特的立法模式。除去非法经营罪、生产销售伪劣产品罪以及以危险方法危害公共安全罪等兜底性罪名予以调整外，专门规制药

---

① 倪海清是浙江省的一名江湖郎中，没有行医资格，多年前偶然获得一份中医祖传秘方，后在此基础上不断钻研，研制出一种治疗晚期癌症的中草药配方，并申请了国家专利，救治了数百位晚期癌症病人。但其研制的中草药片剂并无生产许可证及药品管理部门批准文号，被认定为生产、销售假药，判处有期徒刑七年。参见李文涛《从倪海清案看我国的生产、销售假药罪》，《探求》2013 年第 4 期。

② 患有慢粒性白血病的陆勇帮助白血病病友从印度代购药效相同而价格便宜很多的抗癌药“格列卫”，其帮助代购的人数多达数千人。但因其代购药品行为被认定为销售未经国家批准进口的药品而被沅江市检察院以“妨害信用卡管理”和“销售假药”为罪名提起公诉，在数百名白血病患者联名写信求情下，检察院撤回起诉并最终作出不起诉的决定。参见叶良芳《代购境外仿制药行为的定性分析——兼评“抗癌药代购第一案”的不起诉决定》，《法学》2015 年第 7 期。

③ 本节涉及的《药品管理法》指 2015 年修订的《药品管理法》。

品犯罪的法条只有《刑法》第141条、第142条，分别规制假药和劣药两种类型的犯罪。二者都是法定犯，其中，假药、劣药要根据《药品管理法》的规定予以认定。假药犯罪是抽象危险犯，而劣药犯罪是实害犯，虽然二者都表述为生产、销售两种行为，但前罪是选择性罪名，其实行行为既包括生产也包括销售，而后罪中的生产并非实行行为，其实行行为仅为单一的销售行为。从主观罪过来讲，二者都只处罚故意犯罪。这种立法模式无法应对当前极其严峻的危害药品安全犯罪形势，难以契合民生刑法观保障民众用药安全的要求。笔者认为，目前我国立法调整乏力的主要原因表现在以下几个方面：

1. 假药、劣药二元区分标准不科学下的重罪轻罚。《药品管理法》在定义假药、劣药时都采取了多元混合标准，既有因内在品质不合格被认定为假药、劣药的，又有因外在品质（指与药品内在药效无明显直接关联的事项）不合格被认定为假药、劣药的情形[①]。从假药、劣药的定义来看，二者的界分标准既不统一也不明晰，无法准确反映社会危害性的差异，容易造成实质的处罚不公，而且会变相激励违法犯罪分子采取特定的方式规避更重的惩罚。如《药品管理法》规定当某药品缺少国家标准所要求的成分时为假药，而如果有相应的成分，只是成分的含量达不到国家的标准时为劣药，即成分不符是假药，含量不符是劣药。这种规定过于简单，一方面，其并没有考虑到中国当下的社会现状。事实上，社会上绝大多数由企业生产出来的有缺陷的药品都是偷工减料、掺杂掺假型的，也即成分含量不符型，而非成分不符型，因而将如此庞大数量的缺陷药品都认为是劣药，在当前的惩罚体系下明显不利于打击这类违法犯罪行为。另一方面，该规定既没有

① 根据《药品管理法》第48条、第49条的规定，因为内在品质不合格被认定为假药的包括成分不符的、假冒的、被污染的、变质的等情形，而被认定为劣药的则包括药品成分含量不符的、超过有效期的以及擅自添加各种着色剂、防腐剂、香料、矫味剂及辅料的等情形；因为外在品质不合格被认定为假药的包括未经批准生产、进口的、未经检验即销售的、未取得批准文号生产的，以及超出范围标明适应症或者功能主治的等情形，而被认定为劣药的则主要包括有效期和生产批号的未标明和更改，以及未批准直接接触药品的包装材料和容器，此外还有其他情形的兜底性规定。

充分考量社会危害性的大小，也没有考虑量变和质变的哲学关系。药品的成分含量不足也必须考量不足的程度，当药品所含成分的含量严重不足达到一定程度时，其就会产生与没有该成分一样的效果。如某种药品的主要成分为 A，其成分所占比达到了该药品所有成分的 95%，甲生产的该种“药品”完全不含 A 成分，而乙生产的药品则含有极少量的 A 成分（占比 1%—3%），试问在此种情形下甲、乙的社会危害性有何本质区别。倘若仅仅因为甲生产的药品中不含 A 成分，而乙生产的药品中含有了极少量的 A 成分就将二者分别认定为假药和劣药，并处以差别较大的惩罚，此种做法即没有公平、合理性可言。以近期的长生生物疫苗案为例，长生生物生产的一批“百白破”联合疫苗（批号 201605014-01），经中国食品药品检定研究院“效价测定”被认为是劣药。根据专家的解读，效价不合格只是意味着无法起到免疫的效果，但疫苗的安全性不受影响，也即疫苗本身并不会对人体产生副作用。但仅仅因为不会对人体产生副作用就将其归为劣药的理由显然不能让广大民众信服，因为注射疫苗的目的就是预防相应的疾病，而现在该疫苗却无法起到预防的效果，就社会危害性而言，其并不低于那些因为成分不符而直接给人体健康造成损害的假药，现如今却将其认定为劣药仅施以行政处罚，完全无法起到惩罚和预防的效果。这种不痛不痒的行政处罚使得为了追逐暴利的不法分子将置民众的身体健康和生命安全于不顾，再次实施违法犯罪行为，这也导致了仅仅几个月之后长生生物因生产的人用狂犬病疫苗有缺陷而引发全国性的疫苗恐慌。

2. 实害犯因果关系难以判断情形下以行代刑不妥当。生产、销售假药罪经过几轮修法之后已经由结果犯转为抽象危险犯了，然而生产、销售劣药罪自 1997 年增设以来一直延续了实害犯的立法模式。正如上文所述，由于假药、劣药区分标准不科学、不合理，当前实践中劣药数量相当庞大，而且很多情形下劣药的社会危害性并不亚于假药，因而对于劣药犯罪的刑法惩处力度直接关系着刑法调整危害药品安全犯罪的效果，但遗憾的是，目前我国劣药犯罪的刑法惩罚效果并不理想。

笔者查阅了相关的裁判文书，从2012年至2018年10月所能查到的以生产、销售劣药罪定罪处罚的案件屈指可数，导致这一尴尬现象的主要原因就是实害犯的高入罪门槛，即要求对人体健康造成严重危害。当前认定劣药与人体健康受损害之间的因果关系面临着几大难题：第一，服用药物的人本身就携带某种疾病，人体健康受损可能是由于疾病自然发展的结果，也有可能是服用缺陷药物所致，这会极大地影响因果关系的判断。第二，药物的治疗效果受到多种因素的影响，如用药者的身体素质、病情的轻重及用药的时间长短等，因而采用传统的因果关系判断方法几乎很难确定缺陷药品与人体健康受损之间的因果关系。第三，鉴定缺陷药品的致损机理需要很高的科学技术水平。当前，我国的整体鉴定水平还无法满足现实需求，而且要在全国配备高水平的鉴定设备和人员也是一个挑战。第四，很多药品致损并不是立即或者短时间之内就会发生的，而需要经过一个漫长的时间，有的甚至长达几年或几十年，这就进一步增加了因果关系判定的难度系数。仍然以长生生物生产的问题疫苗为例，效价不合格的百白破疫苗的安全性是没有问题的，仅仅是不能起到免疫的效果，但发生百日咳、白喉和破伤风等疾病是一个概率性事件，注射疫苗也只是为了预防这种概率的发生，因而倘若虽然注射了不合格的疫苗，但最后并没有发生相应的预防疾病，则不存在所谓的“对人体健康的严重危害”，自然也就无法构成生产、销售劣药罪。退一步讲，即使最后发生了相应的预防病，也很难直接肯定二者之间的因果关系，因为在当前的科学技术水平下，即使是最好的疫苗也不能做到百分之百的免疫，通常情况下被害人发病的时间有相当的间隔期，也可能很多年之后才会出现相应的病状，这就进一步增加了判断二者因果关系的难度。

3. 单一行为类型下刑法链条不完整。一种药品完整的产业链通常包括研发、生产、包装、质检、贮藏、运输、销售、监管、召回等环节，行为的作用对象既可能是药品也可能是药品原料，整个链条相互影响、相互制约，任何一个环节出现问题都可能导致危害药品安全事件的发生，因而有必要对其进行周延的保护。然而，现行刑法却仅仅以生产和销售为中心进行规制，在司法实践中更是形成了以销售作为惩罚重心的局面，这种以单一行为为规制重心的立法体系难以覆盖药品安全的全过程，在犯罪日益集团化、网络化的当下，可能会造成诸多司法适用困境。如对药品原料的培育、养殖、生产、销售行为的规制，以及对缺陷药品的运输、储存等行为的规制都显得捉襟见肘，为了弥补这些处罚漏洞，《最高人民法院、最高人民检察院关于办理危险药品安全刑事案件适用法律若干问题解释》（以下简称《解释》）采取了三种特殊的规制方法：一是尽可能地扩大“生产”“销售”的外延，将更多行为纳入其中；二是充分考量共同犯罪，将部分行为以共同犯罪论处；三是充分发挥兜底性罪名的“兜底”“堵漏”作用。诚然，上述三种方法在某种程度上确实解决了部分行为的定罪问题，但这种打补丁、填漏洞的做法也存在诸多问题。首先，《解释》将为生产、销售假药、劣药而实施的合成、精制、提取、储存、加工炮制药品原料的行为扩大解释为生产假药、劣药中的生产行为的做法有违法罪刑法定原则之嫌，因为“药品原料”并不是“药品”，对药品原料实施的一系列合成、精制、加工等行为只能算作是生产假药、劣药的预备行为，其离实行行为尚存一定的距离。同样，《解释》将医疗机构、医疗机构工作人员在明知是假药、劣药的情形下为出售而购买、储存的行为也解释为“销售”，无论从刑法解释原理还是从语词可能具有的含义角度都显得有些牵强，招致了广泛的批判。张明楷教授认为，将“购买”解释为“销售”属于类推解释。因此很难说前述的解释不是一种司法僭越立法的“二次立法”行为。其次，借用共同犯罪无法妥当处理当前的困境。当前，我国在共同犯罪问题上采共犯从属性理论，理论界和实务界对片面共犯仍存在质疑，帮助行为严重依附于实行行为，而这种依附在很大程度上掣肘了帮助犯的成立。此外，即使能够以共同犯罪进行处罚，也只能认定为从犯，量刑较轻，而事实上对于提供生产原料、辅料的行为，在某些情形下其社会危害性并不亚于直接实施生产、销售假药、劣药的人，帮助犯的功能定位无法充分评价其社会危害性。再者，以兜底性罪名解决部分处罚漏洞的做法也并非理想之道，因为兜底性罪名同样有较高的入罪门槛，《解释》确定的非法经营罪“情节严重”这一入罪标准为非法经营数额在十万元以上，或者违法所得数额在五万元以上，而且非法经营罪的量刑相对偏轻。倘若采用以危险方法危害公共安全罪则又面临着与放火、爆炸、决水等方法的相当性问题，强行将性质差异较大的行为等同视之会消解罪名的定型功能，因而采用兜底性罪名“堵漏”的做法值得警惕。

4. 单调主观罪过下刑事法网不严密。现行刑法针对药品犯罪仅仅规定了故意的情形，而忽视了过失行为处罚的必要性，这种单调主观罪过引发了一系列问题。首先，由于相关过失罪名的缺乏，又囿于故意明知认定的难题，在故意明知认定存疑的情形下无法根据故意、过失位阶理论[①]认定为相应的过失犯罪。司法实践中惯用的是降低故意“明知”的标准，把“应当知道”异化解读为包含过失的情形。虽然“两高”《办理生产、销售假药、劣药刑事案件具体应用法律若干问题的解释》第四条、第五条将“应当知道”也作为故意的一种情形，但这种“应当知道”是要有充足的事实依据进行推定的，而实践中在证据事实并不充分时也推定为应当知道，其实就是将过失强行认定为故意，这种做法具有相当大的危害性。其一，会导致实践中故意的判断流于形式，混淆故意与过失之间的界限；其二，将原本属于过失的情形认定为故意，不可避免地会出现量刑失衡，造成实质不公。其次，实践中因为过失导致的危害药品安全事故屡见不鲜，且相较于故意犯罪而言，因过失导致的药品安全事故的社会危害性毫不逊色，单纯借助规制故意犯罪的做法无法充分保障民众的用药安全。其次，通过过失以危险方法危害公共安全罪、重大责任事故罪等兜底性罪名进行间接调整的效果同样不尽如人意，因为这些罪名针对性不强，且在适用过程中又受到诸多限制，因而其适用率相当低，绝大多数过失危害药品安全的行为都仅以行政处罚案结事了，无法起到惩罚和预防的作用。

---

① 德日通说观点认为，故意和过失不是对立关系而是位阶关系。故意可以被包容性评价为过失，因而在故意过失判断存疑的情形下，至少可以认定为过失犯罪。张明楷：《刑法学》，法律出版社 2016 年版，第 282 页。

（二）危害药品安全领域过罪化风险衍生的缘由

自《刑法修正案（八）》将生产、销售假药罪由具体危险犯改为抽象危险犯之后，关于该罪名的争议就从未断绝过，抽象危险犯的立法模式天然具有扩张犯罪圈的特点，而假药犯罪法定犯的属性也为其犯罪圈的扩张助力不少。集法定犯与抽象危险犯于一身的生产、销售假药罪在司法实践中有过罪化现象，且频频遭受质疑，类似"倪海清案"等民间偏方案件以及"陆勇案"等海外代购药品案件在实践中屡屡与民众的常识、常情、常理相悖，究其原因主要包括以下几个方面：

1. 误读危害药品安全犯罪所保护的法益。传统刑法理论认为，生产、销售假药罪具有复杂客体、双重法益，既保护国家对药品的管理秩序，又保护民众的身体健康和生命安全，且两种法益处于并列的位置。但将纯粹的药品监管秩序作为刑法保护法益的观点，有将刑法工具化、形式化的嫌疑，正遭到广泛的质疑。如有学者在对传统复杂客体进行批判的基础上认为，生产、销售假药罪保护的法益仅仅为不特定多数人的身体健康和生命安全，并不包括单纯的药品管理秩序。因而对于上述两种仅仅侵犯了药品管理秩序，却对民众的身体健康和生命安全没有实质危害可能性的情形不应当认定为犯罪；也有学者坚守传统通说——本罪是复杂客体的观点，提出了主次法益阶层保护的观点，即生产、销售假药罪保护的法益既有国家对药品的管理秩序，又有民众的身体健康、生命安全，而后者的位阶是高于前者的，当二者发生冲突时，应当以保护后者优先，因此对于那些单纯侵害药品管理秩序，对民众的身体健康不仅无害反而有益的行为，不应当认定为犯罪。

2. 未能妥当处理刑法与非刑法规范之间的衔接。生产、销售假药罪和生产、销售劣药罪都是典型的法定犯，其中的"假药""劣药"都要依据前置性法规范——《药品管理法》来加以认定，很多学者基于法秩序统一的角度将《刑法》与《药品管理法》中的"假药""劣药"等同。但刑法作为独立的部门法，无论是从规范目的、价值定位还是制裁手段，都与其他法律法规有较大的差异，将非刑事法规范的内容完全直接作为刑法上的构成要件要素会导致刑法条文本身空洞化，也会对司法的独立性造成巨大冲击，产生诸多弊端。事实上，对刑法与行政法上的相同术语做不同的解释是比较普通的现象，如“逃逸”一词在《刑法》与《道路交通安全法》中就应当做不同的理解。同样，由于《药品管理法》与《刑法》在价值定位、保护侧重点等方面的差异，对两法中“假药”“劣药”做不同解释并非不可能。在特定情形下，《药品管理法》规定中按假药论处的第（二）项以及第（五）项两种情形都可以不被认定为生产、销售假药罪中的“假药”[①]。

3. 形式化理解抽象危险犯。当前，危害药品安全领域出现过罪化风险的一个重要诱因就是形式化理解抽象危险犯，将抽象危险犯等同于行为犯，而又将行为犯等同于形式犯。但事实上，抽象危险犯既非形式犯，也非行为犯。形式犯是与实质犯相对的概念类型，其成立犯罪一般只需要形式上违反相关的法律规范即可，并不要求具有法益侵害或者危险，在部分行刑一元体系的国家存在形式犯，但由于我国刑罚与行政罚二元结构的特殊立法体系，排除了形式犯的存在空间，因此所有的犯罪包括抽象危险犯都应该是以法益的侵害或危险性为内容，均应为实质犯，形式犯的概念在我国刑法中并没有位置。而对于行为犯则是与危险犯、结果犯相并列的概念，其是以犯罪行为完成作为既遂标志的犯罪类型，而抽象危险犯则属于危险犯的子概念。行为犯实际上是和形式犯的概念密切相关的，在本质上都是在形式上理解犯罪概念的产物，在我国也无生存的土壤。因此，实践中形式化理解生产、销售假药罪这一抽象危险犯的做法并不具有法理上的正当性。

三　危害药品安全犯罪圈划定的双向衡平思维

犯罪圈的划定总是在法益保护与人权保障的博弈中进行衡平，而这一目标从来就无法凭借单纯抽象的刑事立法直接实现，刑事立法只

① 第（二）项：依照《药品管理法》必须批准而未经批准生产、进口，或者必须检验而未经检验即销售的；第（五）项：使用依照《药品管理法》必须取得批准文号而未取得批准文号的原料药生产的。

有通过司法个案的理解和适用才能最终将犯罪圈的面貌清晰地呈现出来。危害药品安全行为的涉众性、社会危害的严重性、实践中的高发性以及当前刑事立法的不足与以罚代刑的诸多弊病，共同决定了完善危害药品安全刑事立法的必要性和紧迫性。而抽象危险犯法条呈现出的形式性与法定犯固有的从属性使得危害药品安全犯罪圈在司法实践中被异化，因此有必要从司法理念和法律适用方法入手，对危害药品安全犯罪圈进行合目的性的实质限定。

（一）完善刑事立法的思考方向和进路

我国药品安全保障体系的现状决定了扩大犯罪圈以完善刑事法网是其发展方向，扩大危害药品安全犯罪圈的方法主要有以下两种：

1. 对刑事立法进行扩容增量。在充分考量现行立法的情形下，可以从拓展行为方式、增加过失犯罪以及扩大规制对象范围三个方面对危害药品安全犯罪圈予以扩充，从“厉而不严”向“罪密刑缓”的方向进行转变。从行为方式上，可将储存、运输等行为纳入单独调整范围，而非以牺牲刑法的体系性、明确性为代价做不合理的类推解释，也可避免依靠共同犯罪原理认定共犯时让司法陷入理论与实践“腹背受敌”的两难境地，还可将拒不召回缺陷药品也纳入刑法调整范围。从规制对象上，可将药品原料、中药药材、药品添加剂等作为特殊规制对象。从主观罪过方面，超新过失理论提倡的“危惧感说”可为危害药品安全过失犯罪的增设提供理论支撑，这种理论在认定过失犯罪时不过于强调预见可能性，而只要行为人在事故发生前有某种危惧感，没有采取相应的防止措施并发生了危害结果时，就可以认为构成了过失犯罪。虽因其严格程度在很多国家并不占据主流通说的地位，但在药品这样的公害犯罪中却有其适用的余地，一方面，危害药品安全行为的涉众性、公害性以及严重的社会危害性要求相关人员尽到足够的注意义务；另一方面，在市场经济领域，由于药品本身的高度专业性和复杂性，药品质量和供求环节都被控制在生产商和经销商手中，消费者只能被动接受，因而基本没有“自我保护”的能力，因此理应要求从事药品相关业务的人员尽到最高标准的注意义务。此外，相较于美国等采取的严格责任而言，超新过失论则温和了许多。当然，对于过失犯罪的增设需要注意犯罪门槛的设置及刑罚力度适宜等问题，是否有必要像食品安全领域一样增设食品安全监管渎职犯罪问题也是可以思考的方向。

2. 增强罪名的可适用性、标准的可执行性。很多情况下犯罪圈狭窄并不是因为罪名体系的不完善，也不是执法力度不严，而是标准的可执行性差，罪名的可适用性不强，导致已有的刑法条文无法发挥其应有的功能，而在事实上限缩了犯罪圈，因而如何激发原有刑法保障体系的活力也是一个重要的思考方向。当前，在危害药品安全刑法规制领域主要存在着两个执行性和适用性问题，一是《药品管理法》中的假药、劣药定义及标准问题；二是劣药犯罪中仍然采用的实害犯立法模式。就劣药犯罪实害犯的立法模式而言，过往的假药犯罪修法经验以及当下劣药犯罪的适用困境都表明，以抽象危险犯代替实害犯是解决药品安全犯罪因果关系认定难题的有效方式。毫无疑问，劣药犯罪应当朝着抽象危险犯的方向转变，但做这样的转变其前提必须要解决好假药与劣药定义及其区分标准问题，因为当劣药犯罪也改采抽象危险犯的立法模式时，假药犯罪与劣药犯罪之间的关系将变得更加微妙，二者的界限也将变得更加模糊，是否仍有区分的必要也值得质疑。从逻辑上讲，假药是与真药相对的一组概念，而劣药在本质上仍然属于假药的一种，只不过其社会危害性属于假药中较轻的一类，因而假药和劣药是种属关系而非并列关系。但要根据社会危害性这一抽象且模糊的标准从假药中分离出劣药则不是一件容易的事，因而世界上绝大多数国家都没有采取这种分类标准，域外国家的普遍做法是采取一个统一的“假药”概念或者统称为有缺陷的药品。以美国为例，《联邦食品、药品和化妆品法案》把所有不合格的药品统称为假药，并且根据药品的实质问题和形式问题划分为掺假药和假冒药，这样的标准清晰明确，在实践中也有利于药品监督管理机构执行和操作，值得我们借鉴和学习。德国、日本、加拿大、新加坡等国也都是采取统一宽泛的假药概念，这样的做法可以起到周延保护药品安全的效果，同时也避免了假、劣药区分的疑难问题，实践中操作简便易行。在统一的“假药”概念下仍然可以借鉴美国的做法，将有缺陷的药品根据形式和实质缺陷的不同做进一步的细分，但这种根据形式和实质的划分也是相对的，因为很多外在形式有缺陷的药品都有导致药品实质缺陷的风险，如违反容器和包装的规定，修改生产日期、保质期等同样可能会对药品的内在品质造成影响，因而不能走向另外一种极端将形式性有缺陷的药品一律排除出犯罪圈。是否作为犯罪处理还要根据案件事实进一步判断缺陷药品风险的有无以及大小，因此从原则上讲，有缺陷的药品都有可能构成犯罪，只不过对于形式有缺陷的药品要更慎重地判断这种风险的有无及其大小。当然，这种采取统一“假药”概念的做法可能会引起处罚不公的担忧和质疑，但笔者认为这种担忧是完全可以消解的，根据行为人违法的客观事实、情节的恶劣程度及造成的社会后果区分行政处罚或量刑程度是完全可以做到处罚的公正合理的。与上述全面修改立法将假药、劣药合二为一的修法方式不同的折中方案是，根据缺陷药品的内在实质缺陷和外在形式缺陷对当前假药和劣药进行重新归类和划分，将直接涉及药品内在品质的缺陷药品认定为假药（相当于美国的掺假药），而将外在形式有缺陷但并不明显直接涉及内在品质的缺陷药品认定为劣药（相当于美国的假冒药），也即仍然采取假药、劣药二元区分的模式，但两者的内涵已发生实质的变化，并且对假药和劣药犯罪都应当采取抽象危险犯的立法模式。这种方案有诸多优势，一是保留了假药、劣药二元区分的立法模式，没有完全颠覆现有的法律体系，更容易被立法者采纳、被民众接受。二是内在品质和外在形式的区分标准相对清晰明确和统一，便于执法机关的执行和操作。三是劣药犯罪采取了抽象危险犯的立法模式，克服其因果关系认定难、无法入罪的难题。四是因外在形式有缺陷的药品本身具有演变为内在实质缺陷药品的可能性，因而对民众的身体健康和生命安全具有潜在的间接危险，这是外在形式有缺陷药品入罪的实质依据，而这种转化可能性的有无及大小会直接决定风险的有无及大小，因而通过对这种转化的可能性进行重点审查仍然可以避免过罪化现象的产生，同时也可避免将外在形式有缺陷的药品一概排除出犯罪圈的极端做法，而这种内在实质缺陷的直接危险外在形式缺陷的间接危险区分对设置有梯度、有差异的刑罚也做了铺垫，亦不会出现罪刑不均的问题。

（二）防范过罪化风险的司法理念与路径

药品安全犯罪刑事立法采用抽象危险犯与法定犯的立法模式有其充分的理论和现实依据，应当予以肯定，但是相较于其他类型的犯罪，抽象危险犯的出罪通道更为狭窄；相对于自然犯，法定犯从形式上看因其所保护的是更加抽象的集体法益，故而在入罪方面更加容易。毫无疑问，以上完善刑事立法的种种举措会加剧这种过罪化的风险，因此，如何防范法定犯与抽象危险犯叠加的过罪化风险成为当下思考重心。在准确判断危害药品安全犯罪刑法保护法益的基础上，对构成要件进行实质解释，坚持刑法对非刑法规范的相对从属性，并根据一般生活经验法则进行危险有无及其程度的判断，为防范和消解危害药品安全领域过罪化风险提供了思路。

1. 重新审视、准确定位危害药品安全犯罪刑法保护的法益。根据法益侵害说，犯罪的本质是法益侵害，刑法的任务是保护法益。传统刑法理论基于生产、销售假药罪在刑法体系中的定位，将其认定为复杂客体、双重法益。但这种定性并不妥当，如很多学者认为生产、销售假药罪属于危害公共安全的犯罪，放置在破坏社会主义市场经济秩序罪一章纯属定位错误，因此主张重新还原该罪名。有学者直言："无论是法益的侵犯对象，还是危害的影响范围，药品安全犯罪都具有危害公共安全的属性。"这种理解也并不是没有根据，因为在《刑法修正案（八）》之前该罪都有"足以危害人体健康"的限制，很显然其保护的对象是民众的身体健康和生命安全。而修改犯罪构成的最主要动因是克服其因果关系难以证明的问题，并非是想将法益的保护前置到保障国家对药品的监管秩序，而且这种理解可能更符合现代法治国家以人为本的精神，因为在法治国家，制度价值的根本立足点在于个人利益的保护。因此，只有当某种公法益与个人法益具有同质性，能够分解成或者还原成个人法益，是促进人类发展的条件且具有重要价值时，才是值得刑法保护的法益。因此，从生产、销售假药罪保护的法益来看，对于那些单纯违反药品监管秩序，而没有对民众的身体健康和生命安全造成危险的行为就不应当构成犯罪。

2. 构建经验法则判断抽象危险犯的危险。在明确规制危害药品安全犯罪刑法所保护的法益后，当下最关键的是判断未经国家批准生产、进口以及使用未取得批准文号的原料药进行生产的行为究竟对民众的身体健康是否造成了危险。一般而言，前述行为对民众的身体健康和生命安全有相当大的隐患，以代购的海外药品为例，很多代购的药品在国外并没有取得相应的生产、销售许可证，因而其质量无法得到保障，特别是很多药品在保存和运输过程中对温度、湿度等都有特殊的要求，而一般的代购运输条件很难满足特定要求，因此可能会导致药品出现质量问题，而这很明显存在危害公民身体健康和生命安全的潜在危险，这也是外在形式有缺陷的药品原则上可以入罪的关键论据。当然，是否存在危险又不一概而论，而应当根据具体的案件事实进行判断，如从海外正规渠道代购的正品药至少不应当构成销售假药罪，至于是否构成其他犯罪则应视具体情形而定。因此，一概主张将上述未经批准生产、进口的药品以及使用未经批准的原料药生产的行为排除出犯罪圈或者认定为犯罪的做法都不可取。抽象危险犯中的危险既非拟制的危险也非推定的危险，拟制的危险不符合法益侵害原则，而主张允许反证的推定危险则犯有逻辑错误，因为允许反证应当是确定行为为抽象危险犯之后的结果，而不是确定该行为是否是抽象危险犯的判断前提。此外，允许反证的做法还有转嫁证明责任的嫌疑，违反“罪疑惟轻”原则。事实上，抽象危险犯与具体危险犯的差异并不在于危险本身的有无，也不在于危险究竟是现实的还是拟制的，而在于判断危险的方式不同，具体危险犯中的危险应当根据案件事实直接判断，而抽象危险犯中的危险则是根据有无法定的足以侵害法益的事实来加以间接判断。抽象危险犯中的危险判断，一方面要依据法条规定的各种要素，另一方面还必须结合行为本身发生时的各种客观事实情况，如行为时的环境情况、行为对象、行为引起的外界变动等要素，依照日常生活的经验法则进行判断。因此，对于危害药品安全的抽象危险犯也要针对具体的案件，依据生活经验判断是否有足以侵害法益的事实，以此来确定是否存在危害民众身体健康和生命安全的危险。

3. 以社会危害性的程度及刑事处罚的必要性廓清行刑界限，防止过度刑法化。刑法调整的对象应当是重大侵犯法益的行为，其危害性达到了刑事可罚的程度，这是我国《刑法》总则第十三条但书的明文要求，也是刑法与行政法二元制裁体系下的当然释义。《解释》第十一条也重申了这一观点，其规定了销售少量根据民间传统配方私自加工的药品，或者销售少量未经批准进口的国外、境外药品，没有造成他人伤害后果或者延误诊治，情节显著轻微，危害不大的，不认为是犯罪。因此，对于危害药品安全的行为不能因为抽象危险犯的入罪模式就一概不顾情节、不问轻重地予以定罪处罚，应当为行政处罚预留一定空间，警惕刑法“万能”主义思想。

4. 秉持相对从属性处理刑法与非刑法规范的关系。由于药品行业自身的专业性和复杂性，针对药品的专门性法律、法规仍然是调整药品安全领域最基本、最广泛、最直接的规范。完全脱离部门法的相关规定去阐释犯罪构成，将会造成刑法与非刑事法规范之间的冲突和矛盾，从而对整个法律体系的协调、统一造成破坏。因此，刑法在调整危害药品安全行为时，原则上应当参照专门性法律法规的相关规定，从这一角度而言，刑法具有从属性。但诚如上文所述，刑法作为独立的部门法，其具有独特的规范目的、价值定位以及制裁手段，不能以形式上的遵循法秩序统一为名，削弱刑法判断的独立性。实际上，在处理刑法和非刑事法规范的关系问题上，相对从属性才是司法人员应当始终秉持的理念。就生产销售假药罪而言，有学者虽然承认刑法对非刑法规范的相对从属性，但又认为因为刑法条文明确规定了生产、销售假药罪中的“假药”依照《药品管理法》进行认定，因此对刑法上的“假药”做与行政法上的“假药”不同的定义变得不可能。笔者认为，根据刑法条文只能说明在认定是否是刑法上的“假药”时要首先满足《药品管理法》的前提，但不能反过来认为只要是《药品管理法》上的假药都符合《刑法》上的假药，对于像陆勇一样代购的海外正品药，虽然是《药品管理法》上的“假药”，但完全可以不认为是《刑法》上的“假药”。劣药的认定同样应如此，这并不违反罪刑法定原则。此外，为了消除这种误解，笔者认为将“依照”一词改为“参照”可能更有助于提醒司法工作人员在对假药和劣药进行判断时能够做出独立的实质判断。至于如何保持相对独立性，做出有别于非刑事法律规范的认定，还应当紧紧围绕着刑法的价值理念以及所保护的特殊法益这两个方面进行风险判断，以风险有无的判断来识别刑法上的缺陷药品（主要针对外在形式有缺陷的劣药），以风险大小的判断来考虑是否入罪。倪海清案、陆勇案以及长生生物疫苗等案件所折射出的药品安全法律保护问题倒逼我们反思立法，检视司法。时下正值《药品管理法》修订之际，应当注重行政法与刑法体系的衔接与协调，摒弃旧有的单纯加大行政处罚力度的行政调控思维。从立法层面改采统一、合理且便于操作、易于执行的标准对假药和劣药进行重新定义和区分，剔除不切实际的高入罪门槛，最终实现危害药品安全犯罪罪名体系由粗疏向严密的转变。在司法层面，警惕刑事法网衍生的过罪化风险，在准确把握危害药品安全犯罪刑法保护法益的基础上，以一般生活经验法则的标准对产生风险的行为事实进行独立的、实质性的判断，为行政处罚预留一定的空间，做到严中有宽，将危害药品安全的犯罪圈限定在一个既能满足社会现实需要，又能避免刑法过度干预的阈值内。

（本节原载于《行政与法》2019年第3期。此次收入略有修改。作者王禹为西南政法大学法学院硕士研究生，卢有学为西南政法大学法学院教授）

第二章　食品药品安全犯罪的司法适用

第一节　食品安全犯罪司法认定问题研究

2013 年 5 月 3 日，最高人民法院、最高人民检察院发布了《关于办理危害食品安全刑事案件适用法律若干问题的解释》[法释〔2013〕12 号]（以下简称“法释〔2013〕12 号司法解释”），为统一法律适用、提升司法效果提供了法治保障。但在司法实践中，围绕食品安全犯罪的司法认定问题，该解释在适用过程中也引起了一些争议。基于此，本节以法释〔2013〕12 号司法解释为视角，对食品安全领域相关犯罪的司法认定标准予以探讨。

一　行为对象：伪劣食品与伪劣产品的界分

在食品安全犯罪的规范治理中，“食品”是一个绕不开的基本范畴，因为它不仅决定刑法典第 143 条生产、销售不符合安全标准的食品罪和第 144 条生产、销售有毒、有害食品罪（以下对这两种犯罪统一表述时概称为“生产、销售伪劣食品犯罪”，这两类食品统称为“伪劣食品”）的适用问题，而且影响到刑法典第 140 条生产、销售伪劣产品罪的司法认定。这种关系决定了伪劣食品与伪劣产品的区分看似简单却是需要细细斟酌的司法问题。

（一）食品与伪劣食品

论及食品的概念，虽然刑法中没有具体表述，但《食品安全法》[①]第150条作出了明确规定："食品，指各种供人食用或者饮用的成品和原料以及按照传统既是食品又是中药材的物品，但是不包括以治疗为目的的物品。"那么，司法实践中是否可以按照这一规定来理解刑法中的食品呢?

在2012年经媒体曝光而引起社会舆论广泛关注的系列"毒胶囊"案件中，法院在审理时面临的一个重要问题就是涉案胶囊是否属于食品。对此，浙江省新昌县人民法院在"赖三学军生产、销售有毒、有害食品案"的判决中认为，胶囊可以随食品被食用或者随药品入口进入人体而属于食品，从而否定了辩护方提出的"胶囊不是食品"的辩护意见。不过遗憾的是，判决没有详细说明裁判理由。当然，在这一诉讼焦点的背后，刑法理论对"食品"的理解也并非毫无争议。有学者认为，《食品安全法》关于食品的诠释是狭义的，指向对象是应然的食品；《刑法》中的"食品"是广义的界定，指的是实然的食品，外延应当大于《食品安全法》中"食品"，除了可为人所食用以外，还包括只是徒有食用之名而不能食用的"食品"[②]。从中可以看出，该论者之所以认为《刑法》中的食品范畴更大，是因为包括了有毒、有害"食品"等不能食用的物质在内。笔者看来，该观点看似合理，却没有准确理解《食品安全法》中食品的特征，混淆了食品与安全食品这两个概念。《刑法》与《食品安全法》对于"食品"的理解应当是相同的。首先，《食品安全法》对食品的界定是中性的，只是形式化的表述，而不涉及本身的安全性。从结构上说，《食品安全法》从三个方面对"食品"进行了诠释：一是包括供人食用或者饮用的成品和原料；二是包括按照传统既是食品又是中药材的物品；三是不包括以治疗为目的的物品。

---

① 本节涉及的《食品安全法》指2015年修订的《食品安全法》。

② 孙建保：《生产、销售有毒、有害食品罪司法认定解析》，《政治与法律》2012年第2期。

该定义没有提到食品的安全性问题，意即只要是生产者以供他人食用、饮用的名义生产的成品或者原料，在不以治疗为目的（不具有药品的用途）的情况下，都可以视为食品，不论它是否符合国家食品安全标准。其次，直接把《食品安全法》中的食品等同于安全食品，是论者认为应该扩大刑法中的食品范围之重要原因。《食品安全法》第150条规定："食品安全，指食品无毒、无害，符合应有的营养要求，对人体健康不造成任何急性、亚急性或者慢性危害。"据此，《食品安全法》中的食品与安全食品是两个具有包容关系的词汇，后者具有无毒、无害和营养性的特征，这一点与食品相区别。其实，也正是因为食品本身不要求具有安全性，刑法中"不符合安全标准的食品"这一称谓才具有逻辑自洽性。因此，不宜对刑法和食品安全法中的食品做出区别理解，而应该按照后者的标准来认定刑法中"食品"的内涵。相应地，这里的伪劣食品，主要是相对于安全食品而言的，即是指不符合食品安全标准的食品。

上述论者指出，如以工业酒精兑水后充作白酒出售的行为，根本不能称之为食品，若将两部法律中食品的概念等同，惩治这种严重危害社会的行为将无法可依。其实不然。工业酒精兑水后充作白酒出售，说明嫌疑人生产加工该假酒的目的是提供供人饮用且不以治疗为目的的"白酒"，这完全符合《食品安全法》中食品的定义，因此，亦可以认定为刑法中的食品。同时，由于行为人在加工白酒的过程中掺入了有毒、有害的非食品原料，故而涉嫌生产、销售有毒、有害食品罪。也就是说，惩治此类行为根本不会无法可依。同样，在"赖三学军生产、销售有毒、有害食品案"中，辩护人关于胶囊不是食品的辩护理由是不能成立的。因为根据上述认定标准，用工业明胶生产的胶囊，是用于保健食品或者药品的外包装，是和保健食品、药品一起供人食用的成品，但胶囊本身不具有治疗用途。因此，涉案胶囊符合食品安全法的定义，应认定为食品。

在确定了刑法中食品概念的基础上，还需要明确食品与食品添加剂之间的关系，即作为可以在食品中添加的物质，食品添加剂是否可以归入食品的范畴呢？法释〔2013〕12号司法解释第10条规定："生产、销售不符合食品安全标准的食品添加剂，构成犯罪的，依照刑法典第140条的规定以生产、销售伪劣产品罪定罪处罚。"据此，该解释的制定者主张食品添加剂不是食品，而是普通产品。然而，理论上有观点认为，食品添加剂应当属于食品。因为"食品添加剂与食品原料或者食品在物品性质上无本质区别，已经成为各种现代食品不可缺少的构成要素之一。同时，《食品安全法》将食品添加剂的生产经营纳入其调整范围，表明对该物质进行安全化法律规制的重视程度"[①]。如果按照这一观点，生产、销售不符合食品安全标准的食品添加剂的行为，应构成生产、销售不符合安全标准的食品罪，从而与司法解释的观点相冲突。对于这两种不同的主张，笔者认为，食品添加剂不属于食品，而是非食品原料。如果生产、销售不符合食品安全标准的食品添加剂，应属于生产、销售伪劣产品行为。首先，根据《食品安全法》的规定，食品添加剂是为了改善食品质量，实现特殊工艺目的而添加在食品中的，因而，食品添加剂不属于食品本身的食物原料。具体到物品性质上，食品添加剂是食品科技发展的产物，只有在具有改善或丰富食品的色、香、味等品质的必要性时才允许使用，属于非食品原料。其次，食品添加剂本身具有一定的风险性，需要予以严格的风险评估并确保安全可靠的情况下才能使用；使用不当或者过量使用，会给人体健康带来严重危害。因此，必须对食品添加剂的生产、品种、使用范围和用量进行严格限制。[②]也就是说，《食品安全法》将食品添加剂的生产、经营纳入管控范围，并不是因为食品添加剂属于食品，而是因为它是关系食品安全的重要物质。否则，按照上述论者的逻辑，既然《食品安全法》第41条规定了食品的包装材料等食品相关产品的生产经营要求，就应该把这些相关产品视为食品，这显然是不妥当的。综合上述分析，食品添加剂属于食品，法释〔2013〕12号司法解释第10条有关

① 陈烨：《食品安全犯罪的对象研究》，《西南政法大学学报》2012年第4期。

② 参见信春鹰主编《中华人民共和国食品安全法解读》，中国法制出版社2015年版。

食品添加剂的规定是合理的。

（二）伪劣食品与伪劣产品

根据法释〔2013〕12号司法解释第13条的规定，生产、销售不符合安全标准的食品，在特定情况下可能构成生产、销售伪劣产品罪。这就涉及食品安全领域生产、经营伪劣食品犯罪与生产、经营伪劣产品犯罪的区分问题。

1. 刑法典第140条与刑法典第143条的区分要素："不符合安全标准的食品"和"足以造成严重食物中毒事故或者其他严重食源性疾病"。在轰动全国的"福喜食品案"[①]中，涉案的冷冻腌制小牛排等产品属于不符合安全标准的食品，但最终法院没有判处被告方成立生产、销售不符合安全标准的食品罪，而是认定为生产、销售伪劣产品罪。对此，从刑法规定来看，在食品安全案件中区分适用这两个罪名涉及两个方面：一是两罪共同的基础性因素，即不符合安全标准的食品。也正是因为这一要素，伪劣食品必然是伪劣产品。二是两罪专属的差异性要素，即涉案食品是否足以造成严重食物中毒事故和其他严重的食源性疾病。

在食品安全犯罪案件中，不管把涉案食品认定为伪劣食品还是伪劣产品，都会涉及"不符合食品安全标准"的判断依据。我们认为，应当依照《食品安全法》以及相关规定中对"食品安全标准"的要求来认定。具体而言，不符合食品安全标准，是指不符合食品安全法规定的从事食品生产、经营应当执行的安全标准。从依据上说，食品安全标准应当以国家标准为准。从范围上看，应当包括《食品安全法》有关条款规定的所有安全标准。如其第26条的八项内容。在此基础上，《食品安全法》第33条、第34条规定的关于食品安全标准的具体内容以及禁止生产经营食品、食品添加剂和相关产品等，也是判断食品安全标准的重要

---

① 黄安琪、周琳:《福喜食品案一审宣判，两公司被罚10人被判刑》，《法制日报》2016年2月2日。

依据。这些条款共同构成了“不符合安全标准”的体系框架。

由于食品安全标准的范围较广，仅仅认定为生产、经营不符合食品安全标准尚不足以表明行为的严重危害性程度，为了准确打击严重危害食品安全的犯罪行为，刑法规定涉案食品“足以造成严重食物中毒事故或者其他严重食源性疾病”时才构成犯罪。这样一来，后一要素成为限制犯罪行为成立的客观处罚条件，合理约束犯罪圈的范围。如果行政检验检测不能认定涉案食品足以造成上述危险状态，这些食品就不是刑法意义上的“伪劣食品”而是“伪劣产品”。

2. 刑法典第 140 条与第 144 条的区分要素：“有毒、有害的非食品原料。”生产、销售有毒、有害食品罪客观方面的突出特点，是在生产经营的食品中掺入了有毒、有害的非食品原料。但从罪状与罪名的关系上来看，两者并不一致，即罪状所描述的犯罪对象只是“掺入有毒、有害的非食品原料的食品”，而不是罪名中的有毒、有害食品。因此，本罪中的伪劣食品，究竟是指掺入有毒、有害的非食品原料的食品（不管食品本身是否有毒害），还是掺入有毒、有害的非食品原料后具有毒害性的食品，也不无分歧。如果将罪名中的有毒、有害食品理解为后者，则前者就不属于本罪中的伪劣食品，而应认定为伪劣产品。但这种观点似乎与罪状所表述的犯罪构成特征不一致，更与司法实践相冲突。

在最高人民法院编辑出版的指导性案例“张联新、郑荷芹生产、销售有毒、有害食品案”[①]中，控辩双方的焦点之一是，在检测报告显示张联新炼制的猪油合格并非有毒、有害食品的情况下，能否因为猪油原料属于猪肉加工废弃物（即地沟油的一种），而将其行为认定为生产、销售有毒、有害食品罪。笔者认为，基于罪刑法定原则的要求，犯罪构成是认定犯罪成立的唯一标准。在生产、销售的食品中掺入有毒、有害的非食品原料，已经符合刑法典第 144 条的规定而构成本罪。即便成品没有毒害性，在常识上不能称之为有毒、有害食品，但由于罪名不具认定犯罪的类型化意义，所以把生产、销售过程中掺入有毒、

---

① 参见《刑事审判参考》总第 99 集，法律出版社 2015 年版。

有害的非食品原料的行为按照刑法典第144条的规定论处符合罪刑法定原则，“张联新、郑荷芹生产、销售有毒、有害食品案”的判决并无不当。但是，辩方的理由也不无道理，既然本罪的罪名是生产、销售有毒、有害食品罪，而无证据表明涉案食品具有毒害性，又如何解释涉案食品会危及公众安全而成立犯罪呢？就此而言，本罪的判决似乎超出了公众的认知范畴——涉案食品不是刑法典第144条罪名所指的有毒、有害食品，将其认定为伪劣产品也有合理之处。

出现这种分歧的原因，是因为刑法在表述本罪的构成要件时只是简单援引了食品安全法规范中的相关规定，忽略了食品安全法与刑法在行为对象上的差异，进而造成了罪状强调非食品原料的毒害性而罪名突出食品的毒害性。食品安全法侧重于对食品生产经营过程的安全性管控，同时辅之以对成品的管理，而刑法作为食品安全法的最后保障法，更应关注于食品本身是否危及公众食品安全。但刑法典第144条的罪状却将刑法规制的重心放在了生产经营过程的安全性上，借助“有毒、有害的非食品原料”这一食品安全法中的非规范概念扩大了刑法的处罚范围，从而把虽然掺入有毒、有害的非食品原料但食品本身不具有毒害性的情形认定为犯罪，也给司法实践带来了不必要的争议。

二　行为性质：形式认定与实质判断的错位

（一）法释〔2013〕12号司法解释第1条、第20条之认定规则及实践状况

法释〔2013〕12号司法解释第1条“采取了一般性、客观推定式的认定方法，即将实践中具有高度危险性的典型情形予以类型化，明确具有这些情形的即可认定为足以造成刑法规定的危险”。[①] 对于该规定，解释制定者认为是以“列举+概括”的方式设定了推定式的司法

① 陈国庆、韩耀元、吴峤滨：《关于办理危害食品安全刑事案件适用法律若干问题的解释、理解与适用》，《人民检察》2013年第13期。

认定规则。即在这五种情况下，公诉方不需要提供证明足以造成刑法规定的危险状态之直接证据，只需提供证据证明存在该五种情形中的基础事实即可。这样一来，等于免除了公诉方本应承担的证明不法行为之危险性的法定义务，从而极大地便利了刑事诉讼。

然而，这种看似合理的解释规则却因背离了司法实践的现实状况而难以得到有效落实，甚至在执行中因司法人员的理解不同而引发司法混乱：（1）上述规定将证明不符合安全标准的食品的证据用来作为证明“刑法规定的危险性”的证据，混淆了构成要件要素之间的差异性。这五种情形是在《食品安全法》第34条的基础上概括而来，但后者所列举的是不符合食品安全标准的情形，并不表明行为的危险性，更不用说高度危险性。但是司法解释却扩大了这种关联性，将作为不符合食品安全标准的证据用来证明行为的危险性，从而忽略了不符合安全标准的食品与“能够造成严重危险的”不符合安全标准食品之间的差异。（2）这种认定规则属于形式认定，是对司法实践中具有高度危险性食品生产经营行为的类型化概括（解释制定者的理解）。但是，刑法中是否“足以造成严重食物中毒事故和严重食源性疾病”的判断应当属于实质判断，这是具体危险犯中认定危险状态的基本要求。将实质问题形式化，必然会因形式认定的笼统、宽泛而扩大司法惩治的范围，有违刑事处罚的公正、公平。比如，在生产、销售注水猪肉案件中，根据有关法律规定，注水猪肉属于检验不合格的动物肉类，也就是属于该司法解释第1条第2项规定的“检验检疫不合格的畜、禽、兽、水产动物及其肉类的”食品，应认定为“足以造成严重食物中毒事故或者严重食源性疾病”。然而，注水猪肉虽然是检验不合格的动物肉类，但这种不合格的肉类并不会产生上述严重的危险性，因此，按照上述认定规则就会导致不当处罚。为了避免此类情况，笔者在调研中发现，HN省等地的公安司法机关在办理案件时都要求行政执法部门单独提供足以造成严重危险状态的证据，否则就不以刑事案件处理。这样一来，司法解释第1条规定的形式认定规则就被搁置起来。

法释〔2013〕12号司法解释第20条关于“有毒、有害的非食品原料”的认定标准也存在同样的问题。该条通过列举的方式规定了有毒、有害非食品原料的认定范围，但第1项和第2项中所规定的法律、法规或者国务院有关部门公布的文件中禁止添加的物质不一定都是有毒、有害的非食品原料。这就给这一条的适用带来了很大的问题。比如，卫生部办公厅“关于《食品添加剂使用标准》(GB2760–2011)有关问题的复函(卫办监督函〔2011〕919号)”中明确指出：“1–丙醇、4–氯苯氧乙酸钠、6–苄基腺嘌呤等23种物质，缺乏食品添加剂工艺必要性，不得作为食品用加工助剂生产经营和使用。”从中可以发现，虽然该文件明文禁止在食品中添加上述23种物质，但不是因为它们具有毒害性，而是考虑到缺乏添加的必要性，即因这些物质不能改善食品的色、香、味、品质等而禁止添加于食品之中。所以一旦在实践中仅仅依据有关法律、法规等就直接将它们认定为有毒、有害的非食品原料，就会因违背客观事实而出现司法错案。

比如，在“雷某某、谭某某生产、销售有毒、有害食品案”中，被告人为了提高豆芽销售量，在生产豆芽的过程中往豆子里添加无根素(主要成分为6–苄基腺嘌呤，此类豆芽俗称“毒豆芽”)。辩护人认为，6–苄基腺嘌呤不是有毒、有害物质，不属于禁用的农药或生长调节剂。但法院经审理认为，国家质量监督检验检疫总局《关于食品添加剂对羟基苯甲酸丙酯等33种产品监管工作的公告》规定，食品生产企业禁止使用6–苄基腺嘌呤。依照《关于办理危害食品安全刑事案件适用法律若干问题的解释》第20条第(1)、(3)项之规定应当认定为被禁止使用的有毒、有害物质，故判决被告人雷某某、谭某某成立生产、销售有毒、有害食品罪[①]。但是，同样是“毒豆芽”案件，在“郭某、鲁某生产、销售有毒、有害食品案”中法院却作出了无罪判决。法院认为，被告人虽在生产绿豆芽的过程中使用了非食品原料，但没有证据证明二被告人在豆芽上喷洒“速长王”后所检测出的6–苄基腺嘌呤、赤霉素等三种物质对人体能造成何种危害，故二被告人行为应

① 参见四川省广安市广安区人民法院(2014)广安刑再初字第1号刑事判决书。

属情节显著轻微危害不大，不认为是犯罪。比较发现，“雷某某、谭某某生产、销售有毒、有害食品案”是在贯彻执行司法解释的情况下作出的有罪判决，“郭某、鲁某生产、销售有毒、有害食品案”则是基于对不法行为的实质判断而宣告被告人无罪，从法理上看两个案件似乎都无可争议。然而，这却真实地反映了司法解释生效以后给司法机关处理此类案件带来的混乱状况。据媒体报道，“2015 年 4 月，两高（最高法、最高检）已非正式暂停‘无根豆芽’案审理。在山东、福建等地多个在审案件当事人被取保”。[①] 如果说“毒豆芽”案件只是个案，但考虑到第 1 条、第 20 条确立的以形式认定替代实质判断但有违客观实际的解释方式，这两个条款的未来命运值得关注。

（二）法释〔2013〕12 号司法解释第 1 条、第 20 条之评述

透过上述问题，解释第 1 条、第 20 条总体上有两个方面需要注意：一是解释的不必要性；二是解释的不合理性。

1. 法释〔2013〕12 号司法解释第 1 条、第 20 条中个别条款是不必要的。司法解释是最高人民法院、最高人民检察院就审判和检察工作中的具体法律适用问题所进行的解释工作。因此，司法解释的首要价值是要解决具体的法律适用问题，化解分歧，明确标准，提高法律适用的统一性和权威性。否则，司法解释就是不必要的。然而，从实践来看，第 1 条关于“足以造成严重食物中毒事故或者严重食源性疾病”的认定标准中两项解释是不必要的，即第（1）项“含有严重超出标准限量的致病性微生物、农药残留、兽药残留、重金属、污染物质以及其他危害人体健康的物质的”，第（4）项“婴幼儿食品中生长发育所需营养成分严重不符合食品安全标准的”。第 20 条关于“有毒、有害的非食品原料”的认定标准中一项解释是不必要的，即第（3）项“国务院有关部门公告禁止使用的农药、兽药以及其他有毒、有害物质”。

① 黄芳：《“毒豆芽”案首现无罪判决，争议数年已有近千芽农获刑》，http://www.Thepaper.cn/newsDetailforward1357530，2016 年 9 月 26 日。

具体原因如下。

首先，关于第1条第（1）项和第（4）项，两项解释不必要的理由是相同的，即没有解决刑法规定的危险状态的认定问题。两项解释的共同特点是以“严重超出标准限量”或“严重不符合食品安全标准”来认定“足以……”的成立。即司法解释把证明的对象从危险状态转向了物质的限量标准，即严重超出标准限量和严重不符合食品安全标准，以此提高案件定罪量刑的效率。然而，这一解释不仅未能改变司法困境，反而带来了新的难题，即何种程度才是严重超出标准限量、严重不符合食品安全标准亦无明确依据。就第（1）项而言，《食品安全法》第26条中规定的食品安全标准只是要求制定食物中致病性微生物、农药残留、兽药残留、重金属、污染物质以及其他危害人体健康的物质的限量标准，而没有规定其他标准。如在食品安全国家标准之有害物质限量要求中，砷的限量指标值是≤2.0mg/kg，但是并没有规定何种指标值属于严重超出标准限量。换句话说，司法解释中所提到的“严重超出标准限量”仍然是一个缺乏量化的指标；纵然超出标准限量可以通过定量检测予以证实，但是否属于严重超出标准限量所需的“定量（超出标准限量）+定性（严重）”之检测结论却无规范可依。这也导致检验检测机构乃至相关领域专家进行个案认定时操作极其困难。

所以，要证明解释中提出的“严重超出标准限量”和“严重不符合食品安全标准”与刑法第143条规定的“足以造成严重食物中毒事故或者严重食源性疾病”的证明标准几乎存在一样困难，司法解释未能便利司法，只是制造了新的问题。

其次，关于第20条第（3）项，之所以称之为不必要，是因为即使没有这一项规定，仍然应当将禁用农药、兽药认定为“有毒、有害的非食品原料”。该条款规定“属于国务院有关部门公告禁止使用的农药、兽药以及其他有毒、有害物质的”，即可以认定为“有毒、有害的非食品原料”。事实上，对于有关部门公告禁止使用的农药、兽药以及其他有毒、有害物质，食用农产品的生产者一律不得使用，否则将承担相应的法律责任。在农业生产中，生产者不得使用它们的根本原因，是因为这些禁用的农药、兽药本身的毒害性会给人体造成伤害。这一点，也是区别于允许使用但用量和用药次数受到限制的低毒农药、兽药的原因。后者虽然也有一定的毒害性，但是，只要按照法律法规规定的用量、次数以及严格执行使用安全间隔期和休药期的规定，就不会对人体造成伤害。因此，它们可以在农产品的种植、养殖过程中使用。概言之，国家有关部门公告禁用的农药、兽药，一定是属于有毒、有害的非食品原料。所以，该项解释的必要性不无疑问。

2. 法释〔2013〕12 号司法解释第 1 条、第 20 条中个别条款是不合理的。司法解释不仅要在必要性的时候对法律适用问题进行及时解释，而且应当对这些问题作出合理解释。这里的合理性，是指既不能违背罪刑法定原则等刑法原则，也需在逻辑、内容等方面体现公平、公正的法治价值。然而，法释〔2013〕12 号司法解释第 1 条、第 20 条中个别条款具有明显的不合理性。对此，除了前述提到的法释〔2013〕12 号司法解释第 20 条关于“有毒、有害的非食品原料”的认定标准以外，这里主要对第 1 条部分规定的合理性问题进行分析。

第一，关于第 1 条第 2 项。该项规定“属于病死、死因不明或者检验检疫不合格的畜、禽、兽、水产动物及其肉类、肉类制品的”，就可以认定为“足以造成严重食物中毒事故或者严重食源性疾病”。对于该项解释，如果说属于病死的畜、禽、兽、水产动物及其肉类、肉类制品，因这些动物及其肉类制品中含有致病菌，可以认定此种行为足以造成严重危险状态的话，但死因不明的或者检验检疫不合格的畜、禽、兽、水产动物及其肉类、肉类制品未必一定会造成刑法规定的危险状态。所谓死因不明，是指无法查明畜、禽、兽、水产动物的死因。既然无法确定死亡原因，是否足以造成严重的危险状态就具有不确定性。如果不考虑这一危险状态的现实性，就可能出现虽然死因不明但并不会出现危及公众安全的严重后果（在个别案件中，辩护方也许会提供证据证明动物本身不含致病菌等），此时直接适用该认定规则就会导致刑法处罚的不公平。检验检疫不合格的畜、禽、兽、水产动物也面临同样问题，不加区分检验检疫不合格之具体情况，一律认定为刑法规定的危险状态，势必扩大刑法的适用范围，有侵犯公众自由之嫌疑。

第二，关于第1条第3项。该项规定“属于国家为防控疾病等特殊需要明令禁止生产、销售的”，可以认定为“足以造成严重食物中毒事故或者其他严重食源性疾病”。本项解释是依据国家有关行政法规而做出的形式认定，同样面临与实质判断不符的问题。所谓“国家为防控疾病等特殊需要明令禁止生产、销售的”情形，一般包括了国家为防控疾病等特殊需要明令禁止从国外进口、销售特定的食品，如为了防止疯牛病传播，卫生部、国家质检总局发布《关于防止疯牛病传入的公告》(2002年第1号)，禁止从英国、爱尔兰、瑞士、法国等国家进口牛、羊等动物及其特定的肉类制品；或者国家为防控疾病等特殊需要对国内特定地区销售的食品作出特别规定，如《盐业管理条例》规定，在碘缺乏病地区必须供应加碘盐等。但是，“国家为防控疾病等特殊需要明令禁止生产、销售的”情形属于典型的预防性规定，并不意味着生产、经营这些食品会产生严重的危险状态，因此，这种预防性措施与刑法典第143条作为具体危险犯所要求的危险状态不一致。如果将预防性措施作为刑法典第143条规定的危险状态的表征，就等于提前启动了刑罚权，会导致犯罪圈的扩大，有悖刑法的公平、公正。

3. 法释〔2013〕12号司法解释第1条、第20条的效力、保障及再解释。在笔者看来，法释〔2013〕12号司法解释所出现的上述问题，是解释制定者在面对刑法适用问题时作出的无奈选择。然而，作为有权解释，司法解释已经颁行，即应产生法律效力，故而在没有新的司法解释或者其他规范性文件甚至以会议纪要的形式提出暂停执行上述规定的情况下，公安司法机关不能因个别问题而简单否定司法解释第1条、第20条的权威性。当然，考虑到刑事司法的公平性、公正性，我们应当运用刑事规则对司法解释进行矫正。对于不合理的司法解释，应当允许使用推定之反证规则，将不合理的推定推翻，以避免刑罚权的盲目扩张。比如，对于检验不合格的动物及其肉类制品，原则上适用该司法解释第1条的规定，只要行政机关作出上述行政结论，就应当推定“足以造成严重食物中毒事故或者其他严重食源性疾病”，而无须提供后者的直接证据，除非有相反证据表明，该检验不合格所属情形不会造成上述危险状态。概言之，司法机关不宜以个别案例为由否定“检验不合格”作为认定危险状态存在的类型化意义，进而否定该项司法解释的权威性。除非有证据证明某种被禁止的非食品原料是因为技术上的不必要性而被禁止的，否则，就应当承认该条款的效力，以涉案物质被规范性文件禁止为由认定为“有毒、有害的非食品原料”，无须单独提供证明它具有毒害性的证据。

当然，将行政机关执法过程中出具的行政认定这一不符合刑事证据法定形式的结论性意见作为认定犯罪事实存在与否的证据，面临证据规则上的疑问。为此，法释〔2013〕12号司法解释第21条专门对此予以规定：“‘足以造成严重食物中毒事故或者其他严重食源性疾病’、‘有毒、有害非食品原料’难以确定的，司法机关可以根据检验报告并结合专家意见等相关材料进行认定。必要时，人民法院可以依法通知有关专家出庭作出说明。”以此明确了行政认定、专家意见在食品安全犯罪刑事诉讼中的证明作用。然而，从实践来看，该条解释亟待相应的保障措施以确保其贯彻落实。因为公安司法机关在收到行政执法部门出具的定量式检验报告以后，很难找到相关领域的专家出具法律意见对之定性，尤其是对于基层执法、司法部门来说，这一条款更不现实。在笔者看来，要确保此类案件规范处置，从近期来看，至少在省级层面上要成立涵盖法学、医学、药学、食品工程等相关领域的专家库资源。不管是基于权威性的考虑还是公开性的要求，这样做都有助于提供合理、科学的专家意见，帮助公安司法机关乃至辩护方提供客观、公正的司法认定，推动案件规范办理。从专业性的发展趋势来看，建议借鉴环境损害领域司法鉴定制度，将食品安全领域的行政检验检测机构司法鉴定化，建立食品安全领域的司法鉴定制度，从而满足刑事证据的需要。

就该解释本身来说，基于长远考虑，应当在适当的时候宜尽早对该解释第1条、第20条进行重新修订。为此，考虑到司法解释的必要性和合理性，我们可以从以下两个方面考虑重新解释。

首先，对刑法典第 143 条的解释应当选择合适的解释对象，同时以发布指导性案例的形式明确相关认定标准。具体而言，本条款的解释重点应当是明确“严重食物中毒事故”和“严重食源性疾病”的内容、标准，而不是危险状态的类型。尤其是不宜参照《食品安全法》第 34 条关于禁止生产、经营行为的类型来对刑法规定的危险状态进行判断。其原因在于：（1）《食品安全法》第 34 条规定了禁止生产、经营的食品、食品添加和食品相关产品的类型。由于本条款是基于食品安全全过程监管的需要而制定的，因此，这些条款服务于行政监管的需要而不是刑事司法证明。所以这些事项不能体现出刑法典第 143 条危险状态的法定要求，也就不宜把前者作为后者的认定标准。（2）对于具体危险犯来说，不法行为是否具有危险性应进行实质判断，即在个案中具体判断是否足以造成严重危害后果。这种参照食品安全法相关规定的做法只是对行政执法实践的高度概括，未必能够全面、真实反映所列举情形的危险状态，故而不宜作为刑法规定的危险状态之类型化依据。（3）刑法典第 143 条认定的难点，从表面上看是危险状态的认定，但实际上是“严重食物中毒事故”和“严重食源性疾病”的概念不明。因为这两个作为危害结果的构成要素之内涵、外延不清楚，所以即便有了证实涉案食品属于不符合安全标准的食品的检测检验报告，但也很难判断涉案食品能否足以造成上述危险结果，也就不会得出确定性结论。这也是专家进行定性分析时的难点所在。为此，新的司法解释应优先解决“严重食物中毒事故”和“严重食源性疾病”的范畴，从而为个案定性分析提供明确的判断标准。当然，由于生产、销售不符合安全标准食品的行为多种多样，为了确保刑法规定的危险状态即定罪标准上的统一性，较为合理的做法是由最高司法机关以判例的形式把全国范围出现的典型食品安全案件予以公布，详述某一类案件相关构成要件的证据标准以及裁判理由，进而形成指导性意见，指导全国司法机关对同类案件的处理。

其次，对刑法典第 144 条“有毒、有害非食品原料”的解释应当优先明确其概念，然后通过完善相关规范明确范围。现行解释绕开有毒、有害非食品原料的本质内涵，意图通过简单援引有关法律、法规等规范性文件的形式便利司法，结果适得其反。因为不管是司法实践还是理论研究，对于何为有毒、有害的非食品原料都尚存分歧，[①]此时以列举的方式公布有毒、有害非食品原料的范围必然引发混乱。在笔者看来，有毒、有害的非食品原料并非《食品安全法》中的规范概念，但对其解释必须考虑《食品安全法》中非食品原料的内涵。从范围上，非食品原料既包括在限量范围内添加到食品中对人体无害的物质，如食品添加剂、低毒农药、污染物质、重金属等，也包括一旦掺入食品就会对人体产生伤害而禁止添加的物质，如毒鼠强。由于刑法典第144条属于行为犯，即行为一经实施就构成犯罪，所以本条款中该类非食品原料必须具有严重的危险性，那么，第一种、第二种情形中的非食品原料应当被排除在外，即刑法中有毒、有害的非食品原料应当是因具有安全风险而禁止在食品中添加的非食品原料。明确了这一概念，我们就可以对现行禁止添加在食品中的非食品原料进行梳理，以确定司法解释可以明确的范围。以食品添加剂为例，它虽然有助于改善食品品质等，但终究是化学物质，为了不影响食品安全，减少对人体的伤害，它的使用需要符合不应对人体产生任何健康危害（安全性原则）以及在食品加工中具有工艺必要性（必要性原则）等要求。[②]因此，如果禁止在食品中掺入某种添加剂，则可能是因为不必要而予以禁止使用，也可能是因为安全性问题而禁止使用。这样在制定司法解释时，若以列举的方式明确有毒、有害的非食品原料的范围，就可以对现行法律、法规规定中禁止在食品中添加的非食品原料进行梳理，只要是基于安全性考虑而禁止添加的，就可以具体列举直接认定为“有毒、有害的非食品原料”。这样既避免不当扩大有毒、有害非食品原料范围，也以司法认定的形式减轻了公诉机关的证明负担。

---

① 参见舒洪水《食品安全犯罪的罪与罚》，中国政法大学出版社2014年版，第53—55、79—81页。

② 参见赵同刚《食品添加剂的作用与安全性控制》，《食品工业科技》2010年第5期。

三　共犯问题：片面帮助与共同犯罪的认定

法释〔2013〕12号司法解释第14条明确了危害食品安全犯罪共同犯罪的处理原则，即行为人成立共犯，只要求其意识到为他人生产、销售伪劣食品提供帮助即可，不需要双方具有共同犯罪的意思联络。那么，这种以司法解释的形式将片面帮助行为共犯化的规定是否妥当值得探讨。

（一）片面帮助与共同犯罪的关系之争

片面帮助行为能否成立共同犯罪，核心问题是如何理解刑法典第25条所规定的“共同故意犯罪”。

在前述“雷某某、谭某某生产、销售有毒、有害食品案”中，虽然辩护人提出公诉方无证据证明被告人胡某某与雷某某、谭某某共谋实施犯罪行为，不符合共同犯罪的构成特征，但司法机关直接引用法释〔2013〕12号司法解释中的共犯条款认定两人构成共犯。可以说，该判决错失了借此阐明片面帮助行为与共同犯罪关系的机会，回避了司法解释中共犯条款与共同犯罪通行理论之间的冲突。之所以这样说，与我国刑法学研究中占主导地位的共同犯罪的构成特征理论密切相关。

片面共犯能否认定为共同犯罪，这是古今中外刑法理论中长期存在的争议问题。我国刑法理论的通行主张是片面共犯不是共同犯罪，因为片面共犯不符合我国刑法中共同犯罪成立的主观条件，即共同犯罪的故意。该观点认为，“‘共同犯罪故意’包括了‘共同’和‘犯罪故意’两个要素。其中，‘共同’是量的要素，指二人以上具有共同实施犯罪的意图，区别于单独犯罪的罪过和相互之间没有意思联络的同时犯等，体现了其区别于一般犯罪故意的特殊性。因此，共同犯罪故意，是指行为人之间通过意思的传递、反馈而形成的，明知自己是和他人配合共同实施犯罪，并且明知共同的犯罪行为会发生某种危害社会的结果，希望或者放任这种危害结果发生的心理态度。”[①]然而，主张片面共犯属于共同犯罪的观点则与之相反，强调共同犯罪的成立并不要求两人之间有意思联络。对此，既有观点认为“共同故意犯罪”是指共同“地”故意“的”犯罪，“共同”修饰的是“犯罪”而非“故意”，“共同故意犯罪”就是二人以上客观上共同促成犯罪行为及其结果。[②]也有学者认为，共同犯罪故意包括两种形式：“一是行为人之间具有相互认识的全面共同故意，二是行为人之间具有单方认识的片面共同故意，即单方面认识也属于主观联系的一种方式，从而将片面共犯认定为共同犯罪。”[③]

在刑法立法上，我们看到主流观点对刑法总则中共同犯罪构成特征的诠释，等于否定了片面共犯属于共同犯罪的情形。如在全国人大常委会法工委刑法室对刑法典做条文释义时，就表达了这一看法。[④]此外，刑法分则有关成立共犯的论述中也多强调行为人之间通谋的意思。如刑法典第156条、第310条和第349条第3款都专门规定了帮助行为以共犯论处的问题，但无不在帮助行为之外要求有事先通谋，强调共犯人在共同犯罪故意上的双向性。当然，认为片面共犯应当认定共同犯罪的观点在立法与司法层面也有体现。在立法上，刑法分则个别犯罪中明确规定片面帮助行为以共犯论处。如刑法典第350条第2款规定，“明知他人制造毒品而为其提供制毒物品的，以制造毒品罪的共犯论处”。在司法上，将片面帮助行为认定为共犯的主张在多个司法解释中都有所体现。除了前述法释〔2013〕12号司法解释关于共犯的规定以外，在最高人民法院、最高人民检察院发布的《关于办理侵犯知识产权刑事案件具体应用法律若干问题的解释》等其他司法解释中即有相似规定。然而需要注意的是，在司法上，虽然部分司法解释中明

① 赵秉志：《“片面共犯”不能构成共同犯罪》，《检察日报》2004年7月8日。

② 参见李强《片面共犯肯定论的语义解释根据》，《法律科学》2016年第2期。

③ 田鹏辉：《片面共犯研究》，中国检察出版社2005年版，第99页。

④ 参见《中华人民共和国刑法条文说明、立法理由及相关规定》，北京大学出版社2009年版。

确规定的片面共犯类型在司法实践中得到执行，但是从最高司法机关到基层人民法院，没有将“片面帮助行为成立共同犯罪”的主张作为一项通行观点予以适用。如在最高人民法院发布的中国刑事审判指导案例“马俊、陈小灵等盗窃、隐瞒犯罪所得案”的裁判理由中明确提到，共同犯罪要求各共同犯罪人之间必须有共同的犯罪故意，即共同犯罪人存在一定的意思联络，认识到其行为会发生危害社会的后果，并决定参与共同犯罪。这种意思联络，必须发生在犯罪既遂前。①这一解释和刑法理论的通行观点相一致，在今天仍然影响着司法实践。

从上述分析可以看出，不管是刑法理论，还是司法实践，抑或是刑法典的规定，在片面共犯问题上尚未有统一的理解。由此引发出来的问题是，在司法裁判中应当按照何种观点来评价片面帮助行为的违法性问题，尤其是在司法解释中，能否直接将片面帮助行为认定为共犯不无疑问。因为片面帮助行为是否符合共同犯罪构成，在个案中只是关系到被告人的人身自由，但在司法解释中，则表明了该规范性文件对刑法适用疑难问题的解释是否合法，是否超越了刑法规定。这也是法释〔2013〕12 号司法解释第 14 条所面临的现实问题。

（二）法释〔2013〕12 号司法解释第 14 条之述评

按照通行观点，作为“共犯关系”存在的主观要件的共同犯罪故意必须是双向的。因此，从逻辑上说，共同犯罪中根本没有片面共犯的成立空间。②但是，认为片面共犯应当成立共犯的学者则大多认为，现实存在的片面帮助行为具有严重社会危害性，如果不能运用共犯理论予以处理，则很难让人接受。③法释〔2013〕12 号司法解释第 14 条的立法初衷也是如此。然而在理论上，我们可以基于犯罪治理的需要

① 参见《中国刑事审判指导案例（危害国家安全罪、危害公共安全罪、侵犯财产罪、危害国防利益罪）》，法律出版社 2009 年版，第 597 页。

② 参见王志远《我国现行共犯制度下片面共犯理论的尴尬及其反思》，《法学评论》2006 年第 6 期。

③ 参见张明楷《刑法学》，法律出版社 2014 年版，第 393 页。

去选择一种合适的解释方式，以确保刑法能够有效地发挥作用，但在法治的立场上，司法解释中解释者能否为了实现犯罪惩治的需要而肯定片面共犯问题，还是取决于刑法条文有关共同犯罪的规定。

在笔者看来，刑法分则个别条款中将片面帮助犯认定为共同犯罪，只是一种例外性规定，不具有普遍性意义。必须承认，不管是全国人大法工委在刑法释义中的观点，还是学者们提出的通行主张，都属于学理解释的一部分而不具有权威性。就此而言，片面共犯否定论、肯定说都不能简单否定，而应当理性看待。但这不意味着我们在处理司法问题尤其是制定司法解释时可以自由地选择解释的方式而不受到刑法规范的限制。具体来说，如果认为刑法中承认片面共犯的话，那也是分则中的例外性规定，不能改变总则所确立的共犯原则。有学者认为，刑法典第 198 条第 4 款、第 350 条第 2 款规定的以共犯论处的情形，都属于注意性规定，因为这些行为完全符合刑法总则所规定的共同犯罪的成立条件①。如果按照该论者的说法，刑法总则关于共同犯罪的规定肯定片面帮助行为的共犯性，那么，上述两个条款的确属于注意性规定。但是，按照这一逻辑，刑法分则第 156 条、第 310 条、第 349 条第 3 款规定相关行为以共犯论处时要求行为人之间必须事先通谋或者事前通谋的限制性条件，岂不多余。毕竟，按照共同犯罪理论，片面帮助行为成立共同犯罪时不存在双方通谋一说。因此，这两种不同的共犯表述方式所表达的含义以及对条文性质的影响应当是有区别的。刑法典第 156 条、第 310 条、第 349 条第 3 款三个条款以事前通谋限制共犯的成立范围，是对刑法典第25条共同故意犯罪主观的重申，这三个条款属于注意性条款，而刑法典第 198 条第 4 款、第 350 条第 2 款由于对帮助行为不要求有通谋的要件，故而不是注意性条款，而属于法律拟制性规定。因此，刑法中虽然存在片面帮助行为成立共犯的规定，但是这种规定不具有普遍性，只是刑法总则共同犯罪规定之外

① 参见张明楷《刑法分则的解释原理》，中国人民大学出版社 2011 年版，第 623 页。

的特例。法释〔2013〕12号司法解释第14条承认片面帮助行为的共犯性，不无超越刑法规定进行解释的嫌疑。

但毋庸置疑的是，法释〔2013〕12号司法解释第14条具有重要的实践意义。面对严峻的食品安全形势，党和国家明确提出了以“四个最严”的标准来治理食品安全违法犯罪行为。其中，最严厉的监管、最严格的处罚，既是对食品安全法的要求，也是对刑事立法和刑事司法的期待。就此而言，立足于严密法网、严厉打击食品安全犯罪现实需要而规定上述共犯条款，应当予以积极评价。那么，在司法实践中，若行为人以通行观点解释刑法总则关于共同犯罪的有关规定，能否抗辩法释〔2013〕12号司法解释第14条的有效性呢？笔者认为，虽然第14条的规定与通行观点不符，甚至有越权解释的嫌疑，但在没有宣布该项司法解释无效的情况下，基于司法解释的公定力，应当尊重第14条以共犯论处的司法规则。犯罪嫌疑人、被告人以该条规定不符合刑法总则第25条规定为由提出抗辩的，司法机关可以不予采信。

但基于罪刑法定原则的考量，由立法机关来解决片面共犯问题更为适宜，而不是以司法解释的形式对各类犯罪中的片面帮助行为逐个明确。为此，可以考虑以下三种方式：一是在立法上丰富食品犯罪的行为类型，在生产、销售行为之外增加独立的犯罪类型。其实，除了第14条所列举的四种情形以外，现实中还有许多具有严重危害食品安全的不法行为。如“明知他人利用网络实施生产、销售伪劣食品，为其犯罪提供互联网接入、服务器托管、网络存储、通信传输等技术支持或者广告推广、支付结算等帮助的行为”。因此，在当前生产、销售伪劣食品犯罪立法的基础上，将上述提供条件、帮助以及关联行为入罪化，不仅严密了刑事法网，而且有助于和食品安全法的法律责任体系相互衔接，密切两法衔接机制。二是借鉴刑法典第350条第2款的规定，在刑法典第143条、第144条中专门规定片面共犯的问题。在立法模式上，这不需要像司法解释一样详细说明帮助的方式，以概括性表述更为妥当。司法解释以解决法律适用中的疑难问题，统一定罪量刑的规范为目的，所以解释务求详尽，但立法则要求具有包容性，以适应犯罪形势不断发展变化而不至于损害刑法的稳定性，故而只需表达出提供条件等片面帮助行为以共犯论处的处罚规则即可。当然，通过分则各罪构成要件直接处理片面共犯不利于刑法分则构成行为类型化的维持，但这种方式的优点是维持了刑法总则关于共同犯罪规定的稳定性，避免了片面共犯范围的无限制扩张。三是对刑法总则有关共同犯罪的规定进行有权解释或者修改。总则与分则之间具有指导与被指导的关系，因此，对总则的有权解释或修改，在保持犯罪构成类型化的意义的同时，可以规范所有犯罪类型的共犯认定标准。当然，其影响也就大大超出了食品安全犯罪这一类不法行为的治理需求。从路径上说，这种模式既可以通过立法解释的方式予以明确，即对共同故意犯罪之主观特征进行有权解释，明确共同与犯罪故意之间的联系，从而解构传统“共犯关系”的整体性，为片面共犯提供空间；也可以在保持刑法典第 25 条基本表述不变的情况下，另外增设一款关于片面共犯的规定，明确片面帮助行为、片面教唆行为等成立共犯的条件、特征，从而将片面共犯肯定说法定化。

四　结语

本节所谈到的食品安全犯罪司法惩治中的一些问题，在一定程度上反映了行政犯罪之司法认定的特殊性和复杂性。与一般犯罪不同，行政犯罪的司法认定，不仅要熟知行政法规范的相关规定，而且应准确把握刑法规范与行政法规范在法律用语、调整对象等方面的关系，否则，就会因顾此失彼而在犯罪认定标准与刑法理论、公众认知等方面产生冲突与对立。食品安全犯罪的司法认定即是如此。既需要司法者在制定司法解释时加强了解行政执法的现状、行政法规范的相关规定，也要求刑法研究者能够对行政法规范做出准确的理解和判断，否则，会极大影响对不法行为的评价和责任追究。因此，对于兼具行政违法性与刑事违法性双重特点的食品安全犯罪来说，不管是立法解释还是司法认定，都应当尊重、坚持食品安全法规范与刑法规范的协调与配合。只有这样，才能确保刑法运行的顺畅。毕竟，刑法功能的实现，绝不仅仅是刑法自身的问题，在很多情况下均依赖于其他部门法的协调和保障，这也是刑事一体化理念的重要价值所在，更是以危害食品安全犯罪为代表的行政犯罪治理所亟待解决的问题。

［本节原以《食品安全犯罪司法认定问题研究——以法释〔2013〕12号司法解释为视角》为题，载于《中南民族大学学报》（人文社会科学版）2017年第2期。此次收入略有修改。作者赵秉志为北京师范大学刑事法律科学研究院教授；张伟珂为中国人民公安大学法学院副教授、法学博士］

第二节 食品安全犯罪中“足以造成”的认定

危害食品安全犯罪不仅会对社会公众的生命健康安全产生直接的危害，而且会在社会公众的心头蒙上食品生产不安全的阴影，最终会对食品行业的健康发展以及国民经济造成极大的危害。对此，相关立法部门审时度势出台了《食品安全法》等一系列行政法律法规以加强食品安全行政监管，并在《刑法修正案（八）》中对最主要的危害食品安全犯罪[①]或者说与食品安全最为密切的规定——《刑法》第143条进行了修订。修订后的《刑法》第143条对生产、销售不符合安全标准的食品罪做了规定：“生产、销售不符合安全标准的食品，足

① 我国《刑法》中关于食品安全犯罪的规定可分为直接条款和间接条款。直接规定食品安全犯罪的条款即生产、销售不符合安全标准的食品罪和生产、销售有毒、有害食品罪；间接规定食品安全犯罪的条款包括生产、销售假冒伪劣产品罪、以危险方法危害公共安全罪、滥用职权罪、玩忽职守罪等。以上条款共同构成了当前我国刑事法律中食品安全犯罪刑法规制的整体。由于生产、销售不符合安全标准的食品罪的规制范围最为广泛，与食品安全也最为密切，因而可以说是其中最为主要的危害食品安全犯罪。

以造成严重食物中毒事故或者其他严重食源性疾病的……”根据该条规定可知，本罪属于具体危险犯，只有生产、销售的食品“足以造成严重食物中毒事故或者其他严重食源性疾病的”（以下简称“足以造成”），才可能构成本罪。可见，“足以造成”是判定生产、销售不符合安全标准的食品罪与非罪之界限。由于是否达到“足以造成”的危险程度在司法认定上存在一定的难度，因而该类案件移送司法机关的比例并不高，如冠生园“陈馅月饼”和“毛发酱油”事件均在“报道是否属实”的争执中消化；北京蜀国演义酒楼用福寿螺替换海螺致70多人感染广州管圆线虫病，最终也以酒楼民事赔偿宣告结案……[①]而“移送难”势必会助长不法食品生产商、销售商的侥幸心理，诱发他们的犯罪动机，从而影响到食品安全犯罪惩治的整体效果。[②]因此，如何判定“足以造成”就显得尤为重要。虽然2013年4月28日最高人民法院、最高人民检察院《关于办理危害食品安全刑事案件适用法律若干问题的解释》对《刑法》143条中的“足以造成”进行了一定

---

① 左德起、林慧：《从食品安全法实施中看刑事责任的完善》，《中国公共安全》（学术版）2009年第4期。

② 据统计，与2009年相比，2010年发生在集体食堂、家庭、饮食服务单位的食物中毒事件的报告起数、中毒人数和死亡人数虽然有所减少，但是发生在其他场所的食物中毒事件的报告起数、中毒人数和死亡人数分别有了100%、123.11%和140%的大幅增长。与2010年网络直报数据相比，2011年我国食物中毒人数增加12.75%。其中，发生在集体食堂的食物中毒事件的报告起数和中毒人数分别增加18.92%和29.10%，死亡人数增加4人；发生在家庭的食物中毒人数增加104.44%。（参见《卫生部办公厅关于2010年全国食物中毒事件情况的通报》《卫生部办公厅关于2011年全国食物中毒事件情况的通报》，资料来源：http://www.moh.gov.cn/publicfiles/business/htmlfiles/mohwsyjbgs/pwstj/index.htm，访问日期为2012年3月15日。）另外，据统计，2017年全国共报告食物中毒事件348起，累计报告病例7389例，死亡140例；2018年第三季度，全国23个省份共报告食物中毒事件119起，中毒3488例，死亡27例，其中Ⅳ级及以上的食物中毒事件64起，中毒2643例，死亡27例。数据来源：中国疾病控制信息系统“突发公共卫生事件报告管理信息系统”。

程度的解释，[①]但仍未明确“足以造成”之判定基础、判定方法和判定标准等，尤其是其中的司法解释兜底条款规定给人一种“剪不断、理还乱”之感。因此，本节试图对“足以造成”的判定问题做一解析，以期裨益于司法机关对《刑法》第143条之准确适用及对食品安全犯罪之合理惩治。

一 “足以造成”之判定基础

“足以造成”的判定基础是指作为判断是否“足以造成”的根据的事实范围。笔者认为，对“足以造成”的判断应以客观存在的事实作为基础进行客观判断，而不应以行为人的主观认识为基础进行判断。就行为人事先所了解的事实的实质而言，其并非一种客观存在的事实，而是一种以观念形态存在于行为人思维之中的主观认识。这种认识与客观存在的事实有可能完全一致，但也可能存在一定程度的差距，甚至可能出现完全背离的现象。[②]例如，行为人误以为自养的大量生猪感染怪病而将其屠宰后卖给猪肉加工厂。在这种情况下，行为人认识到的事实是生产、销售含致病病菌的猪，以此为基础判断“足以造成”时，必然会得出肯定的结论。但是，行为自身包含侵害法益的危险性是法益侵害的危险得以形成的前提。生产、销售正常猪肉的行为不具备造成严重食物中毒事故或者其他严重食源性疾患的属性，因而不可能对人的身体健康构成现实的威胁，由此，便可否定“足以造成”的现实存在性。由此可见，以行为人事前所了解的事实作为“足以造成”

---

① 该司法解释第1条规定：“生产、销售不符合食品安全标准的食品，具有下列情形之一的，应当认定为刑法第一百四十三条规定的‘足以造成严重食物中毒事故或者其他严重食源性疾病’：（一）含有严重超出标准限量的致病性微生物、农药残留、兽药残留、重金属、污染物质以及其他危害人体健康的物质的；（二）属于病死、死因不明或者检验检疫不合格的畜、禽、兽、水产动物及其肉类、肉类制品的；（三）属于国家为防控疾病等特殊需要明令禁止生产、销售的；（四）婴幼儿食品中生长发育所需营养成分严重不符合食品安全标准的；（五）其他足以造成严重食物中毒事故或者严重食源性疾病的情形。”

② 参见王志祥《危险犯研究》，中国人民公安大学出版社2004年版，第61页。

的判断基础，可能会使对“足以造成”的判断变成一种主观臆断，即似乎只有按照行为人预先所认识的事实，行为具有侵害法益的危险性，便可以推定为符合“足以造成”的情形。如此，“足以造成”的客观性将不复存在。因而，通过对行为人的主观认识进行推定是无法判定“足以造成”这一客观事实的。

或许有人认为，对于上述例子中行为人的认识错误问题，可对其以犯罪未遂论处。笔者认为，“足以造成”是一种与实害存在一定距离的危险状态，其本身就含有一定的推定因素，因而只存在且只应存在有与无的差异，而并无可能与不可能之问题，那么，对于行为人实施的只是可能导致可能的危险状态的行为，刑法就不应该将其触角过于前伸予以干涉。如果对上述可能“足以造成”的行为以犯罪未遂论处，则势必不适当地扩大刑法之处罚范围。正如学者所指出的：“只有当行为人主观上具有故意，客观上实施的行为具有侵害法益的紧迫危险时，才能认定为犯罪未遂；行为人主观上具有犯意，其客观行为没有侵害法益的任何危险时，就应认定为不可罚的不能犯，不以犯罪论处”。[①] 对于这种本属于“不可罚的不能犯”的行为，我们刑法就没有必要将其认定为犯罪。

因此，判断“足以造成”与否，应以客观存在的事实作为基础加以判定，而不应以行为人的主观认识为基础进行判断。详言之，其判定基础主要有两个方面：一是这些食品本身是否含有不符合安全标准的物质及其含量的高低和对人体健康影响性的大小，例如，食品中所含的不符合安全标准的物质的种类是否足以危害人体健康、食品中的不符合安全标准物质的含量是否足以危害人体健康、不符合安全标准的物质所可能导致的疾病的传播范围等；二是这些含有不符合安全标准物质的食品可能扩散的范围的大小，例如，含有不符合安全标准物质的食品销售的区域范围等。

---

① 张明楷：《刑法学》，法律出版社 2007 年版，第 299 页。

二 “足以造成”之判定方法

根据判定危险状态的基准时间的不同，可以分为站在行为时的立场进行的事前判断、站在行为后即判断时的立场进行的事后判断，以及先进行事前判断再进行事后判断。而采用这三种不同的判断方法，可能会得出不同的结论，因而必须确定科学的判断方法，才能准确地判定本罪的“足以造成”。

对此，有学者认为，危险只是一种可能性而非现实性，当事件已经结束而形成了现实的即刑法所保护的利益没有受到现实侵害的情况下，事后判断是在先假定某种事实存在的前提下，再考察这种假定事实存在的可能性，而当事件已经确定的情况下，这种判断也只能是通过回溯行为实施时存在的客观事实为基础而进行的判断，因而一定意义上也可以认为是事前的判断。与其如此，不如直接进行事前判断来得更为直接。[①]然而，笔者认为，事前判断与事后判断的立场和标准其实并不相同，事前判断坚持的是主观的标准，事后判断坚持的是客观的标准，虽然说一定意义上的事后判断事实上可能也包括了事前判断的成分，事前判断又有一定的客观基础，二者可谓相辅相成，但即便如此，也绝对不能肆意将二者等同起来而统一认为是事前判断。这是因为，一方面，虽然危险状态的司法判断是一种事后判断，但是这种判断其实是以回溯行为实施时存在的客观事实为基础而进行的，其主要解决的是行为是否具有造成危险状态的属性的问题；另一方面，通过事前判断确认行为具有造成危险状态的属性后，也并不能够直接得出该行为存在危险状态的结论，毕竟危险犯的危险行为是否造成了危险状态与某一行为是否具有危险状态的属性是两个不同层面的问题。而且，基于分析和判断事件的基本逻辑，对行为的判断也应当以行为终了以后为标准，包括事后查清的事实在内的所有客观事实都应当成

---

① 参见李洁《不能犯的危险判断》，载何鹏、李洁主编《危险犯与危险概念》，吉林大学出版社 2006 年版，第 120—121 页。

为判断的根据，如此，就有必要在事前判断所得出的肯定行为具有造成危险状态的属性的基础上，进行进一步的事后判断。刑事诉讼法设立了鉴定制度，而鉴定制度就意味着应对考虑事后判明的情况。因此，正如学者所指出的，在危险状态的判断时点上，既不能只顾事前而忽略事后，也不能只考虑事后而忽视事前，而应当瞻前顾后，将事前判断和事后判断有机地结合起来。①

具体到生产、销售不符合安全标准的食品罪中的“足以造成”的判断，也应该采用“瞻前顾后”的判断方法。详言之，判断是否“足以造成”首先应通过事前判断来确定该行为是否具有造成严重食物中毒事故或者其他严重食源性疾病的属性。如果通过事前判断就可以否定行为具有造成该危险状态的属性，事后判断自然也就无须再进行了。如果无法否定，就必须进行事后判断，即确认是否出现了足以发生严重食物中毒事故或者其他严重食源性疾病之实害结果的可能性。当然，这并不意味着以事后是否发生了实害结果作为判断是否存在危险状态的标准，即不能认为事后出现了实害结果，才可以判定危险状态的存在，如果没出现则否认危险状态的存在。而关键是应查明实害结果没有发生的原因，即是因为行为人实施的行为根本没有足以造成严重食物中毒事故或者其他严重食源性疾病之实害结果的可能性，还是因为已经造成了危险状态，只是由于行为人意志以外的原因致使实害结果未能出现。如果是前者则不构成犯罪，而如果是后者则构成本罪实害犯的未遂，根据该行为所可能导致的实害结果是严重还是特别严重，分别在《刑法》第143条规定的实害犯的两个量刑幅度内予以处罚。

三　“足以造成”之判定标准

判定标准是衡量危险状态的有无及程度的标尺。对于危险状态的判断，主要存在三种标准：一是以行为人本人的经验、知识为基准进

---

① 参见王志祥《危险犯研究》，中国人民公安大学出版社2004年版，第62页；舒洪水《危险犯研究》，法律出版社2009年版，第157页。

行判断；二是以一般人的知识、经验为基准进行判断；三是以全人类的知识、经验即科学法则为基准进行判断。[①]由于根据这三种标准得出的结论并非总是完全一致，而依据这三种标准往往对同一行为是否具有危险就会得出不同的判断结论，因而以何种标准作为危险状态的判定依据就显得尤为关键。对此，有学者认为对危险状态的判断应采取“科学的一般人标准说”，即以具有较高科学知识的一般人的知识水平，而不是以一般人的知识水平作为判断危险的标准；[②]也有的学者认为，危险犯中的危险状态只能是社会一般人所理解的危险状态，因为对于刑法上的观念或内容的理解不能脱离一般人的理解，否则，通过罪刑法定来为一般人提供行动指南的理念就会成为一句空话，因而危险状态的判断应以一般人的知识、经验为准，并辅之以行为人特别认识到的情况；[③]还有的学者认为，判断的标准通常是科学的因果法则，但根据科学的因果法则判断为不具有侵害法益的危险，而从公民的法感情来看需要进行处罚时，则以一般人的认识为标准进行判断。[④]笔者认为，对本罪“足以造成”的判断不能采用上述观点，而应以科学法则为基准进行判断，具体理由如下：

首先，基于我国《刑法》结果无价值的基本立场，[⑤]应以客观科学

---

① 参见张明楷《未遂犯论》，法律出版社、日本成文堂 1997 年版，第 224—225 页。

② 参见鲜铁可《新刑法中的危险犯》，中国检察出版社 1998 年版，第 23 页。

③ 参见舒洪水《危险犯研究》，法律出版社 2009 年版，第 164 页。

④ 参见张明楷《危险犯初探》，载马俊驹主编《清华法律评论》（第 1 辑），清华大学出版社 1998 年版，第 141 页。

⑤ 从我国《刑法》一贯坚持谦抑性原则、不注重行为人的主观目的要素、对许多犯罪突出犯罪结果的规定、较少规定抽象危险犯，以及规定较多的结果加重犯，重视行为对法益的加重侵害等方面，不难看出，我国《刑法》从总体上看具有采取结果无价值基本立场的倾向。参见张明楷《刑法的基本立场》，中国法制出版社 2002 年版，第 176—182 页。而且，从近期颁布的《刑法修正案（八）》新增的罪名来看，我们也可以发现我国《刑法》之结果无价值立场倾向，例如，对外国公职人员、国际公共组织官员行贿罪以“数额较大”为构罪前提；虚开发票罪以“情节严重”为构罪前提；持有伪造的发票罪以“数量较大”为构罪前提；拒不支付劳动报酬罪将“尚未造成严重后果”作为出罪条件；污染环境罪以“严重污染环境的”为构罪前提；食品监管渎职罪以“导致发生重大食品安全事故或者造成其他严重后果的”为构罪前提，等等。

鉴定结论作为判断“足以造成”的标准。根据结果无价值论的要求，具体危险应当是结果所造成的客观、实际的危险，而不能是可能危险。那么，判断是实际危险抑或可能危险的最客观、最准确的标准当然是科学法则。一些生产、销售不符合安全标准的行为在行为人甚至一般人看来足以造成严重食物中毒事故或者其他严重食源性疾病，但经过客观的科学鉴定不存在这样的危险而仅为一种可能危险，就不能认定为“足以造成”，否则就会导致将本来没有发生危险状态的情形也认定为发生了危险状态，这显然是基于处罚的需要而强行地将无变成有，因而是无法让人接受的。正如学者所指出的：“认为科学上并不危险的现象存在危险，是由于无知所致。在法的世界里，科学不能让位于无知。”[①]而如果一些生产、销售不符合安全标准的行为在行为人甚至一般人看来不具有危险性，但经过客观的科学鉴定却存在具体危险，则应认定为“足以造成”。

其次，由于对“足以造成”的判断本身存在一定的技术性和科学性，需要经过相应的科学鉴定方可确定，因而应以科学法则为基准进行判断。对足以造成严重食物中毒事故或者其他严重食源性疾病的确定，需要医学、病理学、卫生学及生物学等知识，甚至必须综合所有这些科学方法方能确定，特别是现今出现的一些可能导致人体慢性中毒或潜伏性疾病的食品，就更需要进行客观的科学鉴定方可确定其危险性，而这些仅靠一般人的常识和经验的判断是远远不够的。

再次，一般人本身就是一种极不明确的概念，以此为标准势必导致“足以造成”的判断基准难以确定和统一。即使一般人的概念能够得以明确，一般人的认识也不宜与科学法则相结合而成为判断“足以造成”的基准，更不宜单独成为“足以造成”的判断基准。尽管随着社会的发展、科学技术的不断普及，一般人的认识水平会有很大的提高，但不可否认，一般人对事物的认识与科学法则的结论之间总是会存在或大或小的差距。这样，在将一般人的认识与科学法则相结合时，就面临着究竟应以何者为准的问题，因而，又会重新导致判断基准的

① ［日］山口厚：《危险犯的研究》，东京大学出版社 1982 年版，第 70 页。

不明确和不统一问题。

最后，以科学法则为基准来判断“足以造成”也获得了司法解释的认可。最高人民法院、最高人民检察院《关于办理生产、销售伪劣商品刑事案件具体应用法律若干问题的解释》第 4 条规定：“经省级以上卫生行政部门确定的机构鉴定，食品中含有可能导致严重食物中毒事故或者其他严重食源性疾患的超标准的有害细菌或者其他污染物的，应认定为刑法第 143 条规定的‘足以造成严重食物中毒事故或者其他严重食源性疾患’。”①此外，最高人民法院、最高人民检察院《关于办理生产、销售伪劣商品刑事案件具体应用法律若干问题的解释》第 3 条规定：“经省级以上药品监督管理部门设置或者确定的药品检验机构鉴定，生产、销售的假药具有下列情形之一的，应认定为刑法第 141 条规定的‘足以造成’：（1）含有超标准的有毒、有害物质的；（2）不含所标明的有效成分，可能贻误诊治的；（3）所标明的适应症或者主治功能超出规定范围，可能造成贻误诊治的；（4）缺乏所标明的急救必需的有效成分的。”上述司法解释中的“经省级以上卫生行政部门确定的机构鉴定”和“经省级以上药品监督管理部门设置或者确定的药品检验机构鉴定”，无疑也表明我国司法实践中一般也是以科学法则为基准来判断“足以造成”的。

四　“足以造成”之具体判定

对“足以造成”的具体判定应贯彻上述“足以造成”的判定资料、

---

① 当然，该规定是针对《刑法》原第 143 条规定的生产、销售不符合卫生标准的食品罪，从洁净的角度对不符合卫生标准的食品进行解释，仅将足以造成严重食物中毒事故或者其他严重食源性疾患的危险来源限制为“超标准的有害细菌或者其他污染物”。然而，《刑法修正案（八）》已将生产、销售不符合卫生标准的食品罪修订为生产、销售不符合安全标准的食品罪，而不符合安全标准食品的范围必然大于不符合卫生标准食品的范围。因此，笔者认为，该规定已经无法作为《刑法》第 143 条“足以造成”的判定标准，而应改为“经国务院食品安全委员会确定的机构鉴定，食品中含有可能导致严重食物中毒事故或者其他严重食源性疾患的不符合食品安全标准的物质的，应认定为刑法第 143 条规定的‘足以造成严重食物中毒事故或者其他严重食源性疾患’”。

判定方法及判定标准等原则性要求，坚持综合考察的方法，对行为时及行为后的具体情况进行综合考虑，详言之，在具体判定“足以造成”时，应把握以下几点：

首先，判定生产、销售不符合安全标准食品的行为是否具有“足以造成”之属性。危险状态是由危害行为造成的，危害行为是原因，危险状态则是结果，不是危害行为造成的结果就不可能属于危险状态。换言之，如果危害行为不具有造成特定危险状态的属性，其所造成的结果也就不可能属于危险状态。[①]因此，在判定“足以造成”时，首先必须判断生产、销售不符合安全标准食品的行为是否具有“足以造成”之属性，如果通过科学方法判定该行为不具有此属性，即可直接排除其构成犯罪。再以前述案例为例，行为人将其误以为感染怪病的生猪屠宰后卖给猪肉加工厂的行为，由于根本不具有造成严重食物中毒事故或者其他严重食源性疾患的属性，该行为就不可能产生造成严重食物中毒事故或者其他严重食源性疾患的危险或实害结果，因而可以直接排除其构成本罪之可能。

其次，判定生产、销售不符合安全标准食品行为的实行程度。生产、销售不符合安全标准的食品行为的着手实行与“足以造成”的发生之间存在一定的时间间隔，在这段时间间隔内，可能会存在各种原因导致危险状态最终未能发生。因而，在判定“足以造成”时，生产、销售不符合安全标准的食品行为的实行程度应当成为重点考察的因素。只有当实行行为进行到“足以造成”的发生阶段时，方可判定构成本罪。例如，生产、销售不符合安全标准的食品罪的实行行为应该进行到生产、销售产品的成品阶段，而不能是生产、销售食品的半成品或者食品原料阶段。这是因为，如果是食品原料或半成品，没有最后定型为成品的，就不能确定该食品中的安全指标的情况，也不能确定食品中各种有毒、有害的成分或其他不安全物质的含量是否能足以造成对人体健康严重损害程度的客观指标，更不能确定该食品是否

① 参见王志祥《危险犯研究》，中国人民公安大学出版社 2004 年版，第 69 页。

造成了严重食物中毒事故或者其他严重食源性疾患的客观危险状态。可见，如果在生产、销售不符合安全标准的食品的半成品或者食品原料阶段进行判断，不但在定罪上有较大困难，而且会过于扩大刑法打击面。

最后，判定实害结果发生的实在可能性。实害结果使刑法所保护的社会关系的性质和面貌发生了现实的改变。在确认行为人已经将生产、销售不符合安全标准食品的行为实施完毕的情况下，对“足以造成”的判定的关键，就转移到对实害结果发生的现实可能性的评估上。在判定实害结果发生的现实可能性时，需注意以下两点。一是危险状态是质与量的统一体，即危险状态不但存在发生与否的问题，还存在程度轻重的问题。从我国刑法关于危险犯的规定来看，往往对危险状态都有一定的量的限制。这就表明，并非在只要确认了实际损害具有发生的可能性后，就可以得出存在危险状态的结论，问题的关键是看实际损害发生的可能性的范围和程度与刑法对相应危险状态在量上的要求是否相吻合。[①] 根据《刑法》第 143 条的规定可知，构成生产、销售不符合安全标准的食品罪，不但要超标，即生产、销售的食品不符合食品安全标准，而且必须过度，即不符合食品安全标准达到“足以造成”的程度。如果仅达到超标的程度，充其量只构成行政违法；而只有在“过度”的情况下，生产、销售不符合安全标准食品的行为才可能构成犯罪，即生产、销售不符合安全标准的食品罪中的“食品”，其中所含的有毒、有害成分或其他不安全物质不但超过了最高容许量，而且具有引起严重食物中毒或者食源性疾患的实在可能性：一旦消费者食用这些不安全食品，就会引起严重的食物中毒或者严重的食源性疾患。二是须查明最终实害结果没有出现的原因。在行为人的实行行为实施完毕后，实害结果没有出现的原因是多种多样的。例如，在行为人实施了生产、销售不符合安全标准食品的行为后，有可能由于不安全物质尚未达到“过度”的程度，根本未发生足以造成严重食物中

① 参见王志祥《危险犯研究》，中国人民公安大学出版社 2004 年版，第 73 页。

毒或其他严重食源性疾患的危险，因而严重后果最终未能出现；也有可能已经造成了严重食物中毒或其他严重食源性疾患的危险，但由于尚存于车间、仓库，没有投放市场，即被查获，因而严重后果未能得以出现。由此可见，查明实害结果没有发生的原因，也是判定“足以造成”的关键。

（本节原以《生产、销售不符合安全标准的食品罪之“足以造成”判定》为题，载于《江西警察学院学报》2012年第1期。此次收入略有修改。作者李振林为华东政法大学刑事法学院副院长、副教授、法学博士）

第三节　生产、销售有毒、有害食品罪基本犯既遂形态研究

一　问题的提出及研究意义

随着近年来食品安全问题日益凸显，社会各界对1997年系统修订的《中华人民共和国刑法》（以下简称《刑法》）第144条规定的生产、销售有毒、有害食品罪给予了广泛关注。关注点主要集中于两个方面，一是该罪基本犯的既遂形态问题，即该罪基本犯的既遂形态是属于结果犯还是行为犯。[①] 二是该罪的罚金刑问题，即《中华人民共和国刑法修正案（八）》把该罪的罚金由原来的浮动罚金改为无限额罚金是否合适？就第二个问题而言，因为无限额罚金明显与罪刑法定原则中的禁止绝对不定（期）刑冲突，所以我国刑法学界的意见比较一致，无须进一步讨论。而对于第一个问题，持主流观点的学者认为，生产、销

① 本节所说的行为犯是指犯罪既遂的成立无须任何结果发生的犯罪形态；相应地，结果犯是指犯罪既遂的成立需要结果发生的犯罪形态。从刑法评价的角度看，在行为犯的场合，只对行为进行刑法评价，无须对任何结果进行刑法评价；在结果犯的场合，需要对行为与结果均作出刑法评价。相应地，从司法证明的角度看，在行为犯的场合只需证明存在行为，而在结果犯的场合则既需要证明存在行为，也需要证明存在结果。

售有毒、有害食品罪基本犯的既遂形态属于行为犯，即抽象危险犯。[①]但通过仔细研究可以发现，主流观点存在较为明显的问题：其一，根据主流观点，生产、销售有毒、有害食品罪基本犯的既遂没有蕴含危害结果，所以无须对危害结果作出刑法评价，进而无须司法机关对危害结果作出司法证明，但这不符合司法实际。其二，根据主流观点，只要行为人实施了生产、销售有毒、有害食品罪的行为，无须任何结果的发生就可以成立该罪基本犯的既遂。例如，无论是否生产出有毒、有害食品，或者是否销售有毒、有害食品，只要行为人实施了生产、销售有毒、有害食品的行为，均可以成立该罪基本犯的既遂。而这会过度扩张生产、销售有毒、有害食品罪的处罚范围。其三，根据主流观点，只要是为生产、销售有毒、有害食品准备工具或者创造条件的行为，均属于生产、销售有毒、有害食品罪的预备行为，生产、销售有毒、有害食品的行为本身不可能成立该罪的预备犯，而这会缩小该罪预备犯的成立范围。同时，根据主流观点，只要实施了生产、销售有毒、有害食品的行为，就成立生产、销售有毒、有害食品罪的既遂犯，由此导致未遂犯和中止犯的成立范围缩小，这也存在问题。

由此可见，生产、销售有毒、有害食品罪基本犯的既遂形态是否属于行为犯，是值得认真研究的。实际上，对这一问题展开研究，有着重要的现实意义和理论价值。

首先，有助于合理确定生产、销售有毒、有害食品罪基本犯之既遂形态和非既遂形态的处罚范围。生产、销售有毒、有害食品罪属于

---

① 在此需要说明的是行为犯与抽象危险犯之间的关系。行为犯是与结果犯相对应的概念，危险犯（包括具体危险犯和抽象危险犯）是与实害犯相对应的概念。在行为犯的场合，司法上只需要证明存在行为；而在具体危险犯的场合，司法上则既需要证明存在行为，也需要证明存在具体危险。在抽象危险犯的场合，司法上只需要证明存在行为即可。因为在这种场合，一个行为具有典型的危险性是对这个行为进行惩罚的原因，在具体案件中的刑事可罚性并不取决于一种危险的真正出现。[德]克劳斯·罗可辛：《德国刑法学总论》（第1卷），王世洲译，法律出版社2005年版，第222页。所以，德国学者将抽象危险犯等同于行为犯。参见[德]乌尔斯·金德霍伊泽尔《德国刑法总论教科书》，蔡桂生译，北京大学出版社2015年版，第67页。笔者赞同这种观点，认为行为犯就是抽象危险犯。

故意犯罪，因而既存在既遂犯，也存在与既遂犯相对应的非既遂形态，即预备犯、未遂犯和中止犯。并且，既遂犯成立范围的大小直接影响到非既遂形态成立范围的大小。如果认为生产、销售有毒、有害食品罪属于结果犯，那么该罪既遂犯的成立就以结果的发生为成立条件，相应地，凡是没有发生结果的就属于预备犯、未遂犯或中止犯；如果认为生产、销售有毒、有害食品罪属于行为犯，那么该罪既遂犯的成立就不需要结果的发生，相应地，该罪的预备犯、未遂犯和中止犯的成立范围就会缩小。由此不难看出，对生产、销售有毒、有害食品罪的基本形态展开研究的直接意义就在于合理确定该罪基本犯之不同形态的处罚范围。

其次，有助于正确指导刑事司法。犯罪既遂标准的不同决定了刑法评价内容的不同，进而决定了司法证明的对象和范围不同。就生产、销售有毒、有害食品罪而言，如果认为该罪基本犯的既遂形态属于行为犯，那么只需要司法机关证明存在生产、销售有毒、有害食品的行为，就可以据此判定成立生产、销售有毒、有害食品罪的既遂犯；相反，如果认为该罪基本犯的既遂形态属于结果犯，那么只有在司法机关证明存在结果的情况下，才能认定成立生产、销售有毒、有害食品罪基本犯的既遂。在本节中，笔者通过对刑法分则中结果的类型化分析，进而探讨生产、销售有毒、有害食品罪基本犯的既遂形态中是否存在结果，这对该罪基本犯的司法证明活动具有重要的指导意义。

再次，有助于解释与生产、销售有毒、有害食品罪相类似犯罪的基本形态问题。在我国刑法分则规定的犯罪中，显然还存在类似于生产、销售有毒、有害食品罪的犯罪。这些犯罪有哪些基本特点？刑法学理论上是否把这些犯罪的基本形态也作出了与生产、销售有毒、有害食品罪之基本形态相同的解释结论？是否存在同样的问题？因此，对生产、销售有毒、有害食品罪是否属于行为犯的研究，就不是个别性研究，而是从个别走向一般的研究。换言之，关于生产、销售有毒、有害食品罪基本形态的研究结论，可以运用于与该罪基本犯的既遂形态相类似的犯罪，因而具有普遍意义。

最后，有助于深化结果犯的理论。关于结果犯的成立条件，在我国刑法学理论上虽然存在不同的认识，[①]但是大都没有针对不同的结果而提出不同的结果犯的观点。换言之，我国学者没有依据结果的不同对结果犯进行类型化研究。从另一个侧面看，对生产、销售有毒、有害食品罪基本形态的研究，就是对该罪基本犯的既遂是否存在结果的研究。如果该罪存在结果，那么刑法意义上的结果具有何种特质？是根据刑法的明确规定来确定结果，还是根据法条的文理来确定结果？抑或根据个罪的保护法益来确定结果？当各种确定方法之间存在冲突时，哪一种方法具有优先性？对这些问题的研究，显然有助于深化对结果犯的认识。

二　将生产、销售有毒、有害食品罪基本犯的既遂形态确定为行为犯存在的问题

1997 年《刑法》第 144 条将生产、销售有毒、有害食品罪基本犯的罪状设置为两种：一种是把有毒、有害的非食品原料掺入正在生产、销售的食品中；另一种是明知是掺有有毒、有害之非食品原料的食品而予以销售。就客观要件而言，只要求行为人在生产、销售的食品中掺入有毒、有害的非食品原料，或者销售掺有有毒、有害的非食品原料的食品，即可成立生产、销售有毒、有害食品罪，而无须满足其他要求。基于此，我国刑法学理论界大都认为，生产、销售有毒、有害食品罪基本犯的既遂形态属于行为犯或抽象的危险犯。这种解释确实符合 1997 年《刑法》第 144 条的字面含义，是根据该条的文理所得出的解释结论。但是，进一步挖掘 1997 年《刑法》第 144 条的文义，同时参考司法实践的基本样态可以发现，将生产、销售有毒、有害食品

① 当前，对于什么是结果犯，主要有两种观点：持第一种观点者主张，结果犯是指犯罪既遂的成立以发生侵害结果为要件的犯罪。参见高铭暄、马克昌主编《刑法学》，北京大学出版社、高等教育出版社 2017 年版，第 149 页。持第二种观点者主张，结果犯是指行为与结果之间存在间隔的犯罪。参见张明楷《刑法学》，法律出版社 2006 年版，第 168—169 页。笔者赞同第一种观点。

罪基本犯的既遂解释为行为犯存在较为明显的问题。

（一）致使既遂犯的成立过于提前

在刑法学理论上，持“结果无价值论”者认为，由于结果是任何犯罪的构成要件要素，因此为了解释没有侵害结果的犯罪，“结果无价值论”把结果划分为侵害结果与危险结果，即认为危险也是结果，进而把需要侵害结果发生才成立的犯罪称为侵害犯，把只需发生危险就可以成立的犯罪称为危险犯，①而且，把危险划分为行为的危险与作为结果的危险，认为作为结果的危险才是危险犯中的危险。与此同时，主张危险包括具体危险和抽象危险，前者是指具体危险犯中的危险，后者是指抽象危险犯中的危险，同时承认具体的危险与抽象的危险没有严格的界限。②在持“结果无价值论”者看来，没有造成任何危险的行为就不符合构成要件，进而不能被评价为犯罪。由此来看，生产、销售有毒、有害食品罪基本犯既遂形态中的结果就只能是一种危险，即对设立该罪保护的法益造成的威胁。换言之，能成为刑法评价对象的，只能是对设立生产、销售有毒、有害食品罪保护的法益造成威胁的行为。这种观点把没有对设立生产、销售有毒、有害食品罪保护的法益造成威胁的行为排除于刑法的处罚范围之外，看似缩小了处罚范围，但实际上并非如此。

从1997年《刑法》第144条的罪状表述看，生产、销售有毒、有害食品罪基本犯的既遂形态并不包含结果。如上所述，生产、销售有毒、有害食品罪基本犯的第一种罪状是“在生产、销售的食品中掺入有毒、有害的非食品原料”，即生产有毒、有害食品；③第二种罪状是

---

① 危险犯是持“结果无价值论”者所提倡的一个概念。在持“行为无价值论”者看来，刑法评价的重心在行为，而非行为所造成的结果，所以对危险犯的概念基本持反对态度。

② ［日］山口厚：《刑法总论》，付立庆译，中国人民大学出版社2011年版，第45—46页。

③ 这里的生产包括生产者的生产和销售者的生产。前者是指生产者在生产食品的过程中掺入有毒、有害的非食品原料；后者是指销售者在其销售的食品中掺入有毒、有害的非食品原料，使食品的质量发生有害性改变。

“销售明知掺有有毒、有害的非食品原料的食品”，即销售有毒、有害食品。第一种罪状虽然是相对于生产者和销售者而言的，但是都是对生产行为的描述；第二种罪状仅针对销售者而言，是对销售行为的描述。实际上，这两种行为都蕴含着具体结果。第一种罪状蕴含的结果是有毒、有害食品被生产出来，第二种罪状蕴含的结果是有毒、有害食品被销售出去。但是，根据我国刑法学界主流的观点，将生产、销售有毒、有害食品罪基本犯的既遂形态解释为行为犯，则意味着这里的结果就不是生产、销售有毒、有害食品罪基本犯的既遂标准，即在没有造成这两种结果的情况下，也可以成立生产、销售有毒、有害食品罪的既遂。这显然扩大了该罪既遂犯的处罚范围。既遂犯处罚范围的扩大，则意味着非既遂形态处罚范围的缩小。具体而言，就未遂犯和中止犯（实行中止）而言，只有有毒、有害食品被生产出来之前发生的生产行为中的部分生产行为，或者有毒、有害食品被销售出去之前发生的销售行为中的部分销售行为才成立未遂犯和中止犯。就预备犯和中止犯（预备中止）而言，因为只要有生产有毒、有害食品的行为或者只要出现销售有毒、有害食品的行为就成立犯罪既遂，所以有毒、有害食品被生产出来之前的生产行为，或者有毒、有害食品被销售出去之前的销售行为都不可能成立预备犯（或中止犯）。可见，将生产、销售有毒、有害食品罪基本犯的既遂形态解释为行为犯，使得该罪既遂的成立过于提前，相应地，就缩小了非既遂形态的处罚范围，进而使得该罪的处罚过于严厉。

（二）在定罪上遗漏了对部分内容的刑法评价

既遂犯成立条件的确定属于定罪的重要内容。笔者在前文中已经指出，在生产、销售有毒、有害食品罪的场合，生产行为的直接结果是有毒、有害食品被生产出来，销售行为的直接结果是有毒、有害食品被销售出去。如果将该罪基本犯的既遂解释为行为犯，那么意味着这两种结果不会对定罪产生影响，因而不会在定罪上成为刑法评价的对象。具体而言，在确定既遂犯时，有毒、有害食品被生产出来或有毒、有害食品被销售出去，不会成为既遂犯的标准；在确定未遂犯或中止犯（实行中止）时，则意味着有毒、有害食品被生产出来或有毒、有害食品被销售出去（结果发生）不是区分既遂犯与未遂犯或中止犯（实行中止）的界限；在确定预备犯或中止犯（预备中止）时，只有为生产、销售有毒、有害食品做准备的行为才能被认定为预备犯或中止犯（预备中止），有毒、有害食品被生产出来之前的生产行为，或者有毒、有害食品被销售出去之前的销售行为本身不会被认定为预备犯或中止犯（预备中止）。

果真如此，那么有毒、有害食品被生产出来或有毒、有害食品被销售出去就只能是量刑情节。并且，在根据行为犯的原理而成立犯罪的情况下，有毒、有害食品被生产出来或有毒、有害食品被销售出去就成为从重处罚情节。由于没有法律的明文规定，这种量刑情节只能是酌定从重处罚情节。但正如有的学者所指出，由酌定从重处罚情节决定的刑罚量是一种刑罚增量，并且是无根据的刑罚增量，违反了“法无明文规定不处罚”原则，因而应当予以否定。[①]但是，如果把有毒、有害食品被生产出来或有毒、有害食品被销售出去纳入定罪的范畴，使其成为决定既遂犯（同时意味着决定非既遂形态）处罚范围的要素，那么会缩小生产、销售有毒、有害食品罪既遂犯的处罚范围，使本来被解释为该罪既遂犯的部分行为被分流到非既遂形态当中。如此一来，有毒、有害食品被生产出来或有毒、有害食品被销售出去就由影响量刑的因素转变为影响定罪的因素。这不仅从定罪上实现了刑法的全面评价，而且符合罪刑法定原则的基本要求。[②]

① 参见苏永生《“酌定从重处罚情节”之否定——一个罪刑法定主义的当然逻辑》，《政法论坛》2016年第6期。

② 当前，把处罚的必要性与合理性理解为罪刑法定原则的重要内容是对罪刑法定原则的深度理解。在有毒、有害食品被生产出来或有毒、有害食品被销售出去对生产、销售有毒、有害食品罪的处罚必要性与合理性具有明显制约作用的情况下，对其从定罪上进行评价显然是罪刑法定原则的应有之义。

（三）与司法证明的内容不对应

在犯罪认定与处理过程中，需要刑法评价的内容往往是需要在司法上加以证明的内容。例如，在行为犯的场合，刑法没有将侵害结果作为构成要件要素规定下来，所以在司法上无须证明侵害结果的存在。也就是说，刑法规定只要行为人实施了某种行为，就推定对刑法所保护的法益产生了某种危险，所以也无须证明危险的存在。但是，在生产、销售有毒、有害食品罪的场合，有毒、有害食品是否被生产出来，有毒、有害食品是否被销售出去，是需要在司法上加以证明的问题，并且，这种证明的目的不是量刑，而是定罪。之所以如此，是因为生产行为和销售行为的完成分别需要通过“有毒、有害食品被生产出来”和“有毒、有害食品被销售出去”来表征。

在生产、销售有毒、有害食品罪的场合，如果能查明行为人有生产工具、生产场所、原料等，那么就可以证明生产行为的存在。但是，这并不意味着生产行为已经实施完毕，也许整个生产行为还处于未完成状态。而只有有毒、有害的食品被生产出来，才能证明生产行为已经完成并达到既遂。显然，这是司法者判断生产行为完成的一般思考方式。同样，如果能查明行为人已经就掺有有毒、有害的非食品原料的食品与消费者进行商谈、签订买卖合同等，那么就可以证明销售行为的存在。但是，这并不意味着销售行为已经实施完毕，销售行为实际上还处于未完成状态。也就是说，只有有毒、有害食品被销售出去，才能证明销售行为已经完成并达到既遂。这显然也是司法者判断销售行为完成的一般思考方式。

值得注意的是，从生产、销售有毒、有害食品罪的犯罪性质和司法实践看，延续性是该罪行为的重要特点。换言之，行为人往往不是一次性地生产、销售有毒、有害食品，而是连续不断地生产、销售有毒、有害食品。在这种情况下，就存在完成的生产行为与未完成的生产行为、完成的销售行为与未完成的销售行为区分的问题。完成的生产行为与销售行为标志着犯罪已经既遂，未完成的生产行为与销售行为标志着犯罪处于非既遂状态。对于这种情况，可以采用吸收犯的原理，以既遂形态吸收非既遂形态，认定为犯罪既遂。另外，在行为人既生产有毒、有害食品，之后又将自己所生产的有毒、有害食品加以销售的场合，如果进入销售环节但未能销售出去的，那么依然应当依据吸收犯的原理认定为既遂犯。

由上述分析不难看出，司法者往往把有毒、有害食品是否已经生产出来或有毒、有害食品是否已经销售出去作为判断生产、销售有毒、有害食品罪是否既遂的标志。在这种情况下，如果按照我国刑法学界的主流观点，将生产、销售有毒、有害食品罪解释为行为犯，那么意味着无视司法判断的实际情况，与司法证明的内容不对应。

（四）不符合刑法解释的一般原理

虽然根据 1997 年《刑法》第 144 条的文字表述，将该条规定的生产、销售有毒、有害食品罪基本犯的既遂形态解释为行为犯，没有超过该条用语的含义范围，因而不属于类推解释，但是这种解释结论距离刑法解释之一般原理的要求还比较远。

首先，没有在刑法用语与社会事实之间进行互动，致使解释结论难免空泛。刑法解释是一个过程，表现为在刑法规范与包括案件事实在内的社会事实之间来回穿梭。[①] 刑法解释发生于事实，终结于事实。所有的法律与事实相关。“法律与事实共存亡，法律并非产生于事实发生之前。谈法律而不言事实，纯属荒唐！”[②]笔者在前文中指出，有毒、有害食品被生产出来或者有毒、有害食品被销售出去，是司法者判断生产、销售有毒、有害食品罪既遂的重要标准，是该罪既遂形态中的

---

① 刑法解释学一般认为，刑法解释是在刑法规范与案件事实之间穿梭的过程。参见张明楷《刑法分则的解释原理》，中国人民大学出版社 2011 年版，第 35—38 页。实际上，刑法解释不可避免地要受到刑法规范和案件事实之外的其他社会事实的影响，是在刑法规范与包括案件事实在内的社会事实之间互动的过程。参见苏永生《在刑法规范与社会事实之间——宣扬恐怖主义、极端主义物品之司法判定问题研究》，《河南大学学报》（社会科学版）2018 年第 1 版。

② 吴经熊：《法律哲学研究》，清华大学出版社 2005 年版，第 18 页。

重要案件事实。但是，将生产、销售有毒、有害食品罪基本犯的既遂解释为行为犯，意味着该罪既遂的成立不以有毒、有害食品被生产出来或者有毒、有害食品被销售出去为标准。显然，这种解释结论只是单纯对1997年《刑法》第144条的用语依据形式逻辑进行说明的结果，而不是通过在刑法规范与社会案件事实之间进行穿梭之后得出的结论。换言之，解释活动不是由案件事实引发，而是由刑法用语本身引发。由于缺乏事实论的视角，因此这种解释难免空泛，运用于司法实践后必然出现理论与实践相脱节的现象。

其次，没有保持刑法用语的开放性，致使解释结论难以满足现实需要。刑法用语对社会生活具有开放性是客观解释论的基本要求，也是解释的本质所在；否则，会导致刑法用语僵化，最终成为“僵尸”条款。例如，如果坚持传统观点，把“卖淫”解释为妇女向男性出卖肉体，那么就无法根据1997年《刑法》第358条的规定来评价组织或强迫男性有偿提供性服务的行为，也无法评价组织或强迫女性向女性提供有偿性服务的行为。在这种情况下，面对逐步增多的该类犯罪现象，1997年《刑法》第358条的规定在很大程度上就会成为“僵尸”条款。所以，只有保持刑法用语向社会生活开放，才能使刑法与时俱进，解决现实问题。这里的“刑法用语向社会生活开放”，即刑法用语向社会事实开放。这里的社会事实，按照法国学者迪尔凯姆的解释，就是能够左右人的生活的各种事实，如伦理道德、风俗舆论等。“行为或思想这些类型不仅存在于个人意识之外，而且具有一种必须服从的，带有强制性的力量，它们凭着这种力量强加于个人，而不管个人是否愿意接受。”[①] 虽然将生产、销售有毒、有害食品罪基本犯的既遂形态解释为行为犯，没有超出1997年《刑法》第144条的含义范围，但是这种解释是一种字面解释，解释者在解释时没有把用语向社会生活开放，没有考虑有毒、有害食品被生产出来或有毒、有害食

① ［法］E. 迪尔凯姆：《社会学方法的准则》，狄玉明译，商务印书馆1995年版，第24页。

品被销售出去对确定生产、销售有毒、有害食品罪基本犯既遂形态成立的重要意义，致使解释结论与司法实践的距离较远，难以满足现实的需要。

最后，不符合刑法解释的本质。虽然刑法解释发端于案件事实，但是决定解释结论的绝非仅限于案件事实，而是还有其他社会事实。所以，从本质上讲，刑法解释是实质性的。所谓形式解释，因为其不与事实发生联系，所以不属于解释。[①] 例如，根据 1997 年《刑法》第 133 条之一的规定，在道路上醉酒驾驶机动车的，可以成立危险驾驶罪。如果不考虑任何事实，仅从字面意思看，任何在道路上醉酒驾驶机动车的行为，都成立危险驾驶罪。但是，实际情况并非如此。虽然字面意思划定了处罚范围，[②] 但是在案件事实符合字面意思的情况下，并不一定就符合构成要件。午夜在无任何行人和车辆的道路上醉酒驾驶机动车的行为，显然符合 1997 年《刑法》第 133 条规定的构成要件，但把这种行为认定为危险驾驶罪显然是不合时宜的。所以，不结合案件事实，仅仅根据法条的字面含义作出解释，不符合刑法解释的本质。不仅如此，似乎任何刑法条文都需要解释才能得到适用，但进入解释视野的恐怕只是由案件事实引发并在适用法律上出现争议的用语。例如，正是“许霆案”发生后致使人们对“占有”出现了争议，才出现了对“占有”的进一步解释。再如，正是“于欢案”的发生，致使人们对正当防卫之限度条件的认识出现了分歧，才出现了进一步解释的需要。这进一步说明，刑法解释发端于案件事实，并随着人们对案件

① 我国有学者指出，形式解释发生了从“事实论”向“价值论”的转变。以往的形式解释强调不对构成要件进行价值判断，因而具有形式性，属于字面解释；当下的形式解释已被注入“价值论”的因素，坚持以自由保障优先来解释构成要件。参见劳东燕《刑法解释中的形式论与实质论之争》，《法学研究》2013 年第 3 期。笔者认为，只要解释刑法用语时与事实发生联系，就属于实质解释。所以，形式解释就是对刑法规范所做的逻辑说明而不是解释。

② 不在道路上醉酒驾驶机动车的，无论如何都不成立危险驾驶罪；在道路上醉酒驾驶非机动车的，无论如何也不成立危险驾驶罪；不在醉酒状态下在道路上驾驶机动车的，无论如何也不成立危险驾驶罪（仅就醉驾型危险驾驶罪而言）。

事实认识的深入而发展、发达，最终得出新的解释结论。在解释生产、销售有毒、有害食品罪基本犯既遂形态时，仅仅根据1997年《刑法》第144条的字面含义将该罪基本犯的既遂确定为行为犯，显然缺乏事实论的视角，不符合刑法解释的本质。

三 生产、销售有毒、有害食品罪基本犯的既遂形态属于结果犯

否定生产、销售有毒、有害食品罪属于行为犯，就意味着肯定该罪属于结果犯，因为行为犯是与结果犯相对应的一个概念。既然如此，生产、销售有毒、有害食品罪就存在结果。那么，该罪的结果属于哪种结果？具有何种性质？对此，需要做进一步的探讨。

（一）生产、销售有毒、有害食品罪的结果类型：蕴含的结果

从罪刑法定原则出发，刑法中的结果只能是刑法明文规定的结果。依据不是刑法明文规定的结果进行刑法评价，就属于罪刑擅断。但是，对"明文规定"的理解也不能过于绝对化。实际上，"明文规定"有多种呈现方式，主要表现为明确的规定、蕴含的规定和依据刑法规定作出的解释结论。[①] 相应地，刑法中的结果首先表现为明确规定的结果，除此之外还包括蕴含的结果和解释的结果。

明确规定的结果，即刑法分则条文就个罪明确规定的侵害结果，是个罪（既遂犯）成立的条件之一。例如，根据1997年《刑法》第133条的规定，发生重大事故，致人重伤、死亡或者使公私财产遭受重大损失是交通肇事罪的结果，是该罪成立的条件之一。在我国刑法分则中，几乎所有的过失犯罪的结果以及部分故意犯罪的结果都是由刑法明文规定的。蕴含的结果，即刑法分则条文没有明确规定结果，但实际上在条文的语义中蕴含着某种结果。例如，1997年

---

① 刑法解释是对刑法用语含义的说明，因而任何解释结论都必须在刑法用语的含义范围内作出，超出用语含义范围的"解释"不叫解释，而是续造。所以，解释结论也属于言内之意。

《刑法》第 232 条没有明确规定故意杀人罪的结果，但“故意杀人”的罪状蕴含着该罪的结果就是致他人死亡。再如，1997 年《刑法》第 398 条没有明确规定故意泄露国家秘密罪和过失泄露国家秘密罪的结果，但从“故意或者过失泄露国家秘密”这一用语中可以看出，这两种犯罪的结果就是致使国家秘密被泄露。解释的结果，主要是指根据刑法教义学原理解释出来的结果。例如，根据法益保护原理和某一犯罪在刑法分则中的位置来解释该罪的法益侵害结果，就属于解释的结果。

在上述 3 种结果中，明确规定的结果是最为刚性的结果，不允许随意改变。蕴含的结果因为蕴含在刑法规范当中，所以存在一个能否被发现的问题。详言之，在有的罪刑规范中蕴含着非常明显的结果，因而容易被发现。例如，1997 年《刑法》第 234 条第 1 款把故意伤害罪的罪状表述为“故意伤害他人身体”，这可谓没有明确规定故意伤害罪的结果，但是从这一罪状表述中不难发现，故意伤害罪的结果就是致使他人身体机能受到损害。当然，在有的罪状表述中虽然蕴含着某种结果，但是不容易被发现，以致将该罪状表述涉及的犯罪的基本犯既遂形态解释为行为犯。例如，1997 年《刑法》第 398 条将故意泄露国家秘密罪和过失泄露国家秘密罪的罪状表述为“故意或者过失泄露国家秘密”，其中虽然隐含着“国家秘密被泄露”这一结果，但是这一结果比较隐蔽，不容易被发现，所以刑法学理论大多将这两个犯罪的既遂形态解释为行为犯。致使蕴含的结果难以被发现的原因有两个是刑法规范与人们的日常生活比较远。如果蕴含某种结果的刑法规范距离人们的日常生活比较远，那么其中的结果就不容易被发现，如 1997 年《刑法》第 398 条、第 432 条中的结果就是如此；相反，如果蕴含某种结果的刑法规范贴近人们的日常生活，那么其中的结果就容易被发现，如 1997 年《刑法》第 232 条、第 234 条中的结果便是如此。二是刑法学理论将结果等同于实际损害。例如，在泄露秘密的场合，人们认为单纯地泄露秘密并不一定会造成实际损害，所以没有把“国家（军事）秘密被泄露”认为是故意泄露国家秘密罪和过失泄露国家秘密罪、故意泄露军事秘密罪和过失泄露军事秘密罪的结果。[①] 与明确规定的结果和蕴含的结果不同，解释理由的多样性致使解释的结果可能与明确规定的结果和蕴含的结果不一致。在我国刑法学理论中，与明确规定的结果不一致的解释的结果有很多，最为典型的是刑法学理论把明确规定的结果解释为客观处罚条件（或客观的超过要素），而把对法益的侵害解释为结果。例如，1997 年《刑法》第 397 条明确规定的结果是“致使公共财产、国家和人民利益遭受重大损失”，但有学者认为这属于客观的超过要素，该条规定的滥用职权罪和玩忽职守罪的结果是对国家机关公务的合法、公正、有效执行以及国民对此信赖的侵害。[②] 还有学者认为，就配置了相同法定刑幅度的滥用职权罪和玩忽职守罪而言，对于前者，“致使公共财产、国家和人民利益遭受重大损失”不属于罪体要素，而是罪量要素，但对于后者，“致使公共财产、国家和人民利益遭受重大损失”又成了罪体中的结果要素。[③] 由此可见，最可靠的结果是明确规定的结果，其次是蕴含的结果，解释的结果在很多情况下会偏离明确规定的结果和蕴含的结果，所以应当对其保持谨慎的态度。

从表面看，1997 年《刑法》第 144 条没有明确规定任何结果，但根据生产、销售有毒、有害食品罪在刑法分则体系中的地位及该罪的基本特点，完全可以把该罪的结果解释为对社会主义市场经济秩序造成破坏和对公共安全造成危害。但是，这种解释结论过于随意，并且也不符合 1997 年《刑法》第 144 条的文义。换言之，在判断生产、销售有毒、有害食品罪的既遂形态时，无须判断其对社会主义市场经济

① 之所以没有把“国家秘密被泄露”和“军事秘密被泄露”分别作为 1997 年《中华人民共和国刑法》第 398 条第 1 款和第 432 条中蕴含的结果，还有一个重要原因，即该两款均把“情节严重”作为构成要件要素，而“情节严重”是一个综合评价要素，既包括客观因素，也包括主观因素。但实际上，在所有的情节犯中，情节主要是用来限制处罚范围的，并且能被理解为包括结果。

② 参见张明楷《刑法学》，法律出版社 2016 年版，第 1246 页。

③ 参见陈兴良《规范刑法学》，中国人民大学出版社 2017 年版，第 1227—1232 页。

秩序是否造成破坏，也无须判断其对公共安全是否造成危害。基于此，持危险犯论者将有破坏社会主义市场经济秩序和危害公共安全的危险解释为该罪的危险结果，由此使生产、销售有毒、有害食品罪基本犯的既遂成为危险犯。这就意味着，生产、销售有毒、有害食品罪基本犯的既遂形态没有包含结果要素。但仔细研究可以发现，1997年《刑法》第144条规定的罪状中蕴含结果。根据行为内容的不同，可以将其分为两种：其一，就生产有毒、有害食品而言，结果是有毒、有害食品被生产出来；其二，就销售有毒、有害食品而言，结果是有毒、有害食品被销售出去。

（二）生产、销售有毒、有害食品罪基本犯既遂形态蕴含结果的性质：危险性结果

根据刑法学理论，刑法中的结果是指侵害结果。这强调的是结果的有害性，并且，这里的有害性指的是实际损害。[①] 在生产、销售有毒、有害食品罪的场合，只有破坏了社会主义市场经济秩序，只有对不特定或多数人的身体健康和生命造成损害，才符合有害性的要求。这种观点可谓触及了刑法中结果的核心问题，所以应当得到坚持。在本节中，笔者将这种结果称为“实害性结果”。但是，在刑法分则条文中还有另外一种结果。这种结果虽然不是确定的实际损害，但是时刻存在发生实际损害的危险。例如，在非法制造枪支、弹药、爆炸物的场合，枪支、弹药、爆炸物被制造出来本身就是一种结果，这种结果虽然并不意味着对公共安全造成实际损害，但是始终存在造成实际损害的危险。为了与结果无价值论者提倡的“危险结果”相区别，笔者将这种结果称为“危险性结果”。详言之，危险性结果与危险结果的区别主要有3个方面：其一，危险结果是与实害结果相对应的一个概念，强调的是危险本身。例如，日本有学

① 高铭暄、马克昌主编：《刑法学》，北京大学出版社、高等教育出版社2017年版，第74页。

者指出："作为属于构成要件要素的结果，不单指对保护法益的现实的侵害，也包括对保护法益的侵害的危险"。[①] 与此不同，笔者所主张的危险性结果是与实害性结果相对应的概念，强调的是结果本身。其二，虽然"结果无价值论"者把危险区分为行为的危险与作为结果的危险，但是危险是行为本身所蕴含的；与此不同，危险性结果则是行为所导致的。其三，在司法证明上，对危险采取推定的方式加以证明，即只要有行为就推定有危险，只有证明确实不存在危险的情况下，才可以推翻推定；与此不同，对危险性结果不能推定，必须采取一般的证明方法予以证明。由此不难发现，危险结果与危险性结果虽然都具有客观性，但是对前者的判断主要是一种价值判断，而对后者的判断主要是一种事实判断。例如，在醉酒驾驶的场合，只要行为人实施了醉酒驾驶行为，就可以判断行为存在危及公共安全的危险，这种判断并不以某种事实来呈现，因而主要是一种价值判断。但在非法制造枪支、弹药、爆炸物的场合，危险性结果表现为枪支、弹药、爆炸物被生产出来。这是事实判断，而非价值判断。相应地，对危险结果的判断是一种实质判断，而对危险性结果的判断主要是一种形式判断。

由此可见，刑法中的结果包括实害性结果和危险性结果。如果说实害性结果属于核心结果的话，那么危险性结果就属于非核心结果。在没有核心结果的情况下，就应当发挥非核心结果在犯罪构成符合性判断中的重要作用，以此实现对司法权的有效制约。1997 年《刑法》第 144 条并未规定生产、销售有毒、有害食品罪的实害性结果，也就是说，该罪基本犯既遂形态的成立不需要实害性结果发生。但是，该罪基本犯既遂形态中蕴含着两种结果，即有毒、有害食品被生产出来（相对于生产行为）和有毒、有害食品被销售出去（相对于销售行为）。这两种结果显然不具有实害性，因为有毒、有害食品被生产出来或有毒、有害食品被销售出去，并不意味着对市场经

① ［日］山口厚：《刑法总论》，付立庆译，中国人民大学出版社 2011 年版，第 45 页。

济秩序造成了实际的破坏，[1]更不意味着对公民的身体健康和生命安全造成了实际损害。所以，这两种结果属于危险性结果。也就是说，有毒、有害食品被生产出来，就产生了破坏市场经济秩序的危险和损害不特定或者多数人的身体健康和生命安全的危险；有毒、有害食品被销售出去，更意味着产生了破坏市场经济秩序的危险和损害不特定或者多数人身体健康和生命安全的危险。与危险结果不同，这两种结果具有可视性，对这两种结果的判断主要属于事实判断和形式判断，相对于价值判断和实质判断，其对司法权具有更大的制约作用。所以，根据有毒、有害食品被生产出来和有毒、有害食品被销售出去这两种结果，将生产、销售有毒、有害食品罪基本犯的既遂形态解释为结果犯，是在1997年《刑法》第144条没有明文规定实害性结果的情况下对危险性结果的充分阐释。这种结果的可计算性及对其判断的事实性和形式性，消除了对生产、销售有毒、有害食品罪基本形态解释和认定的随意性，增强了刑法的安定性，因而值得提倡。

四　与生产、销售有毒、有害食品罪同类的犯罪的既遂问题

在我国刑法分则关于基本犯的规定中没有明确规定实害性结果但蕴含危险性结果的犯罪并不限于生产、销售有毒、有害食品罪，因此有必要分析该类犯罪的基本特点，以便廓清前文结论的适用范围。同时，应当注意的是，即使在规定实害性结果或具体危险的犯罪中，也可能蕴含危险性结果。在这种情况下，就有必要分析危险性结果与实害性结果、具体危险之间的关系。

---

① 就对市场经济秩序的破坏而言，生产有毒、有害食品行为和销售有毒、有害食品行为是有区别的。生产有毒、有害食品为销售有毒、有害食品创造了前提，但其本身并不会破坏市场经济秩序；与此不同，有毒、有害食品被销售出去，必然对市场经济秩序造成破坏。但是，刑法处罚的是具有严重社会危害性的行为，所以并非只要有毒、有害食品被销售出去，就具有了刑法意义上的实害性。

（一）蕴含危险性结果之犯罪的基本特点

通过仔细分析可以发现，在我国刑法分则规定的犯罪中，除了生产、销售有毒、有害食品罪之外，还有一部分犯罪蕴含危险性结果，如非法制造、买卖、运输、邮寄、储存枪支、弹药、爆炸物罪（第125条）、违规制造、销售枪支罪（第126条）、非法出租、出借枪支罪（第128条第2款）、生产、销售假药罪（第141条）、故意泄露国家秘密罪（第398条）、过失泄露国家秘密罪（第398条）等。该类犯罪具有以下两个基本特点：

其一，该类犯罪侵害的法益往往具有双重性，即包括形式法益和实质法益。所谓形式法益，即“被安排”的法益，而非由某一犯罪的基本特点决定的应当侵害的法益；所谓实质法益，即由某一犯罪的基本特点决定的应当侵害的法益。例如，从污染环境罪在刑法分则中的体系地位看，该罪属于妨害社会管理秩序罪，所以其侵害的法益包括国家对环境的管理秩序，这就是“被安排”的法益，属于形式法益；从犯罪特点（包括规范性特点和事实性特点）看，污染环境罪侵害的法益显然是人身、财产权和环境本身，这就是实质法益。从侵害的法益看，蕴含危险性结果的犯罪既侵害了形式法益，也蕴含着对实质法益造成侵害的危险。前者由危险性结果来彰显，后者由实害性结果来表现。例如，就生产、销售有毒、有害食品罪而言，侵害的形式法益是市场经济秩序，即国家对食品生产和流通的管理秩序，侵害的实质法益是不特定或多数人的健康、生命安全。只要有毒、有害食品被生产出来，或者有毒、有害食品被销售出去，就意味着对国家关于食品生产、流通的管理秩序造成了破坏，同时对国家设立该罪进一步保护的不特定或者多数人的健康、生命安全造成了威胁。

其二，在该类犯罪中，蕴含的危险结果出现后，并不必然发生实害性结果，立法者也没有把实害性结果作为构成要件要素规定下来。例如，假药被生产出来后，没有进入流通领域，或者假药被销售出去后立即被相关部门控制的，一般不会发生实害性结果，但这也符合生产、销售假药罪基本犯既遂形态的构成要件。所以，该类犯罪不同于实害结果伴随行为的犯罪。例如，在盗窃罪的场合，与盗窃行为伴随的往往是他人对财物的占有被侵害。又如，在非法拘禁的场合，他人被非法拘禁的结果与行为相伴随，同时意味着他人的人身自由权被侵犯。但在蕴含危险性结果的犯罪中，由犯罪特点所决定的实害性结果并不一定发生，并且实害性结果不是罪状本身就蕴含的结果，更不是刑法分则条文明确规定的结果。所以，实害性结果是否出现不影响既遂犯的成立。换言之，在立法者没有明确规定实害性结果，或者行为实施完毕并不意味着实害性结果必然发生的场合，只要发生危险性结果，就可以认定为犯罪既遂。

（二）危险性结果与实害性结果、具体危险之间的关系

值得进一步探讨的是，我国刑法分则规定的有些犯罪的罪状中蕴含着危险性结果，同时立法明确规定了实害性结果。在这种情况下，就应当正确处理危险性结果与实害性结果之间的关系。这种情况主要发生在数额犯和造成严重结果型犯罪的场合。例如，根据 1997 年《刑法》第 140 条的规定，生产、销售伪劣产品罪基本犯既遂形态的成立，不仅要求生产、销售伪劣产品，而且要求销售金额达到 5 万元以上。其中，蕴含的危险性结果是伪劣产品被生产出来，或者伪劣产品被销售出去，实害性结果是销售金额达到 5 万元。又如，根据 1997 年《刑法》第 181 条第 2 款的规定，成立诱骗投资者买卖证券、期货合约罪基本犯的既遂形态，不仅要求投资者买卖了证券、期货合约（蕴含的危险性结果），而且要求造成严重后果（明确规定的实害性结果）。在这种情况下，既然刑法分则条文明确规定了实害性结果，那么根据刑法教义学原理，就不能以蕴含的危险性结果的发生作为既遂犯成立的标志，而只能以明确规定的实害性结果的发生作为既遂犯成立的标志。在生产、销售伪劣产品的场合，没有生产伪劣产品的行为，就不会有销售伪劣产品的行为，所以不会出现没有伪劣产品被生产出来或销售

出去但存在销售金额达到5万元的情形。[①]就诱骗投资者买卖证券、期货合约罪而言，严重后果的发生是以投资者买卖证券、期货合约为前提的。如果投资者没有买卖证券、期货合约，即使产生严重后果，也不能认定成立诱骗投资者买卖证券、期货合约罪的既遂。

还须注意的是，在有些犯罪中，刑法分则条文规定的罪状中既蕴含着危险性结果，同时立法又规定了具体危险。例如，根据1997年《刑法》第143条的规定，成立生产、销售不符合安全标准的食品罪，在客观上不但要求有生产、销售不符合安全标准的食品的行为，而且蕴含着不符合安全标准的食品被生产出来或者销售出去这一危险性结果，同时还要求出现“足以造成严重食物中毒事故或者其他严重后果”的危险。又如，根据1997年《刑法》第145条的规定，成立生产、销售不符合标准的医用器材罪，在客观上不但要求有生产、销售不符合标准的医用器材的行为，而且蕴含着不符合标准的医用器材被生产出来或被销售出去的危险性结果，同时还要求发生“足以严重危害人体健康”的危险。在该类犯罪中，客观方面的基本构造是：行为—危险性结果—具体危险。对此，究竟是应当以危险性结果发生为既遂标准，还是应当以具体危险的出现为既遂标准？这就涉及危险性结果与具体危险之间的关系问题。从客观方面的构造而言，行为、危险性结果、具体危险这三者之间存在位阶关系，即没有行为就没有危险性结果，没有危险性结果就没有具体危险；反之，有行为并不意味着有危险性结果，有危险性结果并不意味着发生具体危险。既然如此，就不能以危险性结果的发生作为既遂犯的成立标准，而应当以具体危险的发生作为既遂犯的成立标准。

综上所述，在刑法分则就某一犯罪明确规定了实害性结果或具体危险，同时该罪的罪状中蕴含着危险性结果的情况下，明确规定的实害性结果或具体危险在基本犯既遂的判断中具有主导性，即不应当把

① 就生产、销售伪劣产品罪而言，生产行为虽然被规定为实行行为，但是这种行为本身不可能达成犯罪既遂，因而在很多情况下属于犯罪预备行为。

危险性结果的发生作为判断既遂犯成立的标准，而应当把明确规定的实害性结果或具体危险作为判断既遂犯成立的标准。但是，在这种场合，如果不发生危险性结果，那么实害性结果或具体危险也不可能出现。所以，危险性结果的出现并不意味着犯罪既遂，但危险性结果没有出现的，则肯定不可能成立犯罪既遂。

五　结语

穷尽刑法用语的含义，是解释和理解刑法用语时必须坚持的一个原则，否则不但不能充分发挥立法的效用，而且还会得出背离刑法教义学的解释结论。在有些犯罪的罪状设置中，没有明确规定实害性结果，但蕴含着危险性结果。在这种情况下，如果不对这种结果进行评价，那么意味着刑法评价的不全面，也不符合司法证明的要求。所以，对该类犯罪不能再坚持行为犯的思维，只要有行为就认定为既遂，而应当认定为结果犯，以危险性结果的发生作为确定既遂犯成立的标准。

在刑法学理论上，结果往往被理解为侵害结果，在持结果无价值论者的视野中其还包括危险结果。但是，在这两种结果之外还有一种结果，即危险性结果。这种结果的出现，并不意味着侵害结果或具体危险的发生，但其确实意味着发生法益侵害的危险。这种结果所产生的危险不同于行为本身产生的危险，因为需要对这种结果作出司法上的证明。不过，这是对结果的证明（虽然证明结果的存在意味着行为也必然存在），而不是对行为本身的证明。所以，危险性结果与抽象危险是存在差别的。以此为思路，可以将刑法中的结果分为危险性结果、具体危险和实害性结果。以这三种结果为既遂标准的犯罪都属于结果犯；相应地，就法益侵犯程度由轻到重依次排列而言是危险性结果犯、具体危险犯和实害性结果犯。

（本节原以《生产、销售有毒、有害食品罪基本犯既遂形态研究》为题，载于《法商研究》2018 年第 6 期。此次收入略有修改。作者李梁为中央民族大学法学院副教授、法学博士）

第四节 生产、销售有毒、有害食品罪的有害含义的界定

一 认定标准之争——学理与实务的冲突

我国刑法中的食品安全犯罪主要是指生产、销售有毒、有害食品罪与生产、销售不符合安全标准的食品罪。多数理论认为，前者为抽象危险犯，后者为具体危险犯，前罪的成立只需要有相应的生产、销售有毒、有害食品的行为，而后者除行为特征外，还须达到“足以造成严重食物中毒事故或者其他严重食源性疾病”的危险。

然而在我国二元违法体系下，即使是抽象危险犯，也不可能不考虑到罪的社会危害性大小，否则会出现刑事责任与行政责任的混淆。为了界定本罪的刑事责任范围，学理上采取了两种不同的解释思路，一种是对有毒、有害本体进行限定，认为有毒、有害的非食品原料，是指对人体有生理毒性，食用后会引起不良反应，损害人体健康的、不能食用的原料。有害的范围应当与有毒相当的。这种思路可以概括为有害性限定说。另一种从罪的整体危害性大小出发，认为有毒、有害即是有害人体健康，在实际处理案件时，需要注意案件的复杂性，以及具体案件可能造成的危害后果的危险程度和可能造成危害的范围、程度大小等。由于其对有毒、有害本体并没有进行界定，而是从整个案情来把握社会危害性大小，笔者将其概括为有害性综合考量说。

从文理解释的角度看，有害性限定说采取了限缩性解释，立法并没有对有毒、有害的程度加以限制，其将有毒、有害的范围做类似于生产销售不符合安全标准的食品罪的危险性界定，属目的性的限缩解释，而有害性综合考量说，尊重了立法规定，没有对有毒、有害的本体进行缩小。然而这种脱离构成要件要素，主张综合案件全面因素考虑是否成立犯罪的观点，违反了构成要件明确性的原则，使得有毒、有害的范围变得难以捉摸。对有害性限定说，也有反对的观点。有学者认为立法者规定成立生产、销售有毒、有害食品罪不以“足以”为

条件，不是立法的疏忽。只要能够证明存在抽象危险，为了最大限度地保护消费者的权益，就可以依据生产、销售的行为认定构成犯罪。

相异于学理解释对事实性评价的侧重，实务层面对“有毒、有害”的认定偏向于规则性评价。例如《关于办理危害食品安全刑事案件适用法律若干问题的解释》(以下简称《食品案件解释》)有关“有毒、有害的非食品原料”的规定。从内容上分析，实务界对有毒、有害的解释定性而不定量，即只要求是危害人体健康的物质，至于危害程度则不在考虑的范围内。该解释彻底超越了限定说的观点，采取“规范评价＋定性兜底”的模式，使得有毒、有害的认定范围极大扩张，笔者将其概括为有害性泛化说。这一解释的实质是将行政不法与刑事不法完全等同，司法人员在判断是否构成有毒、有害非食品原料时，只需按图索骥，从解释规定的三个渠道查证是否有禁止性规定，在均没有禁止性规定的情况下，还可以依据是否危害人体健康这个宽泛的定性标准进行认定，认定是否构成“有毒、有害的非食品原料”成了相对便捷的司法操作。

总结上述理论，可以看出有害性限定说与有害性泛化说、综合考量说存在着明显差异，而有害性泛化说与综合考量说在对待有害的本体态度上，是一对高度相通的理论。根据在于二者均不关心非食品原料对人体健康的危害程度，有害性泛化说认定的标准，一则是行政不法，二则对人体健康有危害，至于不法的程度与危害的程度，都不予考虑；综合考量说则亦认为有害人体健康即可，其关注的重点“跳跃”到案件的影响，危害的范围等其他因素。

有害性泛化说在司法实务层面占据了统治性的优势。究其原因，除《食品案件解释》的权威地位外，还有如下因素：第一，省却了有毒、有害物质的认定麻烦。根据有害性限定说，司法机关必须对有毒、有害进行鉴定，且最终能够进入诉讼程序还需达到“足以”的程度，这样一来，一则需要投入更多司法成本进行此项工作，二则由于食品案件的特殊性，其因果进程的滞后性、潜伏性，被害人存在着个体化差异，当有毒、有害物质含量低于特定标准时，生产、销售有毒、有害食品的行为与危害人体健康的结果之间的因果关系难以确定，可能出现认定结果与侦查机关、公诉机关预想相反，不能认定构成犯罪的结论，但又不能完全排除对人体产生危害的猜想，这种出力不讨好的做法可能被贴上打击食品安全犯罪不力的标签。而按照有害性泛化说，只要能够证明添加了禁止添加的非食品原料，或者能证明有危害人体健康的物质，就顺利度过了证据要求的第一关，省时省力且不容易被推翻。第二，与有毒、有害存在间接但不必然关系的事实的证据资料相对更容易收集和固定。销售金额、数额，从业时间长短等证据相对而言有物证、书证、人证等证据资料，也是侦查机关、司法机关惯常运用的，能够充分发挥司法能动性获得的，这与要通过科学实验尚无法保证有毒、有害程度的司法鉴定相比，具有较大优势。第三，更加有利于刑罚权的发动。权衡有害性限定说、有害性泛化说及综合考量说，可以看出，在犯罪构成的满足上，有害性限定说要求最高，而且除毒害性明显的场合外，由于有毒、有害物质危害人体健康是一个渐进过程，因果关系难以查明，如果遵照该学说进行司法实践，那么在使用危害程度较低的非食品原料的案件中，刑罚权的发动就会成为一个艰难的问题，这与当下社会公众普遍关注食品安全，要求严惩食品安全犯罪的态度难相一致。综合考量说次之，其需要从整个案件的角度衡量社会危害性的程度是否达到可罚性的要求。而有害性泛化说，则只需确定非食品原料是否属于“禁止规范＋定性兜底”，只要该原料在禁止规范之列，即可启动刑事程序，刑罚权的发动受到的限制相对较少，也能契合当前打击食品安全犯罪的社会需要。

对于不同解释之间的利弊，司法机关有着清楚的认识。例如《关于依法严惩“地沟油”犯罪活动的通知》规定只要行为人明知是“地沟油”而予以生产、销售的，直接认定为生产、销售有毒、有害食品罪，而无须对其进行毒性检测，对此检察机关认为，由于检材的来源、品质的不确定性太多，现实中通过鉴定来认定案件性质难度很大，生产、销售行为与危害结果之间的因果关系难以建立。可见，采取危害性泛化说办理食品安全犯罪案件是目前司法规则和刑罚需要使然。

二　“有害”的体系化思考

那么，是否意味着有害性泛化说、综合考量说就是正确的观点，有害性限定说不具有合理性？司法实践中采取有害性泛化说、综合考量说会不会不当扩张刑罚的范围？就生产、销售有毒、有害食品罪本体而言，对有害进行广义解释会不会形成有毒与有害之间的不均衡结果？笔者以为，回答上述问题需从体系化角度对“有害”的含义进行深入分析。

首先，将有害作宽泛解释，并不符合刑法立法用语的一贯性规律。

刑法上的罪名设定一般都是将危害性相当的要素规定在一起，危害性大体相当的行为放在同条中适用同一法定刑不会导致罪刑不均衡。而刑法将危害性不一致的行为规定于同一条文时，则会设定不同的法定刑，例如，第 120 条虽将组织、领导、参加恐怖组织的行为规定在一条，但对组织、领导行为，积极参加行为，其他参加行为的法定刑进行了分别规定。因此，根据刑法罪名设定的一般规律，有毒与有害在危害性上应该是相当的，否则应在法定刑上分开规定或者将两种行为分条规定。从这个角度来说，有害性限定说更符合刑法规定，即有害应该存在程度上的标准，至少应该不能明显低于有毒的标准，这样才能符合有毒的一般理解。但是从有害性泛化说、综合考量说的角度来看，其并不关注有害的程度问题，只要对人体健康有危害即可，这种理解与通常意识上的有毒是难以对等的。

其次，将有害从程度上限定，是从构成要件要素上限缩抽象危险犯的成立范围，有利于区分行政不法与刑事不法的界限。

传统的观点认为，具体危险犯以发生危险作为构成要件要素，对危险需要进行具体判断；抽象危险犯虽然也以发生危险作为处罚根据，但不需要对危险进行具体判断。抽象危险犯由于是将典型的危险性（非具体危险）通过立法的方式固定在特定的行为类型中，强调行为属性的危险性，因此具有法益保护前置化的功能，但由于没有法益侵害就发动刑罚，也同时具有违背罪责原则、侵犯人权的风险。为了限缩抽象危险犯的成立范围，有的学者主张对抽象危险犯的危险性可以进行反证，即虽然行为被立法推定为类型化的危险，但是，如果行为人能够举证证明行为时危险性并不存在，则不成立抽象危险犯。然而这与传统的具体危险犯、抽象危险犯划分依据有所冲突，因此形成了对抽象危险犯的危险性能否反证的争论。同意可以反证的观点认为从结果无价值的立场来看，如果具体判断中行为没有危险，就应该允许反证，反对可以反证的观点认为允许反证不符合危险犯的分类标准，抽象危险仅是立法理由而不是构成要件要素，处罚的原因仅在于行为具有类型化的危险，等等。由于传统的抽象危险犯不允许反证，近来有观点认为传统的危险犯分类方法并不能覆盖危险犯的所有类型，应当对危险犯的分类进一步完善，即对抽象危险犯的分类进行细化，将其分为绝对性的推定危险的抽象危险犯和行为的危险特征需要结合具体情势判断的“适格犯”或“准抽象危险犯”。[①] 也有的学者认为应当对法益侵害作实质解释的处理，排除对那些情节显著轻微危害不大的行为构成犯罪，主张充分发挥刑法“但书”的出罪功能。[②]

在二分法的危险犯教义学逻辑下，抽象危险犯不存在反证的空间，然而正如结果无价值论者所言，仅仅因为类型化的危险就不再从实质层面考察法益侵害或威胁是否存在，的确存在着违背罪责原则的可能性，如果确实不存在法益侵害或威胁的实质，只是为了教义学的完整性而处罚行为人显然不具有合理性。而“适格犯”“准抽象危险犯”的提法也存在着一定的问题，即绝对推定的抽象危险犯毕竟在立法上是罕见的，因为立法是具体情态到一般规定的过程，司法则是相反的过程，一般规定很难涵盖犯罪的所有情形，提倡“适格犯”“准抽象危险

① 参见李川《适格犯的特征与机能初探——兼论危险犯第三类型的发展谱系》，《政法论坛》2014 年第 5 期。陈洪兵《准抽象危险犯概念之提倡》，《法学研究》2015 年第 5 期。

② 参见何荣功、罗继洲《也论抽象危险犯的构造与刑法“但书”之关系——以危险驾驶罪为引例》，《法学评论》2013 年第 5 期，谢杰《“但书”是对抽象危险犯进行适用性限制的唯一根据》，《法学》2011 年第 7 期。

犯”的结论最终可能是“适格犯”“准抽象危险犯”取代传统抽象危险犯的地位，“适格犯”“准抽象危险犯”成为与具体危险犯对应的分类方式。从这个角度来看，具体的危险犯与抽象的危险犯的区分需要在司法上认定和考察的主张更具有合理性，抽象危险犯与具体危险犯之间的差异可以归结为均属必要的具体危险到底是“某种程度”的还是“迫切”的这一量上的差别。由此区分标准，笔者认为所谓“抽象危险犯可以反证”实际上是一个伪命题，第一，抽象危险犯与具体危险犯都是现实的危险，都需要司法上进行具体判断，传统的危险犯分类方式并不可取。抽象危险犯的危险是立法所推定的，但在司法中需要结合具体情形进行确认，只是不需要像具体危险犯那样确认到有“迫切”的结果上的危险，危险的有无仍然属于实体认定的问题。第二，从证明责任的划分来看，刑事案件的证明责任是由公诉部门承担，被告人没有义务自证无罪，在抽象危险犯的案件办理中，公诉部门没有根据让被告人单一方面承担反证工作，更没有根据将反证不能的不利后果施加给被告人，应该由公诉部门结合具体案情来认定有无现实的危险，而不是公诉部门只要证明被告人有相应的行为即可。

抽象危险犯是否有“某种程度”危险的认定，关系到行政不法还是刑事不法的问题，所以对这种程度危险需要从实质解释论的角度进行界定。前述观点中谈到我国刑法中的“但书”在抽象危险犯中具有出罪的作用。的确，“但书”暗含着犯罪本质特征的严重社会危害性、刑事违法性，与可罚的违法性理论也有着相通的地方。然而由于其是一种根本的理论概念，距离具体个案的司法化存在着相当大的“鸿沟”，由于其并不具有构成要件的确定性，即使在个案中进行适用，也难以形成统一的标准和原则。而且由于属于超构成要件的根据，在错案追究制的影响下，对法官自由裁量权也是极大的挑战，相对而言严格适用法律与司法解释比适用法律之外的根据更符合裁判者的利益，职业的风险也更小。“实际上，在司法实践中但书的适用非常混乱，对于能否适用、使用的基本方法、适用的范围等问题都缺少基本的共识。”“司法实务中对于但书条款存在‘错用’和‘滥用’两种情形。”

笔者以为“但书”的出罪功能，只有体现在构成要件中，才能真正得到实现。因为构成要件具有确定性的特点，对构成要件进行实质性的解释，才能够克服现有“但书”出罪实践中随意性的弱点。

生产、销售有毒、有害食品罪属于抽象危险犯，根据上述论证，成立本罪要求达到“某种程度”的危险，而有害限定说，则是从构成要件要素的角度对有毒、有害进行了程度上的限定，这种限定避免了将单纯违反行政法律的行政不法与法益侵害有了量的变化的刑事不法混淆的问题，给本罪提供了足够的空间。而按照有害性泛化说的观点，违反禁止性规定即成立犯罪，这与成立抽象危险犯需要“某种程度”的危险不符，因此是不合适的。

最后，将有害作宽泛解释，客观上存在不当扩张刑罚范围的可能。

依据有害性泛化说办理生产、销售有毒、有害食品罪的案件，虽然存在着前述种种便利，但是由于缺少对危害的程度性限制，犯罪成立的标准重形式而轻实质，从而可能存在着从本质无罪到形式有罪、本质轻罪到形式重罪的逾越。

以近年来备受关注的“毒豆芽”案为例。[①]被认定属于有毒、有害非食品原料的“无根水”，[②]在国内豆芽制发市场运用长达30多年，其间并未有过食用运用此技术生产的“毒豆芽”导致人体健康受损的报道。然而，自从2011年卫生部将其从食品添加剂目录《GB2760–2011》中删除后，有关使用“无根水”制发豆芽是农药使用还是食品添加剂使用，无根水是否有毒、有害就成为控辩双方争论的焦点，导致了数千名从事豆芽生产、销售的人员徘徊在罪与非罪的边缘。尽管在许多有罪判决书中称食用“无根水”制作的豆芽为危害人体健康，但没有

① “毒豆芽”案件中生产者、销售者掺入的非食品原料各异，导致定性上亦有差别，为了方便集中讨论，本节中所指的“毒豆芽”案件专指在豆芽制发过程中单纯使用6–苄基腺嘌呤和4–氯苯氧乙酸钠植物生长调节剂的一类案件，实际案件中还有的行为人使用漂白粉等国家明令禁止的非食品原料，本节讨论的样本不涉及此类案件。根据中国法学会2015年出具的相关判决分析报告来看，单纯使用6–苄基腺嘌呤和4–氯苯氧乙酸钠植物生长调节剂的案件占据已经司法处理的“毒豆芽”案件的大部分，具有代表性。

② 其主要成分是6–苄基腺嘌呤和4–氯苯氧乙酸钠。

一则判决中附有“无根水”制发的豆芽的毒理分析报告，司法逻辑大多停留在“无根水”的有效成分被移出了卫生部的食品添加剂目录，因此，使用“无根水”制售豆芽符合《食品安全案件解释》第20条第1项规定的法律法规禁止添加使用的物质这一规定，故构成生产、销售有毒、有害食品罪。①

但是，第一，本项规定的是法律、法规禁止添加使用的物质，6—苄基腺嘌呤和4—氯苯氧乙酸钠被移出添加剂目录，仅表明其不得作为添加剂使用，但是，在添加剂目录之外，还有大量无害的非食品原料应用于食品的生产经营中，移出添加剂目录并不等同于法律、法规禁止添加使用。目前还没有哪一部法律、法规明文禁止使用6—苄基腺嘌呤和4—氯苯氧乙酸钠。举例来说，“瘦肉精”案件中的盐酸克伦特罗，是《禁止在饲料和动物饮用水中使用的药物品种目录》中规定，因此将盐酸克伦特罗认定为法律、法规禁止添加使用的物质是不存在问题的。但是6—苄基腺嘌呤并没有被明确禁止。第二，客观上存在科学证据佐证6—苄基腺嘌呤和4—氯苯氧乙酸钠对人体无害或者可以忽略不计。正如卫生部对质监总局回函称6—苄基腺嘌呤和4—氯苯氧乙酸钠“缺乏食品添加剂工艺必要性，不得作为食品加工助剂生产经营和使用”。并未提及其危害人体健康。“毒豆芽”案件发生前后，皆有从事食品安全科研工作的人员实验证明6—苄基腺嘌呤是安全的。②日本、美国、欧洲等国家均允许豆芽制发过程中使用6—苄基腺嘌呤和4—氯苯氧乙酸钠。

---

① 前述法学会报告中指出部分判决还援引了《食品安全案件解释》第20条第2、3、4项规定，但正如报告所指出的“无根水”不在有关部门禁用农药之列（相反还在允许之列），也不在有关部门添加剂黑名单之列，无从适用第2、3项规定。而第4项兜底规定在明确“无根水”危害性之前，不具备讨论价值，故本节不对这三种情形作进一步分析。

② 上述科学实验无害的结论参见陈纫雄、陈冠敏、姜瑞钗、林健《“8012”植物生长调节剂诱变性、致畸性实验》，《卫生毒理学杂志》1995年第4期。（“8012”植物生长调节剂主要是6—苄基腺嘌呤）；张志恒、胡桂仙、汪雯、郑蔚然、王强《豆芽中6—苄基腺嘌呤残留的膳食风险评估》，《农药学学报》2016年第1期。

一面是司法系统的有罪判决，一面是出于有毒性科学实验的无罪辩解，随着对“无根水”的有害性的辩论的热烈展开，一些地区的司法开始向无罪化、轻罪化松动。2015 年 6 月辽宁出现了一审判处五年有期徒刑，二审发回重审改判无罪的案件，2016 年 9 月福建出现了一审判处 10 年 6 个月有期徒刑，二审发回重审撤诉处理的案件。[①]

可见，对“有害”进行扩大的危害性的解释，的确会给生产、销售有毒、有害食品罪的认定带来扩张刑罚权的问题，其根源在于，这种观念上的、扩大化的“危害”在当前严峻的食品安全形势和公众高度关注下，极可能被过分强调，而一旦这种意识上的有害得到司法的认可，那么案件的启动标准、流程就会和生产、销售伪劣产品罪一样，从性质的关注转移到规模的关注，这种规模上的关注进而可能适用《食品案件解释》有关情节加重犯的规定，而忽略了生产、销售有毒、有害食品罪的本质在于对公众生命健康权利的侵害，从而扩大了生产、销售有毒、有害食品罪的适用范围甚至加重了对行为人的刑罚处罚。

值得注意的是，在前述“毒豆芽”案的争执之中，国家农业部、卫计委于 2015 年 4 月第 11 号公告中强调目前豆芽生产中使用该物质的安全性尚无结论。这是使用无根水制发的豆芽对人体健康尚未确定有害的权威结论，既然如此，生产、销售用无根水制发的豆芽就难以认定为对人体有危害，对此类行为仍以生产、销售有毒、有害食品罪认定，显然已缺乏行政规范的根据，同时也突破了行政违法与刑事犯罪的界限，即行为人违反公告禁止性规定，属于行政违法，但同时其有害性无法确定，就不能以生产、销售有毒、有害食品罪定罪量刑。《食品案件解释》第 20 条是不能适用的。然而，从中国裁判文书网检索结果来看，在公告发布后，仍有数个判决将使用 6 —苄基腺嘌呤等

---

① 上述案件的新闻报道参见黄芳《“毒豆芽”案首现无罪判决已有近千芽农获刑》，2015 年 7 月 28 日，http://www.thepaper.cn/newsDetailforward1357530，2015 年 7 月 28 日访问；王文秋《福建“毒豆芽”案终撤诉，涉案芽农一审曾获刑 10 年 6 个月》，http://www.thepaper.cn /newsDetail_forward_1531262，2016 年 9 月 20 日访问。

物质制发豆芽的行为认定为构成犯罪。[①]

三　对有害性限定说的进一步分析

至此，我们可以得出结论，应否定对有害做扩大解释的方法，否则可能会逾越行政违法与刑事违法的界限；有害性限定说是更为可取的观点。笔者以为，应该在坚持有害性限定说的同时，需要注意如下三个问题：

（一）食品安全犯罪的特别规定与一般规定

有害性限定说要求达到的危险程度，与生产、销售不符合安全标准的食品罪的法定危险程度，是一致的。因此，认同有害性限定说，就会认同生产、销售有毒、有害食品罪与生产、销售不符合安全标准的食品罪的构成是重叠关系。因为非食品原料和食品添加剂一样，都属于食品原料之外为增加食品某种性质而人为增加的物质，由于食品添加剂的规范特性（即食品添加剂是规范调整下的非食品原料），食品添加剂的范围小于非食品原料，非食品原料包括但不限于添加剂。如果二者都要求达到上述危险程度才构成犯罪，则就添加非食品原料的这一类行为而言，生产、销售不符合安全标准的食品罪自然也构成生产、销售有毒、有害食品罪。主张有害限定说的学者认为，与生产、销售不符合安全标准的食品罪相比，生产、销售有毒、有害食品罪属特别规定，构成生产、销售有毒、有害食品罪的行为必然符合生产、销售不符合安全标准的食品罪。但这种观点与食品添加剂与非食品原料之间的从属关系是矛盾的。该观点还认为，在生产、销售的食品中掺入非食品原料，没有达到有毒、有害程度，但该食品不符合食品安全标准，足以造成严重食物中毒事故或者其他严重食源性疾病的，应以生产、销售不符合安全标准的食品罪论处，然而这是一种自相矛盾

---

① 如赖某生产、销售有毒、有害食品案一审刑事判决书[（2015）章刑初字第107号]，孙某某、邱某生产、销售有毒、有害食品罪一审刑事判决书[（2015）梅刑初字第192号]，刘某某生产、销售有毒、有害食品罪一审刑事判决书［（2015）唐刑初字第64号］。

的说法，因为根据有害性限定说，有毒、有害的程度就是足以产生危险，没有达到有毒、有害的程度，就是没有达到此危险，当然也不可能符合生产销售不符合安全标准的食品罪的构成。因此，添加类的生产、销售不符合安全标准的食品罪才是特别规定，生产、销售有毒、有害食品罪反而是一般规定。生产、销售不符合安全标准的食品罪与生产、销售有毒、有害食品罪是部分重叠的关系。

那么，添加类的生产、销售不符合安全标准食品罪必然同时构成生产、销售有毒、有害食品罪，但是，这显然与刑法对这两个行为的评价是不一致的，法条竞合的场合，通常是特别规定的法定刑重于一般规定的法定刑，但就这两个罪相比，前者属于特别规定，后者属于一般规定，前者较后者却属于轻罪。由于这种不寻常的立法现象，有观点主张立法应删除“有害”的表述，将生产、销售有害食品的行为纳入生产、销售不符合安全标准的食品罪的调整范围。这种观点否定了有害性限定说，实际上给有毒设定了新的标准，即高于“足以”的危险程度，然而，如此解释，实际上过分提高了有毒的标准，使得生产、销售有毒、有害食品罪接近甚至等同于投放危险物质罪的界限，这种情况下按照法条竞合的适用原则，应该适用投放危险物质罪。刑法将有毒与有害并列规定在本罪中，应该理解为不仅是对有害的限制，同时也是对有毒的限制。

因此，合理的解释应该是生产、销售有毒、有害食品罪中的非食品原料不包括食品添加剂。即仅指法律所不允许的食品添加剂以外的非食品原料，做此解释，可以说明刑法为何要对生产、销售有毒、有害食品罪的评价重于生产、销售不符合安全标准的食品罪，因为后者是超出限度使用，而前者属于违反禁止性规范的使用行为，虽然在客观上二者都是形成“足以造成严重食物中毒事故或者其他严重食源性疾病”程度的危险，前者对食品安全秩序的破坏以及主观恶性都较后者更重。

（二）“足以”的标准对有毒、有害而言是否是过高的标准

这一问题的完整表述是，在肯定具体危险犯与抽象危险犯都是现实的危险，只是危险程度有所不同的基础上，仍然要求生产、销售有毒、

有害食品罪的危险要达到同等于生产、销售不符合安全标准的食品罪“足以”的标准，是否是对有毒、有害的过高要求。笔者以为，以“足以”的危险要求有毒、有害是不存在问题的。有如下几方面的理由：

第一，如前文所述，有毒与有害规定在同一条文中，说明二者的危害性应该相当，从语义的分析上，有害需达到有毒的标准，而将有毒解释成“足以”的危险并没有超出词语的意思范围。

第二，对生产、销售有毒、有害食品罪的加重条款的分析，也可以认定“足以”的标准是恰当的。本罪加重犯指已经造成严重危害或其他严重情节。相对加重犯而言，在基本构成中要求具有“对人体健康造成严重危害”的危险应不存在问题，换言之，对有毒、有害要求达到“足以”的标准并不为过。

另外，《刑法修正案（八）》对本罪的法定刑取消了拘役和单处罚金的规定，如果认为本罪采取“足以”的标准过高，那么在降低入罪标准的同时也应该适当地降低法定刑的门槛，以达到罪责相适应的目的，而立法作出了相反的调整，也可以佐证“足以”标准是合适的。

第三，过去的理论认为生产、销售不符合安全标准的食品罪是具体危险犯，生产、销售有毒、有害食品罪是抽象的危险犯，这种传统的结论正在受到新的挑战。具体表现在：一方面《食品案件解释》开始将生产、销售不符合安全标准的食品罪做抽象危险犯式的解释。之前2001年颁布的《关于办理生产、销售伪劣商品刑事案件具体应用法律若干问题的解释》对“足以”的危险认定要求经过省级以上卫生行政部门确定的机构鉴定。但《食品案件解释》一改前述《解释》对危险具体个案的认定方式，对“足以”的危险、有毒、有害的认定均采取了推定式的认定方法，采取了典型情形类型化的方法，如规定“严重超出标准限量”就应该认定达到“足以”的标准。另一方面，学者也开始对生产、销售不符合安全标准的食品罪进行反思。有观点主张生产、销售不符合安全标准的食品罪也属于抽象危险犯。理由在于，具体危险犯以存在现实的危险状态作为犯罪成立的依据，如果是具体的危险犯，那么只有生产尚无销售的情形下，则不能认定成立犯罪，而实际上只有生产的行为也可以认定为构成犯罪。

可见，生产、销售不符合安全标准的食品罪和生产、销售有毒、有害食品罪一样，本质上都属于抽象危险犯的范畴，既然如此，就不存在基于抽象危险犯和具体危险犯的区分来质疑“足以”是过高的标准的理由。

（三）司法鉴定是否是有害性限定说标准的充分条件

抽象危险犯的危险程度也需要达到“某种程度”，而这一判断显然在办理生产、销售有毒、有害食品罪案件时，需要借助司法鉴定的手段。因此，司法鉴定对有毒、有害程度的判断是必要的。但是，如前所述，《食品案件解释》对司法鉴定采取了必要非充分的态度，司法实务界也有相当的观点认为有害首先是一个法律问题，其次才是一个技术问题。还有学者分析认为，以鉴定结论的客观标准来认定，会将公众的健康置于行为人赌博式的博弈之中，完全有必要予以制止乃至制裁。

笔者以为，从法益侵害说、客观主义的角度来审视有害的标准，应当坚持司法鉴定是有毒、有害的充分条件这一原则。《食品案件解释》对鉴定的态度，根据在于鉴定不会对“足以”的危险做出回应，“该规定操作性不强，有必要予以修改完善。”笔者以为现有司法鉴定无法对“足以”进行认定，并不是否定司法鉴定判断危险程度作用的理由。脱离了司法鉴定，法官对抽象危险犯的危险反而成了无根据的“心证”。因此，应当坚持以鉴定意见为依据的客观标准。而对“足以”的认定，则应当转变对鉴定结论的采纳方式，以是否显著超出合理限值为依据，由法官进行自由裁量。至于主张考虑行为人主观恶性的看法，是将有害这一客观事实与行为人主观恶性混淆，本质上仍然是有害性泛化说的观点，并不符合法益侵害说和客观主义的立场，因此应当予以摒弃。

四　对生产、销售具有危害性但危害程度未知食品的行为处理原则

根据有害性限定说办理案件，是否就会造成刑法对行为人赌博式

的添加非食品原料行为不闻不顾，置公众健康利益于不顾呢？笔者以为，这个问题既涉及司法，也涉及食品安全的刑法立法完善问题。

首先，对于行为人生产、销售具有危害性但危害程度未知的食品，如果数量、规模较大，可以按照生产、销售伪劣产品罪来处罚。食品行业进入工业化时代之后，因食品生产、销售产生的风险客观增加的现实是不可否认的。特别是食品科技的发展，用于改善、提升食品性状的物质、工艺不断地被研发出来，新物质、新技术的产生和运用，使得国家必须采取措施将未知的风险控制在合理的可以接受的范围之内。如果说食品安全标准是对已知的食品风险的应对，那么食品风险评估就是对未知的食品风险的回应。正因为如此，目前各国食品安全法律中普遍都采取了食品的风险评估控制机制，我国《食品安全法》亦专章规定食品安全风险监测和评估。因为食品能够走向市场，是因为其安全，相关风险已经被合理控制，而不是安全性未知，食品风险处于未知状态。如果安全性未知，则应该由国家有关部门进行风险监测和评估，设定安全标准。在国家尚未制定出安全标准时，生产、销售安全性未知的食品，显然符合以不合格产品冒充合格产品的要件，而按照生产、销售伪劣产品罪定性则不存在前述以生产、销售有毒、有害食品罪定性可能出现的问题。前述的“毒豆芽”案件、“地沟油”案件如果司法鉴定存在障碍，大都可以如此解决。

其次，“民以食为天”，生产、销售食品的行为，毕竟是一种特殊类型的行为，在立法没有调整的情况下，以生产、销售伪劣产品罪定性量刑只是权宜之计。根本上是要从立法上对刑法的规定进行完善。在这一点上，外国立法的做法值得参考。例如，《日本食品卫生法》第6条规定：不得销售或者为了销售而采集、制造、进口、加工、使用、储藏、陈列下列食品或添加剂：……（二）含有或附着有毒、有害物质，或者有此嫌疑者，但厚生劳动大臣认定不会损害人体健康的，不在此限；（三）受到病原性微生物污染，或者有此嫌疑，而有可能损害人体健康的。第71条规定：有下列情形之一的，处三年以下有期徒刑或三百万日元以下的罚金：（一）违反第六条规定的。再如，《美国食品、药品和化妆品法》规定，任何人为添加的有毒、有害物质都应被视作不安全的，除非该物质是生产必需的或者是无法被更好的生产工艺避免的，出现此情形时，卫生部部长应当公布为保护公众健康的该物质被允许的限度，食品的生产销售都不得超出此限度。可见，日本行政刑法的有害标准，包括了有害的嫌疑情形，而美国的有害标准更为严格，只要是人为添加有害物质，无论危害程度如何都是构成犯罪，除非这种行为不可避免或者没有更好的生产工艺。假设前述的“毒豆芽”案件发生在这些国家，且假设“无根水”成分的有害性尚不明确，添加“无根水”的生产工艺是可以被乙烯催化的工艺替代的，则按照这些国家的法律，使用无根水生产销售豆芽的行为都是可以作为生产、销售有毒、有害食品罪处罚的。不过，应当注意的是美国、日本的违法体系是一元的，它们的食品安全犯罪入罪门槛相对较低，而我国是二元的违法体系，生产、销售有危害嫌疑的食品的行为，毕竟不可与有毒、有害相提并论，因此，应当在刑法中单独设立一条，来调整生产、销售有危害嫌疑的食品，情节严重的行为。

[本节原以《论生产、销售有毒、有害食品罪的有害含义的界定》为题，载于《中国人民公安大学学报》（社会科学版）2019年第2期。此次收入略有修改。作者左袖阳为北京市社会科学院法学研究所副研究员、法学博士]

第五节　食品药品犯罪案件中因果关系判断的常理化

犯罪是孤立的个人侵犯统治关系的行为，更是孤立的个人对抗社会共同情感和集体意识的行为，因而必然受到社会道德的一致谴责。不过在当前我国诸多的犯罪类型中，最能够激起人民群众同仇敌忾心理，并受到有关机关和执法部门持续关注的犯罪类型，恐怕莫过于食品犯罪和药品犯罪了。民以食为天，食物是维系生命的最基本物质之一，药品则是防范和治愈疾病的必备物品。食品和药品案件攸关社会每一个成员的切身利益。随着一系列食品、药品犯罪案件的曝光，食品、药品犯罪已成过街老鼠、人人喊打，但是它们不但打而不绝，反而呈现愈演愈烈之势，至少我国的食品、药品安全形势至今尚且没有从根本上好转起来。造成这种状况的原因当然有很多种，笔者在参与一些食品、药品犯罪的司法处理及调研过程中发现，一些司法机关在对食品、药品犯罪案件中的因果关系的认定上，存在着明显的畏首畏尾问题，甚至罔顾基本的生活常识而刻意逢迎所谓的“法律理性”，一些食品、药品犯罪案件中的因果关系由此而无法得到司法机关的认可，最终导致案件以转入行政处罚程序的结果草草收场，在客观上放纵了具有严重危害性的食品、药品犯罪，在效果上沉重打击了公众对于社会、国家的信心和信任。因此，破除某些观念上的误区，重视生活常识与一般情理在认定食品、药品犯罪的因果关系中的作用，以及大胆引入刑事推定等某些“法律技术”，不失为加强对食品、药品犯罪案件的打击力度的一个突破口。

一　食品、药品犯罪案件因果关系认定的困境：以刑法第141条的修改过程为例

刑法上研究因果关系，是罪责自负原则的基本要求。罪责自负是现代刑法的基本原则，即一个人应当且只应当对自己的行为以及行为导致的危害后果承担责任。因此，在进行刑事归责时必须查明某人的行为产生了怎样的后果，更为重要的是，某一危害后果是否可以归因于行为人的行为。行为与结果之间的这种联系，就是刑法因果关系。刑法因果关系是追究刑事责任的前提要素和必要条件，刑法因果关系是作为让行为人对特定结果承担刑事责任的客观基础而存在于刑法学中的。[①]既然如此，在一切结果犯和危险犯中，不能查明因果关系即无法查明犯罪的成立，更遑论对行为人追究刑事责任。因果关系的认定

① 参见于志刚《刑法学总论》，中国法制出版社2010年版，第129页。

规则，影响着食品、药品犯罪的查处，甚至成为当前司法机关查处食品、药品犯罪的主要障碍之一。

2011年通过的《刑法修正案（八）》对于刑法第141条生产、销售假药罪做出了重大修改，将该罪由原来的危险犯改为现在的行为犯。笔者此前曾经受邀参与讨论涉及药品犯罪的司法解释草案，此后又受委托起草"生产、销售假药罪"的法条修正意见，因此深知个中曲直：《刑法修正案（八）》对生产、销售假药罪的修改，直接动机就是为了在立法层面回避本罪的因果关系的认定困难。

实际上，1979年刑法就已经规定了生产、销售假药罪，当时该罪属于结果犯，即"危害人体健康"的才构成犯罪；1993年全国人大常委会《关于惩治生产、销售伪劣商品犯罪的决定》中，立法者或许考虑到药品的特殊性质以及假药犯罪的特殊危害性，将生产、销售假药罪改为危险犯，它的入罪条件也相应地变为"足以严重危害人体健康"，1997年刑法修正时延续了这一标准。结果犯要求具有某种具体的实害结果犯罪才能既遂，而危险犯只要求出现某种危险状态即可。与结果犯相比，危险犯对犯罪行为的介入更加前置，体现了刑法法益保护的思想。但是，就司法机关的证明难度而言，两者没有显著差别。在1997年刑法生效实施之后，伴随着药品犯罪的爆发式增长，药品监管执法部门和司法机关逐渐发现，对生产、销售假药罪的因果关系的证明，在很多案件中几乎是个不可能完成的任务。

若要证明生产、销售假药罪的成立，必须证明生产、销售假药的行为具有"足以严重危害人体健康"的情形。但是在司法实践中，对这一因果关系的认定存在以下两个方面的困难：（1）"足以严重危害人体健康"属于临床安全性评价内容，在具体案件中无法适用。"是药三分毒"，这是大家众所周知的道理，任何药品，不管是中药还是西药，不管是处方药还是非处方药都存在一定的毒副作用，这种毒副作用是由药品的药理成分决定的，并且也具有危害人体健康的可能性。更重要的是，"足以严重危害人体"作为针对"抽象的一类药品"的一般立法标准，一般需要长期的临床试验才可获知；而在司法过程中却是要证明"具体的一个假药"是"足以危害人体健康"，但是实践中却根本不可能对假药进行临床试验。（2）即使确证"某一类"药品足以危害人体健康，在具体案件中仍然需要具体查明和认定涉案的"特定批次"的药品足以危害人体健康，这使司法机关背负了沉重的证明责任。假药危害人体健康，可能会有两种情况：一是药品本身的毒副作用直接损害人体健康；二是假药延误救治。当这两个具体标准脱离具体案件进行抽象化判断时，似乎它的判断比较清楚，也比较简单，例如，假的"狂犬病疫苗"肯定属于"足以危害人体健康"。但是，当面临某一个的具体假药案件时，问题就直接复杂化，因为药品是否"足以严重危害人体健康"，是否会直接损害人体健康，或者会延误救治，完全属于临床安全性评价内容，不可能对假药进行临床试验，例如，某一箱假的"狂犬病疫苗"是否属于"足以危害人体健康"，根本无法进行类似的鉴定；同时，即使进入临床试验，基于现有的技术手段和人类认识水平，在相当多的假药案件中也根本无法查实假药是否属于"足以严重危害人体健康"。①

说到底，因果关系的认定，不仅是个法律问题，同时还是个技术问题，它和人类对客观世界和自然规律的认识能力以及科学技术水平息息相关，超越人类认识极限的因果关系，自然是难以查明的。而具体个案中查明因果关系不但要考虑人的认识水平，还要考虑司法成本、效益以及社会伦理等问题（不可能用假药做临床试验）。在死守因果关系的鉴定规则会直接挑战公众神经和严重拉低公众对于司法能力、政府社会治理能力的期盼度的情况下，与其在因果关系的问题上束手待毙，不如釜底抽薪，将生产、销售假药罪改为行为犯，在入罪环节只需查明危害行为即可，这一点，是《刑法修正案（八）》条文修正的原始动机之一。伴随着《刑法修正案（八）》的生效与实施，生产、销售假药罪在因果关系的认定困难，基本成为"过去时"。

---

① 于志刚：《〈刑法修正案（八）〉中生产、销售假药罪的修正思路》，《中国刑法学年会文集（2011年）》（下卷），中国人民公安大学出版社2011年版，第1622页。

二 问题依然存在：司法的“游离现实”更甚立法的局限与保守

生产、销售假药罪，只是刑法整个食品、药品罪名体系之一隅，《刑法修正案（八）》对于生产、销售假药罪的修改固然具有标本意义和启示意义，但是，在多数食品、药品犯罪案件中，由于立法的局限与保守，更由于司法机关游离现实、“不食人间烟火”等原因，因果关系的认定困难依然存在。

（一）立法的局限与保守性：相关修改思路未推而广之

《刑法修正案（八）》虽然将生产、销售假药罪从危险犯修改为行为犯，从而在入罪标准上回避了本罪因果关系的认定困难，但是立法似乎就此止步不前，没有在食品、药品犯罪的整个罪名体系中贯彻这一修改思路。目前食品、药品犯罪的罪名主要集中在刑法分则第三章第一节。在本节中，除了刑法第141条生产、销售假药罪已经改为行为犯外，刑法第142条的生产、销售劣药罪依然需要查明劣药“对人体健康造成严重危害”的事实，它面临的问题与之前生产、销售假药罪面临的问题是完全一致的，但是此次《刑法修正案（八）》没有触及生产、销售劣药罪。此外，有关食品犯罪的两个罪名分别是刑法第143条的生产、销售不符合安全标准的食品罪和刑法第144条的生产、销售有毒、有害食品罪。第114条原本就是行为犯，因此《刑法修正案（八）》虽然套用了前述的“生产、销售假药罪”的立法思路，但是，只是将第二量刑幅度的量刑标准由“造成严重食物中毒事故或者其他严重食源性疾患，对人体健康造成严重危害的”，修正为“对人体健康造成严重危害或者有其他严重情节的”，并将第三量刑的量刑标准，由“致人死亡或者对人体健康造成特别严重危害的”，修正为“致人死亡或者有其他特别严重情节的”，在量刑情节上避免了因果关系认定的尴尬。然而，《刑法修正案（八）》在对于刑法第143条的修正上，只是在第二量刑幅度上增加了“有其他严重情节”的规定，对于入罪标准和第三量刑情节没有做出改动，因而刑法第 143 条的因果关系的认定困难依然如故，并且将导致“生产、销售不符合食品安全标准的食品罪”今后仍然会长期处于被虚置而无法得以司法适用的状态。

（二）司法的“不食人间烟火”：漠视生活常识，机械套用法律规则

既然刑事立法的修正中没有将回避因果关系认定尴尬的修正思路贯彻到所有的食品、药品犯罪罪名中，那么对因果关系的查明自然仍然是司法实践中的一项重要内容。如果说刑法典是“正义的载体”而不能横加指责，刑法典不是“嘲笑的对象”而是解释的对象的话，那么，一些司法实践在具体案件中表现出来的过于谨慎和保守的态度就值得商榷了。在一些地方，涉及食品、药品犯罪的案件办不下去的原因，不在于无法可依（立法规定至少在表面上看是周延的），也不在于案件事实查证不了（犯罪事实可能异常清晰，甚至犯罪嫌疑人对此也供认不讳），而在于相关部门无法拿出权威的检测报告去证实危害行为与结果之间的因果关系的存在，只好使案件的处理处于搁置状态，甚至不了了之。

例如，2010 年 8 月 23 日，南京《扬子晚报》首次爆出约 30 名市民因食用小龙虾导致肌红蛋白超标引发了“横纹肌溶解”，一时引发人们的恐慌，这就是“肌溶小龙虾事件”。尽管病人都因食用小龙虾而入院，尽管病人都出现了肌肉酸疼难忍等症状并被医生诊断为横纹肌溶解症，尽管有些情况严重的还出现了肾功能受损甚至“酱油尿”的现象，尽管许多人认为罪魁祸首在于“洗虾粉”，但是，对于该食品安全事件至今没有权威结论。[①] 类似的还有“火锅飘香剂”“火锅增香剂”等事件。在有些地方，对于查获的用杂牌米加香精熏出来的大米不过是作销毁并罚款处理，对于茶油检测出来致癌物质的，也只是作“召回产品”的处理。在许多案件中，司法机关虽然基于生活常识能够认识到假药、有毒食品的危害性，却因为无法建立有关因果关系的因果

① 《肌溶小龙虾事件至今真相难解》，《江南时报》2011 年 3 月 2 日。

链条而不敢“轻举妄动”，最终，仅仅因为无法提供有效的检测证明，无法查明有毒食品、药品之于人体的物理、化学作用而只好放任案件流出刑事诉讼程序。

在笔者看来，司法机关存在的一个极大误区是，将具体案件中的事实性的因果关系与法律性的因果关系混为一谈。以药品犯罪案件为例，在药品犯罪中存在两种因果关系，一种是药理因果关系，也是事实因果关系，另一种是法律因果关系。药理因果关系关心的是药物与机体相互作用的机制以及规律，它的获取方法是实验性的，并以观察为基础。比如麻黄碱对人体的危害、“欣弗”药品对人体的不良反应等。药理因果关系研究的最终目的，是阐明药物作用机制、改善药物质量、提高药物疗效、开发新药等。法律因果关系的最终目的，在于为刑事归责提供依据和理由，它可以基于某种刑事政策而主动建构出来，正因为如此，有学者才提出“为刑事责任寻找客观基础是刑法因果关系研究的最终目的”。[①]因此，法律因果关系虽然以药理因果关系为基础，但是，对于它的认定却不应当受到药理因果关系的过度羁绊。例如，如果被狗或其他动物伤害，24 小时之内必须注射狂犬疫苗，如果没有在规定时间注射疫苗或者疫苗不起作用，将有可能患上狂犬病。而狂犬病潜伏期少则十几天、几十天，多则几十年，死亡率极高。假的狂犬病疫苗的抗原含量低于国家标准，注射了这样的疫苗，在药效上根本达不到应有的作用，仅此一点，社会公众通过简单的生活常识就可以判断出，生产、销售假狂犬病疫苗就是“足以严重危害人体健康”，如果非要等到在药理上一定要验证该批次“狂犬病疫苗”肯定会“足以危害人体健康”，甚至非要等到注射了假狂犬病疫苗的人死亡的结果出现，那岂不是违反了法益前置保护的初衷？

区分药理因果关系与法律因果关系两个范畴并非要将其对立起来，因为法律因果关系的基础就是药理因果关系，试想，如果某种食品或者药品在药理上根本不可能对于人体造成任何危害，其后果就像人吃

① 参见张绍谦《刑法因果关系研究》，中国检察出版社 1998 年版，第 104 页。

了一个白馒头那样正常，是绝对不应当作为犯罪处理的。与此相应，区分药理因果关系与法律因果关系的目的，在于防止司法人员将两者混为一谈。因为在具体的案件中，药理因果关系也许一时无法查明，但是绝对不等于其不存在或者没有发生，服用敌敌畏浸泡过的金华火腿必然对人体健康造成损害，这是人类基于敌敌畏的化学效应的了解而得出的最基本的常识。如果司法人员因为在具体案件中拿不到“权威”的检测报告而放任案件的话，那才是非常荒唐的事情。药理因果关系的确定可以有两种途径：一是具体案件的检测结果；二是人们在长期生活实践中得出的基本常识。因此，司法人员应当树立这样一种观念：没有检测结果的，可以根据生活常识确定是否存在药理因果关系，进而再判断是否具有法律因果关系。说到底，不管是检测报告还是生活常识，都是认识药理因果关系的一种途径和手段，既然两者殊途同归，何必偏执于一端呢？

每一个食品、药品犯罪案件的具体经办人员，都是我们生活中现实世界的鲜活个体，他们与我们分享着共同的观念和情感，我们所具有的生活常识他们同样具备。但是，一个难以理解、接受却日趋常见的现象是，许多司法人员自觉或者不自觉地将自己套上机械的法律理性的外衣，在日常生活中，他们对于有毒、有害食品、药品的危害性心知肚明，甚至深恶痛绝，然而一旦进入工作角色中，又近乎偏执地寻找那些物理的、化学的因果关系，以为只有这样才能不冤枉犯罪嫌疑人，才符合法律的基本精神。殊不知，法理不外乎情理，法律作为社会最好的防线，来源于社会的一般价值观和行为准则，和情理是一脉相承的。“法律的生命不在于逻辑，而在于经验”，经验世界才是法律的理性殿堂的最终源泉。当前食品、药品犯罪案件中因果关系判断的困境，在很大程度上来源于司法人员个人将“法律理性”抬得过高，并以逻辑算计取而代之。司法游离现实、司法人员的自缚手脚，才是目前最忧心的事实。应当特别指出的是，在因果关系中引入常识化的判断，是为了更好“发现”因果关系而非“创造”因果关系，与冤枉好人无关，这一点是需要司法人员注意的。

三　食品、药品犯罪案件中因果关系的求解：刑事推定

指望立法将生产、销售假药罪的修正思路完全推广到其他食品、药品犯罪罪名中至少目前看来是不现实的，而且即使所有的罪名都变成行为犯，那么在第二量刑幅度和第三量刑幅度上还存在因果关系的认定问题。因此，如何破解因果关系认定的困境，是必须面对的问题。笔者认为，就是司法上要敢于运用“刑事推定”这种法律技术，而刑事推定的基础在于经验法则和生活常识，因此寻求食品、药品犯罪案件中因果关系判断的常理化，也是笔者的主张之一。

（一）常理判断与刑事推定

在刑法学乃至整个法学中，重视“常识、常理、常情”是一些学者极为推崇的法治观和法学教育观，“法律理性背离常识、常理与常情，这是百年中国法制领域的一大难题，虽为不悦之事，预期之外，却属必然之举，意料之内。”[①] 而依照有的学者的观点，“常识、常理、常情是指为一个社会的普通民众长期认同，并且至今没有被证明是错误的基本的经验、基本的道理以及为该社会民众普遍认同与遵守的是非标准、行为准则”。[②] 常理，可以理解为通常的情理，常理必须符合社会基本的道德情感，并且具有向善和向上的力量，因此即使社会上见义勇为者极少，也不能将“只有撞了人的人才会送人去医院”当作常理，更不能以此作为法院判决的理由。构成人类社会的纽带，不仅在于物质的相互依赖，还在于情感上的相互支持与慰藉，这一切都源于共同的生活背景和人生体验，“‘意义’在社会世界中是被建构成一个‘互为主体’的现象，基于我国共同的生活经验与知识库存，人们相互间

---

① 陈诚：《司法判决应求治于情理——法意与人情二元结构对立之悖论的思考》，《中国发展观察》2006 年第 8 期。

② 陈忠林：《常识、常理、常情：一种法治观与法学教育观》，《太平洋学报》2007 年第 6 期。

的‘理解’才成为可能。”[①] 共同的生活经验与知识背景是理解的某种“前见”和“前提”，是沟通与交流的共许性基础，只有在同一的言说平台内，相互之间才能达成某种最低限度的共识。[②] 更进一步地讲，理解与共识又促成了社会共同情感的形成。涂尔干认为，“社会成员平均具有的信仰和感情的总和，构成了他们自身明确的生活体系，我们可以称之为集体意识和共同意识”。[③] 因此常理化判断不能背离经验法则和生活常识，只有经过生活反复检验并认定为“真”的事物，才构成常理判断的基础，在这一点上，常理判断与推定、推论是一致的。

推定是人类认识客观世界的一种方式，在数学中，人们将长期实践中总结出来的基本数学知识叫作“公理”，公理不需证明。根据公理，依照逻辑方法推导出来的命题叫作“定理”，推导的目的在于建立事物之间的因果关系。因此休谟才会说：“如果有人问：我们对于事实所作的一切推论的本性是什么？适当的答复似乎是：这些推论是建立在因果关系上。如果再问：我们关于因果关系的一切理论和结论的基础是什么？就可以用一句话来回答：‘经验’。”[④]

在客观世界中，推定是为了建立事物之间的客观联系，而在法律这个规范世界中，推定的目的是建立事物之间的法律关系。“推定是司法证明的一种重要的辅助性方法，其以肯定基础事实与推定事实之间的常态联系为基础，通过对基础事实的证明来实现对推定事实存在状态的认定。”[⑤] 在传统的诉讼证明中，通常要经历“论据—论证—结论”这一依次递序的过程。论据是查明案件的基础事实，论证是运用证明方法确立论据与结论之勾连关系的过程，但是在刑事推定中，案件的

① ［德］马克斯·韦伯：《社会学的基本概念》，顾忠华译，广西师范大学出版社 2005 年版，前言第 19 页。

② 于志刚：《罪刑法定原则认识发展中的博弈》，《法学》2010 年第 1 期。

③ ［法］涂尔干：《社会分工论》，渠东译，生活·读书·新知三联书店 2000 年版，第 42 页。

④ ［英］休谟：《人类理智研究》，载北京大学哲学系外国哲学史教研室编译《西方哲学原著选读》上卷，商务印书馆 1981 年版，第 523 页。

⑤ 张云鹏：《刑事推定研究》，《刑事法评论》2007 年第 1 期。

基础事实与结论直接发生关系，省略了中间的论证过程。可见，“论证过程的缺失是推定与证明在结构上的重大区别。”通常情况下，完整的诉讼证明活动自然是刑事诉讼追求的完美图景，但是在实践中，司法人员基于自己理性能力的不足，基于其他证明手段的缺失，基于打击犯罪的现实压力，而不得不求助刑事推定，可以说运用刑事推定是世界各国通行的做法。刑事推定的价值基础是诉讼效率和诉讼效益，实践基础是经验法则（即基础事实与结论之间的常态联系、原因与结果之间的相关性）。正因为推定以常理为基础，因而在法律中才是可接受的。由于基础事实是需要证实的，又由于经验法则是可以证伪的，因此刑事推定与无罪推定原则并不矛盾，但是刑事推定只能作为末位规则和保守规则而使用。“在刑事诉讼中，推定虽非绝对不允许使用，但其适用范围和条件应当受到以下两个方面的严格限制：一是不能违背无罪推定原则，不能替代对犯罪要件事实的证明；二是不能降低刑事证明标准，不能成为确信无疑证明标准的例外。”①

（二）刑事推定的适用领域：个案解释与司法解释

食品与药品虽然为两种不同的生活资料，但是它们对人体健康构成损害的经验法则是相同的，因而可以适用同一的推定规则。在食品、药品犯罪案件中适用刑事推定，其实质在于将因果关系的判断诉诸常理与生活常识，使其摆脱机械规则的束缚，其目的则在于简化证明过程。刑事推定的适用领域有两个：它既可以在具体个案中适用，也可以在司法解释中适用。考虑到司法解释在我国刑事司法体系中的显著地位以及恒常性，司法解释尤其应当敢于运用刑事推定。在食品、药品犯罪中，其实已有先例，这就是2009年最高人民法院、最高人民检察院《关于办理生产、销售假药、劣药刑事案件具体应用法律若干问题的解释》（以下简称《假药劣药解释》）。

早在《假药劣药解释》颁布之前，“两高”曾于2001年颁布了《关

---

① 张保生：《推定是证明过程的中断》，《法学研究》2009年第5期。

于办理生产、销售伪劣商品刑事案件具体应用法律若干问题的解释》（以下简称《伪劣商品解释》)，《伪劣商品解释》第三条规定，经省级以上药品监督管理部门设置或者确定的药品检验机构鉴定，生产、销售的假药具有下列情形之一的，应认定为刑法第 141 条规定的“足以严重危害人体健康”：（一）含有超标准的有毒、有害物质的；（二）不含所标明的有效成分，可能贻误诊治的；（三）所标明的适应症或者功能主治超出规定范围，可能造成贻误诊治的；（四）缺乏所标明的急救必需的有效成分的。在立法技术上，《伪劣商品解释》对于刑法第 141 条运用了具体危险犯的解释技术，但是，由于几乎每个条款都存在问题，例如药品检验机构不具备出具“足以严重危害人体健康”鉴定结论的职责与能力、“不含所标明的有效成分，可能贻误诊治的”难以判定等，因此“两高”不得不于 2009 年制定和颁布了《假药劣药解释》。

《假药劣药解释》第 1 条规定，生产、销售的假药具有下列情形之一的，应当认定为刑法第 141 条规定的“足以严重危害人体健康”：（一）依照国家药品标准不应含有有毒、有害物质而含有，或者含有的有毒、有害物质超过国家药品标准规定的；（二）属于麻醉药品、精神药品、医疗用毒性药品、放射性药品、避孕药品、血液制品或者疫苗的；（三）以孕产妇、婴幼儿、儿童或者危重病人为主要使用对象的；（四）属于注射剂药品、急救药品的；（五）没有或者伪造药品生产许可证或者批准文号，且属于处方药的；（六）其他足以严重危害人体健康的情形。在立法技术上，《假药劣药解释》较之《伪劣商品解释》有两点显著不同：（1）将《伪劣商品解释》中的具体危险犯的解释模式改为抽象危险犯。一般认为，“具体危险犯是指将危险状态作为构成要件要素而规定于刑法条文中，法官必须就具体之案情，逐一审酌判断，而认定构成要件所保护之法益果真存有具体危险时，始能成立犯罪之危险犯。抽象危险犯是指符合构成要件中所预定之抽象危险之危险犯，此等抽象危险可谓具体危险之先前阶段，而具高度危险行为只要符合构成要件所描述之事实，即可认定具有此等抽象危险犯，无待法官就具体案情而作认定。”[①]具体危险犯中的具体危险使法益侵害的可能具体地达到现实化的程度，这种危险属于构成要件的内容。抽象危险犯是指行为本身包括了侵害法益的可能性而被禁止的情形。抽象危险不属于构成要件，其危险及其程度是立法者的判断；具体危险犯需要在具体案件中查明危险，因此在具体案件中需要就因果关系做出判断。换句话说，抽象危险犯的危险是法律推定和预设的危险，不需要在具体案件中查明因果关系，避免了因果关系认定上的司法尴尬。（2）大胆采用刑事推定的因果关系建立模式。《假药劣药解释》与《伪劣商品解释》的第二点不同就是运用了刑事推定的技术，即只要是有了不该含有而含有的有毒、有害物质、属于特定种类的药品（麻醉药品、精神药品、医疗用毒性药品、放射性药品、避孕药品、血液制品或者疫苗）、以特定人群（孕产妇、婴幼儿、儿童或者危重病人）为适用对象的药品等情形的，直接认定为“足以严重危害人体健康”，这样，对于因果关系的判断被直接转换成为对于证据性事实的认定，证明门槛大大降低。

当然，《假药劣药解释》也具有一些局限，例如《假药劣药解释》只是对于部分较为敏感和特殊的药品采用了这种解释思路，对于其他一般的药品仍然要沿用之前的证明标准和方法。此外，两个司法解释对于原刑法第141条的量刑标准中的“因果关系”认定仍然束手无策，直到《刑法修正案（八）》的生效实施，这个问题才算真正得到解决。应当指出的是，《假药劣药解释》的有益经验表明，刑法的常理化不仅体现在立法环节，也体现在司法环节。司法裁判过程及其结果只有贴近生活常识与一般的道德伦理，才能获得民众更多的支持与信赖，机械地理解规则与适用规则，只会疏远社会公众与法律的距离。

四 食品、药品犯罪案件中司法裁判结果的常理化

借助刑事推定这个解释手段，可以解决多数食品、药品犯罪案件的因果关系认定难题，不过，推定毕竟具有使控方的指控与定罪变得

① 参见陈兴良《刑法哲学》，中国政法大学出版社1997年版，第219页。

容易的功能，[①]因此对作为推定前提的基础性事实的认定就显得格外重要。将常理化的思维方式贯彻到食品、药品犯罪案件中，不仅是为了破解因果关系认定的难题，更是为了追求司法裁判结果的常理化。这种常理化，有助于实现裁判结果的实质公平，而只有具有公平性的裁判结果才能获得最大的道德正当性，并受到民众的尊崇与认可。“从社会实践看，普通的受众群体仍习惯于用是否‘合情合理’的眼光来审视、判断法律裁判的是非对错，裁判的法律效果与社会效果的冲突，就需要司法官合理引入在一定范围内被人们普遍遵行的情理规则，及时有效地回应民众的要求，法律才会被人们真正以自己的实际行动加以接受并信仰。”而“在成文法的背景下，说理是裁判的灵魂，是将案件事实和判决结果有机结合的纽带，也是法官审判工作的结晶。而情理在说理中的重要地位不可小觑。情理介入说理环节可以提高裁判文书的公信力、公正性和权威性，更好地实现法律效果与社会效果的最佳结合”。[②]民众具有的，不是法律理性而是生活理性，裁判结果的常理化当然可以拉近法律理性与生活理性的距离，甚至促使二者合流。

在一些地方的司法机关，司法人员对食品、药品犯罪案件中因果关系的机械认定已经到了“令人发指”和“令人发笑”的地步，最终使法律成为人民群众嘲笑的对象。以“地沟油”案件为例。“地沟油”是一种质量极差、极不卫生的非食用油。犯罪嫌疑人每天从泔水甚至下水道中捞取大量暗淡浑浊、略呈红色的膏状物，仅仅经过一夜的过滤、加热、沉淀、分离，就能让这些散发着恶臭的垃圾变身为清亮的“食用油”，最终通过低价销售，重返人们的餐桌。这种被称作“地沟油”的三无产品，它的主要成分仍然是甘油三酯，却又比真正的食用油多了许多致病、致癌的毒性物质。它的来源可能是下水道中的油腻漂浮物或者宾馆、酒楼的剩饭、剩菜（通称泔水），也可能是劣质猪

---

① 参见劳东燕《认真对待刑事推定》，《法学研究》2007 年第 2 期。

② 谭丽丽：《作为一种民间资源的情理》，《甘肃政法学院学报》2009 年第 2 期。

肉、猪内脏、猪皮加工以及提炼后产出的油。不法分子对这些毒害原料进行加工后，它们就摇身一变成为餐桌上的“食用油”。地沟油的原材料，可能夹杂着粪便、卫生纸、腐臭的动物尸体等人们可能想到的各种不洁之物，以及各种高致癌物质，这些东西将来会通过各种途径走上人们的餐桌并进入人们的胃里，会使包括司法人员在内的任何人见之作呕、闻之发怵。为此，公安机关最近几年专门针对地沟油进行了多次专项治理行动，取得了丰硕的成果。然而，当案件进入刑事司法程序中时，相关的司法难题似乎迎面而来，客观地讲，在大量的案件中，“地沟油”的鉴定检测标准似乎已经成为目前困扰办案人员的一个主要难题，目前我国食用油检测主要包括酸价、过氧化值、溶剂残留量等几项，而在“地沟油”系列案中，明明是用餐厨垃圾炼成的“地沟油”，按照这些常规检测，几乎全部合格，由此带来的问题是，检测不出“地沟油”中的有毒、有害物质，案件就很难定性，就无法对于涉案的犯罪嫌疑人予以刑事制裁。[①] 大量的案件如此处理，不仅会使公众极端失望，会无情地嘲笑司法机关的“不食人间烟火”和不关心百姓死活，严重影响司法公信力和权威性，而且在因果关系认定上的偏执也是荒唐至极。根据我们的生活经验，只要略加了解地沟油的来源以及加工过程，就应当知道地沟油对人体健康造成的巨大损害。为了通过鉴定寻求地沟油引发的物理、化学因果关系，而罔顾它的伦理因果关系，不但造成了对具体案件中犯罪嫌疑人的放纵，更会因漠视公众的集体情感而损害公众对法律的信赖利益。司法人员这种画地为牢的做法应当休矣！

（本节原载于《刑法与宪法之协调发展》，中国人民公安大学出版社2012年版。此次收入略有修改。作者于志刚为中国政法大学教授）

① 李娜：《检测不出毒性“地沟油”犯罪难定性》，《法制日报》2011年12月14日。

第六节　生产、销售假药罪法益侵害的规范解释

陆勇是江苏无锡一名私营企业主。2002 年，陆勇被查出患有慢粒性白血病，需要长期服用抗癌药品。中国国内对症治疗白血病的正规抗癌药品“格列卫”系瑞士进口，每盒需人民币 23500 元，陆勇曾服用该药品。2004 年 9 月，陆勇通过他人从日本购买由印度生产的同类药品，价格每盒约为人民币 4000 元，服用效果与瑞士进口的“格列卫”相同，经对比检测结果显示，两者药性相似度 99.9%。之后，陆勇开始直接从印度购买抗癌药物，并通过 QQ 群等方式向病友推荐。随着病友间的传播，从印度购买该抗癌药品的国内白血病患者逐渐增多，药品价格逐渐降低，直至每盒为人民币 200 余元。因为汇款程序复杂，许多人都请陆勇帮助购买印度抗癌药品。尽管众多白血病患者经陆勇帮助代购其病情得以控制并好转，可是按照我国法律，这些抗癌药即使确有疗效但只要未取得中国进口药品的销售许可，均会被认定为“假药”。2013 年 11 月，陆勇被警方带走。2014 年 7 月 21 日，湖南省沅江市人民检察院以“妨害信用卡管理”和“销售假药”为罪名，将陆勇公诉至沅江市人民法院。[①]

陆勇案经报道受到社会的普遍关注，尤其是那些曾请求陆勇代购“假药”的白血病患者都称陆勇是其救命恩人，联名写信希望释放陆勇。[②]陆勇代购药品行为触犯我国刑法第 141 条生产、销售假药罪，形式上符合销售假药罪的犯罪构成要件。但值得思考的是，陆勇代购行为是否具有法益侵害性，具体侵犯了何种法益，我国刑法规定的生产、销售假药罪旨在保护何种法益，药品监管秩序的维护与民众生命健康

---

①　参见《抗癌药代购“第一人”被诉售假》，http://epaper.dfdaily.com/dfzb/html/2014-12/09/content_947502.htm，2015 年 1 月 29 日访问。

②　参见《抗癌药“代购第一人”获释　病友写信称他是恩人》，http://js.qq.com/a/20150203/013914.htm?pgv_ref=aio2012&ptlang=2052，2015 年 2 月 3 日访问。

权的保护究竟何者优先，本节针对上述疑问进行探讨，以期得到合理的结论。

一　生产、销售假药罪侵犯法益的价值权衡

法益即法所保护的、客观上可能受到侵害或威胁的人的生活利益。[①]传统经济刑法观认为，刑法规制经济犯罪主要是出于对我国市场经济秩序维护的目的，强调经济刑法所保护的是社会的经济基础和经济秩序。这也是刑法社会保护功能在经济刑法中的具体体现。然而，经济犯罪并非仅仅危害了社会的经济运行秩序和某一特定领域的经济监管秩序，其在很多情况下更直观体现为对某一社会群体、个人造成的人身、财产权益的侵害。因此，经济刑法同样具有保护社会不特定个人人身、财产法益不受犯罪侵犯的功能。通常认为，生产、销售假药罪侵犯的是多重法益，抑或是复杂客体，即国家对药品正常的监督、管理秩序和不特定多数人的身体健康、生命安全。[②]有观点进一步指出：本罪侵犯的主要客体是国家对药品的生产、销售管理秩序，而保护的不特定多数人的生命、健康安全则为次要客体。[③]基于本罪既可以放入“破坏社会主义市场经济秩序罪”一章中，又可以放入“危害公共安全罪”一章中，而立法者将本罪归于前者而非后者，可见，从立法意图上看，生产、销售假药罪所侵犯的主要客体是国家对药品的监督、管理秩序。[④]

从生产、销售假药罪在我国刑法体系所处位置的实然角度分析，上述观点不无正确。但在侵犯复数法益的犯罪中，犯罪对其中哪一种法益造成的危害更直接、更严重，将体现这一犯罪的社会危害性程度及刑法的主要打击目的；与此相应，刑罚的配置也往往与犯罪的性质及其危害程度成正比。就秩序的维护与公民生命健康安全两种不同法

---

① 参见张明楷《法益初论》，中国政法大学出版社 2003 年版，第 167 页。

② 参见张军主编《刑法分则及配套规定新释新解》（上），人民法院出版社 2013 年版，第 261 页。

③ 参见孙国祥、魏昌东《经济刑法研究》，法律出版社 2005 年版，第 191 页。

④ 参见马克昌主编《百罪通论》（上卷），北京大学出版社 2014 年版，第 185 页。

益的重要性而言，何者应优先保护，需要进行深层次的价值判断。生产、销售假药罪保护的主要法益为何，同样有必要进一步深入分析，这将关系到当上述两种法益发生冲突，即单纯违反了法律条文对于秩序保护的规定，但并没有危害公民的生命健康安全甚而是保护了公民的生命安全时，是否应当入罪的问题。

刑法功能应偏向社会保护还是人权保障已成为不同历史阶段探讨刑法价值追求的经典主题，当前认定生产、销售假药罪法益保护的主次问题归根结底也是刑法秩序维护与人权保障机能何者优先在该罪名中的具体展开。

（一）法的秩序价值

博登海默认为，所谓秩序是指自然进程和社会进程中都存在着的某种程度的一致性、连续性和确定性。[①] 其包括自然秩序和社会秩序两种状态。而法律所维护的秩序主要是社会秩序，是通过法律规制人类共同参与的社会生活所形成的规律性状态。因此，法律在促成人类秩序的形成方面发挥着重要的作用。任何一种法律都是以追求并保持一定的社会有序状态为目的，法律没有不为一定社会秩序服务的，关键在于其服务于怎样的秩序。因此，西方法学家也普遍认为："与法律永相伴随的基本价值，便是社会秩序。"[②] 可以认为，在众多的法的价值中，秩序价值虽然不是终极价值，但却是最基础的价值，法的其他价值诸如生命价值、安全价值、正义价值、自由价值等，都以秩序价值为基础。如果没有秩序，人的生命、安全都会受到威胁并缺乏保障，法其他价值的实现也只能成为奢望和幻想。

（二）法的安全及人权保障价值

安全作为一种价值指的是享受其他价值在时间上的真实的或被认

① ［美］E. 博登海默：《法理学：法律哲学与法律方法》，邓正来译，中国政法大学出版社 2004 年版，第 227—228 页。

② 葛洪义主编：《法理学》，中国政法大学出版社 2012 年版，第 46—47 页。

知的延伸的可能性。安全的范围很广，既包括生命、财产等不受伤害的客观安全状态，也包括主观上不存在恐惧感的心理感受；从广义角度考察，安全有助于使人们享有诸如生命、财产、自由和平等等其他价值的状况稳定化并尽可能地持续下去。[①]尽管不同角度对法的安全价值进行理解可能得出不同的认识，但安全作为法的一项重要价值已成为不争的事实。

具体到个人的生命、健康安全保护，生命、健康得到保护是安全价值的重要组成部分，是实现人权保障的首要内容。人权首先是由满足人作为自然生命的需要而产生的权利，人的生命权、健康权、安全权等最基本的权利，是人权的首要内容。没有这些最基本的权利，一切人权均无从谈起。人权的全部内容也都以人作为自然生命的存在和发展为依据。根据马斯洛需求理论，人在满足了生理需求之后就是安全需求，安全需求在人所有需求的金字塔中处于重要地位，是人类追求的重要价值。[②]霍布斯也将安全价值放到特别重要的位置，指出“人民的安全乃是至高无上的法律”[③]。尤其是我国当前已进入风险社会，民众对于科技进步、社会高速发展所带来的生活各方面种种不安全因素产生的巨大恐慌与不安，对于安全的追求更是极为迫切。

缘于长期受国家本位、集体主义观念影响，我国刑法更侧重对社会秩序、公共利益的维护，进而在很大程度上漠视了对个人利益的关注。刑法人权保障机能也因此受到压抑，法律对于秩序的追求显然超过了对自由和公正的要求。近年来随着人权理念的深入，人们也开始认识到刑法人权保障机能的重要性，认识到刑法人权保障机能与社会保护机能一定程度上的统一性。[④]刑法不仅要面对犯罪人保护国家，同

---

① ［美］E. 博登海默：《法理学：法律哲学与法律方法》，邓正来译，中国政法大学出版社 2004 年版，第 317 页。

② ［美］亚伯拉罕·马斯洛：《动机与人格》，许金声译，中国人民大学出版社 2007 年版，第 21 页。

③ ［美］E. 博登海默：《法理学：法律哲学与法律方法》，邓正来译，中国政法大学出版社 2004 年版，第 318 页。

④ 孙国祥：《刑法基本问题》，法律出版社 2007 年版，第 10—11 页。

时要面对国家保护犯罪人，其既是善良公民的大宪章，又是犯罪人的大宪章，此种机能的转变也使得刑法本身由专政统治工具的“刀把子”转变为公民防范司法专横、防卫刑罚权肆意发动的“护身符”。在这一系列刑法观的演进过程中，尊重与保障人权逐渐成为当今各文明国家刑法价值追求的主旋律，符合历史发展的潮流与趋势。

（三）生产、销售假药罪法益价值权衡

价值本身具有抽象性，就秩序维护与人的安全保障两个价值而言，安全是秩序的核心，秩序是安全的基础。安全不仅具有秩序形式上的意义，还具有正义等实质内容上的意义。[①]“秩序这一术语将被用来描述法律制度的形式结构，特别是在履行其调整人类事务的任务时运用一般性规则、标准和原则的法律倾向。而另一方面，安全则被视为一种实质性的价值，亦即社会安全系统中的正义所必须设法增进的东西。”[②]由此可以说，秩序的维护是为了实现安全的目的，两者是一种手段与目的的关系。而这里的安全首要的包括了生活在社会中的每一个个体的生命健康安全。

秩序作为法的价值之一，并不是法的终极价值。除了秩序价值之外，法追求的还有生存、安全、健康、公平、正义、自由、平等、人权、民主、法治、文明、发展等。法的秩序价值与法的其他价值之间，前者是后者的前提和基础，后者是前者的目的和发展。“仅以秩序价值的实现为目标的法是目光短浅的法，是没有前途的法，也是不可能创设良好秩序的法。法追求秩序又不满足于秩序，才能获得真正的秩序并有可能实现法的所有价值。”[③]因而，创立制度、维护秩序都只应作为手段，不能为了秩序而秩序，其最终目的应该是实现人自由发展的最

① 何跃军：《风险社会立法机制研究》，中国社会科学出版社 2013 年版，第 139—140 页。

② ［美］E. 博登海默：《法理学：法律哲学与法律方法》，邓正来译，中国政法大学出版社 2004 年版，第 227 页。

③ 卓泽渊：《法的价值论》，法律出版社 1999 年版，第 185—186 页。

大化。

如前文所述，立法者将生产、销售假药罪置于《刑法》分则第三章“破坏社会主义市场经济秩序罪”中，一定程度上体现了刑法社会防卫的功能，也是出于对民众整体生命安全保护的考虑。一般情况而言，国家对社会公共秩序的管理和维护，为每一个社会个体利益的保护提供了实现的条件与基础；对社会秩序与公共利益的侵害，往往也会造成对个体利益的侵害，致使现实生活中的每一个个体成为具体的受害人。如生产、销售有毒、有害食品罪，对食品安全监管秩序造成侵犯的同时，对不特定多数消费者的生命健康安全将产生危害；又如环境污染犯罪，对于大气、河流公共环境造成破坏的同时，生活其中的每一位社会公民也都成为直接的被害人。但从秩序存在的目的看，当前国家制定的众多社会秩序，特别是行政监管秩序，仍是出于国家管理的单方面需要，并非出于民众福利提升的考量。如破坏社会主义市场经济秩序罪中的走私类犯罪、破坏金融管理秩序犯罪等，其通常情况下不会直接损害到公民个体的利益，也不会产生直接的公民个体被害人，受害主要体现在国家秩序、制度的抽象层面，相关立法目的也旨在单纯维护国家的管理秩序。此外，当前需要警惕的一种现象是，凡是动辄以保护经济秩序、社会秩序为名的犯罪类型，立法、司法实践过程中往往出现打击泛化的状况。如非法经营罪，其所规制的经济领域不断扩张，早已突破原有立法及司法解释的惩治范围，成为理论界公认的刑法干预经济行为无所不包、臭名昭著的“口袋罪”；又如寻衅滋事罪，同样呈现出公权力打着维护社会秩序的旗号用以不断扩大刑事处罚范围的尴尬局面，实质上业已侵蚀到公民基本权利的行使。

鉴于法维护秩序的价值并不具有终极性，过分强调刑法对特定制度和秩序的保护，只会进一步导致刑法功能的背离，而转变传统刑法单纯维护秩序的工具主义观念理应成为当今刑法的价值追求。[①] 在现代社会，对于任何个人而言，具有绝对保护价值的法益必然是人的生

① 何荣功:《经济自由与经济刑法正当性的体系思考》,《法学评论》2014年第6期。

命和重大身体健康。一方面，生命与重大健康是个人其他法益存在的基础，是实现个人价值的前提；另一方面，该法益一旦被伤害，将面临不可挽回、修复的风险。换句话说，生命和重大健康安全对公民而言具有绝对价值，决定了法律（包括刑法）应当对该法益进行“绝对”保护。[①]从生产、销售假药造成的客观社会危害后果来看，其对于不特定社会民众身体健康安全造成的危害显然是更直接、影响更大的，刑法对此保护应有所偏重。

二　生产、销售假药罪法益侵害之实质判断

（一）民生刑法观的价值取向

近年来，民生问题始终成为社会各界关注的焦点问题。民生问题的内涵广泛，涉及医疗、教育、住房、食品安全、劳动就业、收入分配、治安稳定等与人的生存与发展息息相关的问题。刑事法律对民生问题的关注以人权保障理论为逻辑起点，具体表现为对公民生存和发展的各项基本权益加以保护，这里的民生既包括全体公民的权利和生计，也包括个人的人权与自由。

“民生刑法”这一术语最早由卢建平教授提出并加以论述，近年更是不断引起更多学者对这一刑法观加以关注并表达自己的观点。[②]生命健康权作为每一位公民生存发展的前提与基础，是开展社会生活、实现其他社会权利的根本保障。民生刑法立足于人本刑法观，以尊重人性、弘扬人道、保障人权为价值内涵，对民生权益进行刑法规范上的保障与救济。刑法作为法律体系中的“保障法”“后盾法”，必然要确

① 参见何荣功《自由秩序与自由刑法理论》，北京大学出版社 2013 年版，第 42 页。

② 相关论文可参见卢建平《加强对民生的刑法保护——民生刑法之提倡》，《法学杂志》2010 年第 12 期；张训：《论民生刑法的出场》，《安徽大学法律评论》2011 年第 2 辑；张勇《民生刑法的品格：兼评〈刑法修正案（八）〉》，《河北法学》2011 年第 6 期；车明珠：《民生刑法初论》，《刑法论丛》2012 年第 4 卷；何荣功《要慎重对待“民生刑法观”》，《中国检察官》2014 年第 2 期。

立以人为本的价值理念，以保障民生为核心内容，对民生权益给予最坚实、最有力的保障和救济，提炼和塑造人本主义价值和品格。[①]在以人为本的社会环境下，刑法应当从人性出发，充分尊重人性，尽量顺应和满足人性，而不是一味地强制压抑；在民生领域，刑法更应通过惩治犯罪、惩恶扬善的间接方式，对受害者尤其是社会弱势群体予以充分的人性关怀。[②]《刑法修正案（八）》对生产、销售假药罪进行修改，一方面降低其入罪门槛，取消了“足以危害人体健康”和“销售金额”的规定；另一方面加重对犯罪人的刑罚惩处力度，提高了行为人人身刑与财产刑的处罚标准。刑法条文的上述变化意在更充分地对民众生命健康安全进行保护，有力地回应了当前社会频繁发生的各类严重危害民众生命、健康安全的药品领域犯罪。[③]同时，这些立法举措也体现法律制定者构建民生刑法观的初衷与理念，摒弃传统观念为维护管理秩序而加大刑法打击力度的机械教条思维，一改以往刑法冰冷无情的面孔，彰显刑法关注民生、保障民生的人文情怀一面。因此，从国家当前不断关注民生、加强对人民群众生活安全保障的时代大背景出发分析，将公民生命、健康安全作为本罪保护的主要法益将更为合理，更符合现实国情，也更能为社会民众所认同。[④]

---

① 张勇：《民生刑法的品格：兼评〈刑法修正案（八）〉》，《河北法学》2011年第6期。

② 张勇：《民生刑法的品格：兼评〈刑法修正案（八）〉》，《河北法学》2011年第6期。

③ 正是近年来频发的生产、销售假药行为造成的严重社会危害后果，严重侵害到社会民众生命健康安全，如2006年齐齐哈尔第二制药有限公司生产、销售假药案，2006年安徽华源生物药业“欣弗”致死案，2009年广西来宾“假人用狂犬病疫苗”案，以及2012年央视媒体曝光的毒胶囊事件等，国家通过刑法加大对医药领域犯罪打击力度，足以显示对民众生命健康安全保护程度。

④ 因此，从该条文立法目的侧重保护民众生命、健康安全的角度考量，将生产销售假药罪放至“危害公共安全罪”似乎更加科学合理，更能有利于保障民众的生命、健康安全。此外，该条文对犯罪人的人身刑处罚也远高于一般破坏经济秩序的经济犯罪行为，与当前经济刑法的以财产刑处罚手段为主、轻缓化的惩罚力度不协调，相反却与危害公共安全罪的处刑方式、严厉程度更加接近，足以体现立法者对民众生命健康安全的保护程度。

（二）陆勇案法益侵害实质判断

当一个行为违反刑法某一条款的规定，它只是在规范层面具备了形式意义的犯罪特征，理论上将之称为形式犯罪；而一个行为应当具有怎样的内容才能使国家对之动用刑罚权获得正当性，这就面临实质犯罪的问题。实质犯罪概念的理论与实践意义在于，它明确了行为不是因为违反了刑法规范，而在于它侵害了刑法所要保护的实质内容而成为犯罪。而刑法上所要保护的实质内容，就是“法益”。[①] 刑法规制的对象应限于对他人权利和国家、社会公共利益造成伤害的行为，即德日刑法理论中所谓的“法益侵害性”抑或是我国刑法中称为的“严重社会危害性”的行为。基于法益侵害是认定行为能否构成犯罪的实质标准，生产、销售假药罪主要是保护公民个体的生命、健康安全，防止假药对公民生命健康法益造成侵害，因而对于陆勇是否构成犯罪，这里需要考察何种“假药”应成为刑法规制的对象以及陆勇销售的“假药”能否造成相应的法益侵害。

1. 假药认定的形式与实质标准

我国《刑法》第 141 条第 2 款规定：“本款所称假药，是指依照《中华人民共和国药品管理法》（以下简称《药品管理法》）的规定属于假药或按假药处理的药品、非药品。”由此可知，刑法对于假药的认定只做了形式上的规定，并没有进行具体的解释，刑法将假药认定的生杀大权交给了全国人大常委会制定的一般性法律，需要查找相关低位阶法律的内容进行具体认定，故《刑法》第 141 条第 2 款属于需要参照的附属刑法。

根据《药品管理法》[②] 第 48 条规定，假药包括：（一）药品所含成分与国家药品标准规定的成分不符的；（二）以非药品冒充药品或者以他种药品冒充此种药品的。以及按照假药论处的几种情形：（一）国

① 李海东：《刑法原理入门》，法律出版社 1998 年版，第 13 页。
② 本节涉及的《药品管理法》指 2015 年修订的《药品管理法》。

务院药品监督管理部门规定禁止使用的；（二）依照本法必须批准而未经批准生产、进口，或者依照本法必须检验而未经检验即销售的；（三）变质的；（四）被污染的；（五）使用依照本法必须取得批准文号而未取得批准文号的原料药生产的；（六）所标明的适应症或者功能主治超出规定范围的。根据以上规定可知，假药包括药品本身成分不具备真药实质内容以及视为假药的两种认定标准。在按假药论处情形中，除了药品本身已事实上无法使用，如变质、被污染的，其余都是出于药品管理部门特定行政监管的需要而进行的形式认定，并非针对药品本身功效进行成分内容的实质性认定，属于法律拟制的假药，最典型的就是以是否经过批准或取得批准文号来认定药品真假。现实中大量海外代购药品被作为假药处理也都是因为没有取得我国药品批准文号的情形，而以行政监管为目的的形式认定方法而不以药品本身的治疗功效进行实质的真假判断，这样的假药认定标准其合理性本身存在疑问。这就造成现实生活中，很多在国外是合法注册、能够生产销售并具有治疗效果的药品，由于在我国没有经过药品管理部门的注册登记而被认定不合法。如果此类药品进入我国市场将面临触犯刑法高压线的险境，对于需要服用这些药品进行救治的患者而言更是无所适从。陆勇之所以被公安机关以销售假药罪立案逮捕，就是因为其所代购药品没有取得我国药品批准文号，属于销售了《药品管理法》规定的按照假药论处的情形。[①]而陆勇的代购药品行为客观上却救治了很多深陷白血病绝境患者的生命，属于有益于社会的行为，正是此种情与法的纠葛引发了社会民众对陆勇案的关注以及该罪名认定合理性的质疑。

《药品管理法》总则第 1 条即规定“为加强药品监督管理，保证药品质量，保障人体用药安全，维护人民身体健康和用药的合法权益，特制定本法”。基于加强药品管理只是手段，其目的是“保证药品质量，保障人体用药安全，维护人民身体健康和用药的合法权益”，因此

① 如果按照药品的功效进行实质认定，陆勇代购的印度“假药”由于成分与瑞士格列卫几乎完全相同，依照《药品管理法》假药认定的第一项标准，也不能被认定为是假药。

药品的真假应体现在对疾病的治疗效果上，是否为真药或是假药也应该以药品的治疗功效为实质判断标准。又根据《药品管理法》第100条规定，药品是指用于预防、治疗、诊断人的疾病，有目的地调节人的生理机能并规定有适应症或者功能主治、用法和用量的物质，包括中药材、中药饮片、中成药、化学原料药及其制剂、抗生素、生化药品、放射性药品、血清、疫苗、血液制品和诊断药品等。可见《药品管理法》对于药品本身的界定就是根据其功效来判断，如果具有上述功能特征的应该认定为真药，否则即为假药。

2. 对扰乱药品监管秩序的理解

基于陆勇代购药品的行为并没有侵害或威胁到销售假药罪的主要法益，即不特定多数公民的生命健康安全，那么对于该罪名保护的另一法益，药品的监管秩序是否受到侵害，对陆勇案的定性仍将产生一定影响。

有观点指出："只要是制售假药的行为，无论其是否出现危险结果，在对生命健康权利造成实际侵害或现实危险的同时，都无例外地侵害药品质量管理秩序。"[①]但真实情况是，并非只要是制售"假药"的行为，就必定会对公众生命健康权产生危害，尽管其可能在刑法规范层面侵害了药品监督管理秩序。对于人民群众的生命健康安全保护与药品管理秩序的维护，两者之间关系并非总是协调统一、步调一致。两种保护价值也并非完全趋同，同样会出现相互背离的情形。从逻辑和理性角度看，国家主导建立的制度和秩序，未必都是理性和合理的。如果大而化之地一味强调刑法对制度和秩序的维护功能，可能会模糊人们对既有制度和秩序合理性应当怀疑的理性认识和批判。所以，强调犯罪客体是特定制度和秩序的观点，乍听起来，似乎具有合理性，似乎只要强调对秩序的保护，就必然会带来社会福利增加和促进个人自由和幸福。这种观点只是看到了个人利益与国家利益的一致性，而

① 刘晓莉：《降低入罪门槛的当代价值探究——以〈刑法修正案（八）草案〉对生产销售假药罪的修正为视角》，《政治与法律》2011年第1期。

忽视了两者之间存在的矛盾状态。[①]陆勇案正是存在这样一种白血病患者需要药物治疗与国家药品监管秩序维护两者间的矛盾冲突状态。

法益保护客观上存在位阶性，不同法益在刑法规范保护层面必然具有先后主次或是轻重缓急。在复数法益犯罪中，主次要法益体现的位阶保护则更加突出明显，主法益是占主要地位、需要优先保护的法益。当主次要法益发生价值背离，而实行行为并没有侵犯法律所要保护的主要法益，则此行为已不具备相关构成要件的违法性要素，即使对于次要法益造成损害，也不能够单独满足这个罪的构成要件。此外，法益的出罪功能也主要体现在对法益的冲突与衡量进行正当化事由的解释，在有数个法益相互冲突的场合，价值较低的法益必须向价值较高的法益让步，在出罪判断上，法益的价值衡量起着决定性作用。也就是说，如果为了保护一个价值更高的法益而侵害到一个价值较低的法益时，法益侵害的违法性就应该被排除。[②]因此，如前文所述，民众的生命健康安全作为生产、销售假药罪所保护的主要法益，当对这一法益不但不产生侵害，相反是保护了此种具有更高价值的法益时，即使陆勇代购行为客观上危害了次要的、价值较低的法益——相关监管部门的行业监管秩序，也无法单独认定犯罪成立。

从陆勇海外代购药品行为性质来看，一方面其自己作为一名白血病患者需要购买药物进行治疗；另一方面陆勇无偿为其他白血病患者代购药物的行为，属于民事生活领域的帮助行为，而非商事活动中的经营行为。生产、销售假药罪被归类于我国刑法分则第三章破坏社会主义市场经济秩序类罪名中，也即规范的是破坏市场经济秩序的经营行为。基于刑法规定本类犯罪的目的是保护社会主义市场经济秩序，即“市场经济活动所必须遵循的经济准则与行为规范所调整的模式、结构及有序状态”，[③]而不论从陆勇代购行为的性质，还是代购药品的规模、数量以及

① 何荣功：《自由秩序与自由刑法理论》，北京大学出版社 2013 年版，第 215 页。

② 刘孝敏：《法益的体系性位置与功能》，《法学研究》2007 年第 1 期。

③ 张明楷：《刑法学》，法律出版社 2011 年版，第 644 页。

涉案金额来看，都不属于市场经济活动行为准则规制的内容，同样也不足以对市场经济秩序造成扰乱。[①] 因而可以说，对于本罪保护的次要法益，陆勇代购行为同样也没有产生相应的法益侵害。

3. 刑事处罚的必要性考虑

刑罚制裁最为严厉性的特点使得刑法在整个法律体系中具有补充性和后盾法的地位，这也要求只有当其他法律不能充分保护某种法益时，才由刑法保护，只有当其他社会治理手段不足以抑止某种危害行为时，才由刑法禁止。也即制定刑法的根本动力和宗旨虽然是为了保护法益，但前提必须是动用刑法是必要的，不能过度介入市民生活，[②] 因而应注重刑罚处罚与其他法律制裁的衔接配合。对于陆勇的销售假药行为，如以触犯了对药品管理秩序的规定为由进行规制，也应首先考虑相关行政法规上的处罚，不能直接动用刑法进行制裁，否则易造成其他法律的虚置以及刑法与其他法律制裁的功能错位。刑法谦抑性原则同样要求刑法秉持最后手段性原则。当前社会治安综合治理模式下，应运用多种社会调控手段综合治理药品监管秩序的安全，即综合运用行政的、法律的、道德的等多种手段来预防和治理违法犯罪，不能将希望仅仅寄托在刑法对犯罪的打击上。因而，首先应该运用日常行政监管手段加强对药品的安全维护，建立完善有效监管机制确保药品生产、销售有序健康运行；其次，在出现违法违规行为时，应先采用经济、行政法规进行处罚，构成法律规制的第一道防线，将社会危害性没有达到严重程度的违反药

---

① 在陆勇案之前因为海外代购抗癌药而被指控为销售假药罪的案件有多起，诸如 2014 年 11 月南京硕士夫妇从印度代购大量抗癌药物被判刑；2013 年 10 月北京市房山区法院判处非法销售印度抗癌药的药贩有期徒刑 8 个月。上述案件与陆勇案区别之一在于上述案件当事人都是为牟取经济利益进行代购我国未批准注册的“假药”，属于专门从事药品代购的经营行为，一定程度上扰乱了我国药品的市场监管秩序。参见 http://news.qq.com/a/20150131/006754.htm?pgv_ref=aio2012&ptlang=2052，2015 年 1 月 31 日访问。

② 刘军：《为什么是法益侵害一元论？——以法益的生成与理论机理为视角》，《甘肃政法学院学报》2011 年第 5 期。

品监管秩序的行为作为行政、经济违法行为予以制裁；最后，只有在造成严重社会危害后果、对公民生命健康安全产生危害或造成巨大威胁时才动用刑法进行制裁，以体现刑法制裁的最后手段性。对于没有达到严重危害程度，没有对民众生命健康产生直接威胁的行为，应避免使用刑法手段进行制裁。

因此，尽管刑法当前对生产、销售假药罪不再设置入罪门槛，但根据“两高”2014 年《关于办理危害药品安全刑事案件适用法律若干问题的解释》第 11 条规定，“销售少量根据民间传统配方私自加工的药品，或者销售少量未经批准进口的国外、境外药品，没有造成他人伤害后果或者延误诊治，情节显著轻微危害不大的，不认为是犯罪”，此条为代购海外药品不认定为犯罪提供了出罪依据，体现了认定生产、销售假药入罪危害性实质判断标准，彰显刑法的实质公平正义。

陆勇案的最终司法处理结果可能符合民众朴素的心理预期，[①]但案件处理的过程以及法律在实施过程中暴露出的问题不得不引起我们的反思。对于刚出台的 2014 年《关于办理危害药品安全刑事案件适用法律若干问题的解释》的实际操作，如何理解“少量”、对“情节显著轻微危害不大”的具体把握与认定，仍存在界定模糊的地方，还需要司法部门对于每一起个案的法益侵害进行具体判断，以得出最终合理的裁决结论。

犯罪的本质在于法益受到侵害。秩序是否受到侵害以及受到多大程度的侵害并非是抽象无法感知的，其社会危害程度应具有“确定性”，即必须通过具体法益来表征。当具体法益侵害缺失的场合，以保护抽象的经济秩序为由将某一行为规定为犯罪，逻辑上是难以成立的。生产、销售假药罪以保护公民生命健康安全为主要法益，其中的假药必须从功能上进行实质认定——对人体的生命健康会产生现实危害。一个行为即使形式上违反了刑法规范并具备了刑法规定的犯罪构成，

① 据报道，2015 年 2 月 26 日，湖南省沅江市人民检察院已正式决定对陆勇不予起诉。参见《湖南检方决定不起诉“抗癌药代购第一人”陆勇》，http://news.xinhuanet.com/photo/2015-02/27/c_127525706.htm，2015 年 2 月 27 日访问。

如果不能证明它实际上侵犯了法益，它就不具有实质的违法性，因而也就不是犯罪，国家不得予以刑事处罚。[①]

（本节原以《生产、销售假药罪法益侵害的规范解释——主次法益价值冲突时的实质判断》为题，载于《政治与法律》2015年第5期。此次收入略有修改。作者时方为中国政法大学刑事司法学院副教授、法学博士）

第七节　药品安全犯罪中“假药”的界定

一　问题的提出

我国《刑法》第141条关于生产、销售假药罪的条文规定，“本条所称假药，是指依照《中华人民共和国药品管理法》[②]的规定属于假药和按假药处理的药品、非药品”。而《药品管理法》第48条规定，“有下列情形之一的，为假药：（一）药品所含成分与国家药品标准规定的成分不符的；（二）以非药品冒充药品或者以他种药品冒充此种药品的。有下列情形之一的药品，按假药论处：（一）国务院药品监督管理部门规定禁止使用的；（二）依照本法必须批准而未经批准生产、进口，或者依照本法必须检验而未经检验即销售的；（三）变质的；（四）被污染的；（五）使用依照本法必须取得批准文号而未取得批准文号的原料药生产的；（六）所标明的适应症或者功能主治超出规定范围的”。据此，对于假药的界定，我国立法和司法实践确立了刑事规制与行政认定的同一性原则，凡是成为药品管理法规制对象的假药，也必然属于刑法调控的范围。

然而《刑法》第141条对假药范围的界定，却在理论界遭到了诸多

① 李海东：《刑法原理入门》，法律出版社1998年版，第16页。
② 本节涉及的《药品管理法》是指2015年修订的《药品管理法》。

争论和批评；近年来司法部门所查处的倪海清生产、销售假药案[①]、陆勇抗癌药代购案[②]更是因假药认定等问题引发了媒体的广泛关注，学者们亦纷纷质疑案件处理的公正性，对刑法上假药认定规定所进行的批判之声不绝于耳。如认为药品真假应以其治疗功效为实质的判断标准，以行政监管为目的进行形式认定，而不以药品本身的治疗功效进行实质的真假判断，这样的认定标准其合理性本身即存在疑问[③]；按假药处理的情形，多是违反药品管理秩序的行为，并不意味相关药品本身即属假药，以此作为刑法上的假药，则可能导致罪责刑不相统一，也使得惩治假药犯罪完全依赖于行政部门的鉴定、相关管理制度的执行[④]；我国假药犯罪

---

① 倪海清为农民，其多年前偶然获得一份中医祖传秘方，后在此基础上不断钻研，最终研制出一种治疗晚期癌症的中草药配方，并销售给患者使用。倪海清还开办了研究所，并且为其秘方申请了国家专利，但由于没有取得药品生产批号，倪于 2011 年被金华市警方以涉嫌生产、销售假药罪采取刑事强制措施。倪当时已患肾癌，却并没有接受西医治疗，而是服用根据自己的中药秘方所配制的中药。到 2013 年法院开庭审理此案时，倪海清的癌症病情已经得到大大缓解和控制，但一审法院并没有将此认定为倪海清药品具有疗效的证据，判处倪有期徒刑十年。后经浙江省金华市中级人民法院二审判决，倪海清犯生产、销售假药罪，判处有期徒刑七年。参见肖怡、龚力《对生产、销售假药罪的探讨与解析》，《首都师范大学学报》（社会科学版）2016 年第 2 期。

② 2002 年，江苏无锡私营企业主陆勇被查出患有慢粒性白血病，需要长期服用抗癌药品。我国国内治疗白血病的正规抗癌药品“格列卫”系瑞士进口，每盒需人民币 23500 元，陆勇曾服用该药。2004 年 9 月，陆勇通过他人从日本购买印度生产的同类药品，每盒价格约为人民币 4000 元，服用效果与瑞士进口的“格列卫”相同。之后陆勇开始直接从印度购买抗癌药品，并通过 QQ 群等方式向病友推荐。随着病友间的传播，从印度购买该抗癌药品的患者逐渐增多，药品价格也逐渐降低，直至每盒降为人民币 200 余元。为方便给印度公司汇款，陆勇网购了 3 张信用卡，用于帮病友代购药品。其中 1 张卡给印度公司作收款账户，另外 2 张信用卡因无法激活而被丢弃。2013 年，湖南省沅江市公安局在查办一网络银行卡贩卖团伙时，将陆勇抓获。同年 11 月 23 日，陆勇因涉嫌妨害信用卡管理罪被沅江市公安局刑事拘留。2014 年 7 月 22 日，沅江市人民检察院以妨害信用卡管理罪、销售假药罪对陆勇提起公诉。此后，数百名白血病患者联名写信，请求司法机关对陆勇免予刑事处罚。2015 年 1 月 27 日，沅江市人民检察院向沅江市人民法院撤回起诉。同年 2 月 26 日，沅江市人民检察院对本案作出无罪不起诉决定。参见叶良芳《代购境外仿制药行为的定性分析——兼评“抗癌药代购第一案”的不起诉决定》，《法学》2015 年第 7 期。

③ 参见时方《生产、销售假药罪法益侵害的规范解释——主次法益价值冲突时的实质判断》，《政治与法律》2015 年第 5 期。

④ 邹云翔:《药品安全刑事立法应坚持谦抑性原则》，《人民检察》2013 年第 7 期。

的处罚标准以单纯形式判断代替实害判断，必然将“只是欠缺药品形式要件”的根本不可能造成任何人体健康损害的药品规定为“假药”，在事实上将本罪所保护的法益改变为药品管理制度本身[①]。

《药品管理法》第48条所规定的典型假药即“实质假药”的两种情形，以及国务院药品监督管理部门规定禁止使用的、变质的、被污染的、所标明的适应症或功能主治超出规定范围从而按假药处理的“法律拟制假药”的情形，其对公众生命健康等法益的侵害性不言自明，对生产、销售此类假药以犯罪论处一般并不存在争议。因而上述批评主要针对的是按假药处理的第（二）、（五）项情形，即依照《药品管理法》必须批准而未经批准生产、进口，或者必须检验而未经检验即销售的，以及使用依照《药品管理法》必须取得批准文号而未取得批准文号的原料药生产的“法律拟制假药”，倪海清案、陆勇案中关于假药认定的争议也正缘于此，前者所生产、销售的中草药未经国家药监部门批准并取得批准文号，后者从印度购买的抗癌药品系未经我国行政主管部门批准而进口，从而所涉药品均被认定为假药，导致倪、陆身陷刑事诉讼案。

应该说，前述批评观点立于法益保护和人权保障的立场，严格区分行政法与刑法之间的界限，反对纯粹将行政监管秩序作为刑法保护的对象，主张假药犯罪须至少存在威胁公民生命、身体健康的实质危险即法益侵害性，无疑是刑法谦抑性和刑罚最后手段性理念的突出体现，对于药品生产、销售领域公民自由的保障和敦促现行药品监管秩序合理性的反思亦具有重要价值。然而，现行刑法关于假药认定之弊病，是否确如上述批评者所言呢，拟制假药的认定是否真的仅属形式判断的秩序需要。笔者认为不应轻易附和。在得出结论前，我国假药犯罪惩治的价值背景、药品监管之秩序面纱下的真实属性、假药范围同一认定的合理性基础、现行假药认定机制下罪刑合理解决的路径等，

① 肖怡、龚力：《对生产、销售假药罪的探讨与解析》，《首都师范大学学报》（社会科学版）2016年第2期。

均是我们需要深入探讨的问题。

二　价值基础：假药犯罪处罚扩张的法与理

从我国假药犯罪的立法流变来看，1979年《刑法》第164条对于制造、贩卖假药的行为构成犯罪，要求“危害人民健康”，最高刑为七年有期徒刑；1997年《刑法》第141条对于生产、销售假药罪的成立，要求“足以严重危害人体健康”，同时大幅提升该罪法定刑，最高刑可处死刑，并规定假药范围的认定依照《药品管理法》确定；2011年《刑法修正案（八）》则取消了第141条关于“足以严重危害人体健康”的表述，从而降低了生产、销售假药罪的入罪门槛，扩大了其犯罪圈，同时将原条文规定的倍比罚金制修改为无限额罚金制，并仍沿用了1997年刑法关于假药的认定方法。由此可看出，我国立法对于生产、销售假药罪的刑事规制呈现出法网不断从严、处罚愈加从厉的态势，充分彰显了国家在公众生命健康和药品管理秩序领域不断强化社会保护的立场。

在刑法理论上，社会保护和人权保障通常被视为目标冲突、内容抵牾的两种不同价值取向，双方存在二律背反关系，强化了社会保护，必然造成公民人权保障的限缩，反之亦然。假药犯罪刑事立法所体现的对于社会保护的强化，无疑使得药品安全秩序的重要地位更为凸显，国家刑罚权的触角得以向公民日常生活领域进一步延伸，“生产、销售假药罪是行为犯，无论数量多少，依法都构成犯罪，不存在入罪门槛问题”[①]，这必然导致假药犯罪打击范围的持续扩大，使得公民成为潜在犯罪嫌疑人而面临刑事指控的风险大为增加，而《刑法修正案（八）》实施前后的相关数据也正印证了这一趋势。2005—2008年，全国法院审结的生产、销售假药，生产、销售劣药犯罪案件总共只有300余件[②]。2011年，全国法院受理危害药品安全的犯罪案件达405件，是

---

① 卢宇蓉：《对陆勇涉嫌妨害信用卡管理罪、销售假药罪不起诉案件及有关法律适用问题研究》，《刑事审判参考》总第102集，法律出版社2016年版。

② 参见祝二军、刘涛《关于办理生产、销售假药、劣药刑事案件具体应用法律若干问题的解释的理解与适用》，《人民司法·应用》2009年第13期。

2010年的2.75倍；2012年1—6月，全国法院共受理生产、销售假药、劣药犯罪案件688件，比2011年全年收案量高出近70%[①]。然则，这是否意味着当前国家针对假药犯罪注重药品安全秩序维护、强化社会保护立场的正当性根基存疑呢？笔者以为不然。

（一）刑法机能的双重性，提供了假药犯罪惩治的社会保护基础

刑法不仅具有人权保障机能，亦兼具对社会秩序维护和控制的社会保护机能。刑法社会保护机能，是刑法的性质所决定的，也是刑法存在的根基，其体现于刑法对国家利益、社会利益和个人利益的保护[②]。因而任何犯罪在立法上的设置，必然缘于人权保障和社会保护的统一,二者不可废一，假药犯罪亦不例外。尽管当前理论界对刑法上述两种机能以何者为侧重仍存在争议，然而正如有学者所言，仅在人权保障和社会保护间进行简单说教式的比较权衡而得出刑法机能究竟偏重于何者的结论，其实并无实际意义，应从维护社会秩序、保护人民利益角度对处罚与否进行利弊衡量，在社会治安形势严峻而未根本好转态势下，绝对以人权保障机能为先也不可能[③]。刑法虽有自由保障之机能，但刑法规范并非始终以公民行动自由的最大化为目的，其必然体现为保护机能与保障机能的有机统一，至于统一体内部社会保护与人权保障的各自比例则完全可能受发案态势、刑罚效果等因素影响而被立法进行阶段性调整。值得注意的是，应避免以罪刑法定原则之人权保障价值取向的唯一性来否定刑法机能的双重性，以刑法基本原则的机能取代刑法的机能，无疑混淆了整体与部分、全局与局部之间的区别。因而，基于社会保护立场而强化假药犯罪打击力度，甚至在假药的界定上进行一定程度的法律拟制，并不违背刑法自身的机能属性。

---

① 参见许剑锋、王逸吟《食品药品安全案件为何多发》，《光明日报》2012年8月8日第13版。

② 参见陈兴良《刑法的价值构造》，中国人民大学出版社2006年版，第156—164页。

③ 参见黎宏《刑法的机能和我国刑法的任务》，《现代法学》2003年第4期。

（二）秩序与法益的非割裂性，决定了秩序维护价值的可正当性

前述论者对《刑法》第 141 条假药界定的批判，均认为该假药犯罪刑事立法导致将药品管理秩序或制度本身作为刑法保护的对象，从而忽视了犯罪行为的法益侵害性，篡改了刑法作为法益保护法的属性。然而，此种将秩序或制度排除于刑法保护对象之外的观点是否能够成立呢？理论上认为，犯罪根据其所侵害法益种类的不同，可划分为侵害个人法益的犯罪、侵害社会法益的犯罪和侵害国家法益的犯罪，社会法益和国家法益亦可统称为超个人法益。我国刑事立法对犯罪虽未作如此划分，但实际上均可作此归类，而侵害社会法益的犯罪中多数均表现为对国家管理制度或秩序的侵犯，如走私罪，妨害对公司、企业的管理秩序罪，扰乱市场秩序罪，扰乱公共秩序罪，妨害司法罪等。因而行政管理秩序或制度本身并非游离于法益范围之外，更非与法益呈对立或排斥关系，相反，其往往还成为法益的内容和表现形式而受到刑法的保护。刑法上的法益，不仅包括个人的生命、身体、自由、名誉和财产等利益，而且包括建立在保护个人利益基础之上因而可以还原为个人利益的国家利益和社会利益。[①]刑法对超个人法益保护的根本目的在于避免对个人法益的最终伤害，只有内含有对个人法益侵害危险的超个人法益才有必要纳入刑法范围。[②]因而在超个人法益包含有秩序维护的内容时，其刑法保护的正当性与否取决于该法益能否最终还原为个人利益，对超个人法益的侵犯是否会造成对个人法益侵害的危险，而非仅从形式上以是否维护国家管理秩序或制度为标准进行判断，否则我国刑法破坏社会主义市场经济秩序罪、妨害社会管理秩序罪中的众多犯罪均会基于对秩序的保护而丧失其正当性。生产、销售假药罪属于侵犯社会法益的犯罪，那么按假药处理的情形，是否会导致假药犯罪的保护法益变为单纯的药品管理秩序或制度本身呢？显

---

① 张明楷：《刑法学》，法律出版社 2011 年版，第 67 页。

② 何荣功：《自由秩序与自由刑法理论》，北京大学出版社 2013 年版，第 221 页。

然不会，即使法律拟制的假药，亦包含着对公民个人法益侵害的危险，对此笔者将在后文中予以阐述。

（三）刑法对刑事政策的回应，推演出假药犯罪从严的政策需求

早在西周时期，《尚书·吕刑》即已提出“刑罚世轻世重”的刑罚适用原则，反映了根据不同的犯罪客观形势适用轻重有别的刑罚之刑事政策理念。我国当前宽严相济刑事政策更是在“该宽则宽，当严则严，宽严相济，罚当其罪”的理念指导下，强调要根据经济社会发展和治安形势变化，特别是要根据犯罪情况变化，在法律范围内适时调整从宽和从严的对象、范围和力度，充分考虑人民群众的安全感以及惩治犯罪的实际需要，注重从严打击严重危害国家安全、社会治安和人民群众利益的犯罪。虽然从司法角度来看刑法是刑事政策不可逾越的藩篱，但刑法的刑事政策化始终是刑事立法过程中不可抹去的印迹，体现了刑法之于刑事政策的回应。刑事政策的基础在于社会形势，刑法通过将刑事政策法制化，进而回应社会需求和关切。

近年来，我国药品生产、销售领域严重侵害或威胁公众生命健康权益的重大案件不断频发，如 2006 年齐齐哈尔第二制药有限公司生产、销售亮菌甲素注射液假药致 13 人死亡案、安徽华源生物药业有限公司“欣弗”克林霉素注射液致 11 人死亡案、2008 年江西博雅生物制药公司静脉注射用人免疫球蛋白致 6 人死亡案、2010 年山西近百名儿童注射问题疫苗致死致残案、2012 年铬超标药用毒胶囊事件、2013 年广药集团维 C 银翘片被曝含剧毒砷汞事件、2014 年浙江宁海毒胶囊案、2016 年山东非法经营疫苗案等。此类案件的持续出现，虽与行政部门监管乏力、药品行业质量管理能力不足、从业人员素质不高等因素存在关联，但一定程度上亦反映了当前我国刑事处罚机制对于药品安全事件应对乏力的现状及对此类犯罪预防能力的严重不足，社会公众因案件的反复发生致药品公共安全感大幅受挫、对用药生态环境危机的敏感度日益增强，进而要求国家强化药品领域犯罪打击力度的期望值不断提升。公民迫切的安全保障需要是刑事立法的动力源泉和实质根

源，人们对于免受某行为侵害的安全需要越高，该行为被作为犯罪处罚的概率就越大[①]。在此诉求和国家对“民生问题”高度重视的背景下，严重侵害民生的假药犯罪成为刑事政策从严打击的对象也就不可避免，反映在立法上必然是更加严密刑事法网，进一步防范和阻塞犯罪风险的发生。

根据上述分析，刑事处罚权的发动和行使尽管需要理性、克制和审慎，但并不意味着其总是呈现出限缩状态，刑事法网在假药犯罪上的扩张虽然造成对公民自由空间的压制，但仍具有正当的法理基础和现实需求。对于我国刑事立法假药界定的正当性，脱离刑法机能、秩序内在价值以及刑法与刑事政策的关系等，而认为刑法关于假药的界定是单纯以行政监管为目的的形式认定，片面以刑法社会保护立场的强化或管理秩序在刑法保护对象上的异化为路径进行分析，进而对其予以否定，得出的结论显然难言科学。

三　合理性分析：刑法与药品管理法关于假药认定的同一性

《刑法》第 141 条对于假药的认定直接援引了《药品管理法》第 48 条关于假药的认定内容，使得假药犯罪与假药行政违法在处罚范围上几无差别，进而招致众多学者的强烈质疑。药品管理法属于行政法；刑法与行政法在立法目的、调整对象、法律责任承担方式等方面存在明显区别，刑罚对公民生命、人身自由、财产等重大权益进行剥夺或限制所体现出的刑事处罚之严厉性，亦决定了刑法的适用理应较行政法受到更为严格的限制。但这是否必然意味着二者在假药认定方面也必须要有所区别呢？换言之，是否应当对刑法上假药范围作出较药品管理法更加狭窄的限定，将某些“法律拟制假药”排除于刑法上的假药之外，以防止国家刑罚权在公民合法权益面前的不断扩张。笔者以为，将假药范围在刑法上作进一步限制，当然可以达到缩小犯罪圈和刑事处罚范围之效果，但该为限缩而限缩之举并无必要，假药认定在

① 雷冬生：《刑法的社会机能和司法实现》，《人民检察》2015 年第 21 期。

刑法与药品管理法上的一致性实则具有充分的合理性依据。

（一）法律拟制假药与实质假药在危害性上具有质的一致性

学者们对现行刑法关于假药范围的认定进行批判的主要观点即是，法律拟制假药是以行政监管为目的的形式判断，其以药品管理秩序本身为保护对象，将会导致不具有法益侵害而对公民生命健康有益的生产、销售药品行为被作为犯罪处理。该批判所针对的主要是依法必须批准而未经批准生产、进口的，依法必须检验而未经检验即销售的，以及使用依法必须取得批准文号而未取得批准文号的原料药生产的“法律拟制假药”，即《药品管理法》按假药处理的第（二）、（五）项情形，并认为此类法律拟制假药并不具有任何的法益侵害性。国家作为目的物而存在，其建立和认可特定秩序，都有特定目的，或服务于统治职能，或实现社会公共利益，也不乏有些是纯粹基于管理的需要和自身利益的考虑。秩序价值在法的价值体系中具有基础性地位，其是安全、自由、正义等价值实现的保障，因而脱离秩序而谈刑法规范的功能与目的亦不可能，我国刑法中亦存在非法经营罪、偷越国边境罪、倒卖车票、船票罪等以管理秩序维护为主要目的的罪刑规范。虽然如此，对于生产、销售假药罪之法律拟制假药的情形，亦难推断其属于抛开了社会危害性而单纯以秩序维护为旨归的形式判断。

犯罪是现实侵害法益以及具有侵害法益的危险的行为。“当行为没有现实地侵害法益，但具有侵害的危险性时，也具有现实的社会危害性”[①]。我国刑法中的生产、销售假药罪并不要求生产、销售行为对公民生命健康造成现实的侵害后果，只要对其具有侵害的危险即可构成犯罪。然则，《药品管理法》按假药处理的第（二）、（五）项情形究竟有无侵害公民生命健康权的危险呢？

我国《药品管理法实施条例》要求，药品生产必须取得药品生产许可证和药品批准文号，药品监督管理部门须对生产企业的技术人员

① 张明楷：《刑法学》，法律出版社2011年版，第90页。

配备、质量管理及检验机构、药品质量规章制度、厂房、设施和卫生环境等进行审查，并对试制样品进行检验，对药品是否符合国家标准进行审查；药品生产企业必须对其生产的药品进行质量检验。因而，无论是生产的行政审批，还是检验的强制性要求，其目的均在于保障药品安全、消除质量隐患，防范不符合安全要求的药品得以生产和销售。可以想见，未经审批、检验的药品，其完全可能在人员、技术、设施等不符合要求的条件下进行生产，质量亦可能完全脱离国家安全标准，从而疗效不高或根本没有疗效，甚至对人身的危害性要远大于有效性，造成对生命、健康的侵害和威胁。故貌似仅具有形式意义的审批、检验等程序性要求，其所蕴含的乃是保证公民法益安全的实质性内容。同样，依法应取得批准文号的原料药，如未经审批，显然其药效、危害性等质量安全难以保证，使用此类原料药而生产的药品，也必然会导致对公民生命健康权的危害。

对于药品进口，我国药品管理法规定须经国务院药监部门组织审查，经审查确认符合质量标准、安全有效的，方可批准进口，疗效不确切、不良反应大等危害人体健康的药品属于禁止进口之列；国务院药监部门对于首次在中国销售的药品及其规定的生物制品等药品，在进口时需指定药品检验机构进行检验，如检验不合格，则不得进口。由此可见，相关行政部门对于药品的进口审批，并非单纯基于国家行政管理、维护药品监管秩序的形式需要，从其审批的内容来看，实以药品质量安全、是否危害人体健康为主要指向，其实质乃是将药品是否会造成对公民生命健康的侵害或威胁作为是否批准进口的判断标准。由于各国经济发展程度和国家治理能力均存在较大差异，药品研制水平、质量指标、监管能力等亦会呈现明显不同，在某一国经合法批准生产、销售的药品其副作用或危害性完全可能因该国技术水平较低而未被发现，亦可能达不到另一国的药品质量安全标准，从而对公民身体健康产生危害。而且，同一药品的疗效并非放之四海而皆准。既有研究表明，药物的疗效除通常受到年龄、性别、遗传、心理、病理等因素的影响外，还与种族因素存在关联。“中国人在遗传学、生理和病理、生活饮食习惯、生活环境、医疗措施和药物依从性等方面均与外国人存在明显差异，直接将国外药品的药代动力学、药效学和安全性数据，用于指导中国人的临床用药，缺乏科学依据，也有悖于药品评价的安全、有效原则”[①]。在白色人种、黑色人种、棕色人种所属国家行之有效的药品可能对于中国人并无疗效，甚至有害。故而未经依法批准而进口的药品，因其是否符合我国药品安全标准、对我国公民的疗效是否确切、不良反应如何等并不明确，从而存在侵害公民生命健康权益的危险，明显具有社会危害性。

因而，无论《药品管理法》第48条第（二）项，还是第（五）项规定的法律拟制假药，均具有法益侵害性，其中至少存在侵害公民生命健康的重大危险，那种认为此类假药入罪采用的是行政法的形式认定标准，不是因为假药本身蕴含着对健康的危害，而是出于药品秩序的考量之观点[②]，显然仅是看到了法律拟制假药认定的秩序管理目的，而未深入透视其背后彰显的公民法益保护价值，所得出的结论也就难免属于片面的主观臆断。法律拟制假药与实质假药在社会危害性上的一致性，决定了假药范围在刑法与行政法上统一认定的基础。

（二）我国二元处罚体系下法秩序的统一性要求假药认定的同一性

我国的处罚体系表现为行政处罚与刑事处罚相互衔接的二元处罚体制，两者分别处罚的行为，除部分在行为性质上存在差异，绝大多数都是同类行为因为数额、危害后果、情节轻重等的不同而分别被采取了行政处罚或刑事处罚的制裁方式[③]。根据我国《刑法》第13条规定及理论通说，犯罪是具有严重社会危害性、触犯刑法并应受到刑罚处罚的行为，其本质特征在于相当程度的社会危害性。刑法具有保障法、

① 参见杨进波、赵明等《如何评价种族差异对药代动力学与药效学的影响》，《中国临床药理学杂志》2006年第4期。

② 参见孔祥参、刘芳《论销售假药罪的重刑化倾向及其司法消解》，《政治与法律》2013年第8期。

③ 参见陈兴良《风险刑法理论的法教义学批判》，《中外法学》2014年第1期。

二次法的功能和属性，对于社会关系的调整，只有其他部门法难以规制时才由刑法介入。刑事不法系指不法内涵已逾越行政不法，而已达犯罪程度的不法[①]。在我国法律框架下，同一类行为由行政不法转变为刑事不法，其主要根据在于行为社会危害性之量的提升。行政不法行为的危害性上升到一定严重程度即予以刑事追究，乃是二元处罚体制下理之当然的结果。

行政违法与刑事犯罪因社会危害性不同而存在界分并相互衔接，在我国法律上表现为多种方式，主要有：因行为性质不同而致危害性差异，如《治安管理处罚法》规定非法制造、买卖、储存、运输、邮寄、携带、使用、提供、处置毒害性、放射性、传染病病原体等危险物质，要予以治安拘留，但刑法仅将非法制造、买卖、运输、储存以及携带危险物质危害公共安全的行为规定为犯罪，一般的使用、提供、处置等行为仅属行政处罚行为；因行为对象不同而致危害性差异，如非法携带枪支、弹药或弩、匕首等国家规定管制器具的行为均属治安行政处罚的对象，但刑法仅将非法携带枪支、弹药的行为规定为犯罪同构成非法持有枪支、弹药罪或非法携带枪支、弹药危及公共安全罪，而一般的非法携带弩、匕首等国家规定管制器具的行为，除危及公共安全而可能涉嫌非法携带管制刀具危及公共安全罪外，并不会受到刑事责任追究；因后果、情节不同而致危害性差异，如盗窃行为因数额有无达到构罪标准、是否存在入户、多次盗窃等情节而被视情予以治安处罚或刑事处罚，故意伤害他人以是否造成轻伤作为是否构成犯罪的标准等。

显然，制造、买卖、运输危险物质行为较使用、提供行为更为严重，枪支、弹药可能产生的危害后果比弩、匕首要大，盗窃数额较大财物比盗窃轻微财物危害性更甚，上述结论的前提是对于危险物质、枪支、弹药、弩、匕首、财物等概念的界定，治安处罚法和刑法都是同一的，并不存在任何区别。如果说行为性质、行为对象

① 林山田：《刑法通论》，北京大学出版社 2012 年版，第 104 页。

的不同是以“质的不同”体现“量的差异”（制造与使用、买卖与提供、枪支与匕首等显然性质完全不同），概念统一的重要性体现尚不明显，那么在行为性质、对象等均一致而纯粹因后果、情节等而被行政法、刑法予以否定，即完全以“量的不同”体现“量的差异”（如盗窃 100 元与盗窃 5000 元，行为性质均是盗窃、对象均是财物；殴打致人轻微伤与殴打致人轻伤，行为性质均是伤害，对象均是人）的情况下，在行政法与刑法上保持相关概念界定的统一完全已是二元处罚机制下的迫切要求。盗窃苹果的行为既会被行政处罚，亦会导致刑事规制，如果治安处罚法将“苹果”解释为“各种颜色的苹果”，刑法上却将“苹果”解释为“红色的苹果”，这种限制刑事处罚范围的解释无论如何很难让人接受，也将使得建立于社会危害性增加基础上的二元处罚衔接机制不能有效形成，导致处罚间隙。即便将“苹果”解释成“各种颜色的苹果”会造成实质上的刑事处罚不公，亦不应以破坏既有二元处罚衔接机制为代价，而完全可以考虑通过行政法的修改来补正。保持法律体系内相关概念含义的统一，不仅是二元处罚体制下行政违法因量的增加引发刑事处罚之质变的需要，亦是法秩序统一的客观要求。很难想象，如果我国民法中的“权利”与刑法中的“权利”、公司法中的“公司”与刑法中的“公司”、商标法中的“商标”与刑法中的“商标”等在含义、范围上存在迥异，则法律体系的有序性、价值的统一性将如何体现，公民也必将因同种行为在同一法律框架下遭受法律对其性质的不同评价而在法的面前无所适从，刑法作为二次法、保障法的价值亦难以显现。在假药认定上也应是如此，生产、销售假药的行为在我国同时被药品管理法和刑法规制，行政违法行为上升至犯罪完全是基于数额、情节等“量的增加”而非行为性质、对象的差异所致，假药认定的同一性乃是有效判断“量的增加”的前提和基础。如前所述，必须批准而未经批准生产、进口，以及必须检验而未经检验即销售等法律拟制假药的情形，并非如众多学者所言系单纯以维护行政管理秩序为目的，而是具有严重的社会危害性，将此类药品排除于刑法上的假药范围，不仅不符合法益保护原则，造成法制统一性的破坏，而且致使药品管理法上的行政处罚不能与刑法上的责任追究有效衔接，假药生产、销售的行政违法行为之危害性突破药品管理法的有效规制时，刑法难以发挥保障法二次调整的功能。生产、销售假药罪作为经济犯罪之一种，实际上属于行政犯，以违反行政法律法规为前提，刑法上假药的认定与药品管理法上保持一致也是其行政犯属性的当然结果，我国《刑法》第186条违法发放贷款罪关于关系人范围的确定、第330条妨害传染病防治罪关于甲类传染病范围的确定，均遵循了依照行政法进行认定的原则。

（三）以药品治疗功效进行实质判断与刑法关于假药犯罪的规定并不相符

《刑法修正案（八）》对生产、销售假药罪客观构成要件要素进行了修改，取消了“足以严重危害人体健康”的要求，这实际上将该罪由具体危险犯修改为抽象危险犯。抽象危险是立法推定的危险，在司法活动中无须认定，只要具有法律规定的行为就可构成犯罪；具体危险是司法认定的危险，如果不具有这种危险，即使存在法律规定的行为也不构成犯罪[①]。因而，生产、销售假药罪对公民生命健康的危险系由立法进行推定的，只要实施了生产、销售行为，危险即告存在，而无须司法人员就具体案情来判断是否存在侵害法益的危险。

然而，要求司法人员脱离法律对假药的认定标准，在涉及法律拟制假药的个案裁决上考虑具体涉案药品的治疗功效，这必然导致司法人员在办案过程中，对必须批准而未经批准生产、进口的药品、必须检验而未检验的药品等的成分、含量、有无不良反应等进行鉴定，对其是否会危害人体健康进行调查取证和具体衡量，从而实际上抛弃了抽象危险犯之危险的立法推定，无形中将立法推定之危险擅改为司法认定之危险，刑法关于假药犯罪之抽象危险犯的设定进而被消解为具

① 陈兴良：《刑法总论精释》，人民法院出版社2011年版，第4页。

体危险犯，这显然有违我国《刑法》第141条的规定，亦与《刑法修正案（八）》对假药犯罪的立法修改意旨不符。

抽象危险犯之危险是根据人们一般生活经验得出的、类型化的、由立法推定的危险[①]。与具体危险已经表现为法益侵害可能性的事实状态不同，抽象危险还没有与行为相分离，仍是一种蕴含于行为之内的法益侵害可能性，其属于行为本身的危险[②]。危险内含于行为之中，以及危险系类型化而非具体化的危险乃是抽象危险犯的重要特征。对于法律拟制假药来说，未经依法批准而生产、进口、未经检验即销售以及使用未取得批准文号的原料药生产等行为本身就已因对法律规范的违反性，而破坏了社会成员对其的信赖感和安全感，更因直接违反作为药品质量安全保障措施的审批、检验等法定程序而体现出对公民生命健康侵害的可能性。故而，生产、销售上述药品行为本身即已体现出相当的危险性，从而符合抽象危险之品性。在刑法将假药犯罪设置为抽象危险犯的前提下，要求进一步考察相关假药的治疗效果并无必要，且实际疗效的分析将假药的危险予以司法化、具体化，完全否定了抽象危险之立法推定性、类型性的特性，实质是一种法定构罪要件之外的不当附加限制。

虽然相较于行政法一般从行为的形式侧面进行分析，刑法更注重从实质的角度对行为进行判断。然而，在行为已经因为其危险性被赋予违法性进而具有实质意义时，脱离其形式违法而追求所谓的行为“实质危害”，不仅是一种危害性的重复评析，造成司法成本投入的不必要浪费，而且会导致诸多抽象危险犯的认定失去统一标准，带来司法认定上的疑难。如对醉驾型危险驾驶罪，通常只要饮酒后驾驶机动车达到醉酒驾驶程度即可构罪，实质判断的结果则往往是需要对血液酒精含量达到80—100毫升的行为人是否能够安全驾驶、驾驶行为是否会对公共交通安全产生危害可能进行具体分析，这无疑超出了刑法

① 陈洪兵：《准抽象危险犯概念之提倡》，《法学研究》2015年第5期。

② 王志祥、黄云波：《论立法定量模式下抽象危险犯处罚之司法正当性》，《法律科学》2016年第3期。

关于该罪的构成要件范围。又如，按实质判断的要求，对非法组织卖血罪，不仅要有组织他人出卖血液的行为，必然还得考虑具体案件中组织卖血行为有无实际造成对卖血人身体健康的侵害或威胁；对非法行医罪，仅要求行为人不具有医生执业资格尚不够，必须证实行为人在实际行医过程中对就医人存在的危害可能性，等等。显然，上述危害驾驶罪、非法组织卖血罪、非法行医罪关于具体案件中危害行为对法益所造成具体危险的判断，已并非属于刑法条文框定的构罪范围。如此，虽进一步限制了国家刑罚权的发动，降低了嫌疑人遭受刑事追究的可能性，但刑法规定却无形中遭到了司法运用的曲解，使得刑法适用在立法法与司法法之间呈现出巨大鸿沟，罪刑法定原则受到冲击也就不可避免。而且，失去了法律标准的形式统一，危害行为在案件中对法益具体危险性的判断，成为司法人员根据案情进行自由裁量的内容，这为罪刑擅断和裁量权的滋意行使提供了可能，加之个案中是否存在具体危险往往缺乏标准、难以证明，造成司法证明成本大大增加，诉讼效率降低。除了法益保护提前的考虑，危害行为的法益侵害危险或损害结果之难以认定性亦是抽象危险犯设置的原因之一。《刑法修正案（八）》对原假药犯罪“足以严重危害人体健康”内容的取消，同样原本即有“足以严重危害人体健康”难以认定而导致大量生产、销售假药犯罪案件得不到有效认定之因素[①]。如果法律拟制假药犯罪认定中要求司法人员对药品具体治疗功效进行调查和判断，这种考量药品是否会对人体健康造成危害的做法，显然致使假药犯罪的认定与现行刑法不符并恢复到《刑法修正案（八）》以前的状态。

四　进路：假药认定的统一与量刑上的危险反证

如前所述，法律拟制假药因其质量安全无法得以保证而具有法益侵害性，生产、销售此类药品具有严重侵犯公民生命健康的危险，我

① 张军主编：《〈刑法修正案（八）〉条文及配套司法解释理解与适用》，人民法院出版社 2011 年版，第 180 页。

国现行刑法对假药犯罪设定了抽象危险犯的构罪模式应是法律拟制假药危害性的恰当反映。尽管抽象危险犯因其法益保护的前置、风险防控的追求以及秩序维护价值的凸显等，在一定程度上限缩着公民的行动自由，造成刑罚权的扩张，从而被部分学者诟病为有违刑法的最后手段性、潜伏着不当侵犯人权的危险以及与现代刑事政策的除罪化趋势不相符合，甚至认为“抽象危险犯伴随而来的刑事可罚性范围扩张和对抽象性超个人法益的强调与刑事法传统所着重之法益侵害论相背离”①。然而，刑法对社会秩序的维护总是社会保护机能和人权保障机能共同作用下的结果，二者的有机统一方能实现刑法价值的最大化。人权保障虽是刑法的重要机能，但并非唯一的机能，在特定时期内刑法的社会保护机能可能会超越人权保障机能而成为立法者的优先选择。正如 19 世纪末英美法系国家为应对大幅上升的危害社会安全、公共健康与福利的违法犯罪，对此类犯罪的惩治实行严格责任原则，以维护公众利益和社会秩序。“刑法的首要任务是，保护现实社会中重要的并且是最基本的价值或法益”②。公民的生命健康权无疑可归类于刑法所保护的最基本法益，而不特定多数人的生命健康因还涉及公共安全而理应属于重大法益，刑法更应对其予以特别保护，这也导致刑法通常对此类故意犯罪均设置较重的法定刑。生产、销售法律拟制假药具有对公共生命健康安全之重大法益侵害的危险，“危害性原则能够证明将导致间接损害或人们通常所说的‘遥远危害’的行为规定为犯罪是正当的”③。在当前药品安全事件持续多发、民众深陷安全恐慌的情势下，将生产、销售法律拟制假药的行为作为犯罪处理，亦是法益保护前置化和刑法预防机能的体现，完全符合公众要求刑法对民生领域特别保护

---

① 李川：《抽象危险犯自身谦抑机制研究——以醉驾案件具体危险犯化认定倾向为视角》，《政治与法律》2013 年第 12 期。

② ［日］西田典之：《日本刑法总论》（第 2 版），王昭武、刘明祥译，法律出版社 2013 年版，第 24 页。

③ ［英］威廉姆·威尔逊：《刑法理论的核心问题》，谢望原等译，中国人民大学出版社 2015 年版，第 25 页。

的迫切期盼。我国药品生产、销售领域本身对行业准入资格要求较高，并实施国家许可经营，普通公民因并不涉足该领域而难以成为刑法规制的对象，由此也决定了生产、销售法律拟制假药犯罪处罚范围的有限性，即对于绝大多数公民来说并不会造成其自由的萎缩和行动的不当妨碍。此种仅针对特定药品生产、销售者的行为限制亦在必要限度之内，药品生产、进口报经行政部门审批、药品检验等程序并非药品生产者、销售者难以履行的义务，实际上只要其稍加注意即可完成，而其从事的药品行业涉及公共利益，理应对药品质量安全具有更高的审慎注意义务，故而与公众生命健康的维护相比，此种权利的限制并不能视为刑法手段的不当适用。显然，法律拟制假药的犯罪化完全具有现实的必要性和正当的法理基础，亦不与伤害原则、可责性原则、最小化原则等犯罪化基本原则①相背离，由此亦反映出假药认定在刑法与药品管理法上保持一致的必要性和可行性。

我国《刑法》第 61 条规定了量刑的原则，即应根据犯罪事实、犯罪性质、情节和对社会的危害程度，对被告人适用刑罚。虽然法律拟制假药与实质假药在入罪的必要性方面并无实质的差异，但与实质假药以及被禁止使用、污染、变质、所标适应症或功能主治超出规定范围的药品等拟制假药必然会对公民生命健康法益造成侵害不同，未经批准而生产、进口的药品、未经检验即销售的药品、使用未取得批准文号之原料药生产的药品对法益的侵害呈现出或然性、可能性特征，生产、销售此类假药的危险乃是一种行为本身的风险，因行为中蕴含着法益侵害的可能而被立法推定为对法益存在重大威胁，从而具有社会危害的属性，故而其发展的结果并非必然是对公民生命健康的实际损害。实践中，使用此类假药并不会造成实际侵害的情形亦有可能存在，如引发媒体关注和理论界争议的倪海清生产、销售假药案、陆勇抗癌药代购案，诸多观点均认为两案中所涉药品并不有害，实则对公

① 何荣功：《经济自由与刑法理性：经济刑法的范围界定》，《法律科学》2014 年第 3 期。

民生命健康有益，进而对相关有罪判决或刑事指控进行批判。果真如此，则将上述两种明显具有不同社会危害程度的假药犯罪适用相同刑罚标准，明显有失公正，亦违背刑法罪刑相适应原则。故而，对于仅有法益实际损害可能性的法律拟制假药犯罪，必须要在量刑上与具有法益实际损害必然性的假药犯罪区别对待，以体现量刑的公平公正。笔者以为，在量刑上适用危险反证原则可以较好地实现这一目的。

“危险反证是指允许抽象的危险犯在具体案件中以因没有发生相应的危险的理由而出罪”[①]。为限制抽象危险犯的处罚范围，有德国学者主张在案件中应允许就行为的无危险性进行相反的证明，以节制抽象危险犯的可罚性，若风险已排除则不应处罚[②]；德国学者施罗德认为，在能够确实地认定行为对象是否遭受现实危险的场合，应该肯定不存在危险的反证[③]。我国亦有学者提倡危险反证的理论，认为不允许行为人对抽象危险犯的立法拟制举证反驳，其实质是对其辩护权的剥夺，不容许反证有违罪刑法定原则和法治原则。

上述危险反证主张均是在犯罪成立意义上对抽象危险犯的范围进行限制，旨在进一步缩小其犯罪圈。然而，在构罪与否上讨论危险反证的可行性，势必导致案件中对行为法益侵害的危险进行具体分析，使得抽象危险的认定演化为司法中具体危险的判断，从而造成假药犯罪抽象危险犯的立法模式形同虚设。而且，抽象危险犯之危险属立法拟制之危险，此种立法推定与司法中的刑事推定在性质上明显不同。司法推定是建立在基础事实与推定事实的高度概然性、可能性基础之上的事实认定，是控方举证责任弱化、指控义务降低的体现，其结论通常并不具有唯一性，一定程度上是对“存疑时有利于被告”原则的背反，因而理当允许被告方提出反证以否定推定成立；但抽象危险犯

① 肖怡、龚力：《对生产、销售假药罪的探讨与解析》，《首都师范大学学报》（社会科学版）2016 年第 2 期。

② 高巍：《抽象危险犯的概念及正当性基础》，《法律科学》2007 年第 1 期。

③ 付立庆：《应否允许抽象危险犯反证问题研究》，《法商研究》2013 年第 6 期。

的危险是立法者基于社会利益保护与社会风险控制需要，根据社会风险量化评估作出的法律拟制，代表强化社会利益保护的立法动机和社会危害提前控制的政策考量，故而此种立法上的推定并非建立于有证据证明之基础事实上的事实推定，其本质上的法律规范性决定了其不具有可反驳性，如果有非合理性存在只应通过法律修改来完成。另外，允许构罪意义上的危险反证，将导致假药犯罪的认定呈现出极大的不确定性，因反证系由被告方提出，被告方是否提出反证、在诉讼的何种阶段提出反证、提出反证的能力如何均将对犯罪的成立与否产生影响，从而使假药犯罪是否成立在一定程度上并不依赖于控方的调查取证，反而取决于被告方提出反证的意愿和行为，这种反证的随意性和不确定因素存在将导致刑事指控发生错误的概率明显上升，进而对司法权威的树立带来不利影响。因而，在抽象危险犯的定罪层面上适用危险反证原则，虽有限制犯罪成立范围之功效，但证立基础明显不足。

对生产、销售未经批准而生产、进口的药品等法律拟制假药的犯罪，在量刑上适用危险反证原则，不仅可以有效避免定罪之危险反证的上述弊端，而且充分考虑到假药犯罪抽象危险犯模式下法益保护前置化可能给行为人带来的处罚不公，其在定罪标准统一的基础上因给行为人的量刑提供了广泛的辩护空间，进而在秩序维护基础上能够实现法益保护和人权保障价值的合理平衡。具体而言，在审理生产、销售法律拟制假药犯罪案件中，应允许被告方就假药在具体案件中是否会给公民生命健康造成危险提出反证，被告方对于具体危险不存在之辩解承担举证责任，如该辩解得以证实，则应作为法庭对其从轻、减轻乃至免除处罚的依据；如举证不能，则应视同实质假药予以判罚。倪海清生产、销售假药案中，辩护方为了证明涉案药品的无害性及对治疗的有效性，曾向法庭提出申请，要求允许曾经接受倪治疗的十名患者出庭做证，但法庭以病人疗效与案件无关为由拒绝了该申请，显然此种做法值得商榷。笔者认为，可在《刑法》第 141 条中增设一款，规定“行为人能够证明生产、销售的假药不足以严重危害人体健康的，可以从轻、减轻或免除处罚”，以实现社会危害程度不同的法律拟制假药犯罪在量刑上的处罚公正。

在公共安全事件不断频发、民众对国家强化安全保护的需求日益增强的态势下，民生刑法、安全刑法的特征已强烈体现于我国刑法修改之中，刑法反应更加重视对未来法益侵害风险的防范，如《刑法修正案（八）》对于危险驾驶罪的增设，对生产、销售假药罪的修改，《刑法修正案（九）》对恐怖主义、极端主义犯罪、信息网络犯罪等内容的增设等。"并非所有诱致风险的行为均值得刑法加以关注，只有那些在刑法上重要的风险才纳入理论与规范指涉的范围"[①]。公民健康权无疑属于值得刑法保护的重大法益，假药的生产、销售直接影响到公共卫生领域的安全，其行为指向更是涉及不特定多数人，因而具有强化打击的必要。法益保护始终是刑法的核心使命，其是刑法运作的目标驱动，也是刑法介入的判断标准[②]。法律拟制假药与实质假药一样具有侵害公民生命健康的危险，将此类假药的生产、销售行为予以刑事规制完全契合刑法的法益保护原则，亦不与一般民众所持的常识、常理、常情相冲突，更有利于充分发挥刑法对法益侵害的预防机能，最大限度地满足公众在社会恐慌类犯罪冲击下的安全保护需求。在假药犯罪的处理上，保持刑法与行政法在假药认定范围上的一致性，是法秩序统一和法治原则的当然需要，亦是刑法社会保护与人权保障机能有效平衡下的必然结果。

当然，由于我国刑法对生产、销售假药罪采取了抽象危险犯的立法设置，且条文表述中缺乏构罪定量因素的要求，导致司法实践中其刑事责任追究往往缺乏入罪门槛的限制，而假药认定在行政法与刑法上的一致性则更加剧了刑事打击范围的扩大，从人权保障角度而言，假药犯罪之刑罚权确实存在被不当行使乃至滥用的风险。从已发生的实际案例来看，因销售几粒、几盒假"伟哥"、假避孕药等数量极少的假药而被作为犯罪追究刑事责任的情形并不鲜见，此种不法行为显然

① 焦旭鹏：《风险刑法的基本立场》，法律出版社 2014 年版，第 132 页。

② 刘炯：《法益过度精神化的批判与反思——以安全感法益化为中心》，《政治与法律》2015 年第 6 期。

并不符合犯罪之严重社会危害性的本质特征，对其犯罪化的处置无疑模糊化了一般行政违法与犯罪之间的界限，违背了刑法谦抑性和刑罚最后手段性原则，造成刑事处罚的泛化。笔者以为，在保持刑法假药与药品管理法假药认定一致性的基础上，为有效防止刑罚权的不当行使和刑事处罚范围的无限扩大，切实保障人权，并确保将有限的司法资源投入打击严重假药刑事犯罪，司法实践中，一方面可强化《刑法》第13条但书条款对生产、销售假药不法行为入罪的限制功能，将生产、销售数量极少的假药等轻微不法排除于犯罪圈之外，从而为行政处罚预留更加宽广的空间，充分发挥行政规制对于假药不法的防范功能，避免生产、销售假药罪之抽象危险犯的立法设定所可能导致的行政处罚虚置化结果，促进我国假药违法犯罪二元处罚体系的实施更加均衡化；另一方面在假药犯罪处置上可进一步强化微罪不起诉和免予刑事处罚手段的适用，最大限度地降低或避免假药微罪刑事责任追究对犯罪人所带来的刑罚之严重负面效应，合理引导司法打击转向严重的假药刑事犯罪。

［本节原以《刑法“假药”界定的妥当性辩护》为题，载于《中国人民公安大学学报》(社会科学版) 2017 年第 2 期。此次收入略有修改。作者张平寿为杭州师范大学法学院讲师、法学博士］

第三章　食品药品安全犯罪的风险社会语境

第一节　基于孙斯坦理性风险观的食品安全犯罪“中庸之道”

改革开放以来，我国社会发展取得了明显的成效，单就吃饭问题而言，我们很多人就见证了从“吃不饱”到“吃得好”的历史性变迁。问题也随之而来，当我们刚刚摆脱了对食品产能饥荒的“虎口”，又跌入对食品质量安全恐慌的“狼窝”。

当前，中国大陆的食品安全的情况极为严峻。据统计，中国大陆地区每年食品中毒的人数在20万至40万人，有关食品质量的投诉在10万件以上。近年来，一些食品安全事件频繁发生和被曝光，如安徽阜阳“劣质奶粉”事件、广东致癌毒大米事件、河北的“三聚氰胺奶粉”事件等，这些事件，不仅造成了大量人员伤亡或者身体健康受到严重损害的后果，[①] 而且对中国食品质量的声誉和国际形象造成严重的损害，给国家、集体和公民带来巨大的经济损失。但是，在中国大陆，侵害食品安全的犯罪也从无到有，从小到大，从地下到公开，从局部到全面，从零散粗放到系统集约，正呈现愈演愈烈

① 卫生部2008年12月1日通报指出，截至2008年11月27日8时，全国累计报告因食用三鹿牌奶粉和其他个别问题奶粉导致泌尿系统出现异常的患儿29万余人。

之势。[①]

刑法应如何应对这种社会问题呢？对此，刑法理论研究中尚有分歧：一种观点主张对于食品安全犯罪采取从严治理，如加强食品安全的刑法规制，增设新的食品安全犯罪，加重刑罚惩罚力度；[②]另一种观点主张对于食品安全问题采取合理预防。当下，前一种观点似乎更受追捧。本节则试图根据孙斯坦的理性风险观，检讨关于食品安全中的一些过度焦虑问题，在此基础上，根据刑法理论内在的机理和刑事政策的决策，期望通过一种平衡性的思考，为刑法应对食品安全问题提供一条“中庸之道”。

一　食品安全保护的风险控制基础

食品安全问题是风险社会的一个标本。风险社会是一组特定的社会、经济、政治和文化的情景，其特点是不断增长的人为制造的不确定性的普遍逻辑，它要求当前的社会结构、制度和联系向一种包含更多复杂性、偶然性和断裂性的形态转变。[③]基于对风险的忧虑，许多学者提出加强风险控制。在全球范围内，一个较为简单且越来越有影响的风险控制思想是：在犹豫不决时，应遵循预防原则。换一句话就是：“宁可小心求安全，不可冒险而后悔。”[④]

但是，在风险社会理论提出之后，我们对于风险的过度焦虑导致

---

① 卢建平、方翌：《完善食品安全的刑法保护》，《昆明理工大学学报》（社会科学版）2009 年第 1 期。

② 相关研究和观点可参见臧冬斌《建议设立不履行食品召回义务罪》，《法制与社会》2010 年第 26 期；孙效敏《论〈食品安全法〉立法理念之不足及其对策》，《法学论坛》2010 年第 1 期；徐军、吴光升《我国食品安全刑事责任框架建构》，《人民检察》2009 年第 19 期；肖元《对食品安全刑法保护的思考》，《西南民族大学学报》（人文社科版）2006 年第 2 期，等等。

③ ［英］芭芭拉·亚当、［德］乌尔里希·贝克、［英］约斯特·房龙编著：《风险社会及其超越——社会理论的关键议题》，赵延东、马缨等译，北京出版社 2005 年版，第 7 页。

④ ［美］凯斯·R. 孙斯坦：《风险与理性——安全、法律及环境》，师帅译，中国政法大学出版社 2005 年版，第 125 页。

对它的不理性评价。针对这种情形，美国学者凯斯·R.孙斯坦在《风险与理性——安全、法律及环境》一书中，以一种较为谨慎的态度，回答了风险和风险控制问题。他指出，在风险认知中，许多人对于风险的反应是直觉评估的结果，并不是建立在对所接触到的风险后果的仔细分类的基础上。人们倾向于将统计上很小的风险看得很严重，而将很大的风险仅仅看作“生活的一部分”。[①]这显示出他和贝克的区别。贝克在风险社会理论中，对于技术专家表达了强烈的不满，结果使得专家和普通人在风险问题上的持久分歧成为社会科学最有趣的难题之一：技术专家强调控制风险的核心问题是有关风险的事实到底说明了什么；而普通人倾向于认为，在一个民主的国家，政府决策时不应受技术精英们的控制。[②]孙斯坦则明确地说：“当专家和普通人发生分歧时，专家一般是正确的，而普通人一般是错误的。”[③]

基于上述认识，孙斯坦主张对于风险应采取适度的控制措施，并提出了八项具体措施，即第一，控制机构不仅应当认清降低风险的收益和损害，也应当尽可能量化相关效应；第二，对相关后果的定量分析应当补充而非替代对它的定性分析；第三，为了加强总体评估，控制机构应当努力将规范性价值换算成金钱的等价物；第四，应当通过法律或行政命令推定的上下限以对被授权评估规范性价值的机构进行约束；第五，应当允许控制机构依据各种“定性”因素对分析进行调节；第六，应当要求控制机构说明采取行动的收益高于成本；第七，通常情况下，对毫无根据的社会恐惧和相关的连锁效应的适当的应对措施，是教育和安慰公民，而不是加强规制；第八，除非法律做出了相反要求，对风险控制的司法审查应当要求控

① ［美］凯斯·R.孙斯坦：《风险与理性——安全、法律及环境》，师帅译，中国政法大学出版社2005年版，第75—77页。

② ［美］凯斯·R.孙斯坦：《风险与理性——安全、法律及环境》，师帅译，中国政法大学出版社2005年版，第66页。

③ ［美］凯斯·R.孙斯坦：《风险与理性——安全、法律及环境》，师帅译，中国政法大学出版社2005年版，第67—68页。

制机构在对成本和收益作出合情合理的评估的基础上，证明规制机构能够带来超过成本的好处。①

笔者认为，孙斯坦的理论对于食品安全的刑法控制有很大的启迪意义。在食品安全认知中，存在一种笔者称之为“食品惊恐社群症”的现状。很多时候，我们对于食品安全问题的关注都是来自个别例案，并通过人们之间相互交流，将对于食品安全的关注上升为一种恐慌，这种恐慌情绪往往在言说者和听闻者之间交叉感染，不断强化。虽然有学者及时跟进加以研究，这似乎是一种理性和负责任的关注，但是，笔者认为，在某种意义上，当前的刑法理论研究中也有“食品惊恐社群症”的一些征兆。②这种征兆还体现为，许多研究者对食品安全问题的刑法规制予以全面的、平衡性思考的主张并不多见。这说明，食品安全风险的确存在被夸大的可能，它显然将对相关刑事政策的制定产生不良的影响，例如，“定义风险往往是一个政治问题”③。在中国尤其如此。在中国能够将所谓的“风险评估意见”让公众知晓的风险评估专家，更像是贝克所说的“风险技术官僚”。孙斯坦所描述的专家意见比公众感觉更真实是正确的，但是专家知识与公众感觉之间的信息高度不对称。在食品安全的风险控制问题上，多数刑法学家本身严格来说也属于“公众”。刑法学家自身如何不单纯依赖感觉，弥合“鸿沟”，理性对待食品安全问题？

正是基于上述理由，按照孙斯坦的风险控制理论讨论刑法介入的

---

① ［美］凯斯·R.孙斯坦：《风险与理性——安全、法律及环境》，师帅译，中国政法大学出版社2005年版，第135—136页。

② 检索中国期刊全文数据库，在刑法根目录下的“篇名”项中键入“食品”作为检索词，自1997年至2011年以来，在核心期刊来源上的相关正式文章一共19篇，依其发表顺序，其中一篇发表于1998年，一篇发表于2006年，一篇发表于2008年，2009年以后，相关研究才多了起来，相关学术讨论也得以启动。其中，另有一个“食品安全犯罪立法完善”的专家研讨会的报道。这说明，我们对于食品安全的关注不是以一种常态的认知方式推进和展开的。检索时间为2011年9月30日。

③ ［美］罗杰·E.卡斯帕森：《风险的社会放大效应：在发展综合框架方面取得的进展》，载［美］谢尔顿·克里姆斯基、多米尼克·戈尔丁编著《风险的社会理论学说》，徐元玲、孟毓焕、徐玲等译，北京出版社2005年版，第171页。

时点和力度，不失为一种较为稳妥的方法。从而，我们大体上可以提出，在食品安全的刑法保护问题上应当反对如下四种片面的态度：第一，全面出击的冒进倾向；第二，固守传统理论的保守倾向；第三，折中方案的模糊倾向；第四，片面强调技术风险，忽视制度风险和中国特有的风险。[①] 毫无疑问，对前两种倾向则是特别值得注意的。

二　“中庸之道”的刑法机理

尽管各国刑法理论对刑法机能的表述各有不同，但它们均表明，现代刑法的机能必须反映出法的自由、秩序这两个基本理念，我们可以将刑法的机能归纳为两个关键部分：保护机能和保障机能。

保护机能，也称社会保护机能或法益保护机能，就是通过刑法规范保护法益的机能。所谓法益，是由法律所保护的利益。大陆法系国家的刑法，通常把法益分为个人法益、社会法益和国家法益，刑法对这三种法益都有保护的机能。所以，保护机能包含对个人法益的保护、对社会秩序的保护和对国家政权的保护等性质，它在一定程度上体现为对犯罪的抑制机能。保障机能，或称人权保障机能，是刑法为了防止国家恣意行使刑罚权，对犯罪和科刑进行限制，以保护一般公民和犯罪人的机能。保障机能也被称为大宪章机能，它具体体现为：善良市民的大宪章、犯罪者的大宪章和受刑者的大宪章。[②]

刑法的基本机能形成于对立和冲突的法理念之中，在实践中自然难免发生冲突现象，如果过分重视对社会秩序的维护，就会削弱人权保障的机能；反之，如果过于强调对人权的保障，亦会抑制刑法的保护机能。这是一个中庸的办法，也是一个值得推崇的路径。在刑法实践中，如果不能按照“中庸之道”，妥当处理刑法机能的冲突问题，刑法就可能不为国民所信赖，亦难发挥维护社会秩序的机能。因此，在刑法立法和适用过程中，各国都充分注意发挥刑事政策的调节作用，

---

① 齐文远：《应对中国社会风险的刑事政策选择——走出刑法应对风险的误区》，《法学论坛》2011 年第 4 期。

② ［日］大谷实：《刑法讲义总论》，成文堂 1996 年补定第 4 版，第 6 页。

因时因势地运用刑法预防和惩治犯罪。

一般情形下，维护社会的秩序始终被当作刑法上最重要的课题，因此，“刑法的任务是保护人类社会的共同生活秩序”[①]。特别是随着社会的现代化发展，人类安全所面临的威胁越来越多，越来越大，以致各国刑法和国际刑法中有扩张社会保护机能的趋势。[②]与此同时，随着价值多元化和刑法文明的发展，刑法对一些传统的犯罪采取了非犯罪化或轻缓化的做法。总之，解决刑法机能的冲突问题最终必须适应社会的发展和要求，在不同国家和地区、在不同时期采取不一样的方式，如在一个国家或者地区可能重视社会保护机能的实现，而在另一个国家或者地区可能重视人权保障机能的实现；在一个国家或地区内，在某个时期强调社会保护机能，在另一个时期则强调人权保障机能，或者对某类犯罪强调社会保护机能，对某类犯罪则强调人权保障机能。

但是，针对当前要求加强刑法规制的观点，在此还要强调刑法的谦抑性价值。正如德国学者李斯特所说，“最好的社会政策是最好的刑事政策”，刑法不是抑制犯罪的唯一手段，而且刑罚剥夺人的生命、自由和财产，是极为严厉的制裁措施，所以，它只能被当作预防犯罪的“最后手段”（刑法的补充性），且只有在维持社会秩序确有必要之时，才能在尽可能小的范围内适用（刑法的片段性），它还应当体现出现代法的宽容精神（刑法的宽容性）。可以说，刑法的谦抑性以刑法的补充性、片段性和宽容性为内容。[③]如果刑法不讲求谦抑性价值，它最终可能助长刑罚泛滥的恶果。

在食品安全问题上，就刑法机能协调得当的中庸之道而言，其中一个重要理由和指向是，“从刑事政策的立场看，对食品安全的有效保护需要建立一个全方位和系统化的保护体系，而刑法只是其中的最后

① ［德］汉斯·海因里希·耶赛克、托马斯·魏根特：《德国刑法教科书·总论》，徐久生译，中国法制出版社 2001 年版，第 1 页。

② ［日］金尚均：《危险社会与刑法——现代社会中刑法的机能与界限》，成文堂 2001 年版，第 272—284 页。

③ ［日］大谷实：《刑法讲义总论》，成文堂 1996 年补定第 4 版，第 6 页。

一道关口。因此，食品安全的刑罚保护措施必须做到严密、适当，使其既对食品安全犯罪起到应有的惩戒，不使严重危害社会的食品安全犯罪分子逃脱法律的惩治，同时也要做到罪刑适应，避免不必要的刑罚浪费和司法资源消耗，避免刑罚的过分严厉。”[①]这也是一个较为中庸和值得选择的方案。

三　对保守倾向的批判

保守倾向体现的是对古典自由观和人权观的倾慕和向往。自近代以来，西方启蒙思想家为了反抗封建刑法的罪刑擅断以及对公民个人自由和权利的漠视，提出了自由、平等、人权的口号，此后各国刑法的制定皆围绕保障人权，限制国家公权力而展开。可以说，人权保障的思想已深入人心，保障自由的罪责刑法观具有很大影响。

按照古典的自由刑法观的观点，自由是最重要的价值，虽然我们面临风险社会的冲击，但以保护公民自由权利为己任的罪责刑法并未过时，因为罪责刑法体现了刑法的法治原则，代表着刑法的本质目的。同时，面对风险社会带来的诸多问题，应当在坚持罪责刑法的框架内发展刑法。刑法对风险的提前介入应坚持刑法谦抑性的精神，对风险进行甄别，将公认的、具有严重危险的风险进行规制，而把为了社会的发展必须容忍的风险排除在外。[②]还有学者提出，在风险社会要求加强社会管理和控制的背景下，强调公民的自由权利更为重要，因为在风险社会中以安全为由侵犯公民自由的可能性大大增加。如果国家权力凭借风险控制的正当理由不断蚕食公民自由，那么对自由的过分剥夺会导致整个刑法被毁弃。[③]或者说，安全刑法观将使国家的权力无

---

① 卢建平、方翌：《完善食品安全的刑法保护》，《昆明理工大学学报》（社会科学版）2009 年第 1 期。

② 康伟：《对风险社会刑法思想的辩证思考》，《河北学刊》2009 年第 6 期。

③ 王钧、冀莹：《危害性原则的崩溃与安全刑法的兴起——兼评伯纳德·哈考特与劳东燕的“崩溃论”》，《中国刑事法杂志》2009 年第 9 期。

限扩展而难以限制，并将直接导致个体权利的工具化。[①] 有学者提出，在一个强调危险控制的社会，个体自由的保障越来越让位于危险的管制，危害性原则对国家刑罚权的功能逐渐由限制变为扩张，它不再用来保障个体的自由，而成为保护法益的有力工具。一旦对危险的管制成为刑法的主要任务，刑法的关注重心也必然会由保障个体转向保护社会，从惩罚犯行转向惩罚犯意甚至惩罚思想。今天人类所面临的巨大风险也是人类集体努力的副产品，因此需要人类在连带主义基础上的集体分担，而以责任（刑罚）个别化为显著标志的刑法绝非防御或者控制风险的最佳手段。在风险社会，刑法仍然只能担当“最后法”（Ultimaratio）的角色，而这一角色仍然只能建立在保障人权和弘扬法治的价值基础之上。欲以刑法为急先锋以抗制风险，非但不能保卫社会、实现社会保护的功能，反而会牺牲社会及其成员的权益、丧失人权保障的功能，因此，刑法乃至刑事政策本身的风险也是我们时刻必须警惕的。[②]

就保守倾向而言，要纠正的是他们对于自由和人权的基本态度。正如齐文远教授所指出的，罪刑法定原则、法益保护原则、罪责原则等这些刑事责任基本原则，曾经为束缚肆无忌惮地践踏公民自由的权利立下了汗马功劳，在特定时期应奉为真理。但随着时代的发展，这些原则也需要发展，如罪刑法定原则最初表现为法绝对不得溯及既往，但后来却发展成允许适用有利于被告的事后法。由此可见，不根据社会需要发展和丰富理论，一味地恪守传统，就会落入顽固不化的俗套，最终会成为新的刻舟求剑寓言。[③]

事实上，强调自由和人权保障的刑法观，在很大程度上还是坚信本体论的哲学主张，其背后支撑的是以专家、技术官僚作为治理国家主体的理论主张。可是，在风险社会，虽然专家的重要性还是不能忽

① 卢建平：《风险社会的刑事政策与刑法》，《法学论坛》2011 年第 4 期。

② 卢建平：《风险社会的刑事政策与刑法》，《法学论坛》2011 年第 4 期。

③ 齐文远：《应对中国社会风险的刑事政策选择——走出刑法应对风险的误区》，《法学论坛》2011 年第 4 期。

视，但是，就连孙斯坦也承认，有如下四种类型的公众关注应当对规制措施发挥影响：第一，带来异常痛苦的风险；第二，集中在社会弱势群体中的风险；第三，必须花大代价才能避免的风险；第四，造成异常高的外部性的风险，表现为影响到不直接相关的人们的“连锁效应”。[①] 这也说明，一味地坚守传统的自由信条，没有正视社会的发展变化及其存在的主要问题的做法，是不能产生有效性的。

同时需要注意的是，自由的现实化不能脱离现实的社会背景，社会安全的保护是为了个体的自由，因此，无视社会结构的现实变化和要求，片面排斥安全刑法观的做法不可取，只强调社会稳定而意欲通过牺牲个人自由达成此目标的做法更不值得提倡。德国学者乌尔里希·贝克在其风险社会理论中向我们展示的是这样一幅社会景象：“现在，人为的不确定性意味着风险成为我们生活中不可避免的一部分，每个人都面临着未知的和几乎不能预测的风险。风险变成了‘没人知道’的另一个词。我们不再选择冒险，我们已为其所害。我们生活在暗礁中——一个随机的风险社会中，没人能够逃脱。我们的社会由于随机风险变得令人迷惑。”[②] 因此，今天的风险和危险，在一个关键的方面，即它们的威胁的全球性（人类、动物和植物）以及它们的现代起因，与中世纪表面上类似的东西有本质的区别。它们是现代化的风险。它们是工业化的一种大规模产品，而且系统地随着它的全球化而加剧。[③] 这也意味着，科学和法律制度建立起来的风险计算方法“崩溃”了。以惯常的方法来处理这些现代的生产和破坏的力量，是一种错误的但同时又使这些力量有效合法化的方法。[④] 可怕的是，恰恰有些学者

---

① ［美］凯斯·R. 孙斯坦：《风险与理性——安全、法律及环境》，师帅译，中国政法大学出版社 2005 年版，第 69 页。

② ［德］乌尔里希·贝克：《风险社会政治学》，刘宁宁、沈天霄编译，《马克思主义与现实》2005 年第 3 期。

③ ［德］乌尔里希·贝克：《风险社会》，何博闻译，译林出版社 2004 年版，第 18—19 页。

④ ［德］乌尔里希·贝克：《风险社会》，何博闻译，译林出版社 2004 年版，第 19 页。

还无法意识到风险问题的复杂性，坚持传统的自由刑法观就体现出这种问题。

在全球化时代，食品生产的集约化和规模化，经由全球化运动，完全可以使食品经过发达的物流，传送到世界上的大多数地区的人的口中。它对于人的健康可能造成何等程度的消极影响，它能影响多少人的生活，我们是完全无法预料的，同时，食品安全问题不是一个特定地区的问题，也不是一个特定行业的问题，食品安全问题可能爆发出的政治、经济和社会"涟漪"究竟会播散多远，我们也是无从知晓的。因此，在理论上将食品安全问题作为风险社会问题的一个典型标本不无道理。但是，风险社会可能是一种社会结构，也可能使追求安全的需要日渐凸显，特别在美国"9·11"恐怖袭击事件之后，"自由给安全让路"成为美国公众普遍认同的口号。在这一社会背景之下，对安全价值的追求成为风险社会下刑法优先的价值选择。[①]

四　对于冒进态度的批判

当前追求安全的需要日渐凸显，"自由给安全让路"的口号似乎越来越响亮。在这一社会背景之下，对安全价值的追求成为风险社会下刑法优先的价值选择。[②]根据安全刑法观的见解，刑法应当根据社会状况的变动而变动，应通过对危险的禁止来实现安全，把安全刑法作为保证风险社会稳定的基本前提。[③]因此，传统的罪责刑法观面对法益侵害所做出的只是一种事后应对，无法满足风险社会中人们对安全价值的需要，在面对风险社会的挑战时往往显得苍白无力，因此传统的罪责刑法观需要进行重构。[④]

---

① 康伟：《对风险社会刑法思想的辩证思考》，《河北学刊》2009年第6期。

② 康伟：《对风险社会刑法思想的辩证思考》，《河北学刊》2009年第6期。

③ ［德］乌尔斯·金德霍伊泽尔：《安全刑法：风险社会的刑法危险》，刘国良编译，《马克思主义与现实》2005年第3期。

④ 郝艳兵：《风险社会下的刑法价值观念及其立法实践》，《中国刑事法杂志》2009年第7期。

在这种背景下，反对冒进就具有重要的时代意义。就冒进倾向而言，特别值得警惕的是，有人主张：食品、药品安全是直接关乎国计民生的头等大事，必须予以高度重视。要彻底整治这一“顽症”，有必要对食品、药品安全犯罪实施严刑峻法。[①]这种思想具有代表性和普遍性。有学者指出，当前对食品安全犯罪的性质认识不足，定位不准确，结果导致惩治不力。例如，食品安全犯罪的犯罪客体为双重客体，一为侵害不特定的多数人健康权利和生命安全，二为《食品安全法》总则规定的国家的食品安全监管秩序。随着市场经济体制的确立，食品安全恶性案件的主要危害性不仅表现为破坏了社会主义市场经济秩序，而且危害了公共安全乃至于国家的安全。食品安全犯罪侵害了不特定的多数人的健康权利和生命安全，明确这一点，更能体现现代刑法的以人为本的法治理念，有利于对公共安全的保护，提高公民及当事人的对食品安全犯罪的社会危害性的认识，有效遏制日益突出的相关犯罪的发生。应当将食品安全犯罪归类在危害公共安全犯罪中。再如，罚金刑畸轻，不能达到预期的目的，不能遏制日渐疯狂的以牟利为目的的食品安全犯罪。[②]从实务角度出发，有学者明确主张建立与缺陷食品召回制度相应的刑事规制、完善与食品安全预警制度相适应的刑事责任、完善与食品许可证制度相适应的刑事责任和婴幼儿食品未执行国家标准的刑事责任。[③]

但本节认为，将刑法作为应对社会问题的主要治理手段加以推崇，不符合刑法的谦抑性原则，不符合刑法作为保障法的性质。而将食品安全犯罪当作一种危害公共安全的犯罪，甚至上升到危害国家安全的层面，则未免夸大其词，其必然的结果不是保证广大人民群众的食品安全，而是将助长滥施刑罚的恶果，因为按照这种逻辑，我们可以将任何一种犯罪都作为具有公共安全和国家安全危害性的行为。从务实

---

① 游本根：《对食品药品安全犯罪就是要严刑峻法》，《江淮法治》2011 年第 9 期。

② 田禾：《论中国刑事法中的食品安全犯罪及其制裁》，《江海学刊》2009 年第 6 期。

③ 杨秀英：《完善食品安全刑事责任立法的思考》，《河南省政法管理干部学院学报》2007 年第 5 期。

的角度提倡完善相关问题的刑事责任，不失为值得首肯的方法，但是，它忽视了食品安全管制中主要责任人问题，因此也会产生大开刑罚“杀戒”的可能性。

事实上，从担心自由受到侵犯的一面看，自由刑法观不无道理；从关心社会安全的一面看，安全刑法观也有根据。当然，风险社会和传统社会并不是完全排斥的，它只是在某些方面表现得与传统有差别。换言之，我们也可以认为风险社会中保持着某些传统社会的特质，面临着传统社会的问题。

据此，我们就会注意到，在上述论争中，安全刑法论者和自由刑法论者均将传统社会和风险社会完全对立起来，并且忽视了风险社会和传统社会并立的社会结构特征及其对刑法发展可能构成的助推。在传统社会，不平等和不自由是文明社会致力解决的最为突出的问题；而在风险社会，共同分担风险责任则成为时代的主题。以食品为例，传统社会要解决的是食品配给的合理化问题，部分人多分意味着另一部分人少得，人们由此形成竞争关系，都欲多得食品以维系自己果腹的必要。此时，食品的安全性问题很难在理论研究中成气候。但在风险时代，无论是谁，只要参入食品分配的人流，都意识到自己面临着和其他分配者一样的问题。这个问题不是自己多分担他人就可少分担或者自己少分担他人就可多分担。结果，食品分配者之间很容易达成统一战线，一致对食品安全的危险来源进行“讨伐”。由此，一种要求强化刑法保障食品安全力度的共识很容易得到形成，无视这种共识是不负责任的做法。但是，这种共识在很大程度上受到了“食品惊恐社群症”的影响，其中存在着盲从性和情绪化的因素，如果听任这种“社群症”无限度地蔓延和扩散，那么，一些食品生产和经营者的合法权益势必受到影响，最终，我们或许将再次面对食品“饥荒”的境地。

（本节原以《论食品安全刑法保护的“中庸之道”——以孙斯坦的理性风险观为分析工具》为题，载于《山东警察学院学报》2012年第5期。此次收入略有修改。作者童德华为中南财经大学刑事司法学院教授）

第二节　非传统安全观下的食品安全犯罪立法

食品安全问题在本质上就不同于一般安全问题。美国营养与食品研究专家玛丽恩·内斯特尔在其著作《食品安全：令人震惊的食品行业真相》中指出："食品安全是一门政治，食品安全的政治内涵是主题。"[①] 食品安全所处的政治高度以及食物主权概念的兴起，决定了我们不能拘泥于普通的眼光来审视食品安全问题。源于政治学、国际关系学领域的一个时髦概念——"非传统安全"，历经不断演绎，已经上升至理念的高度，成为一种意境、精神，非传统安全问题研究领域亦不断拓展。然而，很少有学者将食品安全与"非传统安全"联系起来，"非传统安全"在法学领域没有引起足够的重视。因此，本节试图将"非传统安全"引入法学研究中，同时，立足于非传统安全这一理论视角来诠释食品安全犯罪的刑事政策。

一　非传统安全威胁与食品安全问题

关于非传统安全的概念，政治学界分歧很大，存在诸多观点。第一种观点认为非传统安全是一种综合安全，或者说非传统安全是在拓展传统安全领域的基础上，吸收"人的安全"后而形成的一种新的、综合的、修正的安全观；第二种观点认为非传统安全是一种广义安全，是"生存优态"的安全状态；第三种观点认为非传统安全是一种"可持续安全"，必须建立一种重视综合安全、提倡合作安全、谋求共同安全和实现持久安全的可持续安全观；第四种观点认为非传统安全是一种围绕"人的安全"展开的安全观；第五种观点认为非传统安全是一

① ［美］玛丽恩·内斯特尔：《食品安全：令人震惊的食品行业真相》，程池、黄宇彤等译，社会科学文献出版社 2004 年版，第 1—13 页。

种需要全球治理的“全球安全”。[①]这些观点都从不同角度丰富了人们对非传统安全内涵的认识，但一般来说，“只有那些对国家和人类的生存与发展的根本利益构成的威胁，才属于非传统安全问题”。[②]

非传统安全呈现以下特点：其一，非传统安全具有跨国扩散、蔓延性。跨国性、全球性是非传统安全的突出特点。非传统安全问题大多是一些地区安全、全球安全和人类安全的问题，或者由一国内部非军事和非政治因素引起并影响各国安全的跨国性问题，在地域上有明显的蔓延性和扩散性，并非只是某个国家和地区单独受到非传统安全的威胁。[③]其二，非传统安全具有社会性。这里的社会性是与传统安全的国家性相对的，尤其强调非国家行为体日益增强的作用。而且非传统安全产生于国家内部的社会结构性和体制性根源，威胁国家内部公民个体和社会群体的生存和安全，治理手段也具有社会性。其三，非传统安全具有多元性，包括安全领域的多元性、安全主体的多元性和治理手段的多元性。安全领域的多元性表现为非传统安全是政治、经济、社会、文化等各种因素的综合性产物，非传统安全的内容是复杂和多元的。安全主体的多元性表现为非传统安全威胁需要国家主体与非国家行为主体一同应对。治理手段的多元化是指非传统安全威胁需要经济、科技、政治、行政等非军事手段的治理。[④]其四，非传统安全具有相关关联性，其各个领域的界限并不是那么分明，它们相互影响、相互激发、密切相关，在某些情况下甚至可以互相转化。某一方面的安全问题可能引起或激发其他方面的安全问题，从而使造成的影响和危害呈现逐渐放大效应。其五，非传统安全具有不确定性和隐蔽性。非传统安全的不确定性表现为非传统安全威胁的来源多样而复杂，以

---

① 余潇枫：《非传统安全与公共危机治理》，浙江人民出版社 2007 年版，第 33—34 页。

② 傅勇：《非传统安全与中国》，上海人民出版社 2007 年版，第 27 页。

③ 余潇枫、潘一禾、王江丽：《非传统安全概论》，浙江人民出版社 2006 年版，第 53 页。

④ 傅勇：《非传统安全与中国》，上海人民出版社 2007 年版，第 29—33 页。

及非传统安全威胁爆发的时间和地点是不确定的。大多数时候，非传统安全问题是突然爆发的，且迅速演变为重大非传统安全事件。非传统安全的隐蔽性表现为实施非传统安全威胁的地点和手段具有隐蔽性。

根据非传统安全领域的内容不断拓展以及结合上述非传统安全的概念和特征分析，食品安全问题应当划归非传统安全的范畴。食品是人类赖以生存和发展的基本物质，食品安全问题的爆发直接威胁国家和人类的根本利益，这与非传统安全的概念十分切合。食品安全具有非传统安全的如下特征：

第一，食品安全具有非传统安全的全球性、跨国蔓延性。首先，食品安全问题具有全球性。食品安全问题绝不是某个国家的个别问题，全世界每一个国家都可能发生。事实表明，发展中国家和发达国家都会发生食品安全事件。其次，食品安全问题具有跨地区、跨国蔓延性。食物产业链很长，涉及的生产、运输、销售各环节延伸扩展，已将各地区、各国密切联系在一起。与此同时，食品供应跨越地域、国别，食品安全问题一旦爆发，就产生连锁反应而迅速蔓延，从一国扩散到其他国家乃至世界各地。如 2011 年发生的河南“瘦肉精事件”波及很多省份：被告人生产、销售的盐酸克伦特罗，通过层层销售，销往河南、山东、北京、湖南、海南、安徽等省市的生猪养殖户，勾兑饲料用于饲养生猪，这类猪肉制品大范围流入食品市场。再如，2013 年年初，起始于爱尔兰的“马肉风波”席卷了英国、法国、德国等欧洲多国，甚至波及美洲、亚洲。这样，地区性的食品问题可能演变为全球性的食品问题，国内食品问题与国际食品问题也可以相互转化。

第二，食品安全具有非传统安全的社会性。食品安全问题的产生有其深刻的体制性根源。2013 年年初发生的欧洲“马肉风波”表明欧洲严格的食品监管体制存在漏洞，我国食品安全事件频频发生也与我国食品安全制度不健全密切相关。当前，我国正处于社会转型期，社会控制力弱化，政府和社会控制体系在这一过渡期运行不畅，失序、失调、真空、缺位的状况常有发生。另外，我国在食品安全领域采用“分段式”监管，存在权责不明、职权交叉、多头管理等诸多弊端，监管部门或者相互争夺监管，或者相互推诿监管，监管的真空、缝隙地带由此产生，食品安全事件恰好就是在这种空白监管的温床下爆发。如在“毒胶囊事件”中，胶囊本身不是药，生产胶囊的企业可能由质监部门监管，但胶囊最终是用作药品的包装，药品又由药监部门监管。胶囊在不同的环节由不同的部门监管，这种多头管理的方式必然容易产生职责不清、监管部门之间缝隙的问题，“毒胶囊事件”的发生就与监管体制漏洞密切相关。[①]食品安全违法犯罪分子也正是觉得社会体制和法律有空子可钻，才气焰嚣张，不惜以身试法。

第三，食品安全具有非传统安全的多元性。食品安全与食品政治、食品经济、食品文化等密切相关，食品安全问题是政治、经济、文化、伦理等各种因素综合化作用的产物。无论是发达国家还是发展中国家都可能面临食品安全问题，只是问题轻重的程度不同罢了。全球一体化背景下的现代社会，食品业技术交流比以往更频繁、更便利，各国都采用食品添加剂等先进工艺，滥用食品添加剂的现象可能在每一个国家发生。同时，食品自身的特殊性决定了食品受到微生物污染而发生腐败变质的现象也可能。食品安全问题的治理主体也呈现多元化，除了国家行为体外，还应包括广泛的非国家行为体，可以是社会和公民，这体现了非传统安全维护的全民性。食品安全治理主体的多元化是指食品领域的国家监管主体以及社会监督主体的多元化，主要包括负有食品安全监督管理职责的国家机关工作人员、食品行业团体、独立于食品企业和消费者的第三方中介机构——食品检验机构、认证机构、消费者、新闻媒体。食品安全治理手段的多元化是指食品安全治理是一项系统工程，刑法不是治理食品安全问题的唯一手段，行政法、民法以及社会综合治理都是食品安全治理体系的必要组成部分。

第四，食品安全具有非传统安全的各领域关联性。食品安全问题影响人的安全、政治安全、经济安全，各个安全之间相互影响、密切相关。食品安全问题直接侵害人的生命、身体健康，对人的安全具有

---

① 陆忠伟：《非传统安全论》，时事出版社 2003 年版，第 34 页。

现实危害性。例如，2008 年河北省“三鹿奶粉事件”造成多名婴幼儿死亡以及数万名婴幼儿因食用问题奶粉患泌尿结石病。食品安全天生就与政治紧密联系在一起，经媒体曝光的食品安全事件通过放大，可能成为引发社会矛盾的导火索，从而上升为政治事件，造成政局动荡，危及政治安全。例如，比利时发生的二噁英（二噁英是一种有毒的含氯化合物，中毒性很强）污染造成畜禽类产品及乳制品含高浓度二噁英的事件就导致执政长达 40 年之久的社会党政府内阁垮台。食品是商品，存在生产、交换、出售等环节，与经济有着天然的联系，与市场密切相关。食品产业是国民经济的基本支柱之一，一国食品安全状况对一国经济内需、消费和对外贸易皆有重要影响，事关一国经济安全。例如，2008 年河北省“三鹿奶粉事件”引发了中国乳业的地震，导致多个国家和地区开始全面或部分禁止进口中国奶制品。这不仅造成了中国乳业的巨大经济损失，而且严重影响了乳制品的对外贸易。

第五，食品安全具有非传统安全的不确定性和隐蔽性。首先，食品安全问题的来源在很大程度上具有不确定性，其之所以发生，有些是因为食品安全国家监管体制不完善，有些是因为食品安全监管的技术支持不到位，有些是因为食品生产过程中生产主体主观故意、过失违法犯罪等。其次，我国食品生产企业数量庞大而分散，其中不具规模化的手工食品小作坊、家庭作坊还大量存在，这些小作坊没有固定场所，流动性强，实施犯罪的地点隐蔽，具有很强的隐蔽性。此外，据最高人民法院裴显鼎庭长介绍，“当前食品安全犯罪的手段更加隐蔽，有些食品安全犯罪分子从有毒、有害的物质中提取出一些看似能够规避质检手段的物质，有些食品安全犯罪分子还通过互联网、快递来销售有毒、有害食品，从而逃避食品安全行政部门的监管”[①]。食品安全犯罪的隐蔽性既给监管机关增加了查处难度，也给执法人员增加了取证上的困难。

① 仝宗莉：《裴显鼎：当前食品安全犯罪的方式不断翻新、手段更趋隐蔽》，http://legal.people.com.cn/n/2013/0503/c42510-21359705.html，2013 年 6 月 8 日访问。

二　非传统安全理念下食品安全犯罪刑事政策选择

食品安全犯罪是非传统安全犯罪，其外延具有弥散性，对象具有无限性，危害具有深度性，治理对策具有艰巨性，极可能引起全民的恐慌，称其为“食品恐怖主义”毫不为过。食品安全犯罪时刻侵犯全体公民的生活健康，其非传统安全类犯罪属性，决定了必须以非传统安全的眼光来看待食品安全犯罪刑事政策之选择。

（一）非传统安全理念对食品安全犯罪刑事政策的影响

以非传统安全眼光审视食品安全犯罪刑事政策具有十分深远的意义，同时，非传统安全理念必然对食品安全犯罪刑事政策产生影响。第一，非传统安全理念凸显人的安全、社会安全和全球安全的重要意义，强调国民生存状态与人权保障，主张安全维护主体的多元化，除政府在非传统安全维护中担任重要角色外，一切社会组织、团体和民众都是参与者。这决定了食品安全犯罪刑事政策以保障全体民众安全和人权为根本宗旨，强调国家、社会、个人等多元力量的积极配合和参与。食品安全问题是全人类共同面临的棘手问题，单靠国家一方的力量难以有效应对，需要国家行为体与非国家行为体的社会、个人合作共同应对。进言之，区别于传统安全理念下片面化和单一化的法律主导型刑事政策，食品安全犯罪刑事政策是法律、社会管理、教育、伦理等各项政策的整合，凸显出食品安全犯罪刑事政策的复合化、多元化特征。第二，非传统安全理念倡导可持续发展的新安全观。这种可持续发展的安全观蕴含区分短期应对性和长期可持续性建构、治标与治本的差异，同时隐含应对安全问题的独特理念，那就是更注重寻找问题发生的根源。短期应对与长期建构的结合是应对非传统安全问题的着眼点和关键。事后的消极刑事处罚对应的是食品安全犯罪刑事政策的短期应对性、治标性，事前的积极社会预防对应的是食品安全犯罪刑事政策的长期可持续建构、治本性。事前的食品安全社会政策更着眼于追踪食品安全问题发生的根源，应当作为刑事政策的重心。

在非传统安全理念下，食品安全犯罪刑事政策是事后食品安全刑事惩处刑事政策与事前食品安全社会政策的结合，也凸显了食品安全犯罪刑事政策的复合化、多元化特征。

（二）非传统安全理念下食品安全犯罪刑事政策的具体内容

1.“宽严相济”基础上的“以严优先”

第一，从我国当前的食品安全刑事立法看，我国实行的是“厉而不严”的刑事政策。《刑法修正案（八）》第24条对生产、销售不符合安全标准的食品罪设置了无期徒刑，第25条对生产、销售有毒、有害食品罪设置了死刑，这两个条文对食品安全犯罪统一规定了并处罚金刑和没收财产刑；《刑法修正案（八）》第49条新增了食品监管渎职罪，并规定了比一般渎职罪更高的法定刑。然而，我国食品安全犯罪的刑事法网却不严密，有关食品安全犯罪的罪名仅为前述3个罪名，且这些罪名仅仅规定了生产、销售、监管环节的食品安全犯罪。针对我国当前“厉而不严”的刑事政策，有论者认为未来的食品安全犯罪刑事政策应当选择“严而不厉”的刑事政策，即严密食品安全刑事法网、减缓刑罚的严苛、废除食品安全犯罪的死刑和无期徒刑设置，因为国外和境外一些法治比较发达的国家和地区的立法对经济犯罪所设置的刑罚比我国刑法规定轻很多①。诚然，国外一些国家针对食品安全犯罪实行的是“严而不厉”的刑事政策。例如，《德国刑法典》第314条规定，掺入危害健康的有毒物质或者销售、陈列待售或以其他方式将被投毒或掺入危害健康的有毒物质的物品投入使用的，处1年以上10年以下的自由刑；《俄罗斯联邦刑法典》第238条规定了生产、存储、运输、销售不符合消费者生命或健康安全标准的商品或产品，处罚金刑和短期自由刑，而且规定了过失类型的食品安全犯罪。然而，我国在食品安全犯罪问题上是否应当完全照搬国外“严而不厉”的刑事政策呢？笔者认为，我国应当在宽

① 刘仁文：《中国食品安全的刑法规制》，《吉林大学社会科学学报》2012年第4期。

严相济刑事政策的范围内实行“以严优先”的刑事政策。理由如下：第一，食品安全犯罪刑事政策的选择应当遵循我国最基本的刑事政策。根据最高人民法院发布的《关于贯彻宽严相济刑事政策的若干意见》之规定：“宽严相济刑事政策是我国的基本刑事政策，贯穿于刑事立法、刑事司法和刑罚执行的全过程。”这说明宽严相济刑事政策是我国最基本的一项刑事政策，具有全局性和普遍指导的意义。正如有的论者指出：“宽严相济刑事政策的内涵是指在刑罚总体宽松的背景下，对一少部分严重犯罪行为和犯罪行为人采取严厉的刑事政策，对大部分轻微犯罪行为和犯罪行为人采取宽松的刑事政策。”[①]宽严相济刑事政策既包括宽的内容，又包括严的内容，宽、严相协调。这里的“严”，既指严密刑事法网，又指对犯罪处以刑罚重罚。这里的“宽”，是指对具有从宽情节、事实的犯罪分子，依法从宽处理。

第二，就国外针对食品安全犯罪实行“严而不厉”刑事政策而言，我国只能借鉴其“严”，不能照搬其“不厉”。首先，从农田到餐桌的食品链条很长且复杂，食品链条中任一环节出现纰漏，都可能酿成食品安全事故，这就要求必须严密食品安全刑事法网，对食品链中每一个环节可能发生的危害食品安全行为进行刑法规制，以免食品安全违法犯罪分子有恃无恐。具体而言，就是必须增加规定种植、养殖、制造、加工、销售、运输、储存等环节的食品安全犯罪。其次，虽然国外食品安全犯罪的刑罚设置“不厉”，但由于我国市场经济不完善、不成熟，食品安全领域可谓乱象丛生，食品安全态势非常严峻，迫切需要对食品安全犯罪实行重罚，加大处罚力度。在打击食品安全犯罪活动的实践中，检察机关已经将严惩重罚常态化，始终保持对食品安全犯罪的高压态势。那么，对食品安全犯罪重罚化究竟应该重到什么程度？食品安全犯罪是否应该设置死刑呢？笔者以为，食品安全犯罪的重罚化是食品安全犯罪被害人的基本诉求。食品安全关系到民众的生死存亡，广大民众强烈要求严厉惩处食品安全犯罪，对罪行极其严重

① 汪明亮：《刑事政策研究新视角》，法律出版社 2008 年版，第 102 页。

和犯罪情节恶劣的食品安全犯罪的犯罪分子判处重刑甚至死刑，断然取消食品安全犯罪的死刑、无期徒刑设置既不符合我国国情，也不符合民意。食品安全犯罪的重罚化还必须重视财产刑的作用，对犯罪分子处以巨额罚金刑，罚至倾家荡产。最后，上文论者将食品安全犯罪定位于经济犯罪值得商榷。虽然食品安全犯罪破坏了社会主义市场经济秩序，但是其从根本上违反了人类最基本的道德伦理原则，是对人类生命权、健康权的漠视和践踏，本质上具有强烈的反伦理性，绝不能定性为经济犯罪。食品安全犯罪是反伦理性的危害公共安全罪，因此，对其配置轻刑而采用“不厉”的刑事政策有失妥当。

第三，从非传统安全犯罪刑事政策角度审视，食品安全犯罪应当实行“以严优先”的刑事政策。传统安全犯罪与非传统安全犯罪相对应，主要指危害国家安全犯罪、放火罪、爆炸罪等。由于传统安全犯罪直接危害国家安全、社会治安，我国实行从重处罚的刑事政策。非传统安全犯罪是不确定性、全球性的深层次风险犯罪，这要求刑法进行扩张性的风险预防，将法益保护前置化，以控制非传统安全风险。也就是说，与传统安全犯罪相比，非传统安全犯罪凸显严密刑事法网的刑事政策。于是，为了应对食品安全犯罪这类非传统安全犯罪的挑战，就应当改变传统刑法规制模式，在立法模式上由结果犯、具体危险犯模式向抽象危险犯模式转变；就应当扩展刑法调整范围，严密食品安全刑事法网，实现食品全链条的刑法规制，将涉及食品安全的特定行为予以犯罪化和重罚化，增设流通环节的食品安全犯罪、持有型食品安全犯罪、不作为型食品安全犯罪和过失型食品安全犯罪。

2. 将食品安全的社会政策作为重心

德国刑法学家冯·李斯特曾经作出论断：“最好的社会政策也就是最好的刑事政策。”[①] 菲利的“犯罪原因观”“犯罪饱和论”和安塞尔的“新社会防卫论”都反对单纯的刑罚手段，重视预防手段的效果，坚持刑法与其他法律、社会手段联合起来抗制犯罪。食品安全归属于公共

① 转引自卢建平主编《刑事政策学》，中国人民大学出版社 2007 年版，第 11 页。

安全，食品安全问题具有非传统安全问题的突发性、隐蔽性、多样性等特点，这也告诉我们必须重视食品安全的预防策略，将食品安全社会政策作为重中之重。

（1）以行政严管为基础，以刑罚重罚为保障。储槐植教授认为："法网分为两层，一层是整体法网，一层是刑事法网。整体法网指国家对全社会管理的法律法规。"管理出秩序，秩序是刑法的价值目标，也是对违法分子一律追究刑事责任，并处以重罚。就行政严管方面而言，具体包括以下几项内容：第一，完善食品安全监督管理体系，严格行政监管执法。令人欣慰的是，国务院通过新一轮"大部制"改革理顺食药监管体制，成立了国家食品药品监督管理总局，吸纳和整合散落在农业、质检、工商、商务、卫生等部门的食品安全监管职能。第二，健全食品安全危机管理机制，增强应对食品安全问题的能力。食品安全危机管理是科学化的管理，通过危机管理机制来应对食品安全问题，有可能及早发现隐患，采取应对措施，从而在某种程度上阻止食品安全危机爆发或者蔓延，尽最大可能地保障民众生命健康安全和减少相关损失。第三，理顺市场经济体制，严格食品行业质量安全市场准入制度。良好、完善的市场体系是事中调节机制，保护公平竞争，打击恶性竞争，充分发挥市场机制优化资源配置的基础性作用，通过优胜劣汰的市场机制淘汰落后的食品企业。食品行业市场准入制度是事前调节机制，是为了确保食品安全而要求必须具备一定生产、经营条件才能进入食品市场的许可制度。

（2）增强市场主体的法律意识，加强对市场主体的法制教育。增强市场主体的法律意识就是要增强市场主体的契约意识、公平竞争意识、权利义务相一致意识。加强法制教育则应当从以下几个方面着手：第一，将法制教育作为思想政治教育工作的重中之重，并将其列为食品生产经营企业的常规发展战略之一；第二，食品生产经营企业应当认真组织企业领导和员工定期学习食品安全行政法律、法规、规章、条例，并对领导和员工定期进行法律知识考试、考核；第三，每个食品生产经营企业应当配备高素质且具有丰富法律知识的法制教育专门人员，由他们承担食品生产经营企业法制宣传教育工作的重任。

（3）加强社会诚信机制建设，营造诚信的社会道德风尚。食品领域的“假、冒、伪、劣、毒”现象是社会诚信缺失的恶果，食品市场的健康、规范运行迫切需要坚守诚实信用原则，迫切需要完善社会诚信机制建设，提升食品市场主体的道德责任感和社会责任感，营造诚信的社会道德风尚。食品安全的社会性需要国家诚信、企业诚信、个人诚信三方的诚信合作，畅通刑法机制的环境保障。严管的实体效用胜于严打。① 笔者认为，治理食品安全犯罪应当以行政严管为基础，以刑罚重罚为保障。行政严管就是全过程由精细规则进行不留责任空隙的科学管理，但行政严管并非死管；刑罚重罚是前述宽严相济刑事政策中“严”的内容，是指对构成食品安全犯罪的犯罪力，在全社会诚信理念的指引下，食品安全行政管理机关依法严格管理，企业严格自律，个人诚信道德感强烈，这不失为治理食品安全犯罪的一项良策。

三　刑事政策视野下食品安全刑事立法的完善

刑事政策毕竟不是法律，其属于政策范畴，仅具有宏观上的指导意义，因而只有通过刑事立法对刑事政策精神予以正确吸收，才能充分发挥刑事政策对刑事法制的导向功能。同时，刑事立法也应从刑事政策观点出发，合乎刑事政策精神。这就是刑法学界所共识的刑事政策刑法化与刑法刑事政策化。在食品安全犯罪刑事政策的指引下，我国食品安全刑事立法应当贯彻非传统安全理念和“以严优先”的刑事政策精神。2013 年 5 月 4 日，最高人民法院、最高人民检察院颁布并实施《关于办理危害食品安全刑事案件适用法律若干问题的解释》（以下简称《食品安全刑事解释》），意在通过司法解释的方式在司法实践中扩大食品安全领域的刑法调控范围，弥补食品安全刑事立法缺陷。笔者以为该解释自身存在弊端和缺陷，如将刑法的“生产、销售”解

---

① 储槐植、江溯：《美国刑法》，北京大学出版社 2012 年版，第 11—12 页。

释为“加工、销售、运输、贮存”，显然与常理不符，属于毫无理由强行扩大解释，超出了国民的预测范围。同时，为了与各国的立法例一致，应当采用刑法修正案模式完善食品安全刑事立法。具体立法完善路径包括如下几个方面：

（一）整合食品安全犯罪罪名在刑法典中的编排

我国现行刑法典冠以“食品”字眼的3个食品安全犯罪罪名，即生产、销售不符合安全标准的食品罪，生产、销售有毒、有害食品罪，食品监管渎职罪，分散规定在刑法典各章节中。前两个罪规定在刑法典第3章破坏社会主义市场经济秩序罪的第1节生产、销售伪劣商品罪中，食品监管渎职罪规定在第9章渎职罪中。食品安全犯罪罪名在刑法分则中的编排位置表明，立法者认为食品安全犯罪是经济犯罪，食品安全犯罪侵犯的主要客体是国家食品安全管理制度和市场经济秩序。笔者以为，这样的编排体例不科学，既不符合食品安全犯罪的非传统安全犯罪属性，也与世界上大多数国家的先例不一致。食品供人食用，与人的生命、健康具有最直接的关系，食品安全犯罪相当于急性、慢性杀人，具有非传统安全属性，时刻危害全体公民的生命健康。而且，大多数国家如《俄罗斯联邦刑事法典》《德国刑法典》《最新意大利刑法典》等都将食品安全犯罪规定在“危害公共安全罪”章节中。据此，应当将食品安全犯罪侵犯的主要客体定位为公共安全，即不特定多数人的生命权、健康权，应当重新整合食品安全犯罪罪名在刑法典体系中的编排位置，将食品安全犯罪移入刑法典第2章危害公共安全罪中，并在这章单列专门的一节详细规定食品安全犯罪各罪名。既有利于通过刑法体例结构编排将食品安全犯罪提升至非传统安全犯罪的高度，又有利于促进食品刑法规制体系的科学化。

（二）进一步严密食品安全犯罪刑事法网，扩大犯罪圈

1. 严密生产、销售型食品安全犯罪刑事法网

虽然《刑法修正案（八）》第24、25条增加了“或者有其他严重

情节”“或者有其他特别严重情节”也处以相关刑罚的兜底性规定，在某种程度上扩大了本类罪的刑事处罚范围，但是本类罪在犯罪主体、犯罪客观方面、犯罪主观方面仍然过于狭窄，存在诸多缺陷，亟须作出如下完善：

（1）扩充犯罪主体的范围。生产、销售型食品安全犯罪的主体仅仅局限于生产者、销售者，这既与《食品安全法》的规定不一致，也可能使食物链其他环节中危害食品安全犯罪的犯罪分子得不到应有惩处，导致刑事立法疏漏。为确保刑法典的犯罪主体与《食品安全法》的法律主体相协调、相一致，应根据《食品安全法》的规定，增加农产品的种植者、动物的饲养者、食品原材料的供应者、食品的运输者、食品的包装者、食品的加工者、食品的保存者等为犯罪主体。

（2）严密犯罪客观方面的规定。生产、销售型食品安全犯罪在犯罪客观方面的规定不严密，具体表现为：本类型犯罪仅仅规定了生产、销售的客观危害行为；生产、销售有毒、有害食品罪仅仅规定掺入行为，行为方式过于单一，掺入的内涵无法涵盖实践中将非食品性原料掺入、涂抹、添加于食品以及用有毒的化学溶剂浸泡、洗涤食品的行为。另外，安全标准包容了营养标准，但在司法实践中生产、销售不符合营养安全标准的行为虽不会造成严重中毒事故或者其他严重食源性疾病，却可能对特殊群体的健康造成损害。由于这种具有严重危害食品安全的行为不完全符合生产、销售不符合安全标准的食品罪的罪状，导致不能适用生产、销售不符合安全标准的食品罪对该种行为进行刑法规制，造成了实践中定罪的尴尬局面。笔者以为，应当就本类型犯罪的客观方面做出如下修改：第一，扩充犯罪客观方面的危害行为。根据《食品安全法》的规定，销售行为、运输行为、储存行为可以统摄于经营行为中，刑法中关于食品安全犯罪的规定也应当与《食品安全法》中的规定相协调一致，将生产、销售行为修改为生产、经营行为。第二，为了将农产品、食品添加剂的生产、经营纳入食品安全刑法保护范围，应通过刑法立法解释明确食品安全犯罪中的相关概念，即单独设置一个条文对“食品”“生产”做进一步扩大解释。食品刑法中的“食品”包含食品添加剂、转基因食品、食用农产品等。农业生产是生产的基本组成部分，食品刑法中的生产行为包括了食用农产品的种植、养殖行为，绝不能狭隘地认为生产行为只是加工和制造，因此，刑法中的“生产”应包括种植、养殖、加工、制造、包装等。第三，修改生产、销售有毒、有害食品罪的罪状。建议将《刑法》第 144 条的罪状修改为：“在生产、经营的食品中掺入、浸泡、涂抹、渗透、洗涤、添加有毒、有害非食品性原料，销售明知掺入、浸泡、涂抹、渗透、洗涤、添加有毒、有害非食品性原料的食品。”第四，针对生产、经营不符合安全标准的食品罪不能包容生产、经营不符合营养安全标准行为的情况，将生产、经营不符合安全标准的食品罪的罪状——“足以造成严重中毒事故或者其他严重食源性疾病”，修改为“足以危害身体健康、生命”。

（3）周延食品安全犯罪主观方面的规定。生产、销售型食品安全犯罪在主观方面都只规定了故意，而忽视了客观存在的过失心态。在实践中，有些贮藏食品的行为人应当履行业务上的注意义务，事实上也已经预见到了但是轻信能避免，以致使食品腐败、变质、被污染，造成危害人体健康结果的，是过失心态的食品安全犯罪。如果不规定过失型的食品安全犯罪，将无法对过失危害食品安全行为予以有效地规制，因而就很有必要增加食品安全犯罪过失心态的规定。

2. 降低食品监管渎职罪的入罪门槛

《刑法修正案（八）》第 49 条专门增设的食品监管渎职罪是结果犯，“导致发生重大食品安全事故或者造成其他严重后果的”是实害结果要素。其中，何谓“重大”和“严重”，都具有一定的量化标准，这意味着食品监管渎职行为必须在导致一定量结果的实际发生时才构成食品监管渎职罪。这一实害结果要素无疑限制了本罪的处罚范围，提高了本罪的入罪门槛，不利于有效打击食品监管渎职犯罪行为。为了扩大本罪的犯罪圈，笔者建议降低本罪的入罪门槛，将本罪由实害结果犯修改为具体危险犯，即将法条修改为“足以导致发生重大食品安全事故或者造成其他严重后果的”。

此外，为编制一张周密的食品安全刑法保护网，除生产、经营型食品安全犯罪和食品监管渎职罪外，还应当增设食品安全犯罪相关新罪名，如生产、经营不符合安全标准的食品相关产品罪、拒不召回不符合安全标准的食品罪、拒不作出食品标识罪和持有不符合安全标准的食品罪。

（三）加大食品安全犯罪的刑事处罚力度，完善相关法定刑

1. 丰富和细化生产、销售型食品安全犯罪的法定刑

（1）细化罚金刑。《刑法修正案（八）》第 24、25 条删除了罚金刑的比例限制和单处罚金的规定，确立了并处无限额罚金原则，有利于加大本类罪的刑事处罚力度。但是无限额罚金制操作性不强，没有规定罚金刑的上限和下限，致使存在罚金数额低于《食品安全法》行政罚款的可能，且没有规定具体的计算方法。这不仅给法官徇私枉法留有空子，还可能导致罚金刑畸重畸轻，司法不统一。2013 年 5 月 4 日实施的《食品安全刑事解释》第 17 条又做出了限额罚金制和倍比罚金制的规定，即犯生产、销售不符合安全标准的食品罪和生产、销售有毒、有害食品罪，一般应当依法判处生产、销售金额 2 倍以上的罚金。虽然罚金刑的上限规定有助于降低罚金数额低于《食品安全法》行政罚款的风险，但是倍比罚金制存在未遂情形下没有销售金额时如何确定并处罚金数额的困境。此外，我国食品刑法设置的罚金刑也没有对自然人和法人作出区分。笔者以为，首先，可对罚金刑设置最低限额，上不封顶。其最低限额与《食品安全法》的行政罚款相一致，即不低于 2000 元。其次，实行罚金刑分立模式，对自然人和法人设置不同的罚金刑，尤其是对法人设置巨额罚金刑，让法人犯罪人倾家荡产。最后，可以参照我国台湾地区食品刑法的规定，以“日”为计量单位，计算罚金刑的具体数额。

（2）增设资格刑。生产、销售型食品安全犯罪都没有配置资格刑，这是立法上的一大遗憾。《食品安全法》针对食品生产者、经营者的行政违法行为规定了类似资格刑的行政处罚，即责令停产、停业和吊销许可证。针对食品安全犯罪，刑法也应当规定与之相呼应的资格刑。笔者建议增设和丰富我国食品安全犯罪资格刑的具体内容：首先，采

用资格刑分立主义。食品安全犯罪自然人的资格刑包括剥夺一定年限从事食品生产经营的权利或者剥夺从事食品生产经营权利终身，食品安全犯罪法人资格刑包括剥夺一定年限从事食品经营的权利、停业整顿、强制解散。其次，对所有生产、经营型食品安全犯罪，一律在全国或者地方有影响力的报纸上公布刑事处罚判决。

（3）修改没收财产刑。生产、销售型食品安全犯罪的法定刑配置对没收财产刑重视不足，没收财产刑仅适用于特别严重情节的情形，且在监禁刑与没收财产刑的适用模式上采用选科模式。笔者建议对相关情节增设没收财产刑，并修改监禁刑与没收财产刑的适用模式：首先，在生产、经营不符合安全标准的食品罪和生产、经营有毒、有害食品罪的基本法定刑、加重法定刑中均增加没收财产刑，在监禁刑与没收财产刑的适用模式上采用选科模式[①]。其次，在致人死亡和特别严重情节下，将监禁刑与没收财产刑的适用模式由选科模式修改为并科模式。

2. 加大食品监管渎职罪的刑事处罚力度，丰富刑罚种类

尽管《刑法修正案（八）》第 49 条单列食品监管渎职罪，并配置了较一般渎职罪更高的法定刑，处以了更为严厉的处罚，即“五年以下有期徒刑或者拘役”和“五年以上十年以下有期徒刑”两个量刑档次，但法定刑仍然偏轻，刑事处罚力度不够。食品监管渎职罪具有严重的社会危害性，必然给国家和人民带来巨大损失，有必要将本罪的法定最高刑提高至 15 年有期徒刑，以贯彻罪刑相适应原则。此外，本罪法定刑配置中仅仅规定了拘役和自由刑，刑罚种类过于单一，建议增加没收财产刑、资格刑。

［本节原以《非传统安全视角下食品安全犯罪的刑事政策及立法》为题，载于《河南大学学报》（社会科学版）2014 年第 2 期。此次收入略有修改。作者李莎莎为上海海事大学法学院讲师、法学博士］

---

① 房清侠：《食品安全刑法保护的缺陷与完善》，《河南财经政法大学学报》2012 年第 12 期。

第三节　风险社会下食品安全的体系刑法观

食品是维系人类生存的前提，也是社会发展的基础。随着经济的发展，当今中国已经走出了“我饿”的时代，进入了“我害怕”的时代。在工厂化生产的今天食品已不再匮乏，但是食品安全问题日趋严重。就食品而言，这是最好的时代，但也是最差的时代。《刑法修正案（八）》对食品安全问题的现状做出了回应，提出了新的应对手段。这种人造危险的泛滥印证了贝克风险社会理论的正确性，用风险社会理论对食品安全问题的刑法规制问题进行分析，能更好地找到解决食品安全问题的正确方法。

一　风险社会下我国食品安全已成问题

两次工业革命带来了产业化，最终导致了社会变革。在食品行业中，工业化使食品行业走向现代化。随着现代化的进程不断加快，普遍的工业化产生了普遍的风险，食品安全风险开始显现。风险与早期的危险相称，是与现代化的威胁力量以及现代化引致的怀疑的全球化相关的一些后果。[①] 贝克认为，风险社会中的风险必须和现代化的反思相结合。在风险社会中，风险不同于古典社会中的自然风险，而是以“人造风险”为主。

（一）中国食品安全问题的表现

计划经济时代，生产力落后，食品匮乏，数量是食品安全的核心问题。改革开放以后，市场经济得到发展，资源配置效率提高，生产力得到了极大的解放，食品数量问题得到解决。但是市场这只“看不见的手”开始暴露出自身的缺陷，自发性导致商人唯利是图，食品质

① ［德］乌尔里希·贝克：《风险社会》，何博闻译，译林出版社 2004 年版。

量成了食品安全的核心问题。仅 2012 年，被披露的重大食品安全事件就有“酒鬼酒深陷‘塑化门’事件”“张裕葡萄酒藏农药事件”“辛拉面被曝含致癌物”“立顿检出高毒农药”等。整个食品行业充满着“弗兰肯施泰因”现象，[①]由人制造的食品违反了人类的本意，不再使人类受益，反而成了侵害、消灭人类的工具。市场失灵导致了商业行为的异化，进而导致了整个社会的异化。面对激烈的市场竞争，安全常常被牺牲为对最低成本的追求，[②]这种对安全的漠视具有极大的社会危害性，“三鹿奶粉”事件中“三聚氰胺”毒奶粉导致大量婴幼儿住院治疗，并且造成了多名婴幼儿死亡。食品安全问题不仅出现在没有营业执照的“黑作坊”中，还蔓延到老字号、知名大公司之中，甚至开始出现在一些全球知名的跨国公司中。食品安全问题走向全行业化的趋势，挑战着国民的信心底线。由于食品安全问题的日趋严重，相关的监管措施开始加强。《食品安全法》[③]规定了最严格的食品安全标准，并且分部门对食品安全进行监管，以期能够解决“监管难”的问题。但是，中国的食品安全问题并没有因《食品安全法》的出台而得到解决，食品安全问题仍然难以得到遏制，并且呈扩大趋势，整个社会的发展笼罩在食品安全的风险之下。

（二）食品安全风险的中国化特点

风险社会理论的提出是对科学技术的质疑，也是对工业化生产模式的质疑。工业机器给人类社会带来了辉煌的成就，但是过度的现代化使人类不再受益。现代风险有着自身的特点，如人为化、后果的延展性、建构本性等[④]。但是这种现代化的风险在中国有其特殊性，与

① ［德］乌尔里希·贝克：《世界风险社会》，吴英姿、孙淑敏译，南京大学出版社 2004 年版。

② JasonCzarnezki, YanmeiLin, CameronField.GlobalEnvi-ronmentalLaw: “FoodSafety&China”, http://papers.ssrn.com/sol3/papers.cfm?abstract_id=2133551.

③ 本节涉及的《食品安全法》指 2009 年颁布的《食品安全法》。

④ 劳东燕：《公共政策与风险社会的刑法》，《中国社会科学》2007 年第 3 期。

贝克风险社会中倾向于“第二现代性”的风险不同，在中国的风险社会定义中存在“第一现代性”和“第二现代性”双重强调的共时性困境[①]。中国的现代化发展时间较短，并没有发达国家那样进行的完整的现代化发展周期，自身残留“第一现代化”因素的同时走向“第二现代化”，中国的现代化是一种“压缩式”的现代化，同时拥有工业化和自反性现代化的特征。具体来说，中国的食品安全问题存在“第一现代性”的“毒奶粉事件”“地沟油事件”，也存在“第二现代性”的“KFC 速成鸡事件”“黄金大米事件”。“第一现代性”的食品安全问题的性质与前工业化时期相比并没有发生变化，而“第二现代性”的食品安全问题的性质发生了异变，“变异性食品”“转基因食品”的出现使科学理性本身成为不稳定因素，这种隐性风险的存在使其与“第一现代性”的食品安全问题迥然不同，“第二现代性”的风险在科学的名义下似乎是披上了合法的外衣，但是大部分创造的驱动力不是人类的真实需求，而是对利润的渴望[②]。“第二现代性”的食品安全风险的本质仍然是人造风险，和“第一现代性”的食品安全风险是一致的。“第二现代性”的食品安全风险具有隐蔽性，其法律界限是不明确的，导致行为的界限也具有不明确性。但是不明确的风险并不意味着比“第一现代性”的风险要小，“第二现代性”的食品安全风险虽然具有形式合理性，但是其潜在危害性将是灾难性的。

双重风险的叠加给食品安全问题带来了新的复杂性，就我们所经历的风险无所不在而言，我们只可能作出如下三种反应：否认、漠视和转型。对于日趋严重的食品安全问题，只有转型的姿态才可以正确应对风险社会的挑战。食品安全问题转型的构想在制度层面的实践就是制度的变革，在刑法层面的实践就是相关刑事立法的重构，这一切

---

① ［德］乌尔里希·贝克：《风险社会与中国——与德国社会学家乌尔里希·贝克的对话》，邓正来、沈国麟译，《社会学研究》2010 年。

② MiguelA,AltieriandPeterRosset. Tenreasonswhybio-technologywillnotensurefoodsecurity, protecttheenvi-ronment, orreducepovertyinthedevelopingworld［M］. RichardSherlockandjohnD. Morrey, Rowman § Little-fieldpublishers, 2000.

体现在《刑法修正案（八）》对食品安全犯罪的修改之中。

二 《刑法修正案（八）》对食品安全犯罪的修改

《刑法修正案（八）》对食品安全犯罪高发、食品安全风险激增的态势做出了回应，既有对现有条文的修改，也有在分则条文中规定的新的罪名条文，意在刑法体系内对食品安全问题的规制进行制度再造。

（一）《刑法修正案（八）》对食品安全犯罪的具体修改

在《刑法》第143条生产、销售不符合安全标准的食品罪中，既有对犯罪构成的修改，也有对刑罚的修改。在犯罪构成方面，将"卫生标准"修改为"安全标准"；在刑罚方面，在三年以下有期徒刑或者拘役的量刑条款中取消了单处罚金的规定，在加重条文中增加了"其他严重情节"的量刑规定，在罚金的计算上取消了参照销售金额的规定。《刑法》第144条生产、销售有毒、有害食品罪与其类似，取消了拘役刑和罚金刑参照销售金额的规定。《刑法》第408条之一创设了食品监管渎职罪，针对国家机关工作人员在食品安全监管方面的滥用职权和玩忽职守行为，进行了刑法规制。

《刑法修正案（八）》对食品安全犯罪的修改趋势是犯罪圈扩大、刑罚加重，对食品安全犯罪的打击力度加大。生产、销售不符合安全标准的食品罪将"卫生标准"修改为"安全标准"，应当认为，"卫生标准"是"安全标准"的一种。《刑法修正案（八）》的修改将虽然符合卫生标准但是不符合安全标准的生产、销售食品行为纳入了刑法规制的范围，行为的范围有所扩大。在刑罚方面，不仅取消了单处罚金的规定，而且取消了对销售金额的参照规定。刑罚规定对解释同样具有重要的提示作用。[①] 一般认为，单处罚金的刑罚针对轻罪，其取消显示出生产、销售不符合安全标准的食品罪的"重处罚"的刑事政策。取消了参照销售

---

① ［德］汉斯·海因里希·耶赛克、托马斯·魏根特：《德国刑法教科书》，徐久生译，中国法制出版社2001年版。

金额的规定是鉴于其严重限制了罚金刑的惩罚力度，食品价金一般数额较小，但是不安全食品却有可能对人体健康造成极大的危害，如果强行参照销售金额将导致罚金数额与犯罪危害程度不相称，违反了罪刑相适应的刑法原则。在司法实践中，食品生产者、销售者出于经济利益的考虑，往往不会记载准确的销售金额，因而销售金额成了适用罚金刑的一个“人造障碍”。食品安全犯罪是经济犯罪，具有贪利本质，罚金刑是最好的惩治工具，《刑法修正案（八）》对罚金刑的修改使其更具有司法适用性。出于减少死刑的人道主义考量，《刑法修正案（八）》大面积减少了刑法分则中的死刑规定，其中绝大部分集中在经济犯罪领域。但是在食品安全犯罪中，生产、销售有毒、有害食品罪仍然保留了死刑，充分说明了该种犯罪的严重的社会危害性。

（二）风险社会下刑法规制方法的局限性

刑法是社会的，必然会随着社会变迁而发生相应的嬗变[①]，《刑法修正案（八）》的修改是对风险社会下食品安全问题的回应。虽然其加重了处罚，但是并没有形成有效的威慑，食品安全犯罪仍然处于高发的态势，这在实践层面上印证了《刑法修正案（八）》的相关修改在应对风险社会的冲击时存在的自身的局限性。

1. 风险的不确定性和法律的确定性之间存在矛盾

在风险社会中，风险的产生在于大工业时代科技的发展突破了社会制度的可控界限，导致在技术工业发展过程中产生的威胁——以现存的制度性标准衡量——既不可计算也不可控制。风险社会中的风险是一个变量，随着时间和地点的变化，具体的风险量是不同的。风险与危险相比是一个较为中性的名词，而危险则完全是负面意义的[②]，风险到危险或者实害的转化需要一个过程，风险存在积极的因素，最后的结果可能含有正效应。在大陆法系国家，法律适用的基本逻辑是司法三段论，只

① 参见高铭暄《风险社会中刑事立法正当性理论研究》，《法学论坛》2011 年第 4 期。

② 参见陈晓明《风险社会之刑法应对》，《法学研究》2009 年第 6 期。

有确定的大前提（法律规范）才可以推出确定的法律结论，其正确性在于演绎逻辑的形式逻辑本质。法律制度为了实现正义的价值追求，要求法律必须具有确定性。食品安全犯罪高发是风险社会人造风险的集中表现，而将其入罪则存在“不确定性”和“确定性”的矛盾。《刑法修正案（八）》通过罪和刑的修改调整了食品安全风险的规制手段，但是食品安全风险仍然在变化发展，其不确定性仍然存在，此次修改并没有从根本上解决刑法典和食品安全风险之间的内在矛盾。

2. 面对混合风险的无奈

本节的第一部分已经阐述了食品安全风险的中国化特点，即“第一现代性”和“第二现代性”的混合风险。《刑法修正案（八）》将生产、销售不符合卫生标准的食品罪修改为生产、销售不符合安全标准的食品罪，扩大了刑法的调整范围，但是其主要规制的仍然是“第一现代性”的食品安全风险。《食品安全法》对食品安全标准进行了法定化，并且强制执行。在对食品安全犯罪的“安全标准”进行解释时，必须参考《食品安全法》的相关规定。而在《食品安全法》中，食品安全标准的主要内容为相关产品的致病性微生物、农药残留、兽药残留、重金属、污染物质以及其他危害人体健康物质的限量规定、食品添加剂、专供婴幼儿和其他特定人群的主辅食品的营养成分要求等，从中可以看出，其仍然停留在“第一现代性”的风险规制上。由此可知，刑法的“安全标准”也主要体现在“第一现代性”的食品安全风险上。在《刑法修正案（八）》的修改意见征求过程中，有学者建议对利用高科技手段添加有毒、有害物质的行为作出前瞻性规定[①]，但是最后《刑法修正案（八）》并没有对“第二现代性”的食品安全问题作出具体规定。随着生物科技的发展，未来“KFC 速成鸡”“转基因黄金大米”等类似食品安全问题将会不断出现，“第二现代性”的食品安全问题将离我们越来越近，现行刑法的食品“安全标准”并不能保证安全

① 张军主编：《刑法修正案（八）条文及配套司法解释理解与适用》，人民法院出版社 2011 年版。

的食品。

3. 责任主体的缺失

现代刑事责任具有属人性质，中国大陆刑法中的责任主体为自然人和单位两种。刑事责任不同于民事责任，民事责任之本质在损害赔偿，刑事责任之本质为刑罚[①]。虽然刑法中有共同犯罪的规定，但是最终的量刑仍然是独立进行的，因而刑事责任不存在连带责任。由于刑事责任的特殊性质，因而在适用刑法时必须确认具体的责任主体。在风险社会中，由于风险链的存在，新的危险破坏了传统的安全计算的支柱，危险几乎不能再被归因于确定的犯罪者。在现代化食品的生产、销售过程中，从牛肉到汉堡要经过饲养、屠宰、加工、运输、烹饪、出售等多道工序，任何一个环节出现问题都会导致不安全食品的出现。职业的过度专业化体系及其正式组织在面对工业发展促成的风险时是失败的。它也许促进了生产力的发展，但不适合对危险的限制。在食品生产中究竟是哪个公司、个人需要对不安全食品负责，在许多情况下是很难查明的，因而将会导致难以归责的困境出现。在监管过程中，监管部门责任和职权存在交叉，导致了“有组织地不负责任”现象的存在。例如，在食品监管渎职罪中，刑法规定了“负有食品安全监管职责的国家机关工作人员，滥用职权或者玩忽职守的”这一犯罪行为，但是具体到个案，一个食品安全监管渎职案件往往涉及工商行政管理部门、卫生行政管理部门、农业行政管理部门、质量监督管理部门等多部门，即使在一个部门体系内还有不同的业务部门，因而要找出真正的责任主体也是相当困难的。

4. 食品安全的全球化风险和刑法的本土性之间的矛盾

危险的普遍化伴随着工业化，这种情况是独立于生产地的食品链，实际上将地球上所有的人连接到一起。由于世界经济的全球化发展，食品安全风险也具有全球化的特征，国界的限制被彻底打破。美国的疯牛病感染牛肉会对千里之外的澳大利亚产生威胁，中国的“三聚氰

---

① 韩忠谟：《刑法原理》，北京大学出版社 2009 年版。

胺”毒奶粉也会漂洋过海出现在欧洲人的餐桌上。任何一个国家的食品安全危机都可以演化成整个世界的安全危机，大规模的风险突破了文化、语言、宗教和体制的自足性。刑法是一个国家的基本法律制度，具有本土性的特征，其管辖范围受制于国家的主权界限。从法系的角度而言，中国是大陆法系国家，与英美法系国家的法律制度存在很大的区别。与同为大陆法系的德国、日本等国家相比，食品安全犯罪的规定也存在差异。更何况，每个国家的食品安全标准存在区别，这直接导致了刑法规制的本土性特征。食品安全犯罪不同于毒品、恐怖主义等国际社会重点打击的犯罪，缺少相关的国际条约，国家之间缺乏有效的合作。在规制食品安全犯罪时，刑法有着自己的调整对象和调整界限。《刑法修正案（八）》虽然扩大了食品安全犯罪的规制范围，但是无法解决全球化风险和刑法本土性之间的内在矛盾，因而其无法应对全球化食品安全风险的挑战。

现行刑法在调整食品安全风险时有着自己的局限性，并不是应对所有风险的充分命题。将刑法放在消除所有风险的制度预设之中，只能将自身陷入“牢笼困境”。贝克风险社会理论中的风险与前工业社会自然主导的风险不同，人是现代社会中最大的风险因素[①]，因而风险和人类世界的发展呈正相关的关系。风险社会中风险的存在本身是合理和不合理的矛盾综合体，风险在本质上不可消除。

三　以体系刑法观审视《刑法修正案（八）》的修改

刑法中的正义，不是所谓平均的正义，而应该是分配的正义[②]。刑法应当将重心放到风险的分配上，使整个社会安全、有效地运行。风险的分配在本质上就是利益的分配，社会如何才能对利益以及与之相对立的利益实现正确的管理是一个经久不衰的话题[③]。风险社会理论是

① 卢建平：《风险社会的刑事政策与刑法》，《法学论坛》2011 年第 4 期。

② ［日］大塚仁：《刑法概说》，冯军译，中国人民大学出版社 2003 年版。

③ ［德］克劳斯·罗克辛：《刑事政策与刑法体系》，蔡桂生译，中国人民大学出版社 2011 年版。

一个社会学命题，是从社会学的整体视角出发对人类社会现代化的集体性反思。刑法自成体系，是基本的法律制度之一，本质上属于社会制度。只有将刑法制度放在体系之中进行思考和适用，重新审视《刑法修正案（八）》的修改，才能正确地进行制度重构。

（一）刑法体系内的反思与重构

概念法学认为，法律制度是由一个概念金字塔构成的严密体系，只有在严密的法律体系中才能寻找到法律的真实含义。在刑法体系中，条文之间并不是孤立的，上下条文之间、总则和分则之间都存在着内在联系。只有将刑法视为一个体系，方能获悉个别法条的意义[①]。体系解释的预设前提就是刑法体系的本体必须是协调、统一的，因而在立法上出现体系矛盾就是对刑法体系的背离。在规制食品安全犯罪的过程中，对《刑法修正案（八）》的修改必须在刑法的体系内进行再审视。

第一，从罪的角度来说，《刑法修正案（八）》对食品安全犯罪的修改必须在刑法体系中进行反思，才能正确适用。首先，以食品监管渎职罪为例，其行为表现方式存在“滥用职权”和“玩忽职守”两种方式，而在《刑法》第397条的规定中，两种行为方式分别规定为“滥用职权罪”和“玩忽职守罪”。食品监管渎职罪将两种行为方式进行了合并，其理由为：实践表明，滥用职权与玩忽职守罪的区分，往往遇到困难，引发争议，并且引发不必要的上诉、申诉。应当认为，这种理由是不成立的，因为其破坏了刑法的体系，造成了人为的不协调。食品监管渎职罪的主观方面一般由过失构成，但也不排除间接故意[②]。“滥用职权”和“玩忽职守”的主观心态并不相同，如果将其合并为“食品监管渎职罪”，则会在刑法体系中产生一个罪名同时拥有故意和过失两种主观心态，与刑法的基本理论不符。以节约司法成本为名将罪名不断进行合并虽然能在表面上简化刑法的适用，但是实质上破坏

---

① ［德］卡尔·拉伦茨：《法学方法论》，陈爱娥译，商务印书馆2003年版。

② 周道鸾：《中国刑法罪名解释——原由、发展与司法适用》，法律出版社2011年版。

了刑法的罪名体系，这也与刑法罪名规定不断细化的趋势不符。刑法的适用实践是刑法是否合理的重要参照，适用困境是刑法改革的动力，但是这种改革必须在刑法的基本理论中进行，否则将破坏刑法的体系。其次，《刑法修正案（八）》对生产、销售不符合安全标准的食品罪进行了修改，将“卫生标准”修改为“安全标准”，扩大了刑法规制的范围。其司法适用必须在刑法体系内进行，厘清其与生产、销售有毒、有害食品罪的关系。生产、销售有毒、有害食品罪是抽象危险犯，而生产、销售不符合安全标准的食品罪是具体危险犯，刑法对于两者的介入时间是不同的，也可以看出生产、销售有毒、有害食品罪具有更强的法益侵害性。生产、销售有毒、有害食品罪是指在生产、销售食品的过程中加入有毒、有害的非食品原料，而加入非食品原料本身属于不符合食品安全标准的行为，两者属于一般法条和特殊法条的关系。虽然在生产、销售食品的过程中加入的非食品原料可能不是有毒、有害的，但是，如果有足以造成严重食品中毒或者其他严重食源性疾病的危险，可以构成生产、销售不符合安全标准的食品罪。因而在司法适用时，关键在于对非食品原料的有毒、有害性进行确认，只有这样才能够正确区分两罪的适用范围。

第二，从刑的角度来说，《刑法修正案（八）》普遍加重了食品安全犯罪的刑罚，但是仍然要对其量刑情节进行明确化才能正确量刑。以生产、销售不符合安全标准的食品罪为例，主刑三到七年的刑期增加了“其他严重情节”的规定。根据最高人民法院、最高人民检察院《关于办理生产、销售伪劣商品刑事案件具体应用法律若干问题的解释》的规定，“生产、销售不符合卫生标准的食品被食用后，造成轻伤、重伤或者其他严重后果的”，应认定为“对人体健康造成严重危害”。虽然“卫生标准”已经修改为“安全标准”，但是该解释仍然是具有参考价值的。“其他严重情节”和“对人体造成严重危害”在条文结构上属于并列项，参考上下文的规定进行体系解释，“其他严重情节”必须和“对人体造成严重危害”具有相当性。《刑法修正案（八）》不仅加重了刑罚，而且扩大了法官的自由裁量权。但是自由裁量权是有界限的，而在刑法体系内进行解释能够明确自由裁量权的适用范围。霍姆斯曾经说过："法律的生命在于经验，而不在于逻辑。"为了明确"其他严重情节"的具体范围，必须出台相关的司法解释或者发布指导性案例进行司法经验的总结，将其具体化以指导司法实践。

（二）法律体系内的反思与重构

在风险社会中应对食品安全风险，不仅需要刑法体系的自我完善，而且需要在整个法律体系内进行反思和重构。

首先，刑法典的分则规定与民法、商法、经济法、行政法、诉讼法等其他法律部门都有关联性，特别在空白罪状中，往往要参考其他部门法的相关规定进行解释。例如，在生产、销售不符合安全标准的食品罪中，对"食品安全标准"的解释必须参考《食品安全法》的相关规定。《食品安全法》第 21 条第 1 款规定："食品安全国家标准由国务院卫生行政部门负责制定、公布，国务院标准化行政部门提供国家标准编号。"因而，"食品安全标准"应当是具体、明确的。然而，《食品安全法》公布施行前，我国已有食品、食品添加剂、食品相关产品国家标准 2000 余项，行业标准 2900 余项，地方标准 1200 余项，相关的食品安全标准必须尽快得到整合和清理。只有明确了"食品安全标准"的具体规定，才能正确适用生产、销售不符合安全标准的食品罪。法律体系不仅是一个概念，而且还是一种规则，法律科学必须成为并且保持其作为一种真正的体系性科学。法律秩序应当是统一的，法律体系的理性完善不仅需要部门法的内部完善，还需要与其他部门法进行有效衔接，其他部门法的修改完善可以更好地明确刑法相关构成要件的含义，从而正确适用刑法的相关规定。

其次，刑法是其他部门法的最后保障，只有当其他部门法不足以制止某种危害，为了保护某种重要的法益时才可以适用刑法，动用"必要的恶"来惩罚犯罪行为。在法律体系中控制现代风险，首先是侵权法规制的范畴，其次是行政管理法规制的范畴，最后才能上升到刑法的层面[①]。在应对食品安全风险的法律体系中，有民法、刑法、经济法、行政法等相关部门法共同进行规制，其部门法内均有相关的制度性规范，如民法中的惩罚性赔偿制度、行政法中的行政许可制度、经济法中的消费者权益保护制度。刑法具有谦抑性，其对食品安全的行为规制范围小于其他部门法。在适用刑法的过程中必须遵循罪刑法定原则，明确刑法的规制范围。例如，刑法只对食品生产、销售行为进行了规制，食品流通行为由《食品安全法》进行规制，在适用刑法时不能将流通行为进行类推解释将其入罪。当然，如果行为人明知是不符合食品安全标准的食品而收获、加工、包装、运输、储藏，为生产、销售该食品提供帮助的，可以作为生产、销售不符合安全标准的食品罪的共犯追究刑事责任。刑法没有将食品流通行为进行规制是认为其行为的危害性比不上食品生产、销售行为。这在经济发展的早期，应当是适当的。但是随着现代化生产的专业化分工，物流业不断发展，食品流通成了食品工业中的重要环节。分工的现代化产生了新的风险，食品流通领域风险将不断加大，社会危害性也将不断加大，未来有入罪的必要。

最后，在风险社会中，危险成为超国界的存在，成为带有一种新型的社会和政治动力的非阶级化的全球性危险。在法律体系内，国际法可以克服刑法的本土性缺陷，有效应对食品安全风险的全球化危机。就国家之间而言，签订关于食品安全方面的合作协议可以有效地统一食品安全监管方面的标准，进行信息共享，从而有利于加强国际合作。例如，中国与日本、韩国签订了《中日韩三国关于食品安全合作备忘录》，将食品安全作为未来国家间合作的重点。除了国际条约以外，国际组织也在应对食品安全风险的过程中发挥了很大作用。联合国粮农组织（FAO）和世界卫生组织（WHO）在1963年就建立了国际食品法典委员会，如今的法典成员占世界人口的99%，对食品安全标准的国际间协调做出了很大的贡献。中国是国际食品添加剂和农药残留法典

① 于志刚：《“风险刑法”不可行》，《法商研究》2011年第4期。

委员会的主持国，并且当选为国际食品法典委员会亚洲区域执行委员，主办了国际食品添加剂法典会议、农药残留法典会议，充分借鉴了国际食品标准制定和管理的经验。虽然食品安全的国际化合作还停留在食品安全标准、信息交换等方面，但是随着食品安全犯罪的国际化风险不断加大，加强国际间的食品安全刑事合作将会越来越重要。

（三）社会制度内的反思与重构

风险社会下的风险产生集合了政治、经济、科技、文化等多种要素，现代社会的风险并不是单要素的。风险社会不只是对刑法提出了挑战，而且是对社会治理提出了挑战，因此，对风险的应对应是全方位的[①]。

食品安全风险的控制和分配需要在整个社会制度的体系内进行，它一般具有跨越刑法乃至法律领域的意义。首先，在经济制度上，市场经济的缺陷是导致食品安全风险的重要因素，生产力的过度发展异化了生产本身。因而，从经济手段来说，应当鼓励绿色产业的发展，引导资本流向，对绿色食品生产企业采取减税、补贴等手段。在世界风险社会中，每个人都会受到风险的威胁，但是具体到个人，个人承受的具体风险是不同的，其承受能力也存在差异。建立和完善相关的食品安全责任保险制度，使风险的分配社会化，增强个体的食品安全风险抵御能力。其次，在科技制度上，必须在科技理性中加入社会理性。风险社会是对现代化的反思，而现代化的反思首先要对科技进行反思。在风险社会中，“定义关系”被革命了，知识和无知结合在一起。在食品安全犯罪领域，对“安全”的定义是食品安全刑法规制的关键所在，对其定义离不开科学的数据化分析，但是在面对“第二现代性”的食品安全风险时，科学自身就是危险源之一，其定义往往是无效的。科技是现代生产力发展的第一要素，人类社会的科技进步是无法逆转

① 陈兴良：《“风险刑法”与刑法风险：双重视角的考察》，《法商研究》2011年第4期。

的。社会理性并非要抑制科技的发展，而是使科技发展产生的风险处于可控范围之内，从而正确定义食品安全的“可容许的危险”，使之符合社会整体利益。最后，在管理制度上，必须使相关管理部门的职责具体化、明确化，以应对“有组织的不负责任”。对于一些界限模糊、无法划分的“三不管”地带，刑事责任无法规制，但可以在行政法上用连带责任进行追责，从而调动相关管理部门的积极性。食品安全风险本质上是一种社会风险，必须在加强行政管理的同时建立社会治理的相关制度，发展相关的行业协会，加强自我管理，建立企业间的食品安全合作机制，在食品生产的过程中进行信息的充分交流，以利于食品安全事故发生后的及时补救。

当然，社会制度体系不仅仅指经济、科技、管理制度，还包括文化、政治等制度。风险社会的风险具有系统性，系统性的风险必须系统性地应对[①]。只有在社会制度的体系内对食品安全问题进行反思，才可以消解刑法规制的局限性，体系性地应对食品安全风险。

四　结语

风险社会下，食品安全事故不断涌现。在中国，食品安全风险有其特殊性，即“第一现代性”和“第二现代性”的风险混合。《刑法修正案（八）》对食品安全犯罪作出了修改，加强了刑法规制的力度，但是并不能完全应对食品安全风险。单纯的刑事规制具有自己的局限性，因而必须进行体系性的思考，将其放在刑法体系、法律体系、社会制度体系中进行反思与重构。在刑法体系内，食品安全犯罪需要进一步完善罪刑体系，并在刑法体系内进行准确适用。在法律体系内，需要完善相关的部门法来配合刑法的适用，进行有效衔接。同时要坚持刑法的谦抑性原则，明确与其他部门法的相关界限。在社会制度体系内，经济、科技、管理制度的变革可以解决刑法所不能解决的食品安全风险问题。只有坚持体系的刑法观，在体系内进行制度重构，才能系统

① 南连伟：《风险刑法理论的批判与反思》，《法学研究》2012 年第 4 期。

性地解决食品安全问题。

［本节原以《风险社会下食品安全的体系刑法观——以修正案（八）对食品安全犯罪的修改为线索》为题，载于《东南大学学报》（哲学社会科学版）2013 年第 5 期。此次收入略有修改。作者徐久生为中国政法大学刑事司法学院教授，曹震南为浙江天册律师事务所律师、法学硕士］

第四节　药品风险刑法规制的变革及其重塑

在医学昌明的现代社会，作为医药科技水平飞速发展的体现，各类药品的成功研发与投入使用，为人类防病养生、延年益寿带来了技术福音。这本应是值得欢欣鼓舞之事，但医药科技带来的也不尽然皆是正面效应，作为医药科技异化产物的医药科技风险便是其负面效应之一。由于作用机理（“是药三分毒”）与施用对象（直接加诸病患身体）的特殊性，药品本身就是风险性产品。其中又以注射剂等极易引起致死致残事故的高风险品种药品为甚。“安徽欣弗注射液事件”“黑龙江齐二药亮菌甲素注射液事件”等便是药品公害典型体现。药品风险作为医药科技风险的典型代表，技术性强，隐蔽性高，并具有一定潜伏性与蓄积性。一般病患通常并不具有专业的风险识别能力，也几乎不可能在“风险生活”①包围下作出任何有效决定。然而，不少药品风险却业已现实化为药品公害，严重损害病患生命健康权利，也严重

① 如有论者指出：“工业化与都市化社会生活之内容，衣食住行、工作休闲等无不受科技成果之影响，一般人疾病之克服，健康之维护，知识与经验皆为科技利益之体现，但论及科技的弊害，则一切消费物品、个人身心、人际关系，乃至景观、环境，凡与日常生活相关之其他事物，几乎无一不被波及。此外，原有的权益，由于科技之发展而扩增后，反多受到侵害。”参见马汉宝《法律思想与社会变迁》，清华大学出版社 2008 年版，第 95 页。

威胁社会大众用药安全。假药劣药横行于市，犯罪手段不断翻新，产业链条盘根错节，不单牵涉成品质量，早已扩及药用辅料，渐有风险弥散之势，让药品安全问题长期盘踞为公众的心头大患，也让药品安全成为亟待刑法介入的公共安全领域。药品安全问题既非我国特殊国情所致，也非当下风险时代所独有，药品安全与社会个体切身利益息息相关，在国民生活中占据重要地位，既是人民群众密切关注的公共安全领域，更是刑法应予重点关注的民生保障领域。对此，我国刑法必须做出有效回应。本节将以风险规制为主要线索，结合制售假药犯罪的修订情况，审视我国药品安全的刑法保障现状并为其提供完善建言，以期实现刑事法律系统与风险管理措施的交错与融合，更好地预防与惩治药品安全犯罪，还求医问药者安心，保大众用药安全。

一　规制变革：以制售假药的刑法修订为例

《刑法修正案（八）》对药品安全犯罪做出了重大修订，修订后的《刑法》第 141 条（生产、销售假药罪）在风险规制方面效果明显，概括而言，主要体现在：

（一）迈向行为犯的模式：超越因果关系

本罪修订前存在“因果关系无法证明”的结构性缺陷，即“根据现有的科学技术水平和医疗检验手段，假药与人体健康严重受损的结果之间的因果关系不能完全查明”，[①] 以致严重弱化了对制售假药行为的刑事制裁力度。客观而言，该缺陷的产生有着重要的社会变迁背景：以科技风险为主要风险形式的风险社会已对法律系统关于客观世界（尤其是因果关系）的想象与认识形成了巨大挑战。科技风险的知识未决性、结果不定性、复杂关联性在加剧因果关系复杂化的同时，也大大加深了准确认定因果关系的难度。传统因果关系认定范式在科技风

① 于志刚：《〈刑法修正案（八）〉中生产、销售假药罪的修正思路》，载朱孝清等主编：《社会管理创新与刑法变革》（下卷），中国人民公安大学出版社 2011 年版，第 1623 页。

险面前愈发捉襟见肘，甚至面临失灵危机。如何破解药品安全犯罪的因果关系难题，是刑法回应药品风险挑战的主要面向。本次修订在已有司法解释[①]基础上直接删除了“足以严重危害人体健康”这一犯罪构成要件限定要素，降低了本罪的入罪门槛，解除了本罪的条文桎梏，基本解决了本罪的因果关系证明难题。其立法演进历经了“实害犯—危险犯—行为犯”的实质蜕变，而这也恰恰体现了法益保护前置与刑法防线前移的风险规制思想，[②]也反映了整体趋严刑事政策在药品安全领域的贯彻与落实。本罪转采“行为犯模式”具有以下意义：一方面，展示了风险社会刑法提前介入应对药品风险的必要性与可能性。“如何对药品安全风险进行规制，这是刑事立法无法回避的一个问题。假药罪降低入罪门槛，意味着只要有制售假药罪的行为就进入刑法评价的范围，无须等待危险结果的出现，旨在发挥刑法固有的威慑力和特有的刑罚处罚手段，使公共卫生安全上的风险得以避免或者降低在最小范围内，从而实现对更多民众生命健康权的更大范围上的保护，这与风险社会的安全诉求是完全吻合的。[③]另一方面，也体现了我国刑法在药品安全方面奉行的严厉刑事政策态度（“零容忍”）。药品公害不出问题则罢，一出问题则可让病患魂归西天，命丧黄泉，而任何社会公众都是潜在的患病者与受害人，根本无法承担如此之大的试错代价。因此，在药品安全这一特殊领域，必须采取严厉的刑事政策以有效规制药品风险。

（二）调整刑罚升格条件：增设情节加重

与定罪问题相似，因果关系难题同样存在于本罪的量刑标准方面，从而导致某些危害严重的假药大案要案成为刑事法网的漏网之鱼。换

① 即《关于办理生产、销售伪劣商品刑事案件具体应用法律若干问题的解释》（2001年）及《关于办理生产、销售假药、劣药刑事案件具体应用法律若干问题的解释》（2009年）。

② 相同见解参见张勇《药品安全风险的刑法调控》，《河北法学》2012年第12期。

③ 刘晓莉：《降低入罪门槛的当代价值探究——以〈刑法修正案（八）草案〉对生产销售假药罪的修正为视角》，《政治与法律》2011年第1期。

言之，修订前的本罪刑罚升格条件均要求具有实害结果。上述司法解释对“危害后果”的具体阐释也多强调假药“被使用后”所造成的人员伤亡程度与数量，由此产生了在未使用假药的情况下能否准确追究刑事责任的问题。[①]此外，其还可能影响本罪罪名的正确适用，即为了单纯追求从严处罚而套用其他不适格罪名。[②]不难发现，以“结果加重”为单一构造的刑罚升格条件已经不能满足药品风险的规制需求，已是追究制售假药行为刑事责任的制度性障碍。基于此，本次修订将“有其他严重情节”和“特别严重情节”增设为刑罚升格条件，“结果加重＋情节加重”的并列结构在客观上扩大了加重处罚的适用范围，也堵死了假药大案要案的漏网空间。

（三）加大犯罪经济成本：抽象制罚金刑

对药品安全犯罪适合罚金刑能够加大犯罪经济成本，剥夺再犯经济能力，本次修订更是将“倍比罚金制”改为“抽象罚金制”。这是因为，倍比罚金制的适用前提是假药的销售金额，但该前提本身就存在问题：一是数额认定困难。“在现实生活中，假药制售者为了逃避打击，一般不会有详细的账目，也不会囤积大量假药，只要达不到规定的金额就无法入罪，只能执行罚款等行政处罚，起不到打假效果。”[③]二是认定标准滞后。“由于药品市场价格急剧上涨，特别是处于医疗改革的关键时期，药品相关管理秩序还不完善，药品成本和销售价格往往相差悬殊，目前的药品价格是 20 世纪末所无法比拟的，旧条文中的罚金制

---

① 由于因果关系往往无法证明，此类案件最终只能按照生产、销售伪劣产品罪来定性，这一做法明显过于轻纵犯罪人。参见于志刚《〈刑法修正案（八）〉中生产、销售假药罪的修正思路》，载朱孝清等主编：《社会管理创新与刑法变革》（下卷），中国人民公安大学出版社 2011 年版，第 1623—1624 页。

② 如在全国首例网络非法销售假药案中，若以生产、销售假药罪定罪量刑，犯罪分子最高仅获 3 年以下有期徒刑，不足以使其得到严惩。基此考虑，检方遂以生产、销售伪劣产品罪起诉至法院，最终被判处有期徒刑 11 年。应当说，该案中“假药犯罪”向“伪劣产品犯罪”的适用变化主要是基于人为提升刑罚力度的考虑，这显然并不科学。参见花耀兰等《郭艳萍：心细如丝》，《检察日报》2010 年 4 月 18 日。

③ 褚朝新：《失控的假药》，《南方周末》2011 年 11 月 24 日。

度已经远远落后于我国经济的发展。”[①]尽管倍比罚金制具有上述种种适用弊端，但也有论者对修订后的抽象罚金制提出质疑，如有反对意见认为其违背了罪刑法定等基本原则。[②]再如有论者指出：“从实现人权保障的角度来看，倍比罚金制向抽象罚金制转变不利于人权的保障。”[③]更有论者直言，“假药罪的罚金刑，经历了由无限额制到倍比制，再回到无限额制的过程，不能不认为是一种‘倒退’”。[④]对此，本节不敢苟同。据报道，“35 元／盒的假药经过层层交易最终流向患者时，其价格可飙升至 264 元／盒，其暴利诱惑可想而知。而假药制造者更是一本万利。以市价 3 元／粒的长效避孕药为例。制假者用半公斤淀粉就可制成上万粒的此类假药，原料花费不过几元，近乎‘零成本’，所获利润却大得惊人。”[⑤]由此可见，药品安全犯罪屡禁不止就在于犯罪收益巨大而犯罪成本极低。倍比罚金制所罚金额可能仅占其犯罪收益的极小部分，显然不能实现刑罚预防犯罪之目的，也无法实现对健康权这一基本人权的保障。[⑥]而抽象罚金制不设上下限，无具体数额限定，伸缩范围大，适用弹性好，在理论上可让犯罪分子“倾家荡产”，防止其依靠尚未被击垮的经济能力而重操旧业。将其与自由刑配合适用，更有助于实现“人财两空”的刑罚效果，也正是对药品安全犯罪“谋财害命”的最好回击。“谋财”是指药品安全犯罪因牟利而破坏经济秩序，适用罚金制能使其“财空”，“害命”是指药品安全犯罪为牟利而损害

---

① 莫洪宪、杨文博：《重拳打击药品、食品安全犯罪》，《民主与法制》2011 年第 9 期。

② 参见张金勇《无限额罚金制的非正义性及其修正探析——以〈刑法修正案（八）〉生产、销售假药罪修改为视角》，《甘肃警察职业学院学报》2011 年第 2 期。

③ 王强军：《〈刑法修正案（八）〉的理性辨思》，知识产权出版社 2011 年版，第 43 页。

④ 刘晓莉：《无限额罚金刑的司法适用及其未来展望——以生产、销售假药罪为视角》，《当代法学》2013 年第 5 期。

⑤ 张明：《特大贩卖假药案惊动国务院》，《政府法制》2007 年第 13 期。

⑥ 如第 32 届世界卫生大会通过的《阿拉木图宣言》称：“健康权是一项基本人权。”参见宋华琳《药品不良反应与政府监管制度改革——从安徽欣弗事件引发的思考》，《法学》2006 年第 9 期。

公共健康，适用自由刑能让其“人空”。况且，抽象罚金制也绝非“漫天要价”与“一棒打死”，在适用时亦会考虑犯罪情节、犯罪人经济情况等相关因素，故完全可以通过适用抽象罚金制判处犯罪分子巨额罚金，[①]实现预防再犯的刑罚目的与以儆效尤的刑罚效果。

二　规制反思：药品安全刑法保障向何处去

尽管《刑法修正案（八）》对药品安全犯罪做出了不小修订，某些修订也体现了药品风险的规制变革，但以下问题仍未有显著改观：药品安全未受到足够重视，药品案件的移送尚不顺畅，药品安全犯罪打击力度也略显疲软。这是药品安全刑法保障陷入困境的症结所在，也是预防与惩治药品安全犯罪的未来努力方向。

（一）立足公共安全高度：加强药品安全的刑法地位

目前，刑法学界多倾向在广义立场上考察公共安全的刑法保障问题。如有论者认为，关注公共安全，防范和化解社会风险，是转型社会的重要议题，并着重从生产安全、环境安全、人身财产安全就刑法如何介入公共安全保障进行了分析。[②]也有论者着重讨论了以下刑法视域中的公共安全议题：生产安全、公共交通安全、人身财产安全与环境安全。[③]此外，还有论者以《刑法修正案（八）》为分析蓝本，就其在回应社会安全对刑事法治需求方面做出的积极努力给予了详细评析，并将“社会安全”分为国家安全、出行安全、生命健康安全、食

---

① 如2009年美国法院裁定辉瑞制药公司因药品宣传疗效与实际不符被处以23亿美元的罚款（其中13亿美元为刑事罚款）。这笔罚款是对违反联邦法规的制药公司的最大一笔罚款，旨在警告所有制药公司。而在中国，2014年9月19日，知名药企葛兰素史克（中国）投资有限公司因商业贿赂被判处罚金人民币30亿元，这是迄今为止中国开出的最大罚单。由此可见，在药品安全领域适用抽象制罚金刑较为可行。

② 游伟、赵运峰：《公共安全视域下的刑法对策思考》，《法治论丛》2008年第5期。

③ 孙万怀等：《论公共安全刑事政策的合法性》，《政治与法律》2011年第9期。

品安全、劳动安全、生态安全。[①]但不难发现，上述观点对于药品安全是否属于公共安全的问题认识还相当模糊，进而也有意或无意地忽略了其独立存在价值。当前我国药品安全形势严峻，假药劣药现象泛滥，社会大众用药安全问题突出，严重损害人民生命健康，进而影响社会和谐稳定。“表面看，药品的质量直接关乎广大患者的身体健康和生命安全，实际上直接关乎所有公民的身体健康和生命安全，因为‘生老病死’是人之常情，任何人在其一生中都不可能脱离药品。故制售假药的行为对所有民众的生命和健康都存在着巨大的现实危害和威胁。”[②]是故，药品安全不仅仅是受药品风险直接影响的个体安全，也是国家有义务向公民提供的作为公共物品的整体安全。药品安全事关生命健康等基本权利，也是公共安全不可或缺的重要组成部分，是公共安全在生命健康方面的集中外化。忽略药品安全的独立存在价值，不从公共安全高度来审视药品安全问题，难免让公共安全在生命健康方面蒙受严重威胁。对此，也有赞同观点认为药品犯罪实际上是危害公共安全的犯罪。[③]而反观我国危害公共健康犯罪的规范布局（一个中心＋几个散落点），[④]药品安全犯罪的刑法地位并不突出，即我国现行刑法并未将其作为“中心”的危害公共安全罪对待，而仅是将其定位于偏离“中心”的某一“点”。受制于此种结构，其刑法作用与预期效果相去甚远。因此，应否将药品安全犯罪纳入危害公共安全罪范畴的问题就值得学界深思。如前所述，药品安全犯罪兼具“谋财”和“害命”的双重特点，但现有章节归属却将考察标准偏向于对社会

① 王强军：《〈刑法修正案（八）〉的理性辨思》，知识产权出版社 2011 年版，第 89—163 页。需要特别说明的是，该论者对生产、销售假药罪的论述部分是置于“食品安全”中的，而“生命健康安全”的对应罪名则是器官犯罪。而在本节看来，这显然是对“药品安全”与“食品安全”的混淆，并忽略了“药品安全”的独立存在价值。

② 刘晓莉：《降低入罪门槛的当代价值探究——以〈刑法修正案（八）草案〉对生产销售假药罪的修正为视角》，《政治与法律》2011 年第 1 期。

③ 《有效监管：让“欣弗”事件不再上演》，《检察日报》2006 年 8 月 18 日。

④ 所谓“一个中心”是指危害公共安全犯罪，而“几个散落点”则是指第三章第一节、第六章第五节和第六章第六节的犯罪。参见党日红等《危害公共健康犯罪：中法日立法模式比较》，《检察日报》2010 年 12 月 3 日。

主义市场经济秩序的破坏，只顾及了其“谋财”的一面，而忽略了其“害命”的另一面。药品安全犯罪的经济犯罪属性固然重要，但仅仅依靠经济刑法予以规制则远远不够。对此，也有论者提出质疑，认为不应将本该属于危害公共安全罪范畴的罪名列入经济犯罪章节中。因为“这些罪名多与风险社会下的各种危机有关，明显反映出社会危险禁止与危机处理机制的需要。这些罪名的存在说明了立法者在观念上，经济犯罪并非仅仅是危害纯粹的经济运行秩序而已，在相当多的情况下，这些犯罪直接带来了社会公共利益危机和公民人身与财产利益的风险”①。药品安全犯罪所生之危机既属产品质量危机，又是公共卫生危机，理应将其划入危害公共安全犯罪的范畴之中。但其现有章节归属既未能很好体现我国刑法的人权保障机能，也未能立足于公共安全高度对药品安全问题加以反思。据此，本节主张，无论是法益的侵犯对象，还是危害的影响范围，药品安全犯罪都具有危害公共安全的属性，②属于侵犯公共利益的公共福祉犯（public welfare offence）。考察域外立法可知，该犯罪类型的主要适用领域主要集中于交通法、食品卫生法、酒类药物法等与公共利益保护有关的法律之中。因此，应将药品安全犯罪纳入公共安全领域予以规制。另外，这也得到了司法实务部门意见的支持。③

（二）不再做法律稻草人：加强药品案件的移送衔接

行政执法机关依法移送涉嫌犯罪案件是衔接行政执法与刑事司法的法定要求与重要方式。国家食品药品监督管理局《关于做好药品涉嫌犯罪案件移送有关工作的通知》（国食药监稽〔2009〕311号）中

① 李汉军：《中国经济刑法的立法模式与思路》，《南都学坛》2010年第6期。

② 也即德国学者Kaufmann所谓的“公众性”（Offentlichkeit），参见ArthKaufmann. Tatbestandmigkeit und VerursachungimContergan-Verfahren.JZ，1971，576，转引自蔡惠芳《从危险理论论不能安全驾驶罪》，博士学位论文，台湾大学，2000年。

③ 王春梅：《全国人大代表、河南省高级人民法院院长张立勇建议：将食品药品安全犯罪纳入危害公共安全罪》，《中国医药报》2012年3月14日。

也明确要求："在查办生产销售假劣药品案件中，对符合'两高司法解释'规定的标准，涉嫌构成生产销售假劣药品犯罪的，各级食品药品监管部门应及时向公安机关移送。对没有构成生产销售假劣药品犯罪，但是按照《刑法》的规定，已涉嫌构成非法经营、生产销售伪劣产品等犯罪的，各级食品药品监管部门应及时向公安机关移送。"据了解，2008—2012 年全国各级法院共受理生产、销售假药、劣药一审案件 4496 件，审结 4391 件，生效判决 4386 人，其中给予刑事处罚 4291 人，免予刑事处罚 95 人。"[①] 又据国家食品药品监督管理局的统计年报数据显示，2008—2012 年全国药品案件共移送司法机关 3667 件，刑事处罚共 827 人。乍一看，法院受理的上述药品案件中，来自行政执法机关的移送案件比例高达 81.56%，貌似并无行政执法与刑事司法移送不畅的问题，但必须指出与考虑的是，2008—2012 年我国药品案件查处总数为 101189 件，移送案件仅占 3.62%。[②] 可见，绝大多数药品案件并未进入刑事司法程序。出现这一现象的主要原因在于行政执法与刑事司法之间的移送衔接不畅。正如 2007 年时任副总理吴仪在全国加强食品药品整治和监管工作电视电话会议上的讲话所强调的一般，"食品药品专项整治中存在着'打不疼''打不死'的问题，一个重要原因就是行政执法与刑事司法衔接不够，执法不严、打击不力。有些涉嫌犯罪案件该移送的没移送，滞留在行政执法环节，没有进入刑事诉讼程序，甚至以罚代刑、一罚了之。食品药品安全人命关天，怎么能如此草率？必须明确，对这种伤天害理的行为，无论涉及什么人，当刑则刑，决不姑息！公安机关要适时介入，积极侦查；检察机关和行政监察部门要加强监督"[③]。也正如有学者指出，"某种意义上，黑龙江省

---

① 袁春湘、丁冬、陈冲：《我国食品药品安全犯罪的治理——2008—2012 年全国法院审理食药犯罪案件的统计分析》，《人民司法》2013 年第 19 期。

② 本节根据国家食品药品监督管理局官方网站的"药监统计"栏目各年度统计年报整理。

③ 《吴仪在全国加强食品药品整治和监管会议上的讲话》，中央政府门户网站，http://www. gov.cn/ldhd/2007-02/14/content_527190.htm,2014 年 4 月 10 日访问。

‘假药案件’可以说就是由于行政执法部门未能将一些涉及经济犯罪的案件移送公安机关立案侦查，因犯罪行为未能因侦查及时遏制造成了严重的后果，引发了重大的社会事件。”[①]这固然与涉药条款修订之前[②]的犯罪门槛较高有关，但也不能忽视行政执法与刑事司法的移送衔接客观因素，而这才是阻碍刑法涉药条款从“文本”走向“实际”的最大因素，也是我国药品安全犯罪屡禁不止的制度原因。比较而言，美国 FDA 设有专门的负责药品犯罪调查和控诉的部门，能够独立、完整地调查涉嫌药品刑事犯罪行为。而中国药监系统的稽查部门仅负责行政执法，并无专门负责药品犯罪调查和与刑事侦查部门衔接的机构，缺少移送刑事案件的管理机制、联合工作机制松散、不稳定、不明确，导致公安机关、检察机关无法及时介入案件侦查。[③]可见，不顺畅的药品案件移送衔接机制，那些社会危害严重、理应进入刑事司法程序的案件就会被无端排斥在外，犯罪分子也就得不到应有惩处，制售假药劣药的产业链条也始终是“斩而不断”。进而，药品安全的刑法保障也只能是空洞口号，或一纸具文，刑事法律系统在药品安全领域也终将沦为只能吓吓胆小鸟雀的“法律稻草人”。

（三）治乱象还需用重典：加强涉药犯罪的刑罚力度

现行刑法虽对药品安全犯罪的罚金刑有较大修订，但在刑度配置上仍有刑罚畸轻之虞，进而导致我国目前对药品安全犯罪的打击乏力。据九三学社中央与最高人民检察院、最高人民法院、国家食品药品监督管理局、北京市药监局等单位的联合调研结果显示，“目前刑法对假药罪量刑畸轻，难以震慑假药违法犯罪。如按照《刑法》第 141 条规

---

① 王敏远、郭华：《行政执法与刑事司法衔接问题实证研究》，《国家检察官学院学报》2009 年第 1 期。

② 对此，年度移送案件的数量激增明显体现出此种修订的影响，据国家食品药品监督管理局药监统计数据，2011 年移送案件仅 763 起，2012 年该数字就井喷至 2160 起，后者高达前者的 2.83 倍。

③ 刘潇等：《修订药品管理法，强化药品执法行刑联动机制》，《中国卫生法制》2009 年第 5 期。

定，对制售假药犯罪规定的财产刑罚也太轻。在这种高回报、低风险的诱惑下，许多不法分子刑满释放后仍重操旧业，并诱使更多人参与制售假劣药品犯罪活动。”[①]也有专家学者在提案中指出：“假药问题固然与制假售假手段隐蔽难以调查取证、行政执法与刑事执法衔接不畅通、群众用药知识宣传不到位等多方面因素有关，但追其根本，则主要是因为目前相关法律不完善，特别是《刑法》141 条规定对制售假药罪量刑畸轻导致罪责刑不相适应致使对犯罪分子的法律震慑力不足，违法犯罪行为难以遏制。”[②]另外，刑罚轻缓的宽纵弊端也直接体现为药品安全犯罪的再犯不断。据报道，被判 3 年以下有期徒刑的制售假药者，一般都会通过各种方式获得缓刑。往往打击行动还没结束，早期抓获的制售假药者已缓刑获释，甚至重操旧业。[③]由此也引来不少有识之士纷纷建言要求对药品安全犯罪保持重典治乱的高压态势。国务院《关于印发国家药品安全“十二五”规划的通知》（国发〔2012〕5 号）明确提出要“依法严厉打击制售假劣药品行为”，并特别强调“研究解决生产销售假劣药品的定罪量刑过低问题，加大对生产销售假劣药品违法犯罪行为的惩处力度”。而作为我国药品风险主要规制主体的国家食品药品监督管理总局也于近期开展了药品“两打两建”专项行动，并已取得不错成效。[④]相应地，我国刑法在药品安全领域应当“火力全开”，进一步贯彻与落实从严处罚的刑事政策。当然，手抚利剑当三思，重典治乱亦如此。严厉打击药品安全犯罪绝不意味着重蹈“运动式严打”的覆辙，因此，尽管适度的严厉化是药品安全犯罪刑事政策的整体走向，但也不能罔顾刑法制裁的局限，过分拔高严刑峻法的

---

① 参见九三学社中央办公厅《〈刑法〉对假药罪量刑畸轻应快修改》，《人民政协报》2010 年 3 月 29 日。

② 九三学社中央办公厅：《马大龙副主席：加大对制售假药罪的处罚力度》，九三学社中央委员会官方网站，http://www.93.gov.cn/html/93gov/x?jc/snyw/5132666685321527787.html，2014 年 4 月 10 日访问。

③ 褚朝新：《失控的假药》，《南方周末》2011 年 11 月 24 日。

④ 其中“两打”是指“严厉打击药品违法生产、严厉打击药品违法经营”，其政策的严厉导向可见一斑。

作用。“适度提高刑罚在食品药品监管中的作用，但也要理性看待刑法的功能和限度，一味地动用严刑峻法不一定就能成为解决食品药品安全问题的灵丹妙药。”[①]

三　规制重塑：构建全程化的药品风险管理

药品的生命周期涵盖研发、生产、销售、使用、召回等各个不同环节，该生命周期也是一个前后相连、紧密衔接的动态过程。而上述过程的每一环节都可能爆发药品风险，进而衍生与药品风险有关的药品安全犯罪。全程多元是风险规制的基本政策，对药品风险管理同样具有指导作用。正如专家指出，好的药品监管须“全程干预”，这“意味着在进行药品的研发阶段就应该评估它可能的不良反应；在生产的每一个环节，都要注意符合质量标准，一切的设备、原材料、辅料都要经过检查，这是一个系统工程。”[②]可见，借力于全程化的药品风险管理，是药品安全刑法保障的全新路径。鉴于刑法学界对于药品制售过程的刑事问题已多有关注，以《刑法修正案（八）》为代表的涉药条款修订也多少体现出药品风险的规制精神。基于此，本节主要关注药品研发与召回[③]等非生产、销售环节的刑事责任问题，以期在现有刑法规定完善基础上构建全程化的药品风险管理，并最终实现药品风险规制的刑法重塑。

（一）药品研发环节的刑事责任问题

不能否认，“对于那些有巨大商业利益的新科技，厂商为了及早回收投资成本，取得专利权及市场占有率，往往缩短、简化风险评估方法或流程，或者选择有利评估结果，或者遮掩不利观点，抢先商业化，使

① 王晓冬：《“动用重典”能否杜绝食品药品犯罪》，《中国医药报》2011年4月12日。

② 王梦婕：《胶囊标准中国最严监管为何乏力》，《中国青年报》2012年5月2日。

③ 从药品风险规制角度来看，“药品研发”对应于“事前预防”，“药品召回”则对应于“事后控制”。

新产品相对具有较高的未知风险或掩藏风险。”[①]而高风险科技产品一旦流入商业化市场，不啻在不特定的产品消费者身边埋下一颗“科技炸弹”。为了及早避免埋下和早日安全铲除这颗炸弹，必须坚持审慎负责的科技风险管理政策。例如，欧盟《负责任纳米科技研究活动行为准则》中就明确规定“有责性原则”，即研究人员及研究组织对于社会、环境及环境所造成的现时及未来冲击担负责任，也就是说，“只要有关长期安全性的风险评估研究尚未完成，应避免有关将纳米物体植入人体，或将之掺入食品（尤其是婴幼儿食品）、饲料、玩具、化妆品或其他产品而可能导致人体或环境损害的研究行为。”[②]问题在于，对于上述高风险科技产品的相关主体，[③]可否以未尽产品安全性能保障义务为由进行刑事归责？本节对此持肯定意见，并主张该义务来源是以产品安全性能保障义务为主要内容的“保证人地位”，[④]但其具体内容与义务基点会因产品领域不同而不同。以药品领域为例。“生技研发人员应以‘研究诚信’与‘提升生技医疗水平’作为专业上基本利益考虑，而政府医药科学顾问或审查专家则应以‘大众用药安全’作为专业上基本利益考虑等。”[⑤]也即是说，药品风险相关主体基于大众用药安全的考虑，具有保障药品安全性能的保证人之地位。由此也引发药品研发的刑事责任问题。应当说，该问题尚属于我国刑法的真空地带，我国刑法对药品安全

---

① See Markl Hubert. Challenges of Globalization for Science and Research. EuropeanReview(17):502. 洪德钦：《预防原则欧盟化之研究》，《东吴政治学报》第29卷第2期。

② See European Commission. Commission Recommendation on A Code of Conduct for ResponsibleNanosciencesandNanotechnologiesResearch.http://eceuropa.eu/research/science-society/document_library/pdf_06/nanocode-recommendation-pe0894c08424_?i.

③ 主要涉及产品研发、产品制造、风险评估、许可审批等主体

④ 关于制造者对于商标商品的无危险性，德国刑法学者许迺曼将其称为“事实承担保证人之地位。”参见［德］许迺曼《过失犯在现代工业社会的捉襟见肘》，许玉秀、陈志辉合编：《不移不惑献身法与正义—许迺曼教授刑事法论文选辑》，（台北）新学林出版股份有限公司2006年版，第538页。

⑤ 孙世昌：《国际间科学专家利益冲突管理规范趋向——以美、欧药品审查机构科学咨询委员会专家利益冲突解决政策与机制为例》，《科技法律透析》2011年第9卷。

犯罪的主要关注仍停留在药品成品质量上，[①]即“无论新药导致如何严重的危险或者损害后果，都没有相应的刑事责任条款。”[②]而如前所述，鉴于药品本身的特殊性与药品风险的难测性，对于药品研发、审批、注册和上市等环节必须坚持审慎负责的科技风险管理政策，不能在其副作用尚未明确之时，为了抢占药品市场先机、赚取高额利润予以量产和投入流通，“对负面效应有意或无意的掩盖，以达到促进技术成果的应用，尤其是商业性应用，而直接的结果是导致一些负面效应尚不明确或‘被不明确’的技术得以商业性利用，进入人类的社会生活。”[③]显然，未尽合理谨慎的风险评估义务与确保安全的风险规制义务属于违反产品安全性能确保义务，理应承担相应刑事责任。但个别利欲熏心的制药企业却公然违背上述义务与政策，最终酿成药品公害。如在日本氯喹药害事件中，“小野药品工业公司没有按照药品临床试验规范要求设立对照组，而是去收买专家和医生，让他们去炮制、虚构氯喹药效的‘伪科学’的科学论文，从而从容地获得了日本厚生省的药品许可”。[④]这一做法在风险源头环节就已对药品安全构成现实威胁，打开了药品风险现实化的潘多拉之盒，依照风险预防原则，刑法应对其加以合理控制。据披露，我国也有类似事件在药品研发环节发生。如江苏某药厂曾与某教授沆瀣一气，违背科研基本准则，任意篡改新药研发实验数据，最终制造相应药品并面市销售。[⑤]日本福冈 SMON 症事件的惨痛教训告诉我们，作为“现代护民官”的国家药品事务行政，要想实现保障国民生命健康的最终目标，就应当切实履行医药品安全的确保义务，为防止药害的发生

① 对此，已有司法解释对假药劣药的判断标准也多采“药效”之说的做法也能补充说明。

② 《有效监管：让“欣弗”事件不再上演》，《检察日报》2006 年 8 月 18 日。

③ 刘铁光：《风险社会中技术规制基础的范式转换》，《现代法学》2011 年第 4 期。

④ See TakanoriGoto. Japan’s Daiic Side to Progress: The Struggle for Justice for Pharmaceutical Victims of Japan’s Post War Economic Boom MANBOUSHA PUBLI-CATIONS，1991:114–115. 转引自宋华琳《药品不良反应与政府监管制度改革——从安徽欣弗事件引发的思考》，《法学》2006 年第 9 期。

⑤ 李宗陶：《高纯：郑筱萸，你是天下第一贪》，《南方人物周刊》2007 年第 5 期。

应采取以下措施，“在批准新开发的医药品时确认其安全性、收集医药品的副作用情报、监视医药品的宣称开发、取消有发生副作用可能的医药品的许可措施。”[①]相应地，刑法应将在药品研发环节中故意弄虚作假、未尽相关风险评估义务、擅自将副作用尚不明确的药品商业投入市场流通等具有严重社会危害性的行为犯罪化[②]。然而，需要特别注意的是，新药研发绝非易事，须投入巨大人力、物力与财力，其研发成本不菲，研发时间漫长，故单纯配置过于严苛的刑事责任也可能削弱甚至窒息药品行业相关主体研发动机，阻碍病患期待新药问世治疗疾病之需求，同样也有损于公共健康之福祉。基于此，也必须平衡相关利益并合理划定刑法介入的限度。

（二）药品召回环节的刑事责任问题

风险减缓措施作为风险现实化后的风险控制措施，主要目的在于避免风险损害结果的进一步扩大。具体至药品安全领域，“当药品副作用之弊端明显而且有造成无法补救的损害之处时，在确保其安全性以前即应停止出售，并采取回收之措施。”[③]作为药品风险现实化的后续应急手段，药品召回制度可以快捷、有效地撤回存在安全隐患问题的药品，能在最短时间内最大限度保证社会公众用药安全，尽量避免可知的用药风险，

---

① 赵敏、何莉：《日本食品药品公害的国家责任论析》，《中国卫生法制》2009年第17卷第5期。

② 作者注：这一观点已被司法实务所采纳，如最高人民法院、最高人民检察院《关于办理药品、医疗器械注册申请数据造假刑事案件适用法律若干问题的解释》（2017年）中规定，药物非临床研究机构、药物或医疗器械临床试验机构、合同研究组织故意提供虚假的非临床研究报告、临床试验报告的，以提供虚假证明文件罪定罪量刑；对于药品注册申请人自己弄虚作假，提供虚假的非临床研究或者临床试验报告及相关材料，骗取药品批准证明文件的，以生产、销售假药罪定罪量刑；药物非临床研究机构、药物或医疗器械临床试验机构、合同研究组织与药品注册申请人共谋，提供虚假的非临床研究或者临床试验报告及相关材料，骗取药品批准证明文件，同时构成提供虚假证明文件罪和生产、销售假药罪的，以处罚更重的犯罪定罪处罚。

③ ［日］板仓宏：《药品公害与刑事责任》，吴最芳译，《中国刑事法杂志》1980年第24卷第6期。转引自王海涛《食品、药品事故中制造商刑事责任认定的难点探讨》，《中国刑事法杂志》2010年第9期。

降低药品不良反应危害程度。对此，我国已正式颁布和实施专门的《药品召回管理办法》(2007年)，国家食品药品监督管理总局也在《关于开展“两打两建”专项行动着力解决药品安全突出问题的通知》(食药监〔2013〕57号)中明确指出，“药品生产企业必须严格落实药品召回的责任。对发现药品出现质量缺陷的，企业应立即停止产品销售，通知使用单位停止使用，主动召回问题产品，并及时销毁。食品药品监管部门对企业召回工作开展督导检查，对召回不力的，立即责令企业整改，并公开召回信息。对查获的假劣药品，一律立即查封扣押，坚决依法处理。对执行召回不力和市场清理不彻底的，予以严肃处理”。但药品召回制度在实际操作中仍阻力重重，尤以来自药品企业的阻力为甚，主要原因在于药品企业担心药品召回会对企业产品的声誉和企业形象造成影响，进而影响相关药品的销售量，影响企业的经济效益。另外，由上述规定不难发现，目前对于药品企业拒不召回的处罚也仅限于责令整改等，也让涉事企业即使拒不召回并无遭受刑事处罚之忧，在我国的药品召回实践中也尚未出现因拒不召回而受刑事处罚的案件，因此药品召回环节的刑事责任问题也少为我国刑法学界所关注。那么，对于作为风险制造者的药品企业，在药品风险现实化后，拒不召回问题药品、放任风险扩散化的行为，到底有无追究其刑事责任的必要与可能。对此，本节认为，答案应当是肯定的。拒不召回行为犯罪化(不作为犯罪)的法定义务来源是药品召回义务的正确履行，而“药品召回义务既是法定义务，又具有公法和私法双重义务的性质，同时也是侵权法上的义务。其内容主要是后续观察、售后警告和缺陷药品的召回”。[①]其义务实质是建立在产品安全性能保障义务(“第一性义务”)基础之上的义务(或称“第二性义务”)，即“由于违反产品安全保障义务，经营者须承担产品召回的法律责任，为了具体实施和落实召回，法律又设计和规定了召回过程中相关主体的权力职责和权利义务；又由于经营者违反了召回过程中的相关义务，从而又须承担相应的

① 杨立新、陈璐：《论药品召回义务的性质及其在药品责任体系中的地位》，《法学》2007年第3期。

法律责任。”[①]而且从社会危害性的严重程度来看，不履行该义务的行为应当承担的已经不是相对较轻的行政责任，而是应当上升至最为严厉的刑事责任。因为该义务的不履行可能造成的法益损害程度已经大大突破了合同契约责任或侵权法律责任可能覆盖的范围，而是直接指向了不特定的社会公众都可能牵涉其中的药品安全这一公共安全。其法律责任的利益着眼点已非特定的人和产品，而是不特定公众的利益和安全，是为了避免对社会公共安全造成威胁。对此，也有学者表示赞同并指出：“建立产品召回制度的根本宗旨在于保护不特定消费者的人身财产安全和公共安全，体现了法律对公共利益的关注和社会化发展趋势。生产者违反产品召回的义务，必然构成对公共利益和公共安全的威胁和侵害。政府作为社会公共安全和利益的维护者，应当依据行政管理规定对这种违法行为予以及时纠正，避免大规模损害的发生。这种纠正具体表现为让违法者承担警告、通报批评、罚款、吊销营业执照等行政法上的责任。尤其是，如果在应当召回的时候，对已经生产出而尚未售尽的产品，企业继续销售此类产品的权利应受到限制，若企业仍旧继续出售同类缺陷产品，则其应当承担较重的行政责任，因为生产者不召回，严重危害公共安全且构成刑事犯罪的，应当承担刑事责任。”[②]基于风险规制的科学立场，“要消灭产品缺陷及其损害风险几无可能。挖掘、强化法律责任的风险预防功能，或许正是现代法律责任制度发展的重要方向。”[③]而要在产品责任上贯彻风险刑法的理念，积极防范产品风险，就应当“对缺陷产品的生产、销售虽无过错、不违法，但在产品置于流通后发现缺陷却对已售产品不予回收从而导致法益侵害扩大的行为追究刑事责任”[④]。为落实产品召回的预防性法律责任，强化药品召回制度的效力发挥，更好实现药品风险的

① 李友根：《论产品召回制度的法律责任属性——兼论预防性法律责任的生成》，《法商研究》2011 年第 6 期。

② 王利明：《关于完善我国缺陷产品召回制度的若干问题》，《法学家》2008 年第 2 期。

③ 李友根：《论产品召回制度的法律责任属性——兼论预防性法律责任的生成》，《法商研究》2011 年第 6 期。

④ 吕英杰：《风险社会中的产品刑事责任》，《法律科学》2011 年第 6 期。

规制效果，我国刑法也应追究拒不召回问题药品行为的刑事责任，对其放任药品风险扩散的行为给予刑事处罚。此外，国外实践也可提供相应镜鉴。如德国最高法院在“德国喷雾器案”（BGHS t 37，106 f f）中指出：“当生产者怠于对公众提醒事后生产者所发现的产品危险性，以及怠于敦促他所不知的买主将产品交回时，在刑法上他就必须对所有经由使用或消费物品所引起的侵害负责。”[①]由此，也确立了生产者将已经贩卖给消费者的危险产品回收责任。再如美国，也曾有企业因在药品召回过程中不与政府合作刻意隐瞒事实而承担刑事责任的实例。[②]

风险社会中，药品领域的技术性特征与科技化背景更为凸显，药品安全也受到了来自药品风险的不断冲击与巨大挑战。对此，我国刑法应当适时做出相应调整，应当立足于公共安全的高度看待药品安全问题，以药品风险规制为主要视角来思考药品安全犯罪，诊断风险社会中药品安全刑法保障的诸多病症，有针对性地为药品安全犯罪这一“顽疾”开出一剂刑法配方的风险“解药”，即重视药品风险规制的“三个加强”：一是加强药品安全的刑法地位；二是加强药品案件的移送衔接；三是加强涉药犯罪的刑罚力度。并在此基础上遵照全程化的药品风险管理思路，分析与解决包括药品研发、生产、销售、使用、召回在内的各个环节所生之刑事责任问题，方能从药品风险的规制变革中寻求到药品安全的刑法重塑之路，从而更好地实现对药品安全犯罪的打击与药品安全的刑法保障。

（本节原载于《刑法论丛》2015 年第 2 期。此次收入略有修改。作者刘炯为厦门大学法学院助理教授，王嘉伟为北京师范大学法学院法律硕士）

---

① ［德］许乃曼：《过失犯在现代工业社会的捉襟见肘》，许玉秀、陈志辉合编：《不移不惑献身法与正义——许乃曼教授刑事法论文选辑》，（台北）新学林出版股份有限公司 2006 年版，第 538 页。

② 王明珠：《我国药品安全风险管理研究》，博士学位论文，沈阳药科大学，2008 年。

第四章　食品药品安全犯罪的个案研究

第一节　三鹿奶粉案判决的反思

牛奶乃至整个食品领域的经营秩序固然涉及体制、历史等复杂因素，但食品案件中“对农民严刑重罚，对企业高管、政府官员网开一面”的判决立场与价值取向与时代要求失之千里，也是不容回避的原因。三鹿案判决之后的事实证明：三聚氰胺以及食品领域失控的根源不是“张玉军们”的无知参与，而在于无良企业的经营无序和政府监管失控，在从农业社会向工业社会转型时期，对后两者的严控，在效益性和正义性上都远胜于对农民的制裁。

一　三鹿案中的三种行为与责任类型

一是以张玉军为代表的农民，系三聚氰胺的提供者。张玉军得知制造“蛋白粉”能够赚取高额利润，利用三聚氰胺和麦芽糊精为原料，研制并生产出专供在原奶中添加、以提高原奶蛋白检测量的含有三聚氰胺的混合物（即“蛋白粉”），累计生产 775.6 吨，以每吨 8000 元至 1.2 万元的价格销售给其他销售商，共销售 600 余吨，销售金额 683.21 万元。这些“蛋白粉”随后被分销到奶站并被奶站经营者添加到原奶中，最终销售给三鹿集团。

二是以耿金平为代表的奶站经营者，系三聚氰胺的添加者。耿金平购买了 434 公斤“蛋白粉”将其添加到 900 吨原奶中，再销售给三鹿集团。

三是以田文华为代表的三鹿集团高管，系含有三聚氰胺婴幼儿奶粉的生产者和销售者。

2009 年 1 月，法院一审以“以危险方法危害公共安全罪”判处三聚氰胺提供者张玉军死刑，以“生产、销售有毒食品罪”判处奶站经营者耿金平死刑，以“生产、销售伪劣产品罪”判处三鹿董事长田文华无期徒刑，二审维持了原判。

本案中的量刑理念背离了现代刑法的基本立场，农民的刑事责任最重，奶站经营者次之，名企高管最轻，政府监管人员无刑事责任。如果把政协委员田文华视为准官员，那么，这种追究模式就是“出入人罪”时代“先治民后治吏、治民重于治官、势越大责愈轻”理念的现代翻版。制售“蛋白粉”的农民替名企高管承担了额外的刑事责任，以卑微之躯承担了崇高的社会责任。

二　制售“蛋白粉”的定性：不成立“以危险方法危害公共安全罪”

在主观上，农民张玉军对三聚氰胺的危害性知之甚少，在长期制售过程中未知悉出现危害后果，因此，张玉军对三聚氰胺的“毒害性”没有明确认识，缺乏危害公共安全罪的故意。

（一）判断罪名的前提：三聚氰胺对普通人而言不是危险物质

张玉军的“蛋白粉”并非专用于婴幼儿奶粉，当其行为对象是社会一般人时，三聚氰胺就不是刑法意义上的危险物质。我国刑法第二章“危害公共安全罪”中规定了很多涉及公共安全的危险物质，刑法条文没有，也不可能列举其具体范围，根据该章的规定，危险物质是“爆炸性、易燃性、放射性、毒害性、腐蚀性物品”和“传染病病原体”。显然，三聚氰胺能够靠上的只有“毒害性”，但问题是，毒害性物品很多，不可能都是刑法中的危险物质。

最关键的是，三聚氰胺的毒害性达不到“危害公共安全”的程度。

第一，在性质上，三聚氰胺是普通化工原料，无特殊危害性。在国际上，尚未有国家将三聚氰胺规定为危险物质。即使在食品安全标准严格的美国，在发生“毒宠物粮事件”[①]之后，“美国食品药品监督管理局、美国农业部、美国环保局以及国土安全部曾经联合发布《三聚氰胺及类似物安全性与风险中期评估》。在这份报告中，三聚氰胺被定义为一种低毒甚至微毒物质，只有大剂量暴露时，才会对动物产生毒性。……报告一方面强调，对于哺乳动物而言这种物质是低毒的，即使畜禽食用含有三聚氰胺的饲料，其肉、蛋等产品仍然安全。”[②]

第二，由于致害原理的特殊性，三聚氰胺的毒性远低于瘦肉精、苏丹红等常见的添加物。三聚氰胺的危害性是间接的，对婴儿的致害不是源于其自身的毒性，而是因为与钙离子结合形成结石，“三聚氰胺会在胃的强酸性环境中水解，……生成三聚氰酸，在血液中三聚氰酸能够和钙离子结合形成不溶解的三聚氰酸钙，肾脏在过滤血液杂质的时候三聚氰酸钙就会在肾脏聚集最终形成结石。”[③]与之相比，盐酸克伦特罗（“瘦肉精”）能够导致成年食用者马上出现“头痛、头昏、肌肉抽搐、呼吸急促、呕吐等中毒症状”，[④]而三聚氰胺一般不会对成年人造成损害。同样，苏丹红的毒害性也重于三聚氰胺，“‘苏丹红’的化学成分中含有一种叫萘的化合物，该物质具有偶氮结构，由于这种化学结构的性质决定了它具有致癌性，对人体的肝肾器官具有明显的毒性作用。”[⑤]与之相比，尚未证实三聚氰胺有致癌性，“国际癌症研究组织并未将其列为可能的致癌物。这是因为三聚氰胺并没有表现出遗传毒

---

① 2007年，中国内地出口到美国的宠物饲料中，含有三聚氰胺，诱发了大量猫狗死亡。

② 徐超：《三聚氰胺溯源》，《财经》2008年第20期。

③ 《三聚氰胺为什么会导致结石》，http：//zhidao.baidu.com/question/68174464.html。

④ 最高人民法院刑事审判第二庭：《俞亚春生产、销售有毒食品案》，http：//www.chinacourt.org/html/article/200509/02/176264.shtml。

⑤ 《苏丹红》，百度网，http：//baike.baidu.com/view/1378.htm，2009年1月15日访问。笔者对苏丹红和三聚氰胺的查询都是在同一个网站上。

性和直接的细胞损伤作用。”[①]瘦肉精、苏丹红都不是刑法上的毒害性危险物质，即使非法制售三种物质中危害性最严重的瘦肉精，也只构成非法经营罪，并不构成可处死刑的“非法制造、买卖、运输、储存危险物质罪”。据此可断定，瘦肉精不是刑法上的危险物质，那么，毒害性更轻的三聚氰胺更不可能成为危险物质了。

第三，行政法意义上的违禁品，[②]不等于刑法上的危险物质。2007年，因美国发生与中国产品有关的“毒宠物粮事件”，农业部专门发文，将三聚氰胺等添加剂定性为非法添加剂，“禁止在任何饲料生产中使用。”[③]且不说该规定仅禁止在饲料中添加，即使就此认定三聚氰胺是行政法意义上禁止添加的违禁品，也不能就此认定其是刑法意义上的危险物质。行政法意义的违禁品范围极广，其中能够成为刑法上的危险物质则少之又少。多数行政法意义上的违禁品仅在生活、生产的某一特定领域有危害性，离开该领域，就不属于违禁品，没有危险性；而刑法上的危险物质，必须在常态和一般意义上就有“危及不特定多人生命健康”的性质。因此，多数特定领域和时空中行政法意义上的违禁品，都不是刑法上的危险物质。例如，在《航空法》上，水果刀、螺丝刀、打火机是禁止携带的违禁品；但在常态社会生活中，螺丝刀等不会危及不特定多人的生命健康，不是刑法中的危险物质。同理，虽然三聚氰胺在饲料领域中变成了违禁品，但离开了该领域，由于其毒性轻微，不可能危及不特定多人的生命健康，就不是刑法上的危险物质。

第四，不能因为造成了不特定多人的伤亡，就将三聚氰胺认定为刑法上的危险物质。很多物质被添加到长期食用的食品后，都可能造成不特定多人的伤亡，例如，油条中添加洗衣粉会更蓬松，豆腐中添加石灰水会更富有弹性，如果儿童长期食用之就会出现严重后果。但

① 徐超：《三聚氰胺溯源》，《财经》2008年第20期。

② 在危害公共安全罪之外，刑法也规制了很多违禁品，如毒品、淫秽物品，这些违禁品当然不是危害公共安全罪中的危险物质。

③ 任波等：《无人设防》，《财经》2008年第20期。

是，在常态生活和一般观念中，洗衣粉和石灰水的毒害性很轻，不会危及公共安全，因此，都不是刑法上的危险物质，私自制造洗衣粉并卖给油条生产者的行为，也不是“以危险方法危害公共安全罪”。

第五，刑法中危险物质的“毒害性”，应以社会一般人为判断基准，不能因为三聚氰胺对脆弱群体造成了伤害就认定其是危险物质。[①]由于公共安全具有“公共性”，刑法中危险物质“毒害性”的标准，只能以危及社会一般人的生命健康为原则，虽然据此无法确定“毒害性”的绝对标准，但是，可以肯定的是，只能对个别人或特殊脆弱群体造成损害的物质，不可能成为刑法中的危险物质。三鹿案含量标准的三聚氰胺，对婴幼儿之外的社会一般人基本没有损害，虽然三鹿也生产、销售了大量三聚氰胺含量很高的液体奶（主要消费者不是婴幼儿），但“迄今为止，因为食用被污染的奶粉而罹患肾结石的都是婴幼儿，尚未发现成人因此患病的个案”。[②]仅仅对婴幼儿有毒害性的物品，难以具有刑法上的“公共”危害性，无法成为刑法上的危险物质。如果以婴幼儿、重病人等脆弱群体作为判断毒害性的基准，那么，对社会一般人危害不大的烈酒、旱烟、糖精以及灭蚊药等物品，都会对脆弱群体造成致命损害，都会被认定为危险物质，这会导致危害公共安全罪的滥用。

综上，三聚氰胺在社会生活中只是一种普通的化学产品，即使在特定领域中属于违禁品，但因其毒害性轻微，达不到由刑法进行特殊控制的程度，就不是危害公共安全的危险物质。

（二）“制售蛋白粉”无单独评价意义

张玉军共实施了三个行为：一是买入三聚氰胺；二是将三聚氰胺和麦芽糊精混合，制造“蛋白粉”；三是将“蛋白粉”卖给奶站。判断张玉军涉及的罪名时只能依据这三个行为，下文依次分析这三个行为的性质。“买入三聚氰胺”和“制造‘蛋白粉’”均无单独刑法评价意义。

---

① 当然，如果行为人把某种物质只（主要）用于脆弱群体，则判断毒害性的基准就是该脆弱群体中的平均人，这一点对田文华适用。

② 徐超：《三聚氰胺溯源》，《财经》2008 年第 20 期。

首先，“买入三聚氰胺”的行为在刑法上无单独评价的意义。一是三聚氰胺并非危险物质和违禁品，买入行为不单独触犯任何刑法条文。二是虽然合法行为也可能作为某罪的预备行为而被评价（如买菜刀就可能被评价为杀人预备），但是，这也只限于预备行为已经停顿下来时；而张玉军已经将整个制售行为实施完毕，作为预备行为的买入行为就被其后的制售行为吸收，因此，买入三聚氰胺不能被单独评价为某罪的预备犯。

其次，制造“蛋白粉”的行为也无刑法评价意义。严格讲，张玉军的行为不属于“制造”三聚氰胺。他并未实施化学上的生产、合成三聚氰胺行为，也没有增加三聚氰胺的总量，只是购买了三聚氰胺后掺入了麦芽糊精，其本质是一种物理上的混合式加工行为。这种物理混合三聚氰胺的行为，虽然使之更易掺入原奶中，但在整体上毕竟冲淡了三聚氰胺的含量，相较于私自生产纯三聚氰胺的行为，对人体的危害性更低。制售“蛋白粉”即混合三聚氰胺的行为不触犯任何刑法条文，即使将混合行为认定为制造三聚氰胺，该行为也无刑法评价意义。三聚氰胺不是危险物质，制造行为就不是“非法制造危险物质罪”（《刑法》第125条第2款），更遑论“以危险方法危害公共安全罪”了。

有人会反问：张玉军将三聚氰胺与麦芽糊精混合成“蛋白粉”的行为，使三聚氰胺更容易被添加到原奶中去，难道无法被刑法评价？需要注意的是，“蛋白粉”中发挥作用的仍然是三聚氰胺，张玉军的加工行为没有制造出新物质，只是使三聚氰胺更容易被奶站使用，如果三聚氰胺不是被刑法特别规制为危险物质和违禁品，“使三聚氰胺更容易被使用”就无单独刑法评价意义。其道理犹如，五金店主为了使螺丝刀更容易撬开自行车锁，而将刀柄加粗、变短，该行为单独也无刑法评价意义。

与三聚氰胺性质类似的是化肥（尿素、氮肥）——化工产品、不可食用，而且，早期与三聚氰胺起同样作用的添加物就是尿素，“以前原奶造假多加尿素，因为尿素便宜”。[①] 那么，制造尿素（即使将其卖

① 梁冬梅、刘京京：《奶业生死劫》，《财经》2008年第20期。

给食品厂）能否成立危害公共安全罪？可作对比的是，瘦肉精比三聚氰胺的危害性更重，但根据前引的司法解释，非法制造瘦肉精的行为并不是“以危险方法危害公共安全罪”。

（三）“制售蛋白粉”可成为他罪的共犯行为

在否定了张玉军前两个行为的单独评价意义之后，再来分析其第三个行为的性质。笔者认为，“将三聚氰胺卖给奶站”也无单独评价意义，但可以成为他罪的帮助行为。

首先，张玉军销售“蛋白粉”的行为，与销售三聚氰胺的行为没有本质区别。由于三聚氰胺不是危险物质，也没有像毒品那样被刑法单独规制，因此，单纯以销售故意卖出三聚氰胺的行为，如果没有其他主观内容，[①]也不构成犯罪。

其次，与制造不同，销售是直接将三聚氰胺转移给他人，与买入者的行为有了直接联系，在客观上可以按照共犯行为、与买入者的行为进行一体化评价。因此，虽然销售三聚氰胺的行为本身不会独立构成犯罪，但是，如果销售者明知买入者是用于犯罪，销售者就可能成为共犯（片面共犯）。[②]由于“蛋白粉”的主要用途是掺入原奶，因此，张玉军和奶站经营者对于将“蛋白粉”掺入原奶的行为，均有共同认识，那么，销售“蛋白粉”的行为，就是奶站经营者犯罪的帮助行为；通过共犯理论，客观上不违反刑法的销售三聚氰胺行为，因买入者的造假行为而被评价为不法行为。

三聚氰胺的性质类似于菜刀（特定领域的违禁品、但不是危险物质、不会像爆炸物和放射物那样直接危害社会），系主要用于生产生活

① 对于买入、制造三聚氰胺的行为，笔者没有探讨其主观问题，是由于本案有最终的销售行为，即使考虑买入、制造行为的主观内容，也只是销售的预备，在评价销售行为时自然就包容性地评价了预备行为。

② 不能断言销售者一定属于共犯，在有些情况下，即使明知买入者将该物品用于犯罪，销售者也不构成犯罪。例如，纯净水商甲明知乙要造假酒，而把桶装水卖给乙，只要两人没有造假共谋或形成利益共同体，甲的行为就不构成犯罪。

的物品，却也可以被他人用于犯罪。这样，提供违禁品的行为人，就可能成为帮助犯。其道理犹如，虽然菜刀会导致危害，但是，甲销售菜刀的行为不会独立构成犯罪，也不会危害公共安全；但是，如果甲明知乙要杀人而为其提供菜刀，那么，甲就是杀人罪的帮助犯；即使甲长期专门为杀手提供（便于杀人的）菜刀，甲仍然是数个杀人罪的帮助犯；无论甲出于什么目的，“制售菜刀”不可能被单独评价为犯罪，更不可能认定为“以危险方法危害公共安全罪”。同理，张玉军构成何罪，取决于买入“蛋白粉”的奶站经营者的罪名。

再次，刑法条文和司法解释肯定了为罪犯提供原料、辅料的行为属于共犯行为。《刑法》第 350 条规定：“明知他人制造毒品而为其提供前款规定的物品的（醋酸酐、乙醚、三氯甲烷或者其他用于制造毒品的原料或者配剂），以制造毒品罪的共犯论处。”2009 年“两高”《关于办理假药、劣药刑事案件的司法解释》第 5 条规定：“知道或者应当知道他人生产、销售假药、劣药，而有下列情形之一的，以生产、销售假药罪或者生产、销售劣药罪等犯罪的共犯论处：……（三）提供生产技术，或者提供原料、辅料、包装材料的。”

最后，张玉军属于耿金平的帮助犯，而不是田文华的帮助犯。就三鹿案查证的事实来看，在检测以前，田文华不知道原奶中掺入了三聚氰胺，田文华没有主动添加的故意，与张玉军之间没有共同故意，张玉军也无法成为田文华的片面共犯。相反，在客观上，“制售蛋白粉”与“向原奶中掺入蛋白粉”具有直接联系性并紧密结合为一体，共犯理论要求优先评价客观上具有直接加功性的行为，因此，只有在耿金平不成立犯罪的情况下，才存在将张玉军和耿金平一起认定为田文华的帮助犯之余地。在耿金平的行为已经独立成立犯罪的情况下，张玉军只能成为耿金平的帮助犯。

总之，以三聚氰胺为主的“蛋白粉”毒害性轻微，不会危害公共安全，不是刑法上的危险物质。“制售蛋白粉”不是任何罪名的实行行为，不符合任何犯罪构成，只有通过共同犯罪（片面共犯）理论，成为他罪的帮助行为，才能被评价为犯罪；张玉军也只能以帮助犯的角色被刑法评价。

三　企业高管销售问题奶粉的定性：投放危险物质罪

法院认定田文华构成“生产、销售伪劣产品罪”，这没有考虑田文华具有专家般的认识能力、已经认识到了伤亡后果的罪过内容、具有制止损害蔓延的法定义务等情况。田文华的客观行为是“生产、销售含有三聚氰胺的婴幼儿奶粉和成人液态奶”，客观结果是“不特定多人伤亡”。田文华实施了两个行为：生产、销售含有三聚氰胺的婴幼儿奶粉，生产、销售含有三聚氰胺的成人液态奶。由于这两个行为针对的对象不同，其性质完全不同：明知含有三聚氰胺而生产、销售成人液态奶，属于生产、销售伪劣产品罪；如果明知婴幼儿奶粉中含有三聚氰胺而生产、销售，属于生产、销售有毒、有害食品罪，但田文华明知婴幼儿奶粉含有三聚氰胺且已经造成伤亡后果而仍然销售，属于投放危险物质罪，应与生产、销售伪劣产品罪数罪并罚。

有人会反问：张玉军不存在成立危害公共安全罪的余地，而田文华却成立投放危险物质罪；在判断张玉军行为性质时，三聚氰胺不是刑法中的危险物质、只是普通化工产品；而在判断田文华行为性质时，三聚氰胺却变成了危险物质，这岂不是自相矛盾？这是因为根据行为对象、行为人的认识内容不同，三聚氰胺的刑法性质会有四种可能：

一是属于“伪劣产品”或“不符合卫生标准的食品”中的成分。张玉军的“蛋白粉”、耿金平奶站中的原奶并非专门用于婴幼儿奶粉、他们无法认识到其行为对象是婴幼儿，因此，只能认定其行为对象是普通消费者。这样，判断“蛋白粉”危害性的基准就是社会一般人，而三聚氰胺对于成人并非危险物质，在一般含量时也不是有毒、有害的非食品原料，只属于伪劣产品或不符合卫生标准的食品。

二是属于有毒、有害的非食品原料。如果生产商甲明知所销售的婴幼儿奶粉中含有三聚氰胺，即行为对象是脆弱群体（但尚不知道本人销售的问题奶粉已经导致具体的伤亡后果），此时，就要以该脆弱群体中的平均人为判断基准。由于婴幼儿的脆弱性，刑法须对其进行特殊保护，对常人无明显危害的添加物（如苏丹红、洗衣粉、石灰水），当用于婴幼儿食品时，都应当认定为具有抽象危险性的有毒、有害性非食品原料。那么，因三聚氰胺有致婴幼儿伤亡的危险性，甲能够认识到三聚氰胺对脆弱婴幼儿的抽象危险性，此时，三聚氰胺就是有毒、有害的非食品原料。

三是属于危险物质。田文华不仅明知行为对象是婴幼儿，而且明知问题奶粉已经致人伤亡，在这种情况下继续销售，就能够肯定其认识到本人销售的问题奶粉有致人重伤、死亡的具体、现实危险性，甚至存在认定其“明知伤亡结果必然发生”的余地。此时，三聚氰胺就转化成危害公共（脆弱群体）安全的危险物质。

四是属于故意伤害或杀人罪的犯罪工具。如果乙明知三鹿奶粉已致人伤亡，特地购买了大量三鹿婴幼儿奶粉，以杀人故意大量喂食给妻子与情夫所生的女婴。此时，乙成立故意杀人罪（未遂），三聚氰胺就变成了具有致死性质的杀人工具。

四　对经济犯罪应差别对待：知识影响责任，利益对应刑罚

笔者得出了与法院完全相反的结论：田文华成立投放危险物质罪和生产、销售伪劣产品罪，应数罪并罚，刑事责任最重；耿金平成立生产、销售伪劣产品罪，刑事责任居中；张玉军属于耿金平的帮助犯，刑事责任最轻。对于自然犯，成年健全人对杀人、盗窃的性质都有相同的理解，规范意识不会因身份而不同，刑法一般应进行无差别化定罪量刑。而在经济领域，身份往往意味着分工，决定着职责、义务和利益的差异；在白领犯罪面前，不同身份者常因为知识与经历的差异而形成了不同的规范意识，同样罪行中的违法性认识也有差别；在规范学上，不同行为者的判断基准不同，因此，同样的行为或后果，身份越高可罚性越重。

三鹿案中，法官遗忘了两点与基本正义观有关的身份因素：

一是知识与义务对等。知识优势的形成，不仅取决于个人的努力，更源于其占用了更多的社会资源，这相对剥夺了他人的发展机会；即

便由个人天赋决定的知识优势，社会也为其支付了很高的知识使用成本（给知识者利益），因此，知识优势者就应尽更多的义务来补偿社会和被剥夺者。刑法应体现“知识优势与社会责任成正比”的正义观，刑法当然不会仇恨优越的知识经验和管理水平，但是，如果知识优势决定了对应的社会义务、模范的管理角色与沉甸的个人利益时，那么，我们就能够确信，在违法行为相同时，知识优势者占用了更多的社会资源却没有履行对等的义务，因而反社会性最强。经济领域中“知识越多越反动”有合理性，因为，名企高管的规范可呼吁性最强，对行为违法性的认识程度最高，同样经济罪行体现出其背离职业标准更大、偏离社会要求更远。

二是利益与责任同在。让利益最大者承担最多的责任，这也是一条元规则。让个人的获利额与责任度对等，通过利益机制引导知识优势转化为生产力，能够最有效地实现个人与社会的双赢。刑法必须维护最基本的市场竞争规则，确立“利益与责任是一个硬币的两面”的基本正义，更重的刑事责任是敦促名企高管在占有更多社会财富的同时承担更多的社会责任，重振“欲将取之、必先予之”的经济信条。刑法不能嫌贫爱富，总用大棒对待底层的蝇利追逐者，却对上层的暴利攫取者心慈手软，让与身份相对应的经营诚信、社会责任飘荡在判决书之外。如果获利最多者总是受最轻的处罚，无论有多少规范学证据，都无法阻止人们联想起马克思式法律本质论——刑罚是资本家压迫无产者的工具。通俗地讲，高管在享受荣耀光环之时，也肩负着工业社会中规范生产的企业责任，在刑法上就体现为经济利益、社会责任与刑事可罚性的统一。

一纸义正词严的判书，应是一把扭转时局的钥匙，刑事判决是衍生价值最大、附带功能最全的法律文书，亦是社会价值与观念的风向标。重大刑案中也蕴含着难得的政治与规范契机：立场鲜明的处罚能够矫正早已被扭曲的社会价值观念，正确的判决结论能够固定早已被追随的先进刑法理论。然而三鹿案的判决令人伤感，在价值观立场上，刑法又一次对底层违规者剑拔弩张，与聂树斌式罪及无辜型“杀错”

相比，张玉军、耿金平式轻罪重罚型“错杀”，更让法学家颜面扫地，这是在事实清楚的前提下，用刑法理论的暴政把罪不致死者送上了断头台。错误无可挽回，希望寄托来日。正是：亲戚或余悲，他人亦已歌，三鹿何所道，四鹿可期待。

（本节原以《身份、责任与可罚性——三鹿案判决的规范错误与立场偏失》为题，载于《刑事法评论》2010 年第 2 期。此次收入略有修改。作者高艳东为浙江大学光华法学院副教授、法学博士）

第二节　皋阳大头娃娃案的再审视

一 《刑法修正案（八）》对生产、销售不符合卫生标准的食品罪的修改

《刑法修正案（八）》对刑法原规定第 143 条所规定的生产销售不符合卫生标准的食品罪的内容进行了部分修改。原条文规定：“生产、销售不符合卫生标准的食品，足以造成严重食物中毒事故或者其他严重食源性疾患的，处三年以下有期徒刑或者拘役，并处或者单处销售金额百分之五十以上二倍以下罚金；对人体健康造成严重危害的，处三年以上七年以下有期徒刑，并处销售金额百分之五十以上二倍以下罚金；后果特别严重的，处七年以上有期徒刑或者无期徒刑，并处销售金额百分之五十以上二倍以下罚金或者没收财产。”经修正后，其条文改为“生产、销售不符合安全标准的食品，足以造成严重食物中毒事故或者其他严重食源性疾病的，处三年以下有期徒刑或者拘役，并处罚金；对人体健康造成严重危害或者有其他严重情节的，处三年以上七年以下有期徒刑，并处罚金；后果特别严重的，处七年以上有期徒刑或者无期徒刑，并处罚金或者没收财产。”修改的主要表现为：一是将可以单处罚金的规定取消，罚金只能是并处，从而使该罪的法定最低刑为拘役而不是附加刑的罚金，从而提高了法定最低刑；二是将

原来比例制罚金数额改为笼统的判处罚金，从而给司法者判处罚金数额以更大的自由裁量空间；三是对法定刑为 3 年以上 7 年以下的犯罪罪状中增加规定了“有其他严重情节”的规定，从而使这一档次的法定刑不仅仅适用于对人体健康造成严重后果的情形，还可以适用于虽然没有对人体健康造成严重后果，但具有其他严重情节的情形；四是在基本罪状部分对原来的不符合卫生标准的食品改为不符合安全标准的食品，从而使得其罪状表述与食品安全法的内容相适应，另外，在罪状部分将原来的“其他严重食源性疾患”改为“严重食源性疾病”。应该说，这一犯罪的罪状部分没有出现太大的修改，其最核心的内容即“足以造成严重食物中毒事故或者其他严重食源性疾患（病）”以及由此“对人体健康造成严重危害”部分可以认为没有作根本性修改。

二　《刑法修正案（八）》前后相关司法解释适用上的困难

由于修正后的《刑法》第 143 条与原 143 条在核心罪状方面没有根本性的变化，都要求足以造成严重食物中毒事故或者其他严重食源性疾病（患）或由此“对人体健康造成严重危害”。最高人民法院、最高人民检察院在对原 143 条中“足以造成严重食物中毒事故或者其他严重食源性疾患”进行司法解释时明确：“经省级以上卫生行政部门确定的机构鉴定，食品中含有可能导致严重食物中毒事故或者其他严重食源性疾患的超标准的有害细菌或者其他污染物的，应认定为《刑法》第 143 条规定的‘足以造成严重食物中毒事故或者其他严重食源性疾患’”。而“对人体健康造成严重危害”是指生产、销售不符合卫生标准的食品被食用后，造成轻伤、重伤或者其他严重后果。对成人或少年而言，一般来说，以食品中含有超标准的有害细菌或者其他污染物作为认定足以造成严重食物中毒事故或者严重食源性疾患及对人体健康造成严重危害的标准，应该说没有太大的问题，这样的解释是合适的。但是在阜阳大头娃娃奶粉案中则显示出这一解释可能存在的问题。在阜阳因喂食不合格奶粉而造成大头娃娃的系列案件中，尚未发现哪个判决中认定这些大头娃娃是因为食用了含有超标准的有害细菌或者污染物而形成了大头娃娃，而是因为其食用的所谓奶粉不具有婴儿成长所必需的蛋白质或者蛋白质含量严重不足造成的。如池长板与陈宝相、陈宝玲共同出资入股成立苍南圣宝乳品有限公司。该公司在未取得婴幼儿奶粉生产许可证、产品质量检验合格证和化验单的情况下，擅自生产“圣品”贝贝婴儿1段奶粉。最后销至阜阳市颍东区农村。导致因购买食用“圣品”贝贝婴儿1段奶粉的一名婴儿严重营养不良，出现呼吸循环衰竭死亡，两名婴儿患上营养不良综合征的严重后果。也就是说，这三名婴儿的死亡或者营养不良综合征的严重后果不是因为奶粉中的超标准的有害细菌或者污染物而造成的，而是因为作为其主食的奶粉的营养成分特别是蛋白质含量没有或严重不足而造成的。又如，朱学军销售不符合卫生标准的食品一案中，朱学军从内蒙古通辽市珠日河蒙兴乳业有限公司“驻郑州办事处”购进“小牧人”“小牧人婴儿奶粉”。太和县工商局对其销售的婴幼儿奶粉抽检后送阜阳产品质量监督检验所检验，检验发现该种奶粉蛋白质含量不合格，并告知朱学军该批奶粉质量不合格，不得销售。但朱学军仍将该品种、批次的婴幼儿奶粉予以销售。案经太和县人民法院审理后，认定被告人朱学军犯销售不符合卫生标准的食品罪，依法判处有期徒刑1年，并处罚金1500元。其获罪也不是因为奶粉中存在着超标准的有害细菌或者其他污染物。

按照上述解释的要求，无论是食物中毒事故或者其他严重食源性疾病都应该是由超标准的有害细菌和其他污染物而造成的，如果依照上述解释，则上述案件的处理将存在着重大困难。

显然，上述案件的处理并未严格依照上述司法解释的规定，而是按照《食品卫生法》中“专供婴幼儿的主、辅食品，必须符合国务院卫生行政部门制定的营养、卫生标准”对案件进行处理。但需注意，即使在该条的规定中，营养标准与卫生标准也是并列的，可以说卫生标准不包括营养标准。根据当时有效的《食品卫生法》的规定，禁止生产经营的食品有12种，只有掺假、掺杂、伪造，影响营养、卫生的这一项中提到了营养，其他11项中均未提到营养要求问题，而且，并不能由此得出营养未达要求也是不符合卫生标准的结论。因为在该法的法律责任章中，追究刑事责任的情形只有两种，即该法第 39 条第 2 款的规定："生产经营不符合卫生标准的食品，造成严重食物中毒事故或者其他严重食源性疾患，对人体健康造成严重危害的，或者在生产经营的食品中掺入有毒、有害的非食品原料的，依法追究刑事责任。"而在该法第 43 条明确规定，"违反本法规定，生产经营不符合营养、卫生标准的专供婴幼儿的主、辅食品的，责令停止生产经营，立即公告收回已售出的食品，并销毁该食品，没收违法所得，并处以违法所得一倍以上五倍以下的罚款；没有违法所得的，处以一千元以上五万元以下的罚款。情节严重的，吊销卫生许可证"，没有追究刑事责任的规定。即根据该法，营养标准未达到要求，至少没有明确要求规定追究刑事责任。在学理解释中，将食品卫生标准分为三类：（1）理化指标，如有害污染物、重金属、农药、霉菌毒等；（2）感官指标，如食品的色泽、黏度、弹性、气味等；（3）细菌总数，如大肠群菌以及病原菌等。也未提及营养标准。很显然，卫生标准与营养标准并非同一概念。①

就目前接触到的资料，在阜阳劣质奶粉事件中，造成食物中毒的情况尚未发现，所要探讨的就是"食源性疾患"的问题。1984 年国际卫生组织将"食源性疾病"（foodborne diseases）一词作为正式的专业术语，以代替历史上使用的"食物中毒"一词，并将食源性疾病定义为"通过摄食方式进入人体内的各种致病因子引起的通常具有感染或中毒性质的一类疾病"②。世界卫生组织发布预防食源性疾病五大要点是：（1）保持清洁；（2）生熟分开；（3）做熟：食物要彻底做熟，尤其是肉、禽、蛋和海产食品，熟食再次加热要彻底；（4）保持食物的安全温度；（5）使用安全的水和原材料。③可以看出，一般意义上食源性疾病与感染、中毒等是联系在一起的。引起食源性疾病主要因素有：动植物毒素中毒、食源性真菌毒素中毒、食源性化学性中毒、食源性寄生虫

① 单民主编：《刑事司法疑难问题解答》，中国检察出版社 2002 年版。

② http：//baike.baidu.com/view/471768.htm。

③ 湖南省食品药品监督管理局网站 http://www.hn-fda.gov.cn/CL1487/61571.html。

感染、食源性病毒感染、细菌性食源性疾病。[①]可见，有关食源性疾病的理解主要有中毒性和感染性特征。因此，大头娃娃虽然是由食源而引起的疾患，即由于食用的主食蛋白质严重不足而导致了生理发育出现严重问题，导致严重残疾甚至死亡，但这种食源性的疾病难以概括与归纳到世界卫生组织有关食源性疾病的标准中去，也难以概括进“两高”解释中所说的因为食品中含有可能导致严重食物中毒或者其他严重食源性疾患的有害细菌或者污染物造成的，而是长期的营养不良而造成的。

那么能否将因对婴幼儿主食中的营养严重不足而对婴幼儿健康造成了实质性危害的情况，认为不一定必须由食品中的超标准的有害细菌或者其他污染物造成的？笔者认为，不应作这样的认识，根据最高人民法院和最高人民检察院的解释，食品中含有超标准的有害细菌或者其他污染物是危险犯成立的条件，而对人体健康造成严重危害的是结果变成现实的实害犯。如果认为两者可以不相干，则会造成同一罪名下危险犯与实害犯之间的逻辑关系发生混乱。应该认为，在规定危险犯的犯罪中，同一罪名下的危险犯都是因危险变成现实而加重其法定刑的犯罪。

由于在修正后的《刑法》第143条，仍然采用了原来所要求的“足以造成严重食物中毒事故或者其他严重食源性疾病（患）”的表述，因此，对于不是由于食品中含有超标准的有害细菌或者其他污染物的情形，或者不是由于由此超标准的有害细菌或者污染物对人体健康造成的危害，则存在着定罪上的困难。虽然我们目前尚不知道可能会出现什么样的问题，但从阜阳的案件中，我们可以感觉出，通过食品对人体造成危害不仅仅是有害细菌或者其他污染物，还可以是营养严重不足，特别是婴幼儿的食品。因此，重新解释刑法的这一规定是必要的。

三　如何解释有关生产、销售不符合安全标准的食品罪

也许是因为认识到了使用卫生标准难以处理一些与食品有关的严

---

① 食品安全快速检测网，http：//www.china12315.com.cn/zt/syjb_jb.shtml。

重危害社会的行为，在2009年通过《食品安全法》后，2011年《刑法修正案（八）》与食品安全法采取一致行动，对生产、销售不符合卫生标准的食品罪进行修正，从而形成了生产、销售不符合安全标准的食品罪，将食品的卫生标准与营养标准都归入安全标准下。那么，在进行修正以后，相关的问题是否得到了有效解决？

有论者指出，新的食品安全法规定的食品安全标准是强制性标准，不准在此之外再制定食品标准，并认为这是一个了不起的规定，可以解决相关问题。笔者认为，这是一个误解，确实，在原《食品卫生法》中没有强调食品卫生标准是强制性标准，但是在《标准化法》第7条中明确规定，保障人体健康，人身、财产安全的标准和法律、行政法规规定强制执行的标准是强制性标准。《标准化法实施条例》第18条更进一步明确："下列标准属于强制性标准：（一）药品标准，食品卫生标准，兽药标准……"因此，食品安全法中的有关这一问题的规定只是一个强调性规定，并没有创设新的规定，并不能由此得出食品安全法在此问题上作出了与食品卫生法不同的规定的结论。[①]因此，并不能由此得出结论，采用安全标准的说法或者规定，就解决了刑法对相关犯罪适用中实际存在着的问题。

在可能造成严重食物中毒事故或者其他严重食源性疾患的食品需要不需要加上超标准的有害细菌或者其他污染物的定语或者限制？由于修正后的《刑法》第143条对该条所规定的犯罪的实质罪状没有作根本性的修正，仍然采用了"足以造成严重食物中毒事故或者其他严重食源性疾病"的表述，因此，可以认为，两高有关该罪状内容的解释仍然可以适用，或者至少可以作为一种参考。但是，在出现了如此多的食品事件后，上述对构成犯罪要求的解释是否应当保留？笔者的看法是应当保留。一方面是我国食品安全法明确规定：食源性疾病，指食品中致病因素进入人体引起的感染性、中毒性等疾病。食物中毒，

① 当然，由于将专供婴幼儿或者特定人群食用的食品的营养标准纳入安全标准下，相比较而言，其范围更广泛一些。

指食用了被有毒、有害物质污染的食品或者食用了含有毒、有害物质的食品后出现的急性、亚急性疾病。另一方面，是与国际卫生组织相关的食源性疾病的定义相一致，即应当具有中毒性与感染性特点。否则，没有这样的限制，糖尿病、高血压、酒精中毒、吸烟引起的各种疾病等都会被纳入食源性疾病中来，这是不合理的，生产者、销售者没有必要对这些由于食源而引起的疾病承担刑事责任。再一方面，对成人或者一般食谱比较广泛的年龄段的青少年来说，一般不至于因为非超标准的有害细菌、污染物而造成中毒或者比较广泛的食源性疾病的可能。因此，只有超标准的有害细菌或者其他污染物，才能足以造成严重食物中毒事故或者其他严重食源性疾病。这一限制或者定语仍然是必要的。但是这一定语或者限制对婴幼儿的主食食品不应采用，即对专供婴幼儿食用特别是作为主食的食品不需要作这样的限制，可以解释为：严重没有达到国家婴幼儿食品安全标准的营养标准的专供婴幼儿食用的主食食品是足以造成严重食源性疾患的食品。对婴幼儿的辅食食品，构成犯罪仍应采用“含有超标准的有害细菌或者其他污染物”的要求。作这样理解的根据主要是：这种食品存在着足以对婴幼儿身体健康造成严重危害的危险，且对婴幼儿喂食没有达到相应营养标准的主食食品是否会造成婴幼儿严重食源性疾患，与喂食者的喂食方法存在着重大的关系，有的家长可能即以这些食品作为喂食婴幼儿的全部或者大部食品，这易于造成婴幼儿的食源性疾患；而有的家长可能在喂食这些食品的同时还佐以其他食品，如蛋类、肉类等，这样发生因为喂食不符合安全标准的食品而导致严重食源性疾患的可能性会大大减少。也就是说，他人对婴幼儿的喂食情况决定着行为人生产的食品是否会产生严重食源性疾患，从而决定着行为人生产的不符合安全标准的食品的行为是否构成犯罪。这是不合理的。相应地，对婴幼儿而言，即使主食食品中不含有导致严重食物中毒事故或者严重食源性疾患的超标准的有害细菌或者其他污染物，但由于营养严重不足而导致健康遭受严重危害，亦应认定为危险变成现实，对其生产者、销售者应以对人体健康造成严重危害的结果加重犯进行处理。而对辅食食品，即使营养不足，只要不含有可能导致严重食物中毒事故或者其他严重食源性疾患的超标准的有害细菌或者其他污染物，也不致对其健康造成严重危害。不这样解释，面对类似于阜阳奶粉案件，在犯罪认定上可能是非常困难的。现行的《食品安全法》第 20 条也已经明确：专供婴幼儿的主、辅食品的营养成分要求必须实行强制标准。因此，可以通过司法解释明确规定故意生产，或者销售明知是严重不符合营养标准的专供婴幼儿的主食食品的行为就属于刑法第 143 条所规定的“足以造成严重食源性疾病”，从而可以构成犯罪。[①]

（本节原以《刑法第 143 条规定的罪状解释问题探讨——从阜阳大头娃娃奶粉案件说起》为题，载于《刑法与宪法之协调发展》，中国人民公安大学出版社 2012 年版。此次收入略有修改。作者朱建华为西南政法大学法学院教授）

第三节　瘦肉精案件中的定性分析

胡锦涛同志在 2011 年指出，“民以食为天，食以安为先”，食品安全是关系广大人民群众身体健康和生命安全的一件大事；[②] 习近平总书记在最近又强调说，公众身体健康是小康社会的重要内涵。[③] 由此足见食品安全的重要性。由于种种原因，当下中国的食品安全情况不容乐观，尤其是危害食品安全犯罪猖獗，严重危害人民群众

① 最高人民法院、最高人民检察院 2013 年 5 月 4 日起施行的《关于办理危害食品安全刑事案件适用法律若干问题的解释》中，将生产、销售的“婴幼儿食品中生长发育所需营养成分严重不符合食品安全标准”的情形，认定为属于刑法第 143 条规定的“足以造成严重食物中毒事故或者其他严重食源性疾病”。

② 参见《津门涌春潮　滨海扬征帆——记胡锦涛总书记在天津考察工作》，《人民日报》2011 年 5 月 2 日。

③ 《发展体育运动增强人民体质　促进群众体育和竞技体育全面发展》，《人民日报》2013 年 9 月 1 日。

的生命健康与财产安全。[①] 在众多危害食品安全犯罪的刑事案件中，2011 年 3 月案发的河南首起特大“瘦肉精”案（以下简称“瘦肉精”案）是具有重大影响的案件之一，其案情及惩处对于相关刑法理论和司法实践具有多方面的启示意义。在该案处理过程中，笔者曾参与了有关司法机关对案件相关问题的研讨论证，对案情及处理过程较为了解和熟悉。本节拟围绕河南首起特大“瘦肉精”案的定性问题展开研究，具体剖析该案按照以危险方法危害公共安全罪定性处理的理由，并探讨该案的定性处理对于其他危害食品安全犯罪案件定性处理的意义，以求助推我国当前惩治危害食品安全犯罪的刑事法治建设。

一　河南特大“瘦肉精”案的基本案情及定性争议

（一）基本案情

2011 年 3 月 15 日，当年的消费者保护日，中央电视台曝光了河南孟州、温县等地一些养猪场采用违禁动物药品“瘦肉精”喂养生猪的情况，引起社会强烈反响与广泛关注。河南警方立即采取行动，于报道播出的当天对“瘦肉精”事件立案侦查，并相继对犯罪嫌疑人刘襄等人执行刑事拘留和逮捕。2011 年 7 月 12 日，河南省焦作市人民检察院向焦作市中级人民法院提起公诉，指控被告人刘襄、奚中杰、肖兵、陈玉伟、刘鸿林犯以危险方法危害公共安全罪。[②] 焦作市中级人民法院经一审审理查明：2007 年年初被告人刘襄、奚中杰明知国家严禁使用盐酸克伦特罗饲养生猪，且使用盐酸克伦特罗饲养的生猪流入市场会对消费者身体健康、生命安全造成危害，为攫取暴利，共谋研制、生产、销售盐酸克伦特罗供生猪饲用。二人商议：双方各投资 5 万元，刘襄负责技术开发和生产，奚中杰负责销售，利润均分。同年八九月

① 《最高法：当前食品安全形势十分严峻案件大升》，http://news.xinhuanet.com/legal/2013-05/03/c_124661093.htm，2013 年 9 月 8 日访问。

② 参见河南省焦作市人民检察院焦检刑诉〔2011〕《起诉书》。

份，刘襄在湖北省襄阳市谷城县试制出盐酸克伦特罗后，与奚中杰一起带样品至河南先后找到被告人陈玉伟、肖兵进行试验、推销。陈、肖二人明知使用盐酸克伦特罗饲养的生猪流入市场会对消费者身体健康、生命造成危害，仍将盐酸克伦特罗卖给收猪的经纪人试用，得知效果好后，遂将信息反馈给刘襄、奚中杰。刘襄等人将盐酸克伦特罗称为“刘襄产品”，开始大规模生产，陈玉伟、肖兵则大量销售用于生猪饲养。截至 2011 年 3 月，刘襄、奚中杰共生产盐酸克伦特罗（原粉）2700 余公斤，奚中杰、陈玉伟、肖兵销售后，金额达 640 余万元，非法所得约 250 万元。被告人刘鸿林明知人食用含有盐酸克伦特罗的猪肉有害健康，仍协助刘襄购进原料，进行研制、生产、销售等活动。以上 5 名被告人生产、销售的“瘦肉精”经过层层分销，最终销至北京、广东等 8 个不同省市。生猪养殖户用勾兑了盐酸克伦特罗的饲料喂养生猪，对众多消费者身体健康造成严重威胁，并使公私财产遭受特别重大损失。焦作市中级人民法院认为，被告人刘襄、奚中杰、肖兵、陈玉伟、刘鸿林明知使用“瘦肉精”饲养生猪对消费者生命和身体健康会造成危害，仍大量非法生产、销售“瘦肉精”，最终导致用“瘦肉精”饲养的生猪大量流入市场，严重危害不特定多数人的生命、健康，并致使公私财产遭受特别重大损失，社会危害性极高，在社会公众中造成极坏的影响，5 名被告人的行为均已构成以危险方法危害公共安全罪，系共同犯罪。为依法严厉打击侵害食品安全的犯罪，切实保障广大人民群众的生命、健康和公私财产的安全，依照刑法典第 115 条第 1 款、第 25 条第 1 款、第 26 条第 1 和 4 款、第 27 条、第 55 条第 1 款、第 56 条第 1 款、第 57 条第 7 款、第 68 条第 1 款、第 64 条及《最高人民法院关于处理自首和立功具体应用法律若干问题的解释》第 5 条之规定，于 2011 年 7 月 25 日以共同犯以危险方法危害公共安全罪对 5 名被告人做出一审判决：对被告人刘襄判处死刑，缓期两年执行，剥夺政治权利终身；对被告人奚中杰判处无期徒刑，剥夺政治权利终身；对被告人肖兵判处有期徒刑 15 年，剥夺政治权利 5 年；对被告人陈玉伟判处有期徒刑 14 年，剥夺政治权利 3 年；对被告人刘鸿林判处有期徒刑9年。[①] 刘襄等5名被告人不服，均提出上诉。河南省高级人民法院二审裁定维持原判，并且以犯以危险方法危害公共安全罪核准对刘襄判处的死缓。

（二）本案定性争议

本案在处理过程中，承办该案的有关司法机关对本案的定性产生了较大争议。河南省高级人民法院曾就此案向最高人民法院请示，本案定性问题在最高人民法院、最高人民检察院也有争议。最高人民法院为此召开了专家论证会，包括笔者在内的来自理论界与实务界的数位专家学者应邀参加会议，就该案的法律适用问题进行了研究。综合各方面对于本案定性的争议，大致有以下四种争议观点：第一种观点认为本案构成非法经营罪。理由是：根据最高人民法院、最高人民检察院2002年《关于办理非法生产、销售、使用禁止在饲料和动物饮用水中使用的药品等刑事案件具体应用法律若干问题的解释》（以下简称“两高”《解释》）第1条的规定，应该以非法经营罪追究刑事责任。第二种观点认为构成以其他危险方法危害公共安全罪。理由是：本案5名犯罪嫌疑人明知“瘦肉精”是国家明令禁止的在饲料和饲料添加剂以及动物饮用水中使用的违禁药品，人食用后会造成危害生命、健康的严重后果，5名被告人为谋求非法利益，置广大人民群众的生命、身体健康和财产安全于不顾。刘襄、奚中杰、刘鸿林大量非法生产，肖兵、陈玉伟大量销售用于往猪饲料中添加的“瘦肉精”，通过多层次、多区域的销售途径，进入生猪养殖户手中，致使被喂食“瘦肉精”的猪肉制品大量流入食品市场，严重危害了公众健康，严重损害了肉制品企业、动物养殖户及消费者的利益，使公私财产遭受了重大损失，其行为均已构成以危险方法危害公共安全罪。本案若定性为非法经营罪，不能反映出其行为的社会危害性，不能罚当其罪，社会公众也难以理解和接受。需要

① 参见河南省焦作市中级人民法院（2011）焦刑初第9号《刑事判决书》。

指出的是，上述第二种观点在内部也存在分歧：有的主张该案仅符合以危险方法危害公共安全罪的犯罪构成，而不符合其他犯罪的构成要件；有的则是在不否定本案同时构成非法经营罪或者生产、销售有毒、有害食品罪的基础上，承认本案构成了以危险方法危害公共安全罪与上述两种犯罪中的一种或者两种犯罪的想象竞合犯，根据想象竞合犯的处罚原则而最终得出本案应定性为以危险方法危害公共安全罪的结论。第三种意见认为本案构成生产、销售有毒、有害食品罪。理由是：尽管“瘦肉精”本身不是食品，但刘襄等人生产、销售“瘦肉精”构成生产、销售有毒、有害食品罪的共犯。该种观点的内部也存在分歧之处：有的主张本案仅构成生产、销售有毒、有害食品罪（共犯），有的则认为本案构成生产、销售有毒、有害食品罪（共犯）与非法经营罪的想象竞合犯，根据想象竞合犯的处罚原则而最终得出本案应定性为以生产、销售有毒、有害食品罪的结论。第四种观点认为本案构成生产、销售伪劣产品罪。理由是：首先，“瘦肉精”虽对人体具有危害性，但就本案来说，并无证据证明已造成消费者重伤、死亡的危害后果，目前所统计的财产损失并非因生产、销售“瘦肉精”行为直接导致，双汇集团未严格进行检测，生猪养殖户为追求经济利益在饲养过程中非法添加使用“瘦肉精”，其对自身的经济损失存在过错。因此，以刑法典第 115 条第 1 款为依据，按照以危险方法危害公共安全罪追究刑事责任存在一定障碍。其次，本案的社会危害性主要体现在对消费者生命健康的危害，而不是扰乱药品市场秩序，以非法经营罪定性不能体现本案的社会危害性。再次，根据“两高”《解释》第 3 条的规定，使用盐酸克伦特罗等禁止在饲料和动物饮用水中使用的药品或者含有该类药品的饲料养殖供人食用的动物，或者销售明知是使用该类药品或者含有该类药品的饲料养殖的供人食用的动物的，依照刑法典第 144 条的规定，以生产、销售有毒、有害食品罪追究刑事责任。犯罪嫌疑人刘襄等人明知其生产的“瘦肉精”被养殖户购买后用于生猪饲养，而大量生产、销售“瘦肉精”，其与生猪养殖户构成生产、销售有毒、有害食品罪的共犯。由于本案未造成人员死亡的危害后果，适用修正前的刑法典第 144 条处罚较轻，但其销售金额特别巨大，按照生产、销售伪劣产品罪可判处 15 年有期徒刑或者无期徒刑，故可转化适用刑法典第 140 条的规定追究刑事责任。

（三）本案定性争议所引发的问题

因为有“两高”的《解释》，本案构成非法经营罪基本上不存在疑问，因而从上述本案定性争议的简述中可以看到，理论界、实务界及其他领域的多数人都赞成本案成立非法经营罪。但问题的关键是，本案若仅仅定性为非法经营罪，并不能完整评价本案被告人的行为及其危害，不能体现对危害食品安全犯罪从严惩处的刑事政策，不能回应民意吁求。正因如此，有人主张定性为生产、销售有毒、有害食品罪或者生产、销售伪劣产品罪，有人主张定性为以危险方法危害公共安全罪。上述主张的要旨在于：在非法经营罪不能完整评价行为人行为、不能罚当其罪的情况下，尝试将生产、销售有毒、有害食品罪和以危险方法危害公共安全罪等罪名引进来评价行为人的行为，以期达到完整与合理评价本案行为人的行为、公正处理、回应民意、法律效果与社会效果有机统一的目标。

在被用来对本案定性的罪名中，本案行为人构成生产、销售有毒、有害食品罪比较容易论证，只需依据共犯的规定与理论加以解释和运用即可。相比较之下，本案行为人定性为以危险方法危害公共安全罪较难加以解释。一则是因为在习惯和感觉上，以危险方法危害公共安全罪似乎与非法生产、销售“瘦肉精”行为的关联性不强；二则是因为对于本案非法生产、销售“瘦肉精”的行为之危险方法的相当性解释起来难度非常大，以致上述所有赞同以危险方法危害公共安全罪的观点和主张，尽管赞同本案成立该罪须具备危险方法的相当性，但对本案行为所具有的危险方法相当性的论证并不详尽深入，理由似欠充分，因而使得我们在了解其主张和理由后，内心并不能够建立起本案应成立以危险方法危害公共安全罪的确信。

总之，从河南这起特大“瘦肉精”案的定性争议来看，笔者认为案件定性的焦点集中于以下三个问题：第一，本案是否构成以危险方法危害公共安全罪？其中危险方法的相当性之判断衡量是问题的核心。第二，本案是否成立想象竞合犯？第三，影响本案定性的因素有哪些？下文对这些问题予以论述。

二　河南特大“瘦肉精”案以危险方法危害公共安全罪定性的论证

上文已述，笔者赞同本案按照以危险方法危害公共安全罪定性，基于上文的分析，本部分对本案应以危险方法危害公共安全罪定性的理由进行分析和论证。

（一）本案符合以危险方法危害公共安全罪的犯罪构成——以危险方法相当性为中心的展开

就本案主观方面的要件而言，一审法院认为，本案相关行为人明知其行为会发生危害社会的后果，“为攫取暴利，仍大量生产、销售盐酸克伦特罗饲养生猪，放任其行为对不特定的广大消费者的身体健康、生命和财产安全造成严重危害，均有危害公共安全的主观故意”；[①]本案行为人“明知使用盐酸克伦特罗喂养的生猪，人食用后会发生危害生命、健康和公私财产安全的严重后果，为攫取暴利，置广大人民群众的生命、健康和公私财产安全于不顾”。[②]由此可见，一审法院认为本案行为人主观上是间接故意，具备了以危险方法危害公共安全罪主观方面的要件。本案行为人“严重危害不特定多数人的生命、健康……

① 参见河南省焦作市中级人民法院（2011）焦刑初字第9号《刑事判决书》，第13页。

② 参见河南省焦作市中级人民法院（2011）焦刑初字第9号《刑事判决书》，第16页。

致使公私财产遭受特别重大损失”，[①]可见，一审法院认为本案侵犯了不特定多数人的生命、健康及重大公私财产安全，具备了以危险方法危害公共安全罪的客体要件。这些也都为笔者所赞同，不再详述。

关键是犯罪客观方面要件，特别是其中危险方法相当性的问题，乃是本案按以危险方法危害公共安全罪定性的核心，下面具体论述。

1. 作为“其他危险方法”核心特征的危险方法的相当性

危险方法的相当性，是指以危险方法危害公共安全罪中的“其他危险方法”必须与放火、决水、爆炸、投放危险物质等危险方法具有相当性。目前，我国刑法理论界普遍认为，从客观方面看，以危险方法危害公共安全罪必须具有与放火、决水、爆炸、投放危险物质等危险方法相当的危险性。[②]可以说，在以危险方法危害公共安全罪须具有危险方法的相当性这一点上，我国刑法理论界取得了基本的共识。

理论的共识也对司法实践产生了深刻的影响。从河南这起特大“瘦肉精”案的情况看，本案被告人与辩护人是以其行为不具有危险方法的相当性为重要理由来说明被告人不构成以危险方法危害公共安全罪的；而司法机关也将被告人的行为具有危险方法的相当性作为认定其构成该罪的一个要件。因而无论是被告人及其辩护人，还是司法机关，对于以危险方法危害公共安全罪的成立须具备危险方法的相当性这一要件是存在共识的。

因此，在“其他危险方法”具备危险方法的相当性这一点上，刑法理论界与实务界、控辩审诸方都达成了共识。然而，虽然有这一共识，但一个矛盾的现象却仍然出现了：尽管刑法理论界不少人以及被告人及其辩护人站在危险方法的相当性的立场而否定河南这起“瘦肉

① 参见河南省焦作市中级人民法院（2011）焦刑初字第 9 号《刑事判决书》，第 17 页。

② 赵秉志主编:《刑法新教程》，中国人民大学出版社 2012 年版，第 343—344 页；周道鸾、张军主编：《刑法罪名精释》，人民法院出版社 2013 年版，第 82 页；王作富主编：《刑法分则实务研究》（上册），中国方正出版社 2013 年版，第 64—72 页；马克昌主编：《刑法》，高等教育出版社 2007 年版，第 334 页。

精”案构成以危险方法危害公共安全罪，但司法机关却也站在同一立场而判决被告人构成该罪。笔者认为，问题的症结之一，就在于对于危险方法相当性特征的具体分析和研究不够深入。具体而言，尽管理论与实践都承认以危险方法危害公共安全罪须具备危险方法的相当性，但放火、决水、爆炸、投放危险物质等危险方法的具体特性是什么？各危险方法的共性是什么，个性是什么？“其他危险方法”到底需要具备什么样的特性才适格？这些问题并未得到深入研究并取得共识。如有学者认为，危险方法同时涉及行为的自身属性与危害程度两个层面：在自身属性上，危险方法具有难以控制、难以预料的高度危险性；在危害程度上，其他危险方法必须达到与放火等方法所能产生的同等危险状态。[①] 有学者认为，危险方法的特征包括方法本身的危险性（广泛的杀伤性、破坏性）、方法的独立性（不需要借助外部条件就会危害公共安全）、危害程度的相当性（与放火等行为的危害相当）。[②] 还有学者认为，放火、决水、爆炸、投放危险物质的行为具有以下共同特征：危险的高感知性、危险的高密度性、危险的难控性、危险的瞬时性。[③] 可见，学者们在危险方法之具体特性的理解上尚缺乏统一与共识。

笔者认为，导致上述缺乏共识的原因有多种。一则放火、决水、爆炸、投放危险物质尽管都是危险方法，但每一种危险方法又具有各自的特点，并且具体案件中的危险方法又千差万别，如同样是放火，甲案件中的放火行为与乙案件中的放火行为可能并不相同。要对这 4 种危险方法的共性做出概括，难度可想而知。二则“其他危险方法”既然是“其他”，就意味着“其他危险方法”不是放火等 4 种危

① 孙万怀：《以危险方法危害公共安全罪何以成为口袋罪》，《现代法学》2010 年第 5 期。

② 邓思清等：《刑事案例诉辩评审——交通肇事罪》，中国检察出版社 2006 年版，第 117 页。

③ 于志刚、李怀胜：《提供有毒、有害产品原料案件的定性思路》，《法学》2012 年第 3 期。

险方法之任何一种，而学者们所概括的危险方法的特征，却主要是对放火等 4 种危险方法特征的概括，这种情况下概括出来的共性特征是否完全适合“其他危险方法”的特征，是否可以拿来判断“其他危险方法”的相当性，必然是存在疑问的。另外，“其他危险方法”必然会有多种，但目前司法实践中认定为危险方法的主要有私设电网、破坏矿井下的通风设备、驾车冲撞人群、发生交通事故后继续驾车冲撞等行为方式，而且其中一些被认定为危险方法的也还存在许多争议。可以说，司法实务中对于“其他危险方法”的认定上的实践经验还有待积累和升华。上述多种因素导致学者们对于危险方法特性的总结概括虽然都具有一定的合理性，但也难免都有局限性，因而切不可对上述学者所概括的特性作绝对化的理解。如危险的难以控制性或曰难控性，就放火而言，随着现代消防技术的发展，加之具体案件中放火的时间、受火对象的地点、构造等因素，放火方法的难控性特点就要作相对化的理解。又如危险的瞬时性，恐怕也要根据具体的案件而作相对化的理解。

上述对于危险方法特性认识的局限性，从逻辑学角度看，在一定程度上是演绎方法与归纳方法本身的局限性所致。因此，笔者主张对于危险方法相当性之具体特性的认识与判断，应在坚持已有的对于危险方法特性认识的基础上（主要是通过演绎与归纳的方法而获得），运用类比的思维方式，坚持同类的解释方法，具体案件具体分析来判定某一行为是否具有危险方法的相当性，是否属于“其他危险方法”从而构成以危险方法危害公共安全罪。具体而言，即在判断某一行为方式是否具有危险方法的相当性时，将该行为与放火、决水、爆炸、投放危险物质诸危险方法作类比思考与同类解释，看该行为与放火等四种危险方法中的哪一种或者哪几种危险方法最相似、类同、近似、相当；同时在危险方法相当性的判断中应全面考虑案件的各种因素与情况，具体案件具体分析，避免以理论去不当地剪裁与过滤案件的情况和细节。基于这种考察思路与方法，结合具体案情的分析，笔者认为，本案行为与刑法典第 114、115 条明确规定的放火、决水、爆炸、投放危险物质等危险方法具有大体相当性，其中尤其与投放危险物质具有明显的相当性、相近性，[①]下文对此展开具体论证。

2. 河南特大“瘦肉精”案符合危险方法相当性的具体论证

本案构成以危险方法危害公共安全罪，具体分析如下：

（1）从本案行为所涉时间、空间、数量看危险方法的相当性。从本案行为人行为的时间与空间看，行为人的犯罪行为持续4年之久，横跨8个省市，制售“瘦肉精”的数量达数千吨，其行为跨越时空的长度和广度及涉案“瘦肉精”的数量都是非常之大的，具有与放火、决水、爆炸、投放危险物质等危险方法相当的蔓延性、扩散性等行为特性。这一点在司法机关认定本案具备危险方法的相当性以及构成以危险方法危害公共安全罪时无疑会发生作用。本案一审判决书的如下所言可资证明：“被告人刘襄、奚中杰、肖兵、陈玉伟、刘鸿林明知使用盐酸克伦特罗喂养的生猪，人食用后会发生危害生命、健康和公私财产安全的严重后果，为攫取暴利，置广大人民群众的生命、健康和公私财产安全于不顾，大量非法生产用于饲养生猪的盐酸克伦特罗，并将盐酸克伦特罗销售给生猪养殖户，致使使用‘瘦肉精’饲养的生猪大量流入市场，严重危害不特定多数人的生命、健康，严重损害了生猪养殖户、肉制品企业及广大消费者的利益，致使公私财产遭受特别重大损失，社会危害极大，影响极其恶劣，其行为均已构成以危险方法危害公共安全罪……被告人刘襄研制、生产、销售盐酸克伦特罗用于生猪养殖时间长、数量大、区域广，所犯罪行极其严重，依法应予严惩。”[②]

（2）从本案行为的源头性及链条性看危险方法的相当性。刘襄等人的行为处在食品犯罪链条当中的首要环节，属于源头性犯罪。有学者认为刘襄等的行为虽属于共犯行为，但却具有等于或者重于正犯的

① 赵秉志：《简析河南“瘦肉精”案的定罪量刑》，《法制日报》2011年8月10日。

② 参见河南省焦作市中级人民法院（2011）焦刑初字第9号《刑事判决书》，第16—17页。

危害性，就是基于这一特点而言的。[①]本案危害行为的这一特点无疑也对司法机关关于危险方法相当性的判断产生了影响。与之形成对比的是，在河南“瘦肉精”案第二批处理的犯罪案件中，法院认定“二道贩子”韩文斌等7人先是购买“瘦肉精”原粉，经过淀粉稀释后，再以每包110元至140元不等的价格卖给生猪养殖户，直接导致含有“瘦肉精”的生猪流向市场。他们明知“瘦肉精”是国家禁止用于喂养生猪的药品，但为牟取利益，仍将“瘦肉精”及含有“瘦肉精”成分的稀释粉出售给生猪养殖户并传授饲喂方法，违反了国家对“瘦肉精”等药品实行限制经营的规定，因而构成非法经营罪。[②]河南法院对于第二批同样销售“瘦肉精”及其稀释粉的行为以非法经营罪定性而不以以危险方法危害公共安全罪定性，很明显的原因是本案犯罪行为的源头性特征在其是否具备危险方法的相当性的认定中起到了重要作用。

刘襄等人非法制售“瘦肉精”的行为发动和带动了整个危害食品安全犯罪的链条式滚动，加之上文所述的其行为的时空与数量特性，这些因素汇集到一起，并在发展到一定阶段和程度时，其行为危险的紧迫性是明显的。也就是说，当行为发展到一定阶段与程度时，其对于生命、健康的危害与所造成的公私财产损失，便是时时处处都在发生的事实。如果割裂刘襄等人的行为与其他链条的关联并静止地去考察，仅仅着眼于其制售“瘦肉精”行为本身，而不是用普遍联系和发展变化的方法去看问题，就会认为刘襄等人制售的非食品添加剂连食品都不是，其行为与危险方法的样态以及最后的危害相距太远，就会错误地得出其行为不具有危险紧迫性的判断。

（3）本案生产、销售行为的危险方法相当性。有学者认为，销售行为之于多数人的生命或身体安全而言，其所蕴含的危险难说紧迫。[③]

---

① 赵秉志主编：《制售假冒伪劣商品犯罪的惩防对策》，北京师范大学出版社2013年版，第451页。

② 陈和耀：《河南第二批“瘦肉精”案宣判》，《人民法院报》2011年8月12日。

③ 劳东燕：《以危险方法危害公共安全罪的解释学研究》，《政治与法律》2013年第3期。

该观点是以销售行为并不蕴含危险的紧迫性而否定销售行为的危险方法相当性。这种观点虽然具有一定的道理，但深入探究，也还是存在一定的问题。因为随着社会的发展和交通运输的便利、物流的畅通、销售网络的发达，今日之销售概念已非昔日之销售概念可比，现代销售行为所具有的扩及性、蔓延性是不可否认的，在一些具体案件中其所具有的紧迫性也是不能一概而论的。从而现代社会的销售是否蕴含危险方法的相当性，在一定意义上便是一个应该肯定的问题。就如本案，刘襄等人制售“瘦肉精”的行为尽管与最后的环节之间还存有多个环节，但可能经过一个小时就会喂食给生猪，所产生的危害也是时时都在发生，因而本案行为的紧迫性也都是随时存在的。笔者认为，本案行为与放火、决水、爆炸、投放危险物质等危险方法具有大体相当性，尤其是与投放危险物质具有明显的相当性、相近性的观点，从一定意义上讲，便是充分认识到了现代销售行为的特性，以及本案制售“瘦肉精”的行为所具有的危险的蔓延性、紧迫性的结果。而在手提肩挑、步行当车的年代，销售行为是否具有危险方法的相当性，便是大有疑问的。因此，在笔者看来，不应一律否定现代销售手段所可能具有的危险方法的相当性，这就是社会发展对于危险方法相当性认定的影响。

（4）本案危险程度的相当性。本案行为人的行为具有与放火、决水、爆炸、投放危险物质等危险方法相当的程度。一审判决书查明，盐酸克伦特罗俗称“瘦肉精”，“瘦肉精”具有相当的毒性，动物食用后会在动物组织中形成残留，特别是可以残留于肝、肾、肺等内脏器官中。人食用残留有盐酸克伦特罗的肉及其制品后，会出现肌肉震颤、心慌、战栗、头痛、恶心、呕吐等中毒症状，长期食用可诱发恶性肿瘤等后果，严重者可致人死亡。5 名被告人生产、销售的盐酸克伦特罗，经过层层销售途径，最终销至河南、山东、北京、湖南、海南、安徽、黑龙江、广东等 8 省市的生猪养殖户，勾兑饲料用于饲养生猪，致使大量该类猪肉流入市场，给广大消费者身体健康、生命造成严重危害，并使公私财产遭受特别重大损失。仅济源双汇食品有限公司为处理该类猪肉制品，损失达3400余万元。焦作市辖区销毁含“瘦肉精”生猪773头，经济损失112.8万元。2011年3月16日至5月27日，焦作市辖区生猪出栏量明显下降，日出栏量减少2120.13头，比往年下降49.76%，焦作市辖区生猪养殖户收入损失1.61亿元。[①]可见，本案被告人的犯罪行为之影响波及诸多部门、机构以及千家万户的工作和生活，具有与放火、决水、投放危险物质等危险方法相当的程度。

总之，上文论述意在表明，刘襄等人行为所具有的危险方法的相当性是不容否认的，将刘襄等人的行为定性为以危险方法危害公共安全罪是合法合理的。

（二）本案系想象竞合犯形态

上文已述，我国刑法理论界与实务界的很多人对于刘襄等人的行为构成非法经营罪是持肯定态度的。笔者也认为，根据《解释》第1条的规定，[②]刘襄等人构成该罪也是确定无疑的，一审法院判决对此也是支持的。问题是，这一罪名能否全面评价刘襄等人的行为？刘襄等人的行为是否还触犯其他的罪名？是否还存在想象竞合的情况？根据本案的情况，刘襄等人在长期的非法制售“瘦肉精”的过程中，已经与相关链条的危害食品违法犯罪者形成了较为固定的关系，其行为构成生产、销售有毒、有害食品罪的共犯是可以加以认定的。而且根据上文的论证，其行为构成以危险方法危害公共安全罪的理由也是充分的。因此，刘襄等人的行为构成非法经营罪，生产、销售有毒、有害食品罪，以危险方法危害公共安全罪这三种犯罪的想象竞合犯。根据

---

① 参见河南省焦作市中级人民法院（2011）焦刑初字第9号《刑事判决书》，第7页。

② 《解释》该条规定的内容被2013年4月“两高”《关于办理危害食品安全刑事案件适用法律若干问题的解释》（以下称新《解释》）予以吸收认可。新《解释》第11条规定：“以提供给他人生产、销售食品为目的，违反国家规定，生产、销售国家禁止用于食品生产、销售的非食品原料，情节严重的，依照刑法第二百二十五条的规定以非法经营罪定罪处罚。”

想象竞合犯从一重罪处理的原则，刘襄等人成立以危险方法危害公共安全罪，因而一审法院对该案按以危险方法危害公共安全罪定性处理是正确的。

可以说，该案作为危害食品安全犯罪，其具有该类犯罪本身所具有的链条性特征，正是该特征决定了本案以及其他危害食品安全犯罪案件一般都会出现想象竞合犯的情况，这也是无论是旧《解释》还是新《解释》，都对危害食品安全犯罪想象竞合犯的情况予以规定和强调的原因。

（三）影响本案定性的因素

从河南这起特大“瘦肉精”案的具体处理情况看，至少有下列因素影响了本案的定性处理：

首先是危害食品安全犯罪的法律与司法解释以及刑法理论。（1）刑法典中与食品安全犯罪相关的条款以及有关危害食品安全犯罪案件的司法解释必然对危害食品安全犯罪案件的定性产生影响，这一点在上文的论述中已有充分展开，不再赘述。（2）刑法理论必然对危害食品安全犯罪的定性产生影响，比如，危险方法的相当性理论，这在上文中已经论及，笔者在此想强调的是，司法实践应该严格依照相关法律以及司法解释的规定，切实回应刑法理论的要求。然而，本案在回应刑法理论的要求方面仍存在不足。例如，前文已述，刑法理论在以危险方法危害公共安全罪须具备危险方法相当性的问题上取得了基本的共识，司法实践对此也予以承认，但从河南“瘦肉精”案的判决看，司法机关似乎并没有紧密围绕危险方法的相当性对以危险方法危害公共安全罪的客观行为展开论述。请看该案一审判决书对于危险相当性的论证：“刘襄等人研制、生产、销售盐酸克伦特罗的唯一用途就是往饲料里添加，用于生猪养殖，虽然该行为方式与《中华人民共和国刑法》第115条第1款列举的放火、爆炸等危险方法的行为方式具体表现形式不同，但均具有危及不特定多数人人身和财产安全的特点。并且客观上危害了广大消费者的身体健康、生命安全，并对当地肉制品加工企业、生猪养殖业和生猪养殖户造成了特别重大损失。”① 可以看出，一审判决书之判词仅以“虽然该行为方式与……危险方法的行为方式具体表现形式不同”一语将对危险方法的相当性这一焦点问题的论述轻轻带过，并没有对于行为人的行为为何具有危险方法的相当性做出正面和充分的论证，甚至还主要以对犯罪客体及危害后果的强调来论及危险方法的相当性，以社会危害性的价值性断言代替对行为定型性的论述，其论证方向不对路，且有顾左右而言他之嫌，因而招致学者们诟病。②

其次是危害食品安全犯罪的特征因素。危害食品安全犯罪有其自身的特征，即犯罪对象众多、链条性以及犯罪的多种类。如就犯罪对象而言，本案涉及了非食品添加剂、有毒、有害食品乃至不特定多人的生命、健康和财产安全；就链条性而言，本案涉及了生产、销售的诸多环节；就犯罪种类而言，本案涉及了非法经营罪以及生产、销售有毒、有害食品罪和以危险方法危害公共安全罪等诸多罪名。就危害食品安全犯罪的惩治而言，必须实现对危害食品安全犯罪行为的对象、链条、犯罪种类的全面覆盖。③ 对于危害食品安全犯罪的定性而言，也必须考虑危害食品安全犯罪的上述特征。

再次是民意因素的影响。司法与民意、舆论的关系问题是当代司法所面临的一个重要话题。危害食品安全案件本身的特殊性决定了其与民意、舆情具有不可分割的紧密联系，民意对于河南这起特大“瘦肉精”案件按照以危险方法危害公共安全罪定性所产生的影响也是明显的，正如河南省高级人民法院的案件报告所指出的那样，“本案若定非法经营罪，这不能反映出其行为的社会危害性的本质特征，不能罚

① 参见河南省焦作市中级人民法院（2011）焦刑初字第 9 号刑事判决书。

② 陈兴良：《口袋罪的法教义学分析：以以危险方法危害公共安全罪为例》，《政治与法律》2013 年第 3 期；刘科：《研发、生产、销售有毒、有害非食品原料案件的定性思路》，载赵秉志主编：《制售假冒伪劣商品犯罪的惩防对策》，北京师范大学出版社 2013 年版，第 447 页。

③ 裴显鼎、刘为波：《〈关于办理危害食品安全刑事案件适用法律若干问题的解释〉的精神解读》，《人民法院报》2013 年 5 月 15 日。

当其罪。社会公众也不理解，难以接受，法律效果和社会效果不好”[①]。可见，社会公众的意见与期待、社会效果成为河南这起特大“瘦肉精”案定性为以危险方法危害公共安全罪的一个重要因素。为此，相关司法机关在坚持司法独立的前提下，应该合理回应社会公众的意见与期待，以取得较好的社会效果，这就是中国的现实和国情，是司法必须面对并合理解决的一个问题。

最后是政策因素的影响。我国对于惩治假冒伪劣商品犯罪[②]的刑事政策经历了一个变化的过程，最后落脚于宽严相济的刑事政策，但最高审判机关强调对严重危害食品、药品安全的犯罪要予以从严惩处，[③]即实行宽严相济下的“从严”的刑事政策。该政策对于河南这起特大“瘦肉精”案按照以危险方法危害公共安全罪定性处理，也难免会发生影响，其影响就是主张对该案的定罪处罚都要体现“从重”的刑事政策。

总之，本案按照以危险方法危害公共安全罪定性，乃是多种因素综合发挥作用的结果。

三　由河南特大“瘦肉精”案的定性到危害食品安全犯罪的定性

由上文对河南特大“瘦肉精”案的定性为基点，下文对危害食品安全犯罪案件的定性需注意的要点简要论述。

（一）危害食品安全犯罪案件的具体情况与定性

具体问题具体分析是辩证唯物主义的基本方法论，从具体到抽象再到具体是认识事物的完整过程，最后的具体是比抽象更高一级的认识阶段，是一个完整认识过程的终极。因而必须具体问题具体分析，

① 河南省高级人民法院：《关于刘襄、奚中杰、刘鸿林、肖兵、陈玉伟非法生产、销售“瘦肉精”一案的情况报告》。

② 其中包括危害食品、药品安全的犯罪——笔者注。

③ 赵秉志、黄晓亮：《论防制假冒伪劣商品犯罪的刑事政策》，载赵秉志主编《制售假冒伪劣商品犯罪的惩防对策》，北京师范大学出版社 2013 年版，第 3—7 页。

将具体问题具体分析的立场、方法与态度贯彻于惩治危害食品安全犯罪活动的始终。必须牢记，危害食品安全的犯罪样态复杂，行为方式多种多样，并会随着社会的发展不断花样翻新，因此，应时时刻刻意识到，每一件危害食品安全犯罪案件中的犯罪行为都是具体的犯罪行为，每一件以危险方法危害公共安全罪案件中的危险方法的相当性也都是具体的，必须具体情况具体分析，避免以理论不当地剪裁司法实践，不当地过滤具体案件的具体情节，犯削足适履的毛病，要避免孤立、静止、片面地认定案件的性质。

（二）危害食品安全犯罪的特征与定性

在危害食品安全犯罪的定性上，必须注意危害食品安全犯罪的特征，即犯罪对象众多、链条性、犯罪种类多的特点，因为这会导致同一个案件涉及多个罪名的情况，以及想象竞合情况的出现。这就需要通过现象抓住本质，关注危害食品安全犯罪的行为定型性，综合考虑多种因素，运用普遍联系的辩证方法，为案件确定一个最适当的罪名。

（三）影响危害食品安全犯罪惩治的其他因素与定性

危害食品安全犯罪的定性必须考虑多种因素。例如，现阶段危害食品安全犯罪的民意、舆情因素。当下危害食品安全犯罪猖獗，危害甚巨，人民群众十分痛恨，加之地方保护主义以及监管环节的腐败与漏洞等因素，危害食品安全犯罪更是肆无忌惮。这一切必然在该类犯罪的定性处理上有所反映。司法机关在谨遵法律与规定的前提下，应该对于惩治危害食品安全犯罪的民意与舆情有合理回应，还应该对包括食品安全渎职的相关行为予以全面的惩治。

再如政策因素，我国目前对于危害食品安全犯罪实行的是宽严相济刑事政策之下的政策。可以预料，当前以及今后相当长的时期内，危害食品安全犯罪的刑事政策都会是“从严惩治”这一政策，这一政策也会对食品安全犯罪的定性产生影响，相应的刑法理论与司法实践都必须对此予以关注。就刑法理论而言，虽然中外一些学者都在研究刑法体系与刑事政策的关系问题[①]，但在笔者看来，刑法理论体系与刑事政策的关系应进一步深入研究，应对刑事政策是否应该被置于刑法理论体系内部等问题不断探究，从而为危害食品安全犯罪的惩治的法律效果和社会效果的统一奠定坚实的刑事法理论基础。

河南特大“瘦肉精”案按照以危险方法危害公共安全罪定性处理有其理论与实践的合理性。影响危害食品安全犯罪定性的因素是多方面的，应综合各种因素，善加权衡，科学认定，准确定性，合理处理。尽管根据犯罪学所揭示的规律，在人类发展的一定阶段，犯罪是不能被完全消灭的，但对于危害食品安全犯罪而言，我们还是希望不再有类似于河南这起特大“瘦肉精”案这样案情重大、不得不按以危险方法危害公共安全罪之重罪定性处理才为妥当的案件，我们希望我国能够有效地减少危害食品安全犯罪的发生。而这一目标的实现，有赖于对危害食品安全犯罪的综合治理，有赖于社会各界的协同努力，而不能仅期望于单纯依靠刑法手段的运用。在危害食品安全犯罪的定性处理中贯彻刑法基本原则，恪守刑法谦抑精神，尊重与保障人权，应是我们始终不渝秉持的准则。

［本节原以《危害食品安全犯罪定性问题研究——以河南特大“瘦肉精”案件为主要样本》为题，载于《河南大学学报》（社会科学版）2014 年第 1 期。此次收入略有修改。作者赵秉志为北京师范大学刑事法律科学研究院教授］

第四节　地沟油犯罪中的疑难问题

近年来，以“地沟油”为首重大食品安全事件不断发生，给社会

---

① 中国学者的相关研究可参见北京大学法学院刑事法学科群编《刑罚体系与刑事政策：储槐植教授八十华诞贺岁集》，北京大学出版社 2013 年版；外国学者的相关研究可参见［德］克劳斯·罗克辛《刑事政策与刑法体系》，蔡桂生译，中国人民大学出版社 2011 年版。

公众的生命健康安全带来直接威胁。《刑法》通过修正案的方式，加大了对食品安全犯罪的打击力度。2012 年 2 月，最高人民法院、最高人民检察院、公安部又联合下发《关于依法严惩“地沟油”犯罪活动的通知》(以下简称《通知》)，对“地沟油”犯罪的具体法律适用统一了标准。笔者结合《通知》规定，对“地沟油”犯罪的具体理解以及生产有毒、有害食品罪相关问题进行分析探讨。

一 “地沟油”犯罪的罪名确定及其评价

关于利用“地沟油”生产“食用油”或者将“地沟油”当“食用油”销售的行为是否构成犯罪，以及构成何种罪名的问题一直存在争议。原因在于：

1. 我国刑法上对“有毒、有害食品”概念不清楚。按照刑法理论通说，有毒、有害的非食品原料是指对人体有生理毒性，食用后会引起不良反应，损害人体健康的不能食用的原料。[①]但是，生理毒性的概念如何判定，怎样量化人体健康的损害，语焉不详，定义循环，陷入了理还乱的混乱之中。[②]而此类犯罪的前位法，1995年《食品卫生法》、2009 年《食品安全法》均未明确定义有毒、有害食品，“有毒、有害”食品的定义模糊且广泛，没有统一标准。对于毒性不明确的物质，目前的判断标准，只能根据已经出现的危害结果来判断食品属于有毒、有害。根据“两高”有关生产销售伪劣产品的解释，经省级以上卫生行政部门认定的机构鉴定，可以判定食品中含有可导致严重食物中毒事故或者其他严重食源性疾患的超标准的有害细菌或者其他污染物。

2. “地沟油”的属性不明。“地沟油”的来源为餐厨垃圾、废弃油

---

① 王作富主编：《刑法分则实务研究》（上），中国方正出版社 2007 年版，第 280 页。

② 一般通说，“有毒、有害非食品原料”包含了两个要素：第一，添加在食品中的物质不是食品原料应当是非食品原料；第二，里面被添加的物质必须是有毒、有害的不利于身体健康的，两者缺一不可。参见顾加栋、姜柏生《食品安全犯罪刑法适用的若干问题研究》，《中国卫生事业管理》2008 年第 1 期。

脂、各类肉及肉制品加工废弃物等含有“油脂”类生物品，从其来源的生物品生物属性来看，本身属于可以食用的范畴，系在多次重复使用过程中因化学反应产生有毒、有害物质，或者超过食用保质期而腐败、变质而产生如黄曲霉菌的致癌毒素，或者在收集过程中混同其他有毒、有害非食品原料。因此，“地沟油”和本身就不属于食品范畴的非食品原料（如三聚氰胺、甲醛等工业化学品）不同，它是一类油脂和杂质的混合物，成分很复杂，既含有食品原料也有非食品原料，既有营养成分物质，也有毒害物质，但主要是非食品原料，如有的单位可以将“地沟油”进行提炼提取柴油。因此，虽然在《通知》出台之前，“地沟油”是属于“有毒、有害物质”还是“因腐败变质不符合卫生标准的食品”抑或是“伪劣产品”一直未有明确界定，司法实践适用的罪名也不统一，但《通知》明确将其界定为非食品原料是适当的。

《通知》将“餐厨垃圾、废弃油脂、各类肉及肉制品加工废弃物”归类于“非食品原料”，将用此类原料加工“食用油”的行为归纳为“地沟油”犯罪。并规定，对于利用“地沟油”生产“食用油”的，依照《刑法》第144条生产有毒、有害食品罪的规定追究刑事责任；明知是利用“地沟油”生产的“食用油”而予以销售的，依照《刑法》第144条销售有毒、有害食品罪的规定追究刑事责任；虽无法查明“食用油”是否系利用“地沟油”生产、加工，但犯罪嫌疑人、被告人明知该“食用油”来源可疑而予以销售的，经鉴定，检出有毒、有害成分的，依照《刑法》第144条销售有毒、有害食品罪的规定追究刑事责任；属于不符合安全标准的食品的，依照《刑法》第143条销售不符合安全标准的食品罪追究刑事责任；属于以假充真、以次充好、以不合格产品冒充合格产品或者假冒注册商标，构成犯罪的，依照《刑法》第140条销售伪劣产品罪或者第213条假冒注册商标罪、第214条销售假冒注册商标的商品罪追究刑事责任。对于国家工作人员在食用油安全监管和查处“地沟油”违法犯罪活动中滥用职权、玩忽职守、徇私枉法，构成犯罪的，依照刑法有关规定追究刑事责任。

当然，在目前对“地沟油”的检测无标准、有毒、有害物质难以明确的情况下，《通知》直接规定以“生产、销售有毒、有害食品罪”认定，也被部分学者所诟病，[①]认为法律的功利性凸显无疑。笔者认为，《通知》中“垃圾、废弃、废弃物”的表述方式将“地沟油”材料的性质作了明确的划分，且从国内外实践来看，上述地沟油材料均只能作为工业生产的原料，而非食品原料，《通知》的定义符合“地沟油”材料来源的基本特征。同时，《通知》为惩治“地沟油”犯罪，编制了严密的刑事打击网络，为当前惩治即将泛滥的地沟油制售行为提供了司法打击的依据，《通知》并非立法行为或者扩大性解释，而是在明确定义的基础上，对地沟油犯罪的刑法适用统一标准，符合刑法解释的要求和目的。

二 “地沟油”犯罪的客观行为辨析

1. 必须是将“地沟油”作为“食用油”予以生产、销售的行为。“地沟油”是一类劣质油品的总称，经过加工可以作为工业生产类油脂使用，如工业用油、生物柴油等，“地沟油”的社会危害，在于其本系非食品原料却被当作“食用油”予以生产、销售，最终被食用，对公众生命和健康安全构成极大威胁，才有必要予以刑事打击。因此“地沟油”犯罪行为的认定，必须结合其制售油品的销售流向加以判断。当然，对于单纯违法陶捞、加工、贩运“地沟油”等上游行为，没有证据证明其用于生产“食用油”，可不作为犯罪处理，而交由行政部门处理。

2. 生产行为的对象问题。《通知》明确了地沟油来源于“餐厨垃圾、废弃油脂、各类肉及肉制品加工废弃物”三类非食品原料，并用“等”字予以修饰。地沟油的来源是否仅仅指《通知》中明确的三类？怎么理解“等”的含义？在《汉语大字典》中作了如下解释：“助词。（1）用在人称代词或指人的名词后面，表示复数。（2）表示列举未尽。（3）列举后的煞尾。”[②]笔者认为，此处的“等”的含义应该是第二层意思，即

---

① 王思鲁：《解读〈通知〉对“地沟油”入罪之无效性》，http：//blog.sina.com.cn/s/blog_6169c70b0102dvsa.html，2012 年 5 月 27 日 15 点查阅。

② 《汉语大字典》（第 5 卷），湖北辞书出版社、四川辞书出版社 1998 年版，第 2962 页。

表示尚未列举完毕。在《通知》出台的背景下，尚未对“地沟油”成分、质量等作出科学解释，仅仅通过列举对象来源予以归类，而随着提炼技术的不断翻新，“地沟油”油脂的来源或许有更多的途径。故笔者认为，只要是油脂的来源符合“非食品原料”的基本属性，且用作生产“食用油”的，就应当属于“地沟油”犯罪的对象。

3. 既生产又销售的行为定性。由于生产、销售有毒、有害食品罪属于选择性罪名，《通知》明确了，利用“地沟油”生产“食用油”的生产行为，以生产有毒、有害食品罪认定；明知是利用“地沟油”生产的“食用油”而予以销售的，以销售有毒、有害食品罪认定。但在司法实践中，这类案件往往是生产者不仅实施了生产行为，同时也实施了销售行为，而销售者不仅实施了销售行为，有时也实施了加工制作等生产行为。笔者认为，按照生产、销售有毒、有害食品罪通行的观点，对于这种同时实施了生产和销售的行为，仍应按一个犯罪行为对待，不实行数罪并罚，在罪名上宜以生产、销售有毒、有害食品罪论，但在处罚上应按本罪规定的法定刑酌定从重处理。

4. 后续生产、销售行为的具体分析。

（1）明知是利用“地沟油”生产的“食用油”，而予以作为食品材料使用、添加，生产其他食品的行为如何认定。就《通知》的规定来看，没有对这一后续生产行为作出具体规定。笔者认为，尽管《通知》没有规定，但是可以依据刑法予以分析认定。鉴于《通知》把“地沟油”生产的来源物归纳为“非食品原料”，那么通过对“非食品原料”加工、提炼所得的油品同样属于“非食品原料”，属于“有毒、有害食品”的范畴。根据《刑法》第144条规定，在生产的食品中“掺入”有毒、有害的非食品原料的，应当认定为生产有毒、有害食品罪。“掺入”是指行为人通过积极的行为，把禁止使用的有毒、有害的非食品原料加入食品中的动作过程。对于“掺入”的含义，我们应该作广义的理解，即不仅包括把有毒、有害的非食品原料加入食品的过程行为，还包括将有毒、有害的非食品原料直接当作食品或者食品原料出售。其表现有：一是直接当作食品出售；二是当作食品原料制作成食品出售；三是直接当作食品添加剂出售；四是作为食品添加剂加入食品中。无论以何种方式“掺入”，既然油品系用“非食品原料”加工所得，属于有毒、有害食品，将这类食用油作为食品添加剂使用，最终生产的食品应该属于“有毒、有害食品”，同样应该追究刑事责任。

（2）利用他人以“地沟油”炼制的“食用油”，自行与其他合格油品配比后销售的行为如何认定。根据《通知》第2条第2款的解释，明知是利用“地沟油”生产的“食用油”予以销售的，以销售有毒、有害食品的规定追究刑事责任。因此，笔者认为《通知》第2条第2款规定的情形应当包括利用他人以“地沟油”炼制的“食用油”，自行与其他合格油品配比后销售的行为。根据《刑法》第144条规定，销售行为包括，在销售的食品中掺入有毒、有害的非食品原料和销售明知掺有有毒、有害的非食品原料的食品。因此，对将正常销售的油品中掺入用地沟油生产的“食用油”的行为予以定罪，符合《刑法》第144条规定的应有之义。

三 “地沟油”犯罪的主观方面要求与评价

《通知》第2条第（一）、第（二）、第（四）款分别就行为人在生产、销售环节成立犯罪做了主观上的规定。分为三种情况：一是利用“地沟油”生产“食用油”的；二是明知利用“地沟油”生产的“食用油”而予以销售的；三是明知“食用油”来源可疑而予以销售的。笔者对此予以具体分析。

1. 生产环节。笔者认为，明知的内容包括两个层面：一是明知油品来源为“地沟油”；二是明知油品被生产为“食用油”。在生产环节，生产行为的性质决定了行为人对所用原材料、产品的用途的主观了解，行为人的客观行为是其主观意图的完整折射和显现，任何从事利用“地沟油”提炼“食用油”行为的行为人，其主观上对自身行为的明知是不言而喻的，因此只要行为人从事了生产行为，即可以判断其主观上的“明知”。这里的“明知”，不需要达到对刑事违法性的认识程度，只需要达到“对于成为刑法评价基础的社会关系事实，必须具有一般人能够了解的意义或性质的认识”，[①]即只要行为人对自行行为以及行为对象明知即可，并不要求其对生产有毒、有害食品侵害到国家对食品卫生的监督管理秩序和不特定多数人的生命和健康有确切认识。行为人一般出于追求经济利润的目的，而放任其生产有毒、有害食品可能带来的社会危害。当然，这种行为与以危险方法危害公共安全罪也有所不同，后文再评析。

2. 销售环节。销售者在销售掺入有毒、有害非食品原料的食品时，主观上的明知与否，是构成本罪与非罪的重要界限。在销售环节，“明知”作为一种心理活动，主观性极强，司法实践中难以把握，往往需要一些客观的参照物进行印证。《通知》规定了两种标准，一是明知利用“地沟油”生产的“食用油”而予以销售的。继而要求，应当结合犯罪嫌疑人、被告人的认知能力，犯罪嫌疑人、被告人及其同案人的供述和辩解，证人证言，产品质量，进货渠道及进货价格、销售渠道及销售价格等主客观因素予以综合判断。“明知”是指“确切知道”和“应当知道”，即允许通过他人根据外界的一定事实根据而推断行为人应当知道。[②]“应当知道”是一种推定明知，并非过失，是一种被告在否认指控时所根据一定事实的推断，允许被告进行反证，如果反证成立，可以确定被告缺乏明知。二是在无法查明“食用油”是否系利用“地沟油”生产、加工的情况下，明知“食用油”来源可疑而予以销售的。根据具体检测结果可以销售有毒、有害食品罪、销售不符合安全标准的食品罪、销售伪劣产品罪以及假冒注册商标罪和销售假冒注册商标的商品罪追究刑事责任。如何理解行为人明知该“食用油”来源可疑？根据一般理解，意味着来源不正规，属于非正规途径购买或者低于市场价格购买等诸多非正规的方式、价格或者途径获得。笔者理解为，要求行为人此时

① 张先科、应金鑫：《论刑法中的“明知”》，《法学论坛》2003 年第 6 期。

② 张少林、刘源：《刑法中的“明知”、“应知”与“怀疑”探析》，《政治与法律》2009 年第 3 期。

对于“食用油”是否属于“地沟油”必须存在一种主观上的概然性故意，即明知可能是正常油、地沟油、劣质油以及变质油等而放任、允许。只有从概然性故意去理解，才能因同样的销售行为而因为油品的检测结果不同，呈现出不同的犯罪罪名认定，符合主客观相一致的定罪原理。

四 “地沟油”犯罪中的有关竞合问题分析

“地沟油”犯罪中多数以生产销售有毒、有害食品罪处理，但由于生产、销售“地沟油”的行为可能危及多数消费者的身体健康，因此，是否也存在适用“以危险方法危害公共安全罪”罪名的问题，涉及生产、销售有毒、有害食品罪与以危险方法危害公共安全罪的竞合问题。学界有一种观点认为，生产销售有毒、有害食品罪与以危险方法危害公共安全罪存在法条竞合的关系。持该观点的学者认为，两罪所侵犯的客体都是公共安全，生产、销售有毒、有害食品的行为也可视为一种危险方法。因此，认为二者具有包容关系，构成法条竞合，前者是特别法，后者是普通法。[①]

笔者认为，本罪与以危险方法危害公共安全罪的关系属于想象竞合关系。所谓法条竞合，是指一个行为同时符合了数个法条规定的犯罪构成，但从数个法条之间的逻辑关系看，只能适用其中一个法条，排除适用其他法条的情况。[②]法条竞合的实质是犯罪客体、行为手段、对象、主体之间产生的竞合，即数个法条之间在犯罪客体、行为手段、对象、主体之间存在包容关系或者交叉关系。而想象竞合犯，是指一个行为触犯数个罪名的犯罪形态。想象竞合犯是一行为、数个罪过和数个结果，属于实质的一罪，且所符合的数个构成要件之间并不要求存在包容关系。

根据刑法理论的通说，生产、销售有毒、有害食品罪与以危险方

---

① 李莹：《刑法修正案（八）中生产、销售有毒、有害食品罪法理解析》，《铁道警官高等专科学校学报》2011 年第 3 期。

② 张明楷：《刑法学》（第二版），法律出版社 2004 年版，第 522 页。

法危害公共安全罪在犯罪客体、客观方面、主体、主观方面均存在不同。生产、销售有毒、有害食品罪侵害的客体是国家对食品卫生的监督管理秩序和不特定多数人的生命健康权利，属于法定犯；而以危险方法危害公共安全罪侵害的是社会公共安全，属于自然犯。生产、销售有毒、有害食品罪的客观方面是通过生产、销售行为来获取利润的经营活动，主观上不可能是希望危害公共安全结果的发生；而以危险方法危害公共安全罪则是直接实施危害公共安全的行为，如放火、爆炸等，主观上希望或放任危害公共安全结果的发生。行为人如果通过生产、销售行为直接希望危害公共安全结果的发生，应当认定为以危险方法危害公共安全罪，而不再属于生产、销售有毒、有害食品罪了。因此，生产、销售有毒、有害食品罪与以危险方法危害公共安全罪之间不存在法条竞合的问题。如果行为人在“地沟油”犯罪活动中既触犯了生产、销售有毒、有害食品罪，又触犯了以危险方法危害公共安全罪，应该按照处罚较重的罪即以危险方法危害公共安全罪定罪处罚。

那么，生产、销售有毒、有害食品罪与以危险方法危害公安安全罪孰轻孰重？笔者认为，以危险方法危害公共安全罪重于生产、销售有毒、有害食品罪。虽然根据刑法的有关规定，两罪的最高刑均可处以死刑，在定罪模式上，前罪是行为犯，后罪是危险犯，似乎行为犯应当重于危险犯《刑法修正案（八）》将《刑法》第 141 条的生产、销售假药罪从危险犯修改为行为犯，以加大打击力度，但具体比较两罪的其他情节因素仍可看出，以危险方法危害公共安全罪重于生产、销售有毒、有害食品罪。从两罪的最低法定刑看，生产、销售有毒、有害食品罪为 5 年以下有期徒刑，而以危险方法危害公共安全罪为 3 年以上 10 年以下有期徒刑。即前罪最低可处 6 个月有期徒刑，而前罪最低是 3 年有期徒刑。因此，后罪重于前罪。因此，只有当行为人希望通过生产、销售有毒、有害食品行为来危害公共安全时才可以按照以危险方法危害公共安全罪处理，通常情形下，毕竟仍属于一种经营活动，可按照生产、销售有毒、有害食品罪处理，并且也不会导致罪刑不相适应的问题。

[本节原以《地沟油犯罪中的若干问题探讨》为题，载于《刑法与宪法之协调发展》(下卷)，中国人民公安大学出版社2012年版。此次收入略有修改。作者卢勤忠为华东政法大学教授；黄敏为上海市杨浦区监察委干部、法学博士]

第五节　山东问题疫苗事件评析

疫苗是将病原微生物（如细菌、立克次氏体、病毒等）及其代谢产物，经过人工减毒、灭活或利用转基因等方法制成的用于预防传染病的自动免疫制剂，疫苗保留了病原菌刺激动物体免疫系统的特性，当动物体接触到这种不具伤害力的病原菌后，免疫系统便会产生一定的保护物质，如免疫激素、活性生理物质、特殊抗体等；当动物再次接触到这种病原菌时，动物体的免疫系统便会依循其原有的记忆，制造更多的保护物质来阻止病原菌的伤害。①疫苗质量安全事关人民群众尤其是少年儿童生命健康，是不可触碰的“红线”。②但在近期，山东省警方破获案值3.1亿元的问题疫苗案，此次涉事的12种疫苗均为二类疫苗，其中部分疫苗已临近使用期限，部分疫苗为犯罪嫌疑人庞某某母女未按规定对其进行冷链存储及运输，过期疫苗以及不正确存储的疫苗将失去效力或降低效力，虽然注射该类问题疫苗几乎无毒性反应，但更大的风险在于将导致注射者缺乏对

① http://baike.baidu.com/link?url=mtriWEyNmkplAC7gHERalOf1MzzVwhAOlsrQ3LmsBap- ROzbWhej6Hvl9oJflopbHfsYNNbsgGIeUc65j3TF2a，百度百科，2016年4月10日访问。

② 《李克强主持召开国务院常务会议——听取山东济南非法经营疫苗系列案件调查处理情况汇报》，http://www. gov.cn/guowuyuan/2016-04/13/content_5063747.htm，中国政府网，2016年4月13日访问。

相应疾病的预防能力，并且根据公安部门办案所了解的情况，本次涉案的大部分疫苗都已被使用。[①]目前，犯罪嫌疑人庞某某母女已因涉嫌非法经营罪被济南市公安局依法执行逮捕。[②]细观此次问题疫苗事件，其拷问的不仅是我国药品监督管理体制，也是对我国药品安全刑事法律保护体系的一次重大考验。虽然庞某某母女未经人民法院最终定罪，但其是以涉嫌非法经营罪被公安机关依法逮捕。因此，需要深入探讨的是：庞某某母女所销售的问题疫苗是否属于劣药？在我国规定了生产、销售劣药罪的背景下，为何庞某某母女以涉嫌非法经营罪被逮捕？本节拟以上述问题为线索，通过对我国药品安全刑事法律规范体系的分析研究，深入探讨上述问题症结所在，并提出相应修正对策，以期对完善我国生产、销售劣药罪的立法模式有所裨益。

一　我国药品安全刑事法律规范沿革

我国 1979 年颁布的刑法中并无对生产销售假药、劣药的行为进行规制的相应规定。1993 年，鉴于市场经济环境下，生产、销售伪劣商品的行为不断增多，已严重损害消费者的合法权益，当年 7 月 2 日第八届全国人民代表大会常务委员会第二次会议通过了《全国人民代表大会常务委员会关于惩治生产、销售伪劣商品犯罪的决定》（下文简称《决定》），《决定》将生产销售假药、劣药的行为纳入了刑法规制的范畴。《决定》第 2 条规定：生产、销售假药，足以危害人体健康的，处 3 年以下有期徒刑或者拘役，并处罚金；对人体健康造成严重危害的，处 3 年以上 10 年以下有期徒刑，并处罚金；致人死亡或者对人体健康造成其他特别严重危害的，处 10 年以上有期徒刑、无期徒刑或者死刑，

① 潘珊菊：《三部委通报疫苗案进展：16 家接种机构涉嫌购非法疫苗》，《京华时报》2016 年 3 月 25 日；徐晶晶：《世卫组织为疫苗事件发声：过期疫苗几乎无毒性反应》，《北京晨报》2016 年 3 月 23 日。

② 《“问题疫苗”暴露的不只是“贩子”无良》，新华网，http://news.xinhuanet.com/2016-03/18/c—1118379015.htm，2016 年 4 月 10 日访问。

并处罚金或者没收财产。生产、销售劣药，对人体健康造成严重危害的，处 3 年以上 10 年以下有期徒刑，并处罚金；后果特别严重的，处 10 年以上有期徒刑或者无期徒刑，并处罚金或者没收财产。本条所称假药，是指依照《中华人民共和国药品管理法》[①] 的规定属于假药和按假药处理的药品、非药品。本条所称劣药，是指依照《中华人民共和国药品管理法》的规定属于劣药的药品。

1997 年刑法修正时将上述单行刑法的内容纳入刑法典范畴，并对涉及药品安全的部分内容作了修正。《刑法》第 141 条规定："生产、销售假药，足以严重危害人体健康的，处 3 年以下有期徒刑或者拘役，并处或者单处销售金额 50% 以上 2 倍以下罚金；对人体健康造成严重危害的，处 3 年以上 10 年以下有期徒刑，并处销售金额 50% 以上 2 倍以下罚金；致人死亡或者对人体健康造成特别严重危害的，处 10 年以上有期徒刑、无期徒刑或者死刑，并处销售金额 50% 以上 2 倍以下罚金或者没收财产。"本条所称假药，是指依照《中华人民共和国药品管理法》的规定属于假药和按假药处理的药品、非药品。《刑法》第 142 条规定："生产、销售劣药，对人体健康造成严重危害的，处 3 年以上 10 年以下有期徒刑，并处销售金额 50% 以上 2 倍以下罚金；后果特别严重的，处 10 年以上有期徒刑或者无期徒刑，并处销售金额 50% 以上 2 倍以下罚金或者没收财产。"本条所称劣药，是指依照《中华人民共和国药品管理法》的规定属于劣药的药品。

2011 年我国颁布的《刑法修正案（八）》再次对生产销售假药罪的条款进行修正，其将《刑法》第 141 条第 1 款修改为："生产、销售假药的，处 3 年以下有期徒刑或者拘役，并处罚金；对人体健康造成严重危害或者有其他严重情节的，处 3 年以上 10 年以下有期徒刑，并处罚金；致人死亡或者有其他特别严重情节的，处 10 年以上有期徒刑、无期徒刑或者死刑，并处罚金或者没收财产。"

① 本节涉及的《药品管理法》指 2015 年修订的《药品管理法》。

二 生产、销售劣药罪刑法规范评析

（一）对生产、销售假药罪与生产、销售劣药罪的社会危害程度认定上前后矛盾

从《决定》对假药犯罪与劣药犯罪法条规定的内容来看，生产、销售假药罪为危险犯，足以危害人体健康的即应处以3年有期徒刑以下的刑罚，而生产、销售劣药罪则为结果犯，必须具有对人体健康造成严重危害的，才处以3年以上有期徒刑的刑罚，立法者对于假药犯罪与劣药犯罪在该点上的差异表明，假药犯罪比劣药犯罪具有更为严重的社会危害性，对于不具有实害结果仅具有社会危害风险的假药犯罪亦必须给予刑事惩治，这样才能给予假药犯罪更为严厉的打击以及更为有效的预防。但是，此种立法观点却未得到根本的贯彻，《决定》对于两种犯罪的3年至10年有期徒刑及10年以上有期徒刑的两档法定刑的设置上，均是以对人体健康造成严重危害的及后果特别严重为刑罚的衡量标准，此种设置无法体现两罪在社会危害性上的差异。这种矛盾在1997年刑法修正及《刑法修正案（八）》时才逐渐得到解决，1997年刑法修正时，在生产、销售假药罪的10年以上有期徒刑的犯罪结果上增加了致人死亡，《刑法修正案（八）》时更是改变了该罪在3年至10年及10年以上的两档刑期中简单以危害结果为量刑标准，均增加了情节认定的标准。但还是应该看到，从当前两罪量刑情节及法定刑设置上来看，此种矛盾并未得到根本性解决。

（二）生产、销售假药罪与生产、销售劣药罪刑事责任的差距逐渐扩大

自《决定》规定了生产、销售假药罪与生产、销售劣药罪以来，除了在罚金刑上作了修正外，生产、销售劣药罪无论是罪状表述抑或刑罚，均未得到修正。与此具有鲜明对比的是，生产、销售假药罪自规定以来，经历了两次较大的修正。在1997年刑法修正时，基于提高

生产、销售假药罪入罪门槛的考虑，立法者要求足以严重危害人体健康的才予入罪惩治。但在《刑法修正案（八）》时，为应对日益增多的假药犯罪，立法者将生产、销售假药罪由危险犯修正为行为犯，取消足以严重危害人体健康的入罪标准，同时修改了3年至10年及10年以上有期徒刑两档法定刑中单纯以危害结果为量刑标准，增加了情节为量刑标准，扩大了假药犯罪的处罚范畴。同时在2014年“两高”发布的《最高人民法院、最高人民检察院关于办理危害药品安全刑事案件适用法律若干问题的解释》（下文简称《解释二》）中，对情节的具体认定标准作出解释，可以看到，同等情节的生产、销售假药罪与生产、销售劣药罪之间所应承担的刑事责任在逐渐扩大。

（三）假药、劣药如何准确区分一直未得到解决

一直以来，刑法对于假药、劣药内涵的界定均采用空白条款的模式，即假药及劣药是指依照《中华人民共和国药品管理法》的规定属于假药、劣药的药品。但实际上，药品管理法虽有关于假药及劣药的具体界定标准，但该规定在理论与实务操作中均争议不断。[①]《药品管理法》第48条第2款及第3款规定：有下列情形之一的，为假药：（一）药品所含成分与国家药品标准规定的成分不符的；（二）以非药品冒充药品或者以他种药品冒充此种药品的。有下列情形之一的药品，按假药论处：（一）国务院药品监督管理部门规定禁止使用的；（二）依照本法必须批准而未经批准生产、进口，或者依照本法必须检验而未经检验即销售的；（三）变质的；（四）被污染的；（五）使用依照本法必须取得批准文号而未取得批准文号的原料药生产的；（六）所标明的适应症或者功能主治超出规定范围的。《药品管理法》第49条第2款及第3款规定：药品成分的含量不符合国家药品标准的，为劣药。有下

① 参见应美芳《对〈药品管理法〉中假劣药界定的几点思考》，《中国药业》2009年第10期；龙敏、倪超、李志民《刑法中假药、劣药界定之反思》，《人民检察》2010年第19期；叶佩芸、朱晓慧、叶桦《关于部分国家假药、劣药定义的比较研究》，《中国药事》2012年第10期。

列情形之一的药品，按劣药论处：（一）未标明有效期或者更改有效期的；（二）不注明或者更改生产批号的；（三）超过有效期的；（四）直接接触药品的包装材料和容器未经批准的；（五）擅自添加着色剂、防腐剂、香料、矫味剂及辅料的；（六）其他不符合药品标准规定的。药品管理法采取集中式的概括定义与罗列式的推定认定相加的方法对假药及劣药的范畴进行界定，但是该界定至少存有以下三方面问题：一是根据药品管理法的规定，变质的药品按照假药论处，超过有效期的药品按照劣药论处，但超过有效期的一般也为变质的药品，该界定导致假药与劣药范畴重合；二是以他种药品冒充此种药品的，也为假药，也即冒牌药也为假药，但可能存在以知名度及价格均较低的药品冒充知名度及价格均较高的药品，此种情形下，该种药品所造成的危害不必然比劣药更为严重；三是假药及劣药的划分，可能导致某种药品中的两种成分分别符合假药与劣药的标准，换言之，在药品的认定上可能存在假药与劣药的竞合。例如2012年爆发的毒胶囊事件，[①]毒胶囊所生产的药品，重金属铬含量超标，亦即其药品成分含量不符合国家药品标准，其属于劣药，但是，毒胶囊是由用生石灰处理的皮革废料熬制而成的工业明胶所制成，含有禁止使用的工业废料成分，其所含成分与国家药品标准规定的成分不符，因此其又属于假药。

三　生产、销售劣药犯罪司法实践困境解析

（一）生产、销售劣药犯罪司法实践情况

根据2014年1月1日正式生效的《最高人民法院关于人民法院在互联网公布裁判文书的规定》的规定，人民法院的生效裁判文书应当在互联网公布，因此，至少从2014年起所有涉及生产、销售劣药犯罪的生效裁判文书都应该在互联网上公布。据此，笔者以生产、销售劣药为关键词在中国裁判文书网进行搜索，但遗憾的是，仅有32个结果，

① 宿希强：《毒胶囊事件曝光始末》，《中国质量万里行》2012年第9期。

再逐一排查，除一件以生产、销售伪劣产品罪定罪处罚的以外，[①]无一件以生产、销售劣药罪定罪量刑的案件。虽然不可避免确实存在部分案件裁判文书未上传至互联网的情况，但至少可以推论，从 2014 年起至今因生产、销售劣药而进入刑事程序的案件少之又少。

（二）生产、销售劣药犯罪司法困境解析

但在实际生活中，生产、销售劣药的案件是否确实很少呢？答案应该是否定的。2009 年 5 月 13 日“两高”发布《最高人民法院、最高人民检察院关于办理生产、销售假药、劣药刑事案件具体应用法律若干问题的解释》（下文简称《解释一》），在对发布该解释的原因作出解释时，最高人民法院即表示，近几年被追究刑事责任的假药、劣药案件数量较少，主要原因是，2001 年最高人民法院、最高人民检察院《关于办理生产、销售伪劣商品刑事案件具体应用法律若干问题的解释》对生产、销售假药罪及生产、销售劣药罪的有关问题所作的司法解释，随着形势发展，难以满足司法实践的需要。[②]具体而言，有以下三方面原因。

1. 假药劣药范畴模糊

如上文所分析，刑法采用空白罪状形式规定假药及劣药的具体范畴由药品管理法规定，但药品管理法对于两者的规定争议不断，极大地影响了司法实践中对于该类案件的惩治。两高直至在《解释二》才对此问题作出规定，该解释第 14 条规定，对于“假药”“劣药”难以确定的，司法机关可以根据地市级以上药品监督管理部门出具的认定意见等相关材料进行认定，必要时，可以委托省级以上药品监督管理部门设置或者确定的药品检验机构进行检验。但是，在假药犯罪及劣药犯罪刑事责任差距逐渐变大的背景下，假药及劣药的认定将对最终的定罪量刑产生重大的影响。而药品领域尚对假药及劣药的界定存有争议，并且各省及地市对于药品界定标准也无统一的标准，在此背景

① 安徽省亳州市谯城区人民法院（2014）谯刑初字第 00586 号刑事判决书。

② 《严惩制售假药劣药犯罪保护群众生命健康安全——访最高人民法院研究室负责人》，《人民法院报》2009 年 5 月 27 日。

下将假药及劣药的界定委托地市级以上药品监督管理部门的做法值得商榷。而在无法准确界定假药及劣药的情况下，加大打击假药及劣药犯罪更无从谈起。

2. 结果犯的立法模式无法应对生产、销售劣药罪的实务需求

自《决定》设置生产、销售劣药罪以来，在几次刑法修正时均未对该条文作出实质性的修改，生产、销售劣药罪仍以对人体健康造成严重危害为入罪条件，换言之，生产、销售劣药的，如若未出现至少对人体健康造成严重危害的，无法构成生产、销售劣药罪。但是司法实践中，并非所有劣药在使用后均会在短期内对人体健康造成严重危害，例如问题疫苗事件中，过期疫苗并不具有免疫的效用，在注册过期疫苗后，将无法对相应疾病产生免疫，在未接触相关病毒的情况下，注射过期疫苗或许将永远不会产生危害后果，也有可能在经过较长时间后才产生危害后果，但这并不能否认销售过期疫苗行为的严重社会危害性，而结果犯的立法模式将导致无法对此种生产、销售劣药的行为及时以生产、销售劣药罪进行规制，并且这也不符合国家加大力度惩治药品犯罪、维护广大人民群众身心健康的政策走向。当然，从刑事角度而言，生产、销售劣药行为在无法以生产、销售劣药罪进行规制的情况下，符合其他相关犯罪入罪条件的，也可以对其进行刑事惩治，例如该行为可能构成生产、销售伪劣产品罪、非法经营罪及以危险方法危害公共安全罪等，但此种定罪方式将导致生产、销售劣药罪失去存在的价值。

3. 行政执法与刑事司法衔接机制不完善

不可否认，在实际执法过程中，确实存在因玩忽职守而导致行政执法中未将涉嫌生产、销售劣药的犯罪行为移送公安机关立案侦查的情形，例如毒胶囊事件中，政府药品监管部门未严格履行对涉药企业监督及查处职责。[1]但是，生产、销售劣药罪本身入罪门槛高、劣药与

① 赵小燕：《原新昌县药监局6名官员因玩忽职守罪获刑》，http://www.chinanews.com/fz/2013/05-02/ 4782234+shtml，中国新闻网，2016年4月13日访问。

假药范畴模糊等也导致了行政执法无法对是否涉嫌生产、销售劣药罪作出准确判断。

四 生产、销售劣药行为刑事规制的合理模式

从严厉惩治生产、销售劣药犯罪、完善药品犯罪刑法体系角度出发，笔者认为，有必要取消我国刑法中假药、劣药二元标准的立法模式，取消生产、销售劣药罪，将劣药直接纳入假药范畴。

（一）刑事领域对假药及劣药的划分不合理

如上文分析，当前药品管理法对于假药与劣药没有明确具体的界限标准，从国家药品管理的角度分析，是否有必要划分假药及劣药以及划分标准如何制定，应由药品管理领域进行深入的科学实验及理论分析。但从刑事打击药品犯罪角度出发，根据药品管理法所制定的模糊的界定标准来对罪与罪之间进行区分是不合理的。

（二）使用假药或劣药对人体健康所造成的损害程度与假或劣无必然关系，而与具体药品的种类及假劣程度有关

有学者指出，生产、销售假药的社会危害性明显大于生产、销售劣药。[①]对于该观点笔者认为值得商榷，我们不能通过刑法的规定当然性地推论出生产、销售假药的社会危害性明显大于生产、销售劣药行为，而应回归药品本身。举例分析，按照药品管理法的规定，冒牌药属于假药，但无论从何种角度分析，均无法得出冒牌药的社会危害性比劣药的社会危害性更大。在山东问题疫苗事件中，接种未经2—8℃存储冷链运输的疫苗，首要风险是无效免疫，例如狂犬病这类致命性

---

① 刘健、李辰辰：《生产、销售假劣药刑事责任的认定》，《湘潭大学学报》（哲学社会科学版）2012年第5期；邱雪兰、傅晓华、宋民宪、蒋学华：《假劣药定义的探讨》，《中国药事》2008年第1期。

传染病，接种者免疫无效会感染发病死亡。[①]此外，按照药品管理法规定，药品成分含量不符合国家药品标准的为劣药，从极端角度而言，几乎接近国家药品成分含量标准的与几乎没有药品成分含量的，均为不符合国家药品成分含量标准，但后者实质上可等同于假药。因此，对假药与劣药进行划分并制定差距较大的刑事责任是不合理的。相反，假药及劣药均属于不符合药品管理法生产的药品，无法绝对性地得出使用假药比使用劣药所造成的社会危害性更为严重，无论使用假药或劣药，均将对人体健康产生损害，损害程度与假或劣无必然关系，而与具体药品的种类及假劣程度有关，对于生产、销售损害人体健康的违反药品管理法的药品，均应给予严厉惩治。

（三）事实上，司法实践中部分假药与劣药已经界限模糊

按照《解释一》第1条第2款第二、第三、第四项的规定，生产、销售的假药且属于疫苗的，或者以婴幼儿、儿童为主要使用对象的，或者属于注射剂药品的情形的，应当认定为《刑法》第141条规定的“足以严重危害人体健康，且在《刑法修正案（八）》将生产、销售假药罪由危险犯修正为行为犯后，《解释二》第1条延续了上述规定的精神，规定生产、销售假药符合上述情形的应当酌情从重处罚。因此，从最高司法机关的观点可以看出，属于疫苗的，或者以婴幼儿、儿童为主要使用对象的，或者属于注射剂药品的，其所造成的后果更为恶劣，有必要对其从重处罚。但以过期疫苗等注射药品为例，过期注射药品一般也属于变质药品，属于假药，且符合应酌情从重处罚的情形，但若以劣药论处，则甚至有可能无法构成生产、销售劣药罪，而若可以证明其确为变质药品，则可以生产、销售假药罪进行定罪惩治。因此，从中可以看出，对于部分危害严重的劣药，其与假药之间已经界限模糊，且最高司法机关的观点已认可将该类劣药直接纳入假药范畴

① 《数亿元疫苗未冷藏流入18省　专家：这是在杀人》，新浪财经网，http://finance.sina.com.cn/china/gncj/2016-03-18/doc-ifxqnskh0940626.shtml，2016年4月10日访问。

予以严厉打击。

（本节原以《生产、销售劣药罪的立法模式评析与修正——以山东问题疫苗事件为切入点》为题，载于《中国检察官》2016 年第 3 期。此次收入略有修改。作者陈志鑫为福建省厦门市集美区人民法院执行局局长助理、法学硕士）

第六节　陆勇涉嫌销售假药案为何不起诉

2015 年 2 月，检察机关对媒体报道的“抗癌药代购第一人”陆勇涉嫌妨害信用卡管理罪、销售假药罪案依法作出不起诉决定，引起社会关注和一些争论。本节结合 2014 年 11 月“两高”《关于办理危害药品安全刑事案件适用法律若干问题的解释》（以下简称《药品安全解释》）相关规定，对该案有关法律问题进行探讨。

一　基本案情及诉讼经过

（一）基本案情

被不起诉人陆勇，男，1968 年出生，汉族，大学本科，私营企业主。

2002 年，被不起诉人陆勇被查出患有慢粒性白血病，需要长期服用抗癌药品。我国国内对症治疗白血病的正规抗癌药品“格列卫”系列系瑞士进口，每盒需人民币 23500 元，被不起诉人陆勇曾服用该药品。为能够与患有相同疾病的患者进行交流，相互传递寻医问药信息，通过增加购买同种药品的人数从而起到降低药品价格，陆勇从 2004 年 4 月开始建立了白血病患者病友网络 QQ 群。

2004 年 9 月，被不起诉人陆勇通过他人从日本购买由印度生产的同类药品，价格每盒约为人民币 4000 元，服用效果与瑞士进口的“格列卫”相同。之后，被不起诉人陆勇使用药品说明书中提供的联系方式，直接联系到了印度抗癌药物的经销商印度赛诺公司，并开始直接从印度赛诺公司购买抗癌药物。被不起诉人陆勇通过自己服用一段时间后，觉得印度同类药物疗效好、价格便宜，遂通过网络QQ群等方式向病友推荐。网络QQ群的病友也加入向印度赛诺公司购买该药品的行列。被不起诉人陆勇及病友首先是通过西联汇款等国际汇款方式向印度赛诺公司支付购药款。在此过程中，被不起诉人陆勇还利用其懂英文的特长免费为白血病等癌症患者翻译与印度赛诺公司的往来电子邮件等资料。随着病友间的传播，从印度赛诺公司购买该抗癌药品的国内白血病患者逐渐增多，药品价格逐渐降低，直至每盒为人民币200余元。

由于前述支付购药款方式，既要先把人民币换成美元，又要使用英文，程序烦琐，操作难度大。求药的患者向印度赛诺公司提出了在中国开设账号便于付款的要求。2013年3月，经印度赛诺公司与最早在该公司购药的陆勇商谈，由陆勇在中国国内设立银行账户，接收患者的购药款，并定期将购药款转账到印度赛诺公司指定的户名为张金霞的中国国内银行账户，在陆勇统计好各病友具体购药数量、告知印度赛诺公司后，再由印度赛诺公司直接将药品邮寄给患者。印度赛诺公司承诺对提供账号的病友将免费供应药品。被不起诉人陆勇在QQ病友群里发布了印度赛诺公司的想法，云南籍白血病患者罗树春即与陆勇联系，愿意提供本人及其妻子杨慧英的银行账号，以换取免费药品。被不起诉人陆勇通过网银U盾使用管理罗树春提供的账号，在病友向该账号支付购药款后，将购药款转至张金霞账户，通知印度赛诺公司向病友寄送药品，免除了购药的病友换汇、翻译等以往的一些烦琐劳动。

在使用罗树春、杨慧英账号支付购药款一段时间后，罗树春听说银行卡的交易额太大，有可能导致被怀疑为洗钱，不愿再提供使用了。2013年8月，被不起诉人陆勇通过淘宝网从郭梓彪（另案处理）处以500元每套的价格购买了3张用他人身份信息开设的银行借记卡，在准备使用中发现有两张因密码无法激活而不能用，仅使用了1张户名为夏维雨的借记卡。被不起诉人陆勇同样通过网银U盾使用管理该账号，将病友购药款转账到印度赛诺公司指定的张金霞账户。

本案证据证明，共有21名白血病等癌症患者通过被不起诉人陆勇先后提供并管理的罗树春、杨慧英、夏维雨3个银行账户向印度赛诺公司购买了价值约12万元的10余种抗癌药品，但是被不起诉人陆勇为病友们提供的帮助全是无偿的。经食品药品监督管理部门鉴定，上述购买的10余种抗癌药品，有“VEENAT100”“IMATINIB400”“IMATINIB100”3种药品，均为未经我国行政主管部门批准进口的药品。

（二）诉讼经过

2013年8月25日，被不起诉人陆勇因涉嫌妨害信用卡管理罪由湖南省沅江市公安局立案侦查，2013年11月23日，被刑事拘留，同年12月25日被逮捕，2014年3月30日，被取保候审。2014年4月15日，本案侦查终结，湖南省沅江市公安局以陆勇涉嫌妨害信用卡管理罪、销售假药罪向沅江市人民检察院移送审查起诉。2014年5月12日，沅江市人民检察院将本案退回公安机关补充侦查；2014年6月10日，该案经补充侦查，重新移送沅江市人民检察院起诉。2014年7月22日，湖南省沅江市人民检察院以陆勇犯妨害信用卡管理罪、销售假药罪向沅江市人民法院提起公诉。2014年12月23日，沅江市人民法院因陆勇经传唤不到案，裁定中止审理，次日作出逮捕决定；2015年1月10日，陆勇被执行逮捕。2015年1月27日，沅江市人民检察院撤回起诉，1月29日，对陆勇取保候审，2月26日，对该案依法作出不起诉决定。

二　争议问题及不起诉理由

本案争议问题：一是被不起诉人陆勇购买及其代购未经我国行政主管部门批准进口的抗癌药品的行为是否构成销售假药罪；二是被不起诉人陆勇网上购买以他人身份信息开设的借记卡，并使用他人名义开设借记卡的行为是否已构成妨害信用卡管理罪。其中，争议较大的是第一个问题。

湖南省沅江市人民检察院针对本案争议的两个问题提出以下两点意见，并对陆勇一案依法作出不起诉决定。一是被不起诉人陆勇购买和帮助他人购买未经行政主管部门批准进口的抗癌药品的行为，虽然违反了《中华人民共和国药品管理法》的相关规定，但是陆勇的行为不是销售行为，不符合《中华人民共和国刑法》第 141 条的规定，不构成销售假药罪。二是被不起诉人陆勇通过淘宝网从郭梓彪处购买 3 张以他人身份信息开设的借记卡，并使用其中户名为夏维雨的借记卡的行为，虽然违反了有关金融管理法规，但其动机、目的和用途是方便白血病患者支付购买抗癌药品款项，属于情节显著轻微危害不大，根据《中华人民共和国刑法》第 13 条的规定，不认为是犯罪。

不起诉，是指人民检察院对侦查终结的刑事案件经审查起诉，决定不将案件移送人民法院审判而终止诉讼的活动。根据我国《刑事诉讼法》[①] 第 173 条第 1 款、第 2 款，第 171 条第 4 款，第 271 条第 1 款的规定，不起诉可以分为四种类型：（1）法定不起诉，又称绝对不起诉，即人民检察院基于犯罪嫌疑人没有犯罪事实或者具有法定不追究刑事责任的情形，依法必须作出的不起诉决定；（2）酌定不起诉，又称相对不起诉，即人民检察院对于犯罪情节轻微，依照刑法规定不需要判处刑罚或者免除刑罚的，依法可以作出的不起诉决定；（3）证据不足不起诉，又称存疑不起诉，即人民检察院对于证据不足，不符合起诉条件的案件，依法必须作出的不起诉决定；（4）对未成年犯罪嫌疑人的附条件不起诉，即人民检察院基于对未成年人的特殊保护，依法可以对一些符合起诉条件的轻罪案件作出附条件的不起诉决定。湖南省沅江市人民检察院依照《中华人民共和国刑事诉讼法》第 15 条第（一）项和第 173 条第一款的规定，对陆勇一案作出的不起诉决定，属于法定不起诉。

① 本节涉及的《刑事诉讼法》指 2012 年修订的《刑事诉讼法》。

三　生产、销售假药罪司法认定中的几个问题

（一）“假药”的认定问题

实践中，有观点认为，“按假药论”的药品、非药品在性质和社会危害性上与实质的假药具有明显不同。如陆勇案中在国外已批准使用但在我国“未经批准而进口”的抗癌药，从药物成分、药性、药效上讲实质就是真药，这种药不会造成身体伤害、延误诊治，可能还具有较好的治疗作用和效果。这种“在国外是真药，到国内却成了假药”的司法认定与民众对假药的认识有很大差距，既不符合社会公众普遍的公平正义观念，也不符合罪责刑相适应的原则要求，对这类药物不应当认定为刑法意义上的假药，销售这类药物也不具有社会危害性，不宜作为犯罪处理。笔者认为，这种观点值得商榷。对此，需要明确和解决两个问题：一是假药的司法认定；二是如何评价以假药论的不同情形的社会危害性。

第一个问题，关于假药的司法认定问题。对这一问题，我们可以从犯罪与法律之间的关系及罪刑法定的要求来分析。从犯罪与法律之间的关系看，犯罪可以分为自然犯和法定犯。其中，自然犯的特点，是这种犯罪本身的反道义性和反社会性明显，不需要根据法律规定即可予以评判，如故意杀人、强奸、抢劫等犯罪。法定犯的特点，是这种犯罪一般根据道德观念难以评判，必须根据法律规范才能认定，如走私、逃税等犯罪。生产、销售假药罪具有自然犯和法定犯的双重属性。通常情况下，生产、销售假药罪不仅侵犯了国家的药品管理秩序，而且侵犯了不特定多数人的身体健康、生命安全，具有严重的社会危害性。这种犯罪所具有的反道义性和反社会性的特点，显而易见。近些年，生产、销售假药犯罪危害严重，引起社会广泛关注。2014 年“两高”《关于办理危害药品安全刑事案件适用法律若干问题的解释》新闻发布会上通报的四起生产、销售假药罪典型案例就是明证。虽然生产、销售假药罪主要是一种自然犯，

但是同时该罪具有一定的法定犯特点。之所以说生产、销售假药罪具有法定犯的特点，主要表现在刑法对“假药”的界定上。换言之，关于生产、销售假药罪中的“假药”如何进行司法认定，会因为行政法规对假药的概念、范围、认定标准等的规定不同，而出现不同的司法认定结论。

我国《刑法》第 141 条第 2 款明确规定，本条所称“假药”，是指依照《中华人民共和国药品管理法》的规定属于假药和按假药处理的药品、非药品。按照罪刑法定的要求，司法认定应严格遵循刑法规定。因此，生产、销售假药罪中的“假药”，包括具有客观危害的实质上的假药，也包括行政法规定以假药论处的药品、非药品。根据 2013 年修订的《药品管理法》的有关规定，“药品”，是指用于预防、治疗、诊断人的疾病，有目的地调节人的生理机能并规定有适应症或者功能主治、用法和用量的物质，包括中药材、中药饮片、中成药、化学原料药及其制剂、抗生素、生化药品、放射性药品、血清、疫苗、血液制品和诊断药品等。“假药”分为两种情况。第一种情况是具有客观危害性的假药：具体包括：（1）药品所含成分与国家药品标准规定的成分不符的；（2）以非药品冒充药品或者以他种药品冒充此种药品的。第二种情况是按假药论处的，具体包括：（1）国务院药品监督管理部门规定禁止使用的；（2）依照本法必须批准而未经批准生产、进口，或者依照本法必须检验而未经检验即销售的；（3）变质的；（4）被污染的；（5）使用依照本法必须取得批准文号而未取得批准文号的原料药生产的；（6）所标明的适应症或者功能主治超出规定范围的。因此，根据刑法规定，生产、销售的无论是实质假药，还是以假药论处的“法律拟制的假药”，从其行为性质上说，都应当依法认定为生产、销售假药。

第二个问题，关于以假药论的社会危害性和刑事责任问题。对此问题，我们可以从生产、销售假药罪侵害的犯罪客体和客观危害程度大小来进行分析。从犯罪客体来看，生产、销售假药罪侵犯的是复合客体，一般情况下主要是人民群众的生命、健康权和国家对药品安全的管理制度，特殊情况下还可能侵害公共安全。犯罪侵犯的客体和危害性程度的大小与犯罪对象有着密切关系。就生产、销售假药罪而言，有客观危害的实质假药与以假药论处的“法律拟制的假药”，无论是从实际上的社会危害性，还是从可能侵害犯罪客体来说，都有明显区别。这种区别可以影响到相关行为的刑事责任承担和刑事责任的大小。此外，以假药论处的“法律拟制的假药”，存在多种不同情形需要区别对待。如有的所标明的适应症或者功能主治超出规定范围以假药论的，本身并无毒性，但由于没有相应的治疗效果，这必然会延误病人治疗，加重病情，甚至会间接导致死亡；有的未取得批准文号的生产以假药论处的，很多是未经人体实验，存在较大的安全风险；有的虽然可能有治疗效果，但未经我国行政主管部门批准尚不能依法准入我国医药市场，等等。因此，对于生产、销售以假药论处的“法律拟制的假药”，也需要区分不同情况对行为的社会危害性、是否涉嫌犯罪及刑事责任大小进行考量。

陆勇不起诉一案同样涉及以上两个问题。关于第一个问题，湖南省检察机关对陆勇购买的 10 余种抗癌药品均认定为假药。理由是陆勇购买的 10 余种抗癌药品确系依照《药品管理法》必须批准而未经批准进口的药物，因此，检察机关采纳食品药品监督管理部门出具的相关鉴定意见，作出了相关药品系假药的司法认定。关于第二个问题即“以假药论的社会危害性和刑事责任”，虽然没有直接影响到销售假药罪的成立，但实际已成为陆勇不起诉案处理时考虑的重要因素。湖南省检察机关采纳了有关证人出具的关于感谢陆勇帮助其延续了生命的证言等证据材料，客观认定了陆勇代人购买的“外国药品”服用后对身体没有伤害，有的还有治疗效果；同时，把这些情况作为考虑被不起诉人陆勇通过淘宝网从郭梓彪处购买 3 张以他人身份信息开设的借记卡，并使用其中户名为夏维雨的借记卡的行为能否认定为涉嫌妨害信用卡管理罪但属于“情节显著轻微危害不大”的重要参考因素。笔者认为，检察机关对陆勇不起诉一案作出的上述认定结论具有法律依据和事实根据，是合理、合法和正确的。

（二）生产、销售假药罪中生产、销售行为的认定

《药品安全解释》第六条分两款，对生产、销售假药、劣药罪中的“生产”和“销售”的含义予以明确规定。根据该解释，一是明确以生产、销售假药、劣药为目的，实施下列行为之一的，应当认定为刑法第 141 条、第 142 条规定的“生产”：（一）合成、精制、提取、储存、加工炮制药品原料的行为；（二）将药品原料、辅料、包装材料制成成品过程中，进行配料、混合、制剂、储存、包装的行为；（三）印制包装材料、标签、说明书的行为。二是规定对于医疗机构、医疗机构工作人员明知是假药、劣药而有偿提供给他人使用，或者为出售而购买、储存的行为，应当认定为刑法第 141 条、第 142 条规定的“销售”。

应当说，上述解释规定，已较好解决了危害药品安全犯罪中“生产”的司法认定问题。这是因为《药品安全解释》已将生产过程各环节的阶段性行为都作为生产行为。这样规定的主要考虑：一是目前危害药品安全犯罪已经形成分工明确、环环相扣的犯罪链条，药品监督管理部门和公安机关有时仅查获犯罪链条的某个环节，难以查清全部犯罪链条，有的行为人往往通过声称自己“不明知”来逃避打击，难以按照生产、销售假药、劣药犯罪的共同犯罪来追究刑事责任。该解释对“生产”的概念作细化规定，涵盖了将药品原料、辅料、包装材料变成成品过程中的每一个生产环节，符合执法办案的实际需要，具有针对性和可操作性。二是对能够查明行为人具有生产、销售假药、劣药的主观故意，或者查明印制包装材料、标签、说明书等行为是用于生产、销售假药、劣药的，即可以直接认定为“生产”行为，既有利于行政执法和司法机关查办危害药品安全犯罪案件，又能有效避免犯罪分子逃避打击。但是，上述解释，没有对“销售”的概念作正面规定，实践中对“销售”行为的认定存在不同认识。如陆勇不起诉案中，公安机关认为犯罪嫌疑人陆勇购买和帮助他人购买未经批准进口的抗癌药品的行为能够认定为销售药品的行为，涉嫌销售假药罪；而检察机关认为被不起诉人陆勇的购买和帮助他人购买未经批准进口的抗癌药品的行为，违反了《中华人民共和国药品管理法》的相关规定，但陆勇的行为不是销售行为，不符合《中华人民共和国刑法》第141条的规定，不构成销售假药罪。

关于销售假药罪中的“销售”如何认定，笔者认为，实践中不宜简单以行为人是否牟利来认定，而应当遵循罪刑法定原则，从语义上加以解释和适用。首先，是否以牟利为目的是行为人的主观动机或者目的，属于主观方面的范畴，不是认定客观行为的关键。行为人主观是否具有牟利动机或者目的，可能影响量刑，甚至可能影响定性，但不影响对销售行为性质本身的认定。生产、销售假药罪是故意犯罪，即只要行为人主观上明知生产、销售的是假药仍予以生产、销售的，就构成生产、销售假药罪。一般来说，生产、销售假药罪行为人的动机是牟利。行为人为牟取暴利，明知生产、销售的是假药而仍予以生产、销售。至于其行为给人体健康、生命可能造成的严重危害后果，不在行为人追求的直接故意范围之内，或者存在过失心理，或者属于间接故意心理。如果行为人生产、销售假药，目的就是对他人的生命健康、财产安全造成损害，危害公共安全，则应以以危险方法危害公共安全罪定罪处罚。①

其次，销售假药罪中的“销售”行为应当遵循罪刑法定原则，从语义上加以解释和适用。从语义上说，根据《现代汉语词典》的解释，“销售”，是指卖出商品。而“卖”，在这里与“买”相对，是指拿东西换钱。东西既可以是买进来的，也可以是自己生产的。换的钱可能高于买入或者生产成本，即为营利；换的钱可能出于多种原因或者动机低于买入或者生产成本，即为亏本。陆勇一案能否认定销售假药罪，关键在于对“卖出商品”的理解。

关于陆勇一案其购买和帮人购买未经批准进口的抗癌药品的行为，不能认定为“销售”的问题，湖南省检察机关作了回应。笔者认为，

① 参见周道鸾、张军主编《刑法罪名精释》（第4版），人民法院出版社2013年版，第185页。

虽然有些问题可以进一步研究，但办案检察机关有关负责人对本案的如下解答是合理、妥当的。[①]

首先，所谓销售即卖出（商品）。在经济学上，销售是以货币为媒介的商品交换过程中卖方的业务活动，是卖出商品的行为，卖方寻求的是商品的价值，而买方寻求的则是商品的使用价值。全面系统分析该案，陆勇的行为是买方行为，并且是白血病患者群体购买药品整体行为中的组成行为，寻求的是印度赛诺公司抗癌药品的使用价值。陆勇与白血病患者是印度赛诺公司抗癌药品的买方。一是早在向印度赛诺公司买药之前，作为白血病患者的陆勇就与这些求药的白血病患者建立了QQ群，相互交流病情，传递求医问药信息。患者潘建三的证言说，建立QQ群还能扩大病友群，组织病友与药品生产厂家协商降低药品价格。二是陆勇是在自己服用印度赛诺公司的药品有效后，才向病友介绍。所购抗癌药品的价格开始时每盒4000元，后来降至每盒200元。三是陆勇为病友购买药品提供的帮助是无偿的。陆勇不仅帮助病友买药、付款，还利用懂英语的特长，为病友的药品说明书和来往电子邮件进行翻译，在此过程中，陆勇既没有加价行为，也没有收取代理费、中介费等任何费用。四是陆勇所帮助的买药者全部是白血病患者，没有任何为盈利而从事销售或者中介等经营药品的人员。其次，陆勇提供账号的行为不构成与印度赛诺公司销售假药的共犯。根据我国《药品管理法》第48条第3款第2项规定，依照该法必须批准而未经批准生产、进口，或者依照该法必须检验而未经检验即销售的药品，以假药论处。也就是法律拟制的假药。印度赛诺公司在我国销售未经批准进口的抗癌药品，属于销售假药的行为。根据最高人民法院、最高人民检察院《关于办理危害药品安全刑事案件适用法律若干问题的解释》第八条第一项规定，明知他人生产、销售假药而提供账号的，以共同犯罪论处。本案中，陆勇先后提供罗树春、杨慧

① 参见汤维骏《公正司法彰显法律的温暖——本报记者就“陆勇案”专访湖南省检察院副检察长卢乐云》，《检察日报》2015年3月11日第2版。

英、夏维雨 3 个账号行为的实质是买方行为，而不能认为是共同销售行为。一是从账号产生的背景看，最初源于病友方便购药的请求。在陆勇提供账号前，病友支付印度赛诺公司购药款是以西联汇款等国际汇款方式，既要把人民币换成美元，又要使用英文，程序烦琐，操作难度大。求药的患者向印度赛诺公司提出在中国开设账号便于付款的要求，印度赛诺公司与最早向该公司购药的陆勇商谈，并提出对愿意提供账号的可免费提供药品。二是从账号的来源看，3 个账号中先使用的两个账号由病友提供。陆勇向病友群传递这一消息后，病友罗树春即愿意将本人和妻子已设立的账号提供给陆勇使用。在罗树春担心因交易资金量增加可能被怀疑洗钱的情况下，陆勇才通过淘宝网购买户名为夏维雨的借记卡。三是从所提供账号的功能看，就是收集病友的购药款，以便转款到印度赛诺公司指定的张金霞的账号，是用于收账、转账的过渡账号，承担方便病友支付购药款的功能，减少换汇和翻译的麻烦。四是从账号的实际用途看，病友购药向这 3 个账号支付购药款后告知陆勇，陆勇通过网银 U 盾使用管理这 3 个账号，将病友的付款转至印度赛诺公司指定的张金霞的账号，然后陆勇再告知印度赛诺公司，印度赛诺公司根据付款账单发药。可见，设置这 3 个账号就是陆勇为病友提供购药服务的，是白血病患者群体购买药品的组成行为。最后，根据我国刑法的规定，共同犯罪是指二人以上共同故意犯罪。具体到本案，如果构成故意犯罪，应当是陆勇与印度赛诺公司共同实施销售假药犯罪，更具体地说，应是陆勇基于帮助印度赛诺公司销售假药而为印度赛诺公司提供账号。但在本案中，购买印度赛诺公司抗癌药品的行为是白血病患者群体求药的集体行为，陆勇代表的是买方而不是卖方，印度赛诺公司就设立账号与陆勇的商谈是卖方与买方之间的洽谈，陆勇作为买方的代表自始至终在为买方提供服务。当买卖成交时，买方的行为自然在客观结果上为卖方提供了帮助，这是买卖双方成交的必然交易形态，但绝对不能因此而认为买方就变为共同卖方了。

（三）宽严相济刑事政策在办理假药案件中的运用

《药品安全解释》第一条关于生产、销售假药罪入罪门槛的态度、第 11 条对危害药品安全犯罪严格适用缓、免刑以及不作为犯罪处理等规定，全面体现宽严相济刑事政策的精神和要求。实践中，司法人员应当全面、准确理解《药品安全解释》第 11 条的规定，注重宽严相济刑事政策的理解和运用，突出打击重点，重其所重，轻其所轻，区别对待，实现办案的最佳效果。

1. 生产、销售假药罪的入罪门槛问题

《刑法修正案（八）》将生产、销售假药罪由危险犯修改为行为犯之后，如何把握其入罪标准、正确区分罪与非罪的界限，是有必要明确的问题。在《药品安全解释》出台之前，实践中对生产、销售假药罪是否应当设立入罪门槛存在两种不同的意见。第一种意见认为，根据《刑法修正案（八）》的有关规定，生产、销售假药罪是行为犯，无论数量多少，依法都构成犯罪，不存在入罪门槛问题。第二种意见认为，对生产、销售假药罪应当规定入罪门槛，这样可以区分一般违法与犯罪行为，有利于刑事司法与行政执法的衔接。

《药品安全解释》采纳的是第一种意见，即解释关于生产、销售假药罪入罪问题的态度是：只要行为人实施了生产、销售假药的行为，无论数量多少，包括假药数量、销售金额、违法所得的多少，均依法构成生产、销售假药罪。不过，基于立法上已有明确表述，《药品安全解释》第 1 条对此未作重复性的规定，仅规定了七种应当酌情从重处罚的情形。生产、销售假药罪不设入罪门槛的主要理由：一是从立法原意和从严打击假药犯罪的刑事政策考虑，《刑法修正案（八）》修改生产、销售假药罪犯罪成立要件的目的，就在于扩大刑罚适用，严惩危害药品安全的犯罪分子。二是基于药品安全形势的严峻现实，必须以“零容忍”的态度打击生产、销售假药犯罪，才能有效震慑违法犯罪分子，维护正常的社会秩序，确保人民群众的生命健康与财产安全。

2. 生产、销售假药罪的出罪问题

《药品安全解释》第 11 条第 2 款规定："销售少量根据民间传统配方私自加工的药品，或者销售少量未经批准进口的国外、境外药品，没有造成他人伤害后果或者延误诊治，情节显著轻微危害不大的，不认为是犯罪。"笔者认为，第 11 条第 2 款是出罪条款，既是刑法第 13 条"但书"在办理危害药品安全犯罪刑事案件中的具体适用标准，也是宽严相济刑事政策"宽"一面的充分体现。根据该款规定，销售少量根据民间传统配方私自加工的药品，或者销售少量未经批准进口的国外、境外药品，没有造成他人伤害后果或者延误诊治，情节显著轻微危害不大的，不认为是犯罪。这里值得注意：一是关于该款中"少量"如何和适用。司法解释没有规定明确的数量标准，如多少克、多少粒、多少盒，或者多少元等。这里实际上是司法解释给司法办案人员有意留出的自由裁量的空间。二是关于该款中规定的"药品"的具体所指。《药品安全解释》第 11 条第 2 款中规定的药品依法属于"以假药论处"的情形，但是该款中规定的"以假药论处"的药品应当具有相应治疗作用和效果。《药品安全解释》第 11 条第 2 款中关于"少量"的认定及不作为犯罪处理的适用，各地司法机关及办案人员可以根据各地情况并结合具体案件，在法律和司法解释规定的限度内进行合理裁量，依法妥善办理。

关于陆勇不起诉一案，笔者认为，虽然办案检察机关不起诉的重要理由之一是认为被不起诉人陆勇的购买和帮助他人购买未经批准进口的抗癌药品的行为，不是销售行为，不符合《刑法》第 141 条规定，不构成销售假药罪，但由于涉案药品系"以假药论处"的外国药品，陆勇的行为没有侵犯他人的生命权、健康权也应当是该案不作为犯罪处理的原因之一。

结语：陆勇一案虽已经诉讼终结，但该案不仅涉及法律适用，还涉及我国药品管理、立法修改和完善等深层次的问题。对此，司法机关无法解决涉及的所有问题，但在依法治国的大背景下，司法人员在办案中坚守"以事实为根据，以法律为准绳"的原则，寻求"法、理、情”之间的平衡，真正让广大民众感受到司法的公正与权威，是值得每一个司法工作者不断思考和探索的。

（本节原以《对陆勇涉嫌妨害信用卡管理罪、销售假药罪不起诉案件及有关法律适用问题研究》为题，载于《刑事审判参考》总第102集，法律出版社2016年版。此次收入略有修改。作者卢宇蓉为最高人民检察院法律政策研究室一处处长、法学博士）

第五章　食品药品安全犯罪的比较法视野

第一节　内地与澳门食品安全犯罪的刑事立法比较

一　内地与澳门食品安全刑事立法沿革

（一）内地食品安全刑事立法沿革

在1979年刑法中，还未规定与食品安全相关的条款。在当时的司法实践中，多是将严重危害食品安全的行为冠以投机倒把的罪名，进而纳入刑法规制。对于涉嫌公共安全的食品安全犯罪，则归入危害公共安全罪之范畴。显然，立法的落后无疑导致法官裁判恣意性的扩张，如当时司法审判中对投机倒把罪的恣意运用。在经历改革开放后，中国法制进程取得了显著的发展，尤其是在食品安全刑事立法领域。在食品安全犯罪日益增多和危害后果愈发严重的背景下，全国人大常委在1993年通过了《关于惩治生产、销售伪劣商品犯罪的决定》（下称《决定》），虽然该《决定》不能完全改变该时期食品安全刑事立法罪名单一、犯罪构成模糊、针对性不强的现状，但其积极意义仍值得肯定，即奠定了内地食品安全犯罪刑事立法的基础。1997年，《刑法》经过修订，明确规定了数个与食品安全相关的独立罪名，即“生产、销售不符合卫生标准的食品罪”和“生产、销售有毒、有害食品罪”，此二罪的设置与上述《决定》密切相关，确立了食品安全犯罪在刑事立法中的独立地位。为了提升食品安全刑事司法实践的可操作性，最高法、最高检于2001年共同公布了《关于办理生产、销售伪劣商品刑事案件具体应用法律若干问题的解释》(下称《解释》),《解释》的出台较为详细地表述了食品安全犯罪的客观方面，这在当时食品安全犯罪认定存在困难的情况下起到了迎难而解的作用。2002年，针对市场上越发严重的“瘦肉精事件”,“两高”发布了《关于办理非法生产、销售、使用禁止在饲料和动物饮水中使用的药品等刑事案件具体应用法律若干问题的解释》，严密规制了动物养殖领域内犯罪行为。2011年，《刑法修正案（八)》的颁布施行再次对食品安全犯罪进行了重要修改，将“生产、销售不符合卫生标准的食品罪”修改成“生产、销售不符合安全标准的食品罪”，延伸了该类犯罪的处罚范围且提升了法定刑程度，如将自由刑的起刑点由拘役提高为有期徒刑，取消单处罚金的规定，以预防因单处罚金刑而从轻发落现象的产生；同时增设了“食品监管渎职罪”，以追究食品监管领域工作人员的法律责任，突破了刑法规制范畴的单一性。综上，目前内地食品安全刑事立法集中表现于“生产、销售不符合安全标准的食品罪”“生产、销售有毒、有害食品罪”及“食品监管渎职罪”这三个罪名之中，说明内地已经构建了以刑法典为核心的食品安全刑事立法模式，具体罪名的设置具有逻辑性、独立性和针对性的特征。

（二）澳门食品安全刑事立法沿革

澳门现行“刑法”是1996年1月1日正式生效的《澳门刑法典》,该部刑法典是澳门政府委托葡萄牙的刑法专家主持起草，并以1982年《葡萄牙刑法典》为蓝本，在吸收、借鉴相关国际条约的基础上，纳入了不少符合时代发展、社会需求的有益理念，这才成就了这部具有里程碑意义的刑法典。研读该部刑法不难发现，《澳门刑法典》是一部带有强烈的葡式西方拉丁文化色彩的刑法文化。《澳门刑法典》第269条规定了使供应养料之物质腐败罪。此外，特别刑法对于澳门刑事法体系的完善有着至关重要的影响，并且有关食品安全犯罪的规制亦规定于特别刑法之中。例如，制定于1997年的《惩治妨害公共卫生及经济违法法》（第6/96/M号法律）规定了有关食品安全犯罪的三个罪名，即异常食品或食品添加剂罪，妨害食品或食品添加剂之真实性、质量或组成罪，持有可用于伪造食品或食品添加剂之物质或用具罪。随着《澳门食品安全法》于2013年10月20日开始施行，增设了“生产经营有害食品罪”，上述第6/96/M号法律《妨害公共卫生及经济之违法行为之法律制度》中的刑法规范，包括异常食品或食品添加剂罪，妨害食品或食品添加剂之真实性、质量或组成罪以及持有可用于伪造食品或食品添加剂之物质或用具罪被废止。至今，澳门有关食品安全的刑法保护形成了普通刑法与特别刑法的双重保障体系，即《澳门刑法典》第269条“使供应养料之物质腐败罪”和《澳门食品安全法》第13条“生产经营有害食品罪”。

二　内地与澳门食品安全犯罪刑法规制的异同

（一）两地食品安全刑事立法之差异

1. 立法模式选择不同

国家采用何种立法模式，就决定了以何种法律形式对食品安全犯罪加以规定。通过对法律渊源（立法模式）的研究，一方面可以掌握某类犯罪的实质，另一方面可以了解某类犯罪于一国的发生状况及立法者的认识程度，进而分析出有利于我国法律现代化的最佳路径。考察有食品安全刑事立法的各国家和地区，其立法模式主要可分为5种，即刑法典模式、单行刑法模式、附属刑法模式、刑法典与附属刑法规定结合模式以及特别刑法与附属刑法结合模式。在内地，食品安全刑法规制由刑法典规定于“危害社会主义市场经济秩序罪”和“渎职罪”中，罪名包括了生产、销售不符合安全标准的食品罪，生产、销售有毒、有害食品罪和食品安全监管人员失职罪，即内地采用刑法典单一型的立法模式。在澳门，食品安全犯罪规定既存在于《澳门刑法典》（第269条之使供应养料之物质腐败罪），又存在于《澳门食品安全法》

（第13条之生产经营有害食品罪）之中，这表明澳门采取多元型立法模式，即刑法典与附属刑法相结合，附属刑法的科学运用能有效弥补刑法典的缺陷。

2. 规制主体界限不一

在内地，食品安全犯罪的主体包括食品业从业者、对食品安全监管负有法律责任的国家机关工作人员和食品广告的经营者。依据相关司法解释，食品加工、销售、运输、贮存者或者食用农产品的种植、养殖、销售、运输、贮存者等人员均可构成食品安全犯罪之主体。不难发现，食品安全刑事立法通过《刑法修正案（八）》的修正，增设了“食品监管渎职罪”，以此追究该领域的渎职犯罪，进一步拓展了食品安全犯罪主体的范围。再有，根据有关司法解释，食品广告的经营者亦属于食品安全犯罪主体。在澳门，食品安全犯罪的主体是食品的生产、经营者，但不包括相应的国家工作人员。《澳门食品安全法》第3条第4款的规定：“生产、经营是指为供公众食用而生产、加工、调配、包装、运送、进口、出口、转运、贮存、出售、供应、为出售而存有或展示，又或以任何方式交易食品的行为。”即从事这类行为的主体均属于刑法规制的范畴。此外，不同于内地，对于食品安全失职行为的刑事责任，《澳门食品安全法》第14条第一款规定：“凡拒绝执行职务的监察人员……构成普通违令罪。”这说明国家工作人员可能构成一般性的渎职犯罪而不是专门性的食品安全犯罪。

3. 规制行为各有侧重

（1）非法屠宰定性有别。屠宰属于食品生产、加工行为，生产出供人食用的肉类。两地食品安全刑事立法对于该类行为的定性存在明显区别。例如，内地以非法经营罪追究严重的非法屠宰行为的刑事责任，若同时涉嫌其他罪名的，则依据较重的规定处罚行为人，即对于非法屠宰生猪的刑法规制，一般应以非法经营罪追究行为人责任，仅当同时满足两个条件（满足食品安全犯罪之构成要件且该罪的量刑更重）时才适用食品安全犯罪的规定。另外，由于刑法目前仅特别规定了非法屠宰生猪的行为，对于生猪以外的其他家禽的非法屠宰行为，在该行为对法益侵害达到一定程度的前提下，应当根据生产、销售不符合安全标准的食品罪或生产、销售有毒、有害食品罪来追究相关责任人的刑事责任。在澳门，对于非法屠宰行为，首先依据澳门《妨害公共卫生及经济之违法行为之法律制度》（第6/96/M号法律）第19条规定的秘密屠宰动物及交易罪追究行为人的刑事责任。其次，在对他人身体完整性造成危险的情况下（相当于内地刑法中的轻伤），可依据澳门《食品安全法》第13条之规定，以生产经营有害食品罪追责。秘密屠宰动物及交易罪规定：一是在下列情况下屠宰动物供公众食用者，处最高三年徒刑或科不少于一百二十日罚金：[①]a）未接受法律或规章规定之有关卫生检查；b）在获有权限当局发出准照之屠场以外之地方或在由有权限当局为此目的而指定之地方以外为之；c）属禁止屠宰之种类。二是为供公众食用而进口在上款所指情况下屠宰之动物之肉或进口以该等肉类制成之产品，或以之作为交易之对象者，亦处以相同刑罚。但值得一提的是，《妨害公共卫生及经济之违法行为之法律制度》作为保障食品安全的过渡性法律，在《澳门食品安全法》的起草过程中较多地汲取了该制度的有益立法经验。此后，随着《澳门食品安全法》的出台，《妨害公共卫生及经济之违法行为之法律制度》大部分的规定被更改或被废止。由此可知，“生产经营有害食品罪”与“使供应养料之物质或医疗物质腐败罪”成为澳门打击食品安全犯罪的刑法手段。但该立法仍有改进的空间，有学者明确地提出，生产经营有害食品罪与使供应养料之物质或医疗物质腐败罪所表述的内容实质上是相同的，仅在定义上有所区别，建议将两个罪名合并，对于这样的观点我们表示认同。

（2）处罚过失规定不一。在内地，过失犯的规定仅适用于食品监管渎职罪。根据内地《刑法》第15条之规定，过失犯罪，法律有规定的才负刑事责任。因此，非国家机关工作人员的过失行为导致的食品

① 澳门刑法实行日额罚金刑，即罚金以天数计算，所谓一百二十日罚金是指在确定一天的处罚数额基础上乘以一百二十天，计算出最终的罚金金额。

安全事故并不能依据《刑法》第 143 条和第 144 条追究其责任。根据内地《食品安全法》的相关规定，在采购食品原材料的过程当中，食品的生产者是依法负有检查所采购原材料的质量等是否符合相关法规的义务，很可能导致的结果是，若行为人没有依法履行该义务以致发生了食品安全事故，依法是不能追究其刑事上责任的，而其需要承担的仅有民事上的赔偿责任以及行政上的处罚责任。有必要明确的是，基于过失导致的食品安全事故的后果并不一定轻于故意而引起的危害后果，因此值得在食品安全刑事立法领域做出特别规定。在《澳门刑法典》第 269 条使供应养料之物质或医疗物质腐败罪之第二款、第三款都明确规定了过失构成该罪的刑事责任，即过失造成上款所指之危险，行为人处最高五年徒刑；如因过失而做出第一款所指之行为，行为人处最高三年徒刑或科罚金。再有，《澳门食品安全法》第 13 条之生产经营有害食品罪第二款的规定中，亦规定了过失构成该罪的刑事责任，即“如属过失的情况，处最高一年刑期，或科最高一百二十日罚金”。这表明澳门立法机关重视过失行为的法益侵害性，即过失行为亦可导致与故意行为相当的法益侵害，故将过失行为纳入食品安全犯罪的责任形式，有利于引导和规范食品业从业人员及相关人员的行为。

4. 刑罚配置差异显著

（1）刑种范围各有特色。内地《刑法》规定的三个专门的食品安全犯罪之法定刑共包括的主刑是拘役、有期徒刑、无期徒刑和死刑，附加刑包含罚金和没收财产，刑种的选择较为多元化。《澳门刑法典》和《澳门食品安全法》就专门的食品安全犯罪规定的法定刑包括主刑为有期徒刑，附加刑为罚金及资格刑。所谓“资格刑”指的是剥夺行为人从事某类职务或业务的权利资格。澳门食品安全犯罪中规定的资格刑，不仅可适用于自然人还可施加于法人。例如，《澳门食品安全法》第 16 条第一款规定：“对作出生产经营有害食品罪者，无论属个人或法人，均可单独或一并科处以下附加刑：（一）禁止从事某些职业或业务……；（二）剥夺参加直接磋商或公开投标的权利……；（三）剥夺参加交易会及展销会的权利……；（四）剥夺获公共实体发给津贴或优惠的权利……；（五）封闭场所……；（六）永久封闭场所。”就食品安全犯罪主体而言，依法剥夺其从事食品安全生产、销售等资格，将显著增加其犯罪成本，有利于引导从业者从事合法经营，预防和控制食品安全犯罪的发生。值得注意的是，澳门刑法废除了死刑和无期徒刑。究其原因，可追溯至1870年，葡萄牙国王路易斯一世颁布法令废除死刑，该法律延伸至海外属地，包括澳门。再有，现行《澳门刑法典》是在《葡萄牙刑法典》的基础上进行修改，具有法律的继承性，将死刑废除这一立法保留下来亦具有合理性。

（2）刑罚档次有所区别。内地《刑法》规定的生产、销售不符合安全标准的食品罪和生产、销售有毒、有害食品罪的法定刑皆有三个档次，而食品监管渎职罪的法定刑具有二个档次。而在澳门，无论是《澳门刑法典》第269条使供应养料之物质或医疗物质腐败罪还是《澳门食品安全法》第13条之生产经营有害食品罪，其法定刑均为一个档次。可知，澳门食品安全犯罪可适用的刑罚档次颇为单一，不利于准确地对犯罪人适用刑罚裁量。因此，在食品安全犯罪法定刑档次的划分上，内地《刑法》的划分更为精确与具体。

（3）刑罚严厉程度不同。内地与澳门在食品安全犯罪刑罚严厉程度上呈现出截然不同的设置。内地的生产、销售不符合安全标准的食品罪和生产、销售有毒、有害食品罪或可对应于澳门的供应养料之物质或医疗物质腐败罪和生产经营有害食品罪，在规制行为犯罪大致相似的前提下，两地刑法设置的法定刑幅度却区别明显，从整体来看，内地具有注重严厉刑罚之特征。以两地食品安全犯罪最重的法定刑为例，在内地，若行为构成生产、销售有毒、有害食品罪且具有“致人死亡或其他严重情节的”，可以判处死刑；而在澳门，行为构成使供应养料之物质或医疗物质腐败罪，最高可判处8年有期徒刑。一个是剥夺生命的刑罚，一个是限制自由的刑罚，由此可见，两地立法机构对食品安全犯罪的容忍态度是截然不同的，这也与两地食品安全问题的现实情况密切相关。

（二）两地食品安全刑事立法之共同趋势

1. 犯罪圈严密化倾向

从两地刑事法律的历史沿革来看，将严重侵害或危害食品安全的行为纳入刑法规制之中已是共同走向，具体表现为刑法规制范围扩展，刑种多元化以及刑罚幅度的提升。内地在经历数十年的法制发展后，将食品安全犯罪领域的实害犯和抽象危险犯均规定为犯罪，实害犯即生产、销售不符合卫生标准的食品罪的构成只需满足造成严重食物中毒事故或者其他严重食源性疾患即可，而不再需要造成他人死亡或严重残疾的结果；作为抽象危险犯的生产、销售有毒、有害食品罪只需要达到造成危险的程度即可构成犯罪，危险犯的设置强调防患于未然，突出刑法安全保障机能，常表现为刑法规制前置性，因此导致自由的缩小，故危险犯只应限制使用于特定犯罪类型之中。

在历经 1997 年刑法修改和 2011 年《刑法修正案（八）》的调整后，内地提高了食品安全犯罪的规制力度，不仅更新了罪名，扩宽了行为主体，增加了处罚情节，完善了罚金制，增设了食品监管渎职罪，还对国家机关工作人员相应的渎职行为加重了刑事责任。在《澳门食品安全法》未出台之前，澳门食品安全犯罪的刑事依据主要是《澳门刑法典》第 269 条使供应养料之物质或医疗物质腐败罪，以及《惩治妨害公共卫生及经济违法法》第 20 条异常食品或食品添加剂罪、第 21 条妨害食品或食品添加剂之真实性、质量或组成罪以及第 22 条持有可用于伪造食品或食品添加剂之物质或用具罪，该三罪名的法定刑为自由刑或罚金，自由刑最高可判处二年有期徒刑。

随着 2013 年《澳门食品安全法》的正式实施，上述三条罪名即废止，取而代之的是生产经营有害食品罪。该法的实施不仅拓宽了刑法规制的犯罪并且加重了刑罚的惩罚力度。详言之，《澳门食品安全法》第 3 条第（4）项将生产经营分为三类，即生产（生产、加工、调配、包装）、运输（运送、进口、出口、转运、贮存）和出售（出售、供应、为出售而存有或展示，以及以任何方式交易食品的行为），生产经营有害食品罪将整个食品链均纳入其规范之中，更加完整、有效地保障了食品的安全。再者，生产经营有害食品罪的法定刑修改为最高可判处五年有期徒刑或科处最高六百日罚金，这样的立法修改表明了食品安全问题被立法者加以重视，从而在刑事立法上做出相应的修正。

2. 刑事立法专门化趋势

食品安全刑事立法专门化是指将食品安全犯罪专门规定，不仅具有针对性罪状，更是在刑罚配置上凸显针对性。刑事立法的专门化，能在较大程度上规避罪名滥用的风险，有益于实现刑法的机能。具体而言，在内地，1979 年《刑法》并无食品安全犯罪之条款；1982 年《食品卫生法（试行）》以附属刑法的方式对相应的食品安全违法行为予以刑法规制，但缺少独立罪名；在 1997 年，经过一次立法解释和一次的刑法修改，食品安全犯罪不仅确定了独立罪名，还对犯罪构成要件进行了及时补充和完善；2011 年《刑法修正案（八）》进一步完善了食品安全犯罪之内容，并且将国家机关工作人员食品监管渎职行为独立成罪。综上，内地通过刑事立法的修正，提升了食品安全的刑事保护层次，凸显了立法专门化趋势。澳门食品安全刑事立法专门化趋势主要体现于《澳门刑法典》和《澳门食品安全法》之中。

上述谈及《澳门刑法典》的修订建立在《葡萄牙刑法典》的基础上，沿用了“使供应养料之物质或医疗物质腐败罪”之规定，但该罪名却存在规制范围较窄且法定刑单一的缺陷。进而在 1997 年制定的《惩治妨害公共卫生及经济违法法》（第 6/96/M 号法律）中，规定了“异常食品或食品添加剂罪”“妨害食品或食品添加剂之真实性、质量或组成罪”和“持有可用于伪造食品或食品添加剂之物质或用具罪”，其积极意义在于完善了刑法规制范围和法定刑配置，即区分不同情形规定了自由刑与罚金刑的适用。罚金刑适用的具体规定，表明了澳门立法机关重视食品安全犯罪牟利性的特征，采取有针对性的刑事惩罚手段遏制该类犯罪的势头。但随着食品安全问题的增加，法规及权限分散、监管存在交叉或空白等问题也相继显现，《惩治妨害公共卫生及经济违法法》已不能充分保障社会发展之需，进而《澳门食品安全法》于 2013 年应运而生，该法整合了《惩治妨害公共卫生及经济违法法》中关于食品安全犯罪的规定，制定了生产经营有害食品罪，在拓宽刑法规制范围之外，还完善了法定刑的适用，尤其是首次在食品安全领域确立了法人犯罪，并丰富了附加刑的范围。值得注意的是，在《澳门食品安全法》颁布之前，有关危害食品安全的犯罪主体并不包括法人。

在澳门刑法中，法人犯罪都是通过特别刑法来规定的，《澳门刑法典》总则并无法人犯罪的规定，在《妨害公共卫生及经济之违法行为之法律制度》中也没有将法人规定为危害食品安全犯罪的主体。因此，为克服上述立法弊端，《澳门食品安全法》第15条对法人实施“生产经营有害食品罪”作了明确规定，并在第16条规定了个人或法人犯生产经营有害食品罪的各种附加刑，包括禁止从事某些职业或业务；剥夺参加直接磋商或公开竞投的权利；剥夺参加交易会或展销会的权利；剥夺获公共实体发给津贴或优惠的权利；封闭场所及永久封闭场所等。此外，还可对法人科处公开有罪裁判的附加刑，该公开可采用摘录方式，在澳门特别行政区一份中文报刊及葡文报刊内刊登该裁判，以及在从事业务的地点以公众能清楚看到的方式张贴以中、葡文书写的告示公开该裁判。该张贴期不少于15日，并且一切费用由被判罪者负担。另值得注意的是，根据《澳门食品安全法》第18条“适用”的规定，法人作为危害食品安全罪的犯罪主体，其附加刑的相关规定也适用于《澳门刑法典》第269条中所规定的与食品有关的犯罪。可知，通过《澳门食品安全法》的正式施行，澳门确立了法人作为危害食品安全犯罪的主体制度，拓宽了刑法规制范围，优化了法定刑适用，进而使得食品安全刑事立法凸显了专门化倾向。

三　两地食品安全刑事立法相互借鉴

内地与澳门在打击食品安全犯罪方面各有千秋，体现了不同的社会需求和法制根基。在经贸往来更为密切的当下，两地在食品安全领域刑事立法可相互借鉴，这也顺应了“一带一路”经济发展策略之法律需要。详言之，内地与澳门可于以下几方面相互借鉴：

（一）立法模式之完善

内地以刑法典的形式规定了食品安全犯罪，澳门则采用刑法典与附属刑法的方式构成食品安全犯罪的规范体系。内地立法模式以刑法典为核心，凸显单一型特征，该种立法模式虽然有利于刑法渊源统一，保障刑法震慑性和有助于司法适用的优点，但其缺陷亦是不可忽视的。首先，有关行政、经济犯罪的修订，必须统一在刑法典修订之中，而行政、经济犯罪属于立法灵活性需求更大的犯罪，立法的滞后性不能很好满足法益保护的实际需要；其次，随着社会生活日益复杂，犯罪类型日益多样，一部刑法典事实上不可能囊括所有的犯罪；最后，使刑法典长时间地处于不断修订的状态，有碍刑法法规的稳定性和明确性。综上，现实需求与刑法规定之间、刑法规定与规定之间的衔接均有待完善之处。就此，内地食品安全刑事立法模式或可朝着多元化发展，如借鉴澳门之立法经验，即采取刑法典与附属刑法相结合模式。详言之，上述已论及的内地食品安全刑事立法已有以附属刑法作为刑法典有益补充的经验，故在今后立法修改中，内地可以刑法典为基础，附属刑法作补充，消除单一立法模式缺陷的同时促进食品安全刑事立法之优化。在澳门，食品安全犯罪之规定存在衔接问题。在食品安全犯罪罪名上，“使供应养料之物质腐败罪”和“生产经营有害食品罪”虽在名称上存在差异，但两罪罪名所表述的内容具有实质上的相同性，只不过“使供应养料之物质腐败罪”是从危害食品安全的结果来定义罪名，而“生产经营有害食品罪”是从危害食品安全的动作来定义罪名。上述两个罪名的表述不但不能清晰表明差别，反而造成不必要的混淆。因此，应废止《澳门刑法典》第269条“使供应养料之物质腐败罪”，进而将两个罪名进行整合且统一规定于《澳门食品安全法》中，完善刑法法条间的衔接，同时促进民事、行政和刑事三种层次化法律责任之间关系的明确。

（二）规制范围之拓展

首先，内地可将过失纳入食品安全犯罪责任形式之中。在当下，以转基因食品为代表的创新型食品层出不穷，然而这类食品中含有的不稳定因素在时刻威胁着民众的生命安全和身体健康。鉴于食品安全事件频发的现状，提升食品生产者和经营者在经营过程中的安全意识势在必行，同时以抑制食品安全事件发案率为目标，故有必要对上述主体提出更高的责任要求。进而，内地在食品安全刑事立法层面可借鉴澳门的相关经验，将过失纳入食品安全犯罪责任形式之中，一方面利于实现刑法机能，另一方面亦符合世界立法趋势。其次，内地可增设持有型食品安全犯罪。将“持有”行为纳入食品安全犯罪的根据在于持有特定物质达到一定数量的行为本身具有法益侵害危险性。从形式上看，持有型犯罪属于国家追究实质预备犯的刑事责任而采取的一种立法技术。在食品安全犯罪领域中的“持有”，可理解为行为人和特定物质之间具有事实上或法律上的支配关系。在食品安全犯罪案件中，不法商贩多数存在收购、储存大量问题原料的现象，在时机成熟后，转为批量生产。若不能在问题食品的源头进行有效控制，则将导致无法挽回的严重后果。因此，内地可将“持有”行为纳入食品安全刑事立法之中。

（三）刑罚配置之优化

首先，死刑适用有待调整。在内地，可施加于食品安全犯罪者的法定刑包括主刑的拘役、有期徒刑、无期徒刑和死刑，附加刑为罚金和没收财产。在澳门，相应的法定刑包括作为主刑的有期徒刑以及附加刑的罚金刑和资格刑。内地《刑法》第 141 条生产、销售有毒、有害食品罪最高可判处死刑，而在澳门实施食品安全犯罪最高刑罚也即 8 年有期徒刑，刑罚严厉性程度差距巨大，值得我们思考。经研究，废除经济犯罪死刑已成为现代社会的价值观取向和历史发展趋势，内地或可借鉴澳门之经验，在考虑国情的基础上，可逐渐缩小经济犯罪适用死刑的范围，在法治发展达到一定程度时，可在经济犯罪领域取消死刑适用，进而将民众对于死刑的依赖移转至多元化的刑罚体系之中。从刑法的基本原则来看，对经济犯罪适用死刑有悖罪责刑相适应原则，亦不利于刑罚目的之实现。从目前内地食品安全情况来考察，食品安全事故频发、危害后果严重，这或是保留食品安全犯罪死刑规定的重要根据。即便如此，食品安全犯罪从本质上看并不直接追求对他人生命健康的损害，更多情况下属于以谋取经济利益最大化为目的。同时，相较于性质恶劣的犯罪，例如杀人、放火、投毒等，食品安全犯罪虽然在客观上可能造成人员伤亡事故，但行为人的主观恶性相对较低，进而在食品安全犯罪领域可逐步取消适用死刑之条款。其次，澳门资格刑制度对内地有重要借鉴作用。《澳门食品安全法》确立了可施加于自然人和法人的资格刑，详言之，该法第 15 条规定了法人可构成生产经营有害食品罪，并且可依法判处罚金或法院命令的解散，《澳门食品安全法》第 16 条规定了个人或法人处罚生产经营有害食品罪可施加的附加刑，大致包括从业禁止、特定权利剥夺和封闭场所。此外，对于法人，还可以判处公开有罪判决的附加刑，即将有罪判决之内容以摘录之形式在报纸上公开。刑罚不仅是事后制裁更是通过对犯罪行为的否定性评价以及对犯罪人施以刑罚的方式对权利的保护起到一般预防和特殊预防的功能，是一种可感触的力量。在内地，能适用于危害食品安全的犯罪人仅适用剥夺政治权利的资格刑，对于此类犯罪人的身份多为个体经营户或企业，缺乏资格刑的规定显然不能发挥刑罚应有的预防功能，还降低了刑罚的威慑力。还有在行政法律中，例如“吊销卫生许可证”的资格处罚措施因缺乏具体的资格剥夺期限而备受抨击。鉴于此，内地可借鉴澳门关于食品安全犯罪资格刑制度，旨在预防行为主体再次触及危害食品安全犯罪的高压线，防患于未然。两地食品安全刑事立法的协调与完善，不仅将有力推动两地经济在“一带一路”政策下的健康、长期发展，而且“使刑法成为善良人的大宪章，更能真正成为犯罪人的大宪章”①。

[本节原以《内地与澳门食品安全刑事立法比较研究》为题，载于《重庆理工大学学报》(社会科学版) 2015 年第 5 期。此次收入略有修改。作者文立彬为南宁师范大学法学与社会学院讲师、法学博士]

① 德国刑法学家冯·李斯特指出，“刑法既是善良人的大宪章，也是犯罪人的大宪章”。

第二节　中美食品安全犯罪的刑事立法特征分析

美国的食品安全犯罪的成文法历史，可以追溯至1906年《纯净食物和药品法》的颁布。这部立法主要是禁止州际间商品交易出现假冒注册商标或者掺杂、掺假的食品和药品。该立法开启了美国食品安全犯罪立法的先河。经过百余年的立法进化，美国食品安全犯罪立法体系除了包括著名的《联邦食品药品化妆品法》外，还包括《联邦肉类检验法》(1907)、《食用奶法》(1923)、《进口奶法》(1927)、《公共健康服务法》(1944)、《家禽产品检验法》(1957)、《包装和标签法》(1966)、《蛋产品检验法》(1970)、《清洁水法》(1972)、《安全饮用水法》(1974)、《联邦反篡改法》(1983)、《卫生食品运输法》(1990)、《联邦杀虫剂、杀菌剂和杀鼠剂法》(1996)等法律。中国目前也面临着严重的食品安全问题，解决这一问题，立法虽不是目的，但却是重要的治理依据。本节拟在对美国食品安全犯罪立法的分析比较的基础上，为我国相应立法的完善提供参照。

一　美国食品安全犯罪立法特点评析

从美国食品安全犯罪的立法渊源可以看出，其采取的是附属刑法的模式。美国没有统一的刑法典，附属刑法在其刑事立法中占有十分重要的地位。美国食品安全附属刑法立法集中在20世纪，部分立法只是针对特殊的领域如肉类制品、家禽、奶制品、蛋制品等，显得凌乱、没有章法，且有不少立法甚至可以称为应景之作。[①]这是立法滞后性的表现：

① 例如，1906年《联邦肉制品检验法》的出台，某种程度上就是受到了厄普顿·辛克莱的长篇小说《屠场》对芝加哥肉制品包装业的披露。时任总统罗斯福出于对作者社会主义倾向的怀疑，派出了他所相信的劳工特使CharlesP.Neill、社工James Bronson Reynolds对芝加哥肉制品包装厂突然造访，两人形成的Neill-Reynolds报告证实了《屠场》对肉制品包装卫生环境和工厂主对此的漠视的描述。从而促成了《联邦肉制品检验法》的出台。再如，1923年《食用奶法》的出台，则是因为乳业对立法的强大游说，因为他们的市场受到了外国更为便宜的含脂肪牛奶的冲击。而事实上并没有证据证明添加维生素A和D、添加植物油的牛奶有害人体健康，以至于如今美国农业部已经在很大程度上取消了对加料脱脂乳的禁止。

立法很难对食品安全犯罪这样一个涉及原料生产、加工、存储、销售等多个环节的综合性问题作出一劳永逸的规定，而且不同的食品领域，所突出的食品安全犯罪问题也不尽相同。因此，虽然立法比较分散，但却最终做到了调控范围的尽可能严密，经过百余年的不断完善，已然成为世界上食品安全犯罪立法较为先进的国家。

（一）独特的立法划分

虽然表面上看，美国食品安全犯罪立法比较分散，但实际上其有着内在的立法划分。美国食品安全犯罪立法，基本上可以划分为三大领域，即美国食品药品监督管理局执行的《联邦食品药品化妆品法》等，美国农业部执行的《联邦肉类检验法》《食用奶法》《蛋产品检验法》等，美国环境保护局执行的《清洁水法》《安全饮用水法》等。这三大机构将美国的食品安全犯罪立法实际划成了食品、作为食品原料的农产品以及作为农产品生产条件的环境三大块，从而覆盖了食品安全犯罪的成品、原料、生产条件三个环节。不过，这种划分也并非绝对的，实际上美国食品药品监督管理局、农业部、环境保护局三家的执法也有相互交叉的地方。

以《肉制品检验法》（1906）为例，该法规定肉制品是指“任何以作为人类食物的，全部或者部分由肉或者牛、绵羊、猪、山羊的部位制作的食品，除非食品中肉或者上述动物的部位含量相对较小或者一贯地被认为不是肉制品的食品，以及农业部规定的不会被人为改变的肉制品和立法不认为是肉制品的食品”。肉类是指“牛、绵羊、猪、山羊、马、骡或其他马科动物”。再如美国《家禽产品检验法》（1957）规定家禽产品是指“任何家禽或者全部、部分由家禽制造的食品，除非家禽成分含量较少或者一贯不被认为是家禽产品，以及农业部规定该家禽产品不会被人为改变和立法不认为是家禽产品的食品”。家禽系指“人工饲养的鸟类”。由于这部立法采取的是列举式的立法，结果导致了对一些肉制品的疏漏，而《联邦食品药品化妆品法》则需要对该法没有列举到的肉制品的刑法保护进行兜底式的补充，如鹿肉、兔肉、野牛肉（尽管美国农业部对野牛肉提供自愿、有偿的检验工作）。

在肉制品立法上出现这样的区分，是因为美国农业部对肉制品和家禽采取的检验项目中运用了“可检验物种”的规则，即该物种可以增加到立法中，由联邦进行强制检验。但是特殊的物种要成为“可检验物种”，其前提是在解剖学和生物学上与现有检验物种实质性相符。如果特定的物种与农业部目前所检验的肉制品、家禽制品存在着不同的解剖或生物学构造，或者该物种作为食物对人身健康的危害尚不确定，农业部就不会将其纳入“可检验物种”的范围内。正因为如此，农业部一直考虑将野牛肉纳入“可检验物种”范围内，因为其属于牛科，与家牛基本一样，而鹿肉和其他物种，因为与农业部现有检测物种不同，所以目前还没有被纳入“可检测物种”中。这部分肉制品作为食物，自然就纳入《联邦食品药品化妆品法》的立法范围中，后者立法时间晚于前者，并且其对食物采取了较为宽泛的界定：“（1）用于人或其他动物饮食的物品；（2）口香糖；（3）用于组成上述物品的其他物品”。

（二）普遍存在的严格责任

严格责任是美国食品安全犯罪普遍遵循的责任原则。立法上往往将有故意或者过失的情形作为情节加重犯规定。如《联邦食品药品化妆品法》第三章“禁止的行为和处罚”第一节“禁止的行为”对食品犯罪的构成，仅仅规定了行为的客观特征，如“引入或者运输作为州际贸易的、人为改变或者错误商标的食品”，“人为改变或者错误商标食品”，“接收作为州际贸易的、人为改变或者错误商标的食品”，“在销售过程中改变、毁损、涂删全部或者部分食品的标签等导致食品被伪造或者假冒商标的”。该章第三节“刑事责任”规定，“违反本章第一节规定的，判处一年以下有期徒刑，或者 1000 美元以下罚金，或者并罚；如果行为人在违反第一节规定的行为被判处后，又违反第一节规定的，或者带有欺诈或误导的目的故意违反第一节规定的，判处三年以下有期徒刑，或者 10000 美元以下罚金，或者并罚”。

不过，尽管严格责任在美国食品安全犯罪立法中是主流，但也不是绝对的严格，立法相应地给出了一定的抗辩理由。如《联邦食品药品化妆品法》第三章第三节同时有“基于合理相信等的例外规定”，“如果有以下情形，行为人不必承担刑事责任：（1）基于合理相信的接收和运输州际贸易食品，除非行为人拒绝向司法人员提供其购买或者接收该食品（包括食品的相关文件）的相关人员姓名和住址；（2）基于合理相信的对外宣称相关食品不是人为改造或者假冒商标的，且该保证或者承诺由在美国境内的、有姓名和住址的人提供的……”

关于英美刑法中的严格责任，我国学者已经对其进行了广泛的研究，通行的观点认为严格责任主要集中在“公共福利犯罪”和“道德犯罪”之中。而美国制定法中的严格责任，一般是因为制定法条文涉及特定犯罪的犯罪要素，没有明知或意图之类的表述，而法庭在理解时也不愿加进去这方面的意思。关于严格责任的规则是法院在适用该法过程中解释出来的。[①]

（三）紧密的立法调控

美国食品安全犯罪立法调控的繁密，体现在两个方面，一是犯罪对象，二是犯罪行为。

在犯罪对象方面。前述立法对分别以饮用奶、禽类制品、肉制品、水、蛋产品、食品包装等为犯罪对象进行调控，此外，还有如《美国谷物标准法》（1916）[②]、《蜜蜂法》（1922）[③]、《联邦种子法》

---

① 赵秉志主编：《英美刑法学》，中国人民大学出版社 2004 年版，第 49—51 页。

② 对谷物及种子的检验、进出口、销售等进行调控违反相应规定的，判处 5 年以下有期徒刑，或者 20000 美元以下罚金，或者并罚。

③ 违反蜜蜂进口法规的，判处 1000 美元以下罚金，或者 1 年以下有期徒刑，或者并罚。

（1939）[①]、《猪类健康保护法》（1980）[②]，等等。

在犯罪行为方面。除了典型的生产、销售等行为外，美国食品安全犯罪立法还将其他许多行为纳入立法调控中来。以《联邦食品药品化妆品法》为例，包括：人为改变或者冒牌食品的运输行为，人为改变或者冒牌食品的接收行为，不建立或保持食品生产、加工、包装、运输、派送、接收、持有、进口记录，对在售商品的标签的全部或者部分的改变、切除、损毁、涂销等行为，未能在婴儿配方奶粉上市前90天向联邦食品药品管理局提供相应材料，未能在发现婴儿配方奶粉有问题后迅速通知联邦食品药品管理局，未能维持婴儿配方奶粉生产相关记录，未能在问题婴儿配方奶粉召回起14天内、及之后每14天直至召回结束前、向联邦食品药品管理局报告执行召回的工作情况，未能在问题婴儿配方奶粉召回期间在销售终端张贴召回通知，在已被取消资格的人的协助下进口食品，未能按规定注册食品生产设备等信息，未能在进口前将相关食品的生产、运输、原产地等信息向食品药品管理局报告，承运人未能遵循食品药品管理局有关运输卫生的规定，伪造膳食补充剂严重问题事件的报告，等等。

（四）突出的解释性立法

美国食品安全犯罪立法中采取了大量的解释性立法。[③]以《联邦

---

① 明知的，或疏忽大意的，或未经合理努力的违反种子合格证明、州际种子交易、广告、种子进口等规定的，首次违反判处1000美元以下罚金，之后每次违反判处2000美元以下罚金。

② 针对猪的疾病传播途径——垃圾食料规定只有在垃圾食料被政府授权的部门进行病菌组织灭绝后，才可以用于饲养肉猪。他人在明知垃圾是用来饲养肉猪的情况下，必须在取得政府授权的前提下才可以设立相应的垃圾处理机构，任何人有意违反规定的，判处10000美元以下罚金，或者1年以下有期徒刑，或者并罚。

③ 关于解释性立法和立法解释，学界素有争论。一种观点认为法律条文本身对一些概念的解释，属于广义的立法解释（王作富主编：《刑法》，中国人民大学出版社2004年版，第11页），一种观点认为刑法或相关法律中所作的解释性规定不宜等同于立法解释，否则就会过分扩大立法解释的范围，并且可能出现立法机关类推解释。参见张明楷《刑法学》，法律出版社2007年版，第34—35页。笔者在此将立法解释作狭义解，将法律条文对概念的阐明归为解释性立法的范畴。

食品药品化妆品法》为例，其对于“人为改变的食品”分 9 款规定作了详细的解释，简单概括是：（1）有毒、不干净、有害成分；（2）缺少、被替换、被添加其他成分；（3）含有不安全色素添加剂；（4）甜品中增加酒精或非营养成分；（5）人造黄油被添加不洁、腐败等物质；（6）膳食添加剂或成分不符合安全规定；（7）膳食添加剂或成分不符合生产操作规定；（8）重新引进之前被禁止进口的食品；（9）不符合运输卫生要求的食品。其对上述 9 类“人为改变”中的一些又作了更为详细的解释，如对（2）缺少、被替换、被添加其他成分，解释为：①有用成分被部分或者全部省去或抽走的；②任何成分全部或部分被替换的；③损坏或劣质被隐瞒的；④添加任何成分以使食品体积增大，或重量增加，或降低质量或韧性，或使其看上去更好或更有价值。此外，《家禽产品检验法》《肉制品检验法》《蛋产品检验法》等也都对“人为改变”“错误标签”等进行了解释性立法。

不同的法律对同一概念的解释，有交叉的部分，同时也有不同之处。如《蛋产品检验法》对“人为改变”的解释是：（1）本身含有有毒、有害物质；（2）被添加有毒、有害物质；（3）含有全部或部分的不洁、腐败、分解的物质；（4）在不洁环境下准备、包装、存放；（5）被孵化过；（6）包装器皿含有有毒、有害物质；（7）故意不符合规定地接受放射性辐射；（8）有用物质被省去或者抽除。与《联邦食品药品化妆品法》有较大的区别。《禽类制品检验法》与《蛋产品检验法》则基本一致，也是采取 8 个标准，只有第（5）项两者不同，《禽类制品检验法》规定的是：以非屠宰的方式制作。《联邦肉制检验法》与《禽类制品检验法》基本一致，前者多出一项：人造黄油含有动物脂肪或其他不洁原料。显然，立法调控对象的特殊性质，决定了对同一概念需要有不同的解释。

解释性立法的优点是明显的。“制订法律的人要比任何人都更清楚，法律应该怎样执行和怎样解释。”[①]通过解释性立法，将可能产生歧义的

① ［法］卢梭：《社会契约论》，何兆武译，商务印书馆 1980 年版，第 87 页。

法律概念尽可能地阐释清楚，可以避免在适用法律过程中出现为探求“法律原意”而出现的窘境。同时可以避免的还有因立法主体和解释主体的不统一，出现违反罪刑法定原则的可能性。

除了上述特征外，美国食品安全犯罪立法基本上采取的都是行为犯的立法模式，即不以危害结果发生与否作为犯罪成立与否的判断标准。当然，极为轻微的违法行为不会认为是犯罪。这一点也体现在立法上，如《联邦食品药品化妆品法》规定，健康与人类服务部部长认为书面通知或警告即可以保证公共利益不受侵害时，可以不对轻微的违反本法行为提出刑事诉讼。

二　中美食品安全犯罪立法对比分析

《刑法修正案（八）》公布以后，我国食品安全犯罪立法发生了一些变化：一是部分原有犯罪的罪状发生了变化，生产、销售不符合卫生标准的食品罪的罪状被修改为“生产销售不符合食品安全标准的”；二是部分原有犯罪的法定刑发生了变化，生产、销售不符合卫生标准的食品罪和生产、销售有毒、有害食品罪的罚金刑不再是选择适用，而是必须适用，且删去了司法中难以把握的“销售金额”问题；三是新增食品安全监管滥用职权罪和玩忽职守罪。分析这三个修订，前两个是对现有犯罪的完善，后者是对现有立法空白的补足，其中罚金刑适用的调整是对食品安全犯罪牟利性目的的回应，食品安全监管滥用职权、玩忽职守罪的增加将这类行为从滥用职权罪、玩忽职守罪中独立出来，且设置比前者更重的法定刑，表明了我国严厉打击食品安全犯罪的刑事政策。比较之下，我国食品安全犯罪立法与美国存在着很大的差别。

（一）立法渊源的差异

美国食品安全犯罪立法，普遍采取的是附属刑法的方式，明确规定特定食品安全犯罪个罪的罪状和法定刑。而我国食品安全犯罪立法采取的是刑法典统一规定的形式。《食品安全法》《食品卫生法》《农产品质量安全法》等行政法规，虽然有“违反本法规定，构成犯罪的，依法追究刑事责任”式的规定，但并没有规定具体犯罪的罪状和法定刑，因此，不能看作是食品安全犯罪的附属刑法规范。[①]与食品安全有关的行政法规，只是在确定具体犯罪的罪状时发挥作用。生产、销售有毒、有害食品罪还不属于附属刑法立法范畴，其规定了行为构成，属自然犯。附属刑法的立法渊源在解决食品安全上的优势是明显的。采取附属刑法的方式，食品安全犯罪立法的容量得到了大幅的提升，从而可以对存在于多个环节、多个方面的严重危害食品安全的行为进行较为全面的犯罪化。如前所述，除了综合性的《联邦食品药品化妆品法》外，美国食品安全犯罪立法分散在多个调控特定食品种类的行政法中，附属刑法可以针对不同的食品类型作有针对性的规定，从而提高了食品安全刑法保护范围的周延程度。而我国将食品安全犯罪统一纳入一部刑法典的做法，由于刑法典的立法容量有限，在调控范围的全面程度上以及针对性上就受到了限制，如刑法只调整了生产、销售两个危害食品安全的环节，即使根据《食品安全法》[②]第34条规定解释生产销售不符合食品安全标准的食品的具体内容，也仍然是有限的，如对食品原材料安全的刑法立法在很大程度上是空白。

（二）责任原则的差异

美国食品安全犯罪立法，普遍采取的是严格责任的原则，只有少数情况规定了辩护理由。而我国食品安全犯罪立法，遵循的是罪过责任原则。行为人必须主观上存在罪过，才能被认为是构成犯罪。不过由于刑法分则对罪过形式一般不予规定，理论上对生产、销售不符合食品安全标准的食品罪，生产、销售有毒、有害食品罪的主观罪过形

① 张明楷教授认为：“随着现行刑法典的颁布与施行，这些附属刑法规范（指行政法规中的刑事责任规定，笔者注）基本上都失去了效力，……这些规定并非真正意义上的附属刑法。……只有当非刑事法律中设置了真正的罪刑规范时，‘附属刑法’才是刑法的渊源。”张明楷：《刑法学》，法律出版社2007年版，第21页。

② 本节涉及的《食品安全法》指2009年颁布的《食品安全法》。

式存在争议，分别有间接故意说、故意说、故意过失说。[①]

对食品安全犯罪以严格责任＋特定辩护理由的立法，笔者以为除了前述法官在解释法律时不愿意加入心理要素的要求外，还有着刑事证据方面的考虑。在食品生产经营进入现代工业化阶段后，食品安全的标准成为越来越专业化的知识，不仅普通公众，即使是代表国家行使公诉权力的专业人员也非常难以了解和掌握，相比而言食品的生产经营者对食品的生产工艺、指标参数更为了解，由其承担证明符合食品安全要求的证明责任在证据的提出和论证上更为合适。一个侧面的佐证也可以说明这一点，美国食品安全犯罪的侦查并非由普通警察或者联邦调查员进行，而是由隶属于联邦食品药品管理局的犯罪调查局进行或者配合进行，犯罪调查局雇佣的都是在食品药品领域富有经验的专业人员，从而说明现代食品安全所涉及问题的专业性程度之强。

（三）立法调控范围的差异

美国食品安全犯罪立法，涉及食品的生产、销售、运输、进出口、接收、持有、记录、公示等多个环节，立法调控范围极宽，不少在我国属行政违法的行为在美国是作为犯罪处理的。而我国食品安全犯罪立法，立法上只规定了生产、销售两个环节，《关于办理生产、销售伪劣商品刑事案件具体应用法律若干问题的解释》（2001），将知道或者应当知道他人实施生产、销售伪劣商品犯罪，而为其提供运输、仓储、保管、邮寄等便利条件的，以生产、销售伪劣商品犯罪的共犯论处。从一定程度上严密了调控范围，而食品的进出口、接收、相关生产环节的记录、缺陷食品的公示等环节，没有规定相应的犯罪。

但是，一方面，将明知情况下提供运输、仓储、保管、邮寄等便利条件的行为作为共犯处埋仍然有不周延之处。在生产者、销售者不知情、不构成本罪时，由于正犯的缺位，知情且提供上述帮助

① 张明楷：《刑法学》，法律出版社 2007 年版，第 556 页。

行为的人不能认定为片面帮助犯，只能以间接正犯处理。[①]但正犯的刑罚对于运输、仓储、保管等帮助行为而言会出现罪刑不均衡，毕竟食品有毒、有害或是不符合食品安全标准并非由这些帮助行为所致。另一方面，将运输、仓储、保管、邮寄等行为犯罪化对于调控食品安全犯罪而言仍是不够全面的。就刑法没有调整的行为而言，食品的进出口显然也属于可能造成严重食物中毒或者其他严重食源性疾病的范畴，现行刑法所规定的犯罪，如逃避动植物检疫罪、妨害国境卫生检疫罪、商检失职罪等，虽然围绕着进出口行为进行了相关行为的处罚，但对进出口行为本身没有规定犯罪，针对进出口不符合食品安全标准的食品的行为，也没有刑事立法加以规制。对于易发生社会大面积危害的食品安全问题，召回公示、生产等环节的记录保持等行为，在避免严重食物中毒事故或者严重食源性疾病发生、减少食物中毒事故或者食源性疾病危害范围上，与生产、销售环节的行为的作用是一致的。

（四）法定刑设置的差异

美国食品安全犯罪立法，总体而言，对食品安全犯罪设置的刑罚较轻。《联邦食品药品化妆品法》对于一般违反禁止规定的，设置 3 年

---

① 在这个问题上涉及间接正犯和共犯的区分问题。如果根据共犯限制从属性理论，生产者、销售者只是缺乏有责性，提供运输、仓储等帮助行为的人在生产者、销售者不构成本罪时（刑法没有规定过失生产、销售有毒、有害、不符合安全标准食品罪，生产者、销售者可能构成过失危害公共安全罪），仍然可以构成片面帮助犯。按照此方式，在本犯没有犯罪故意的情形，间接正犯没有存在的必要。但这种处理方式无法说明一些特定的问题：间接正犯和教唆犯成立的范围并不一致，在身份犯和目的犯的场合，成立间接正犯要求利用者具有特殊身份，而成立教唆犯则不需要。如行为人冒充警察，以取证为由，要求邮政工作人员拆开若干信件。承认间接正犯，构成侵犯通信自由罪，否认间接正犯，则构成私自开拆邮件罪（教唆犯），私自开拆邮件罪法定刑重于侵犯通信自由罪，认定为私自开拆邮件罪似乎刑罚过重；利用合法行为犯罪的情形，如行为人捏造现行犯的事实，利用警察的合法拘留行为对他人拘禁，承认间接正犯，行为人构成诬告陷害罪的结果加重犯，否认间接正犯，行为人捏造事实行为只构成诬告陷害罪基本犯，教唆行为从属警察的合法行为反而不构成犯罪。

以下有期徒刑，或者1000美元以下罚金，或者并罚，对再犯或者带有欺诈或误导目的的故意犯，设置3年以下有期徒刑，或者10000美元以下罚金，或者并罚。而我国食品安全犯罪的法定刑相对较高，最低量刑幅度的最高刑，生产、销售不符合食品安全标准的食品罪是3年以下有期徒刑或者拘役，并处罚金，生产、销售有毒、有害食品罪的是5年以下有期徒刑，并处罚金。有加重情节或后果的，法定刑加重，其中生产、销售有毒、有害食品罪的法定刑最高可以是死刑。

之所以美国食品安全犯罪立法的刑罚更为轻缓，与其行为犯的立法模式是密不可分的。美国食品安全犯罪立法以行为犯立法模式为统一模式。根据美国食品安全犯罪立法，行为人只要实施了相应的危害食品安全的行为，即使没有造成任何结果（包括危险性结果），就构成相应食品犯罪，因此，对于没有造成严重后果的行为，设置较为轻缓的刑罚，是出于刑事政策上对此类犯罪的早打击、零容忍；危害食品安全的犯罪，如果等到产生严重后果后才启动刑法制裁，往往已经失去了法益保护的意义。因此，刑法打击食品安全犯罪的重点，不在于对造成严重后果的行为加以严惩，而是对轻微的食品安全违法行为也加以刑事制裁。而我国食品安全犯罪立法并不都是行为犯的立法模式，对于食品安全犯罪并不是采取早发现、零容忍的态度。生产、销售有毒、有害食品罪形式上是行为犯，但实际不然：在实际运用中，由于考虑到该罪的法定刑较重，在解释“有毒、有害”上，多进行限制，[①]学者实际上将本罪解释成危险犯，只有造成具体危险的生产销售有毒、有害食品的行为才会被认定为

① 如有观点认为：“只有与有毒相当的，足以造成严重食物中毒或者其他严重食源性疾患的物质，才是‘有害’物质。”参见张明楷《刑法学》，法律出版社2007年版，第556—557页。也有观点认为：“所谓‘有毒、有害的非食品原料’是指非食品原料的一种，是对人体有生理毒性，食用后会引起不良反应，损害人体健康的不能食用的原料。”参见王作富主编《刑法分则实务研究》（上），中国方正出版社2003年版，第289页。而且，《刑法修正案（八）》制定之前，生产、销售有毒、有害食品罪的法定刑最低幅度是5年以下有期徒刑或拘役，从罪刑相适应的角度来看，对“有毒、有害”的实际司法把握会更为严格。

本罪，其他一般销售有毒、有害食品的行为则会作为行政违法加以处理；生产、销售不符合食品安全标准的食品罪是具体的危险犯，以“足以造成严重食物中毒事故或者其他严重食源性疾病的”作为成立本罪的客观条件。参照《刑法修正案（八）》之前“两高”做出的《关于办理生产、销售伪劣商品刑事案件具体应用法律若干问题的解释》规定，达到“足以造成严重食物中毒事故或者其他严重食源性疾病”的危险结果，要“经省级以上卫生行政部门确定的机构鉴定，食品中含有可能导致严重食物中毒事故或者其他严重食源性疾患的超标准的有害细菌或者其他污染物的”，方可认定该危险结果。然而这与食品安全法益保护的需要显然是不合拍的，从鉴定依申请或者依职权进行的现实来看，普遍存在着滞后性，在省级以上卫生行政部门确定的机构鉴定后，危害人体健康的事实已经发生了。

（五）解释性立法的差异

美国食品安全犯罪立法对解释性立法运用较为普遍。而我国食品安全犯罪立法，在解释性立法的运用上存在一定的差距。生产、销售有毒、有害食品罪因为是自然犯，立法上没有进一步解释何为有毒、有害食品，生产、销售不符合食品安全标准的食品罪，没有对食品安全标准作出具体界定。作为综合性的食品安全立法，《食品安全法》目前只有食品安全标准的制定原则和内容要求，[①] 食品安全标准的内容还在逐渐完善中，没有食品安全国家标准的，现行农产品质量安全标准、食品卫生标准、食品质量标准和有关行业标准则是参照的标准。

出现这一立法方式的差异，一方面是我国的刑事立法习惯使然。刑法学界概括 1979 年刑法制定的一个原则为“宜粗不宜细”，[②] 尽管

---

① 不过，《食品安全法》立法上还较为粗疏，甚至在标准制定的主体上还存在着不明确的地方，第 21 条规定屠宰畜、禽的检验规程由国务院有关主管部门会同国务院卫生行政部门制定，没有对“有关部门”进行界定。

② 高铭暄：《刑法肄言》，法律出版社 2004 年版，第 130 页。

1997年新刑法对旧刑法及单行刑法等进行了整合，从刑法调控范围的周密性看，立法似乎已经摒弃了这个原则，但在立法内容上，仍然有相当的条款是“粗线条”，为数庞大的司法解释便是例证。而且，由于生产、销售不符合食品安全标准的食品罪这样根源于行政法规的罪名有种种行政法规的支撑，在构成行为的确定上可以援引行政法规，刑法典在构成行为的规定上更是单薄。另一方面则是与食品安全刑法保护的范围密切相关。美国食品安全犯罪的构成行为，是在更广泛的范围上使用的，以《联邦食品药品化妆品法》为例，该法是食品安全的综合性立法，第301条对多达31项食品安全犯罪的构成行为进行全面的规定，客观上需要进行解释性立法。而我国刑法典食品安全犯罪的构成行为只限于生产、销售，因此，也没有必要进行解释性立法。

（本节原以《中美食品安全刑事立法特征比较分析》为题，载于《中国刑事法杂志》2012年第2期。此次收入略有修改。作者左袖阳为北京市社会科学院法学研究所副研究员、法学博士）

第三节　德国药品安全犯罪的法律规制

“本药品的风险与副作用请参见包装内附说明书或询问您的医生或药店工作人员”。这是德国电视广告中人们耳熟能详的句子。所有药品广告最后都必须附上这句话，[①] 它适用于所有药品说明书。[②] 它提醒消费者注意所有在使用“药品”这种特殊产品过程中所可能产生的风险。

① 《德国药品法》第11条第1款第4项基于欧洲共同体第2001/83/EG号指令（就用于人体的药物建立欧共体的法典），参见ABl.EG Nr.L 311 v.28.11.2001，S.67。医生的咨询义务则基于医生与病人的治疗合同，而药店的咨询义务则基于《药店营业条例》（ABO）第20条。参见*Feiden/Pabel*, in:Kloesel/Cyran, Arzneimittelrecht, § 11 AMG, Bl. 33g。

② § 4 Abs.3 HWG.

它同时也告诉消费者谁能够清楚地解释这些危险并降低它们，也就是医生或是药店工作人员。

“关于本药品的风险与副作用请参见包装内附说明书或询问您的医生或药店工作人员”这句话还反映了人们通常从何种渠道获取药品。他们先去看医生，在那里接受检查诊断。医生给出建议后，在必要的时候出具药方。随后他们来到药店，店员在对药品作简要介绍后把药交给消费者。人们选择使用或组合使用不同的方式来降低药品交易中所可能产生的危险。在面对面交付药品的情形下，这些机制仍然是有效的。然而一旦药品通过互联网进行销售时，这种风险控制机制似乎就会失灵。无论药品是否是伪造的，网上药店这种新型的销售方式的出现，都使得药品交易对于犯罪分子而言变得更具吸引力。

一　德国药品犯罪的现状

（一）伪造药品的概念

要评估药品犯罪的现状并不容易。这首先是因为，关于药品犯罪的数据资料十分稀缺。而现有的数据对于研究而言，也没有得到充分的建构、系统化和透明化。要避免这一缺陷，必须进行许多学科内的、跨学科的甚至是跨国的法比较研究，然而这些研究的成本都非常高。如何获得可靠的数据资料并不单单是一个资源的问题。如何定义和限定“药品犯罪”的范围这一问题愈发加剧了数据获取的困难。

首先需要明确，《德国药品法》（AMG）中对药品的非法处置以及与之相关的犯罪构成要件的规定是非常不明确的［参见下文第三部分（四）1.］。如果只是这样的话，对于药品犯罪的理解还并不困难。需要注意的是，根据潜在危险性的不同可以区分出不同形式的药品犯罪：

第一类药品犯罪是彻底的药品伪造（Totalfälschung）。在这种彻底的伪造之中还可以进一步区分，伪造的药剂由于它的成分本身对消费者具有危险性，还是说虽然没有掺杂对身体健康具有威胁的成分，但是其中缺少原本所要求的有效成分，从而对身体健康产生威胁。第一种情况在处方药和非处方药中都可能存在，而后一种情况则主要存在于处方药的场合。第二类药品犯罪则是药品的成分以及配方都与正版药品完全一致，但却不是由（有资质）的生产者生产的。这类犯罪危及的并不是消费者的身体健康，而是生产企业的经济利益。最后一类药品犯罪则是指，药品虽然由具备资质的生产者生产，但却经由非法的销售渠道投放入市场。这种情况通常涉及的是规避处方药品的管理。[①]这也会危及消费者的身体健康。除此之外，在现实案件中上述三种形式的药品犯罪往往会混合出现。

虽然可以从现象上对药品犯罪进行描述，但在国际上仍然缺少对“药品伪造”的通行定义。世界卫生组织[②]对于伪造药品的定义一直在发生变化，[③]现在他们将伪造的药品定义为故意地，或以欺骗的目的对药品的同一性（Indentität）还有产地（Herkunft）做了错误的陈述，具体包括以下几种情况：

· 成分正确，但剂量错误（过量或不足）

· 与所声称的有效成分不同

· 存在其他的有效成分

· 缺少有效成分

· 重新包装的产品

· 过期时间延长

· 伪造的产品外包装或内附说明书

· 伪造的吸塑包装

2011 年 6 月 8 日欧洲议会与欧洲委员会发布了《欧盟 2011 年第

① 经合组织（OECD）也采取了类似的分类：“真—假”“假—真”“假—假”。参见 *Bauer/Raufer/Sinn*, Charting Illicit Trade: OECD Task Force In Action, in: International Journal on Criminology 2014, Vol.2, No. 2, p.1 ff。

② Vgl. *Buckley/Gostin*, Countering the Problem of Falsified and Substandard Drugs, p. 222.

③ *WHO (Word Health Organization),* Medicines: spurious / falsely-labelled / falsified / counterfeit (SFFC) medicines. Fact sheet No. 275; dies., Counterfeit medicines. Fact sheet revised.

62号指令》[①]之后，欧盟对于药品伪造也形成了自己的理解。该指令将伪造的药品与其他不合法的药品以及侵犯知识产权的药品在定义上区分开来。此外，因生产和销售过程中的过错而出现质量缺陷的药品也应当与伪造药品相区分。[②]

在刑事追诉实践中，药品伪造案件因为中间环节的放大而尤为引人注意。海关负责监管由国外进口的产品，其收缴的伪造药品数量更加确证了这一点。药品犯罪是监管犯罪（Kontrollkriminalität），其往往与刑事追诉机关或行政当局的监管有关。因此加强监管显然有助于更好地理解药品犯罪。

（二）海关的收缴数据

法兰克福机场海关所缴获的产品种类主要有抗生素、止痛剂、抗抑郁药物、避孕药以及性功能药物。[③]这些药品来自印度、中国、东南亚、土耳其、美国以及东欧等地。[④]2014 年法兰克福（机场）海关共在 9349 份包裹中查获了 160 万份药片与注射剂（2012 年在 18533 件包裹中查获了 170 万份片剂与注射剂、2013 年则在 11529 件包裹中查获了 110 万份片剂与注射剂。）[⑤]，海关年度数据显示，2014年在商标与产品造假领域共查获 537 件案件，缴获物品 118967 份。[⑥]海关警署（Zollkriminalamt）也确认，境外犯罪人通过互联网进行药品非法交易的数量是增加的。[⑦]

（三）欧盟的收缴数据

欧盟的数据也表明药品伪造案件的迫切性。2006—2009 年，欧盟

① 关于修改欧共体第 2001/83/EG 号指令，就用于人体的药物建立欧共体共同的法典，从而阻止伪造药物流入正常的流通渠道之中。参见 ABl. EU Nr. L 174 v. 1.7.2011, S. 74。

② Vgl. Nr. 5 der o.g. Richtlinie.

③ *Hauptzollamt Frankfurt am Main*, Jahresergebnisse 2014, 2013 und 2012.

④ *Hauptzollamt Frankfurt am Main*, a.a.O. (Fn. 8).

⑤ *Hauptzollamt Frankfurt am Main*, a.a.O. (Fn. 8).

⑥ *Bundesministerium der Finanzen*, Die Zollverwaltung. Jahresstatistik 2014, S. 12.

⑦ *ABDA (Bundesvereinigung Deutscher Apothekerverbände)*, 2. Informationsforum Arzneimittelfälschung 2013. Faktenblatt und Presseinformation, S.1.

边境所缴获的药品增加了三倍以上高达 750 万份。①2011 年缴获的药品达到了 2750 万份，占到所有缴获商品的 23.93%。

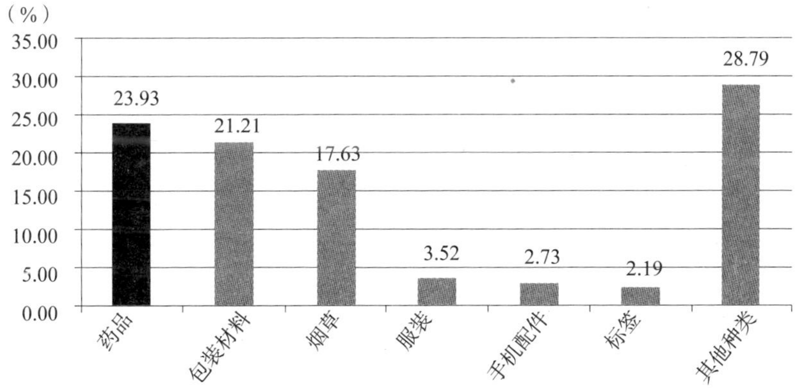

图1　2011年欧洲边境上收缴的违禁货物种类及其数量比例（欧洲委员会译，2011年）②

不过这些数据还需要从多方面进行区别讨论。在 2012 年的数据中，药品并不属于缴获比重最高的六类产品之一。③但在 2013 年则又重新占到了总收缴量的 10.1%。

值得注意的是，受到各种大规模行动的影响收缴量会产生较大的波动——比如在国际范围内定期进行的旨在打击药品犯罪的盘古行动（Pangea Operation）。此外，因为药品伪造本身具有监管犯罪的特性，具体成员国在欧盟边境上的监管力度也会直接影响伪造药品的收缴总量。

另外还需要区分进入欧盟的进口渠道。2012 年从旅客随身行李中缴获的药品只占到了总查获量的 3.63%，④而在 2014 年则完全没有单独

① *European Commission*, Memo/11/91 – Q&A – Directive on falsified medicines, 16.02.2011, p.1.

② Vgl. *European Commission,* Report on EU customs enforcement of intellectual property rights – Results at the EU border 2011, p.13.

③ Vgl. *European Commission*, Report on EU customs enforcement of intellectual property rights – Results at the EU border 2012, p.16.

④ *European Commission*, Report on EU customs enforcement of intellectual property rights – Results at the EU border 2012, p.35.

被罗列出来。[①] 与此相反，通过邮寄包裹进入欧盟的药品在2012年占到了23.48%，而在2013年占到19.14%，都属于所占比重最大的渠道。[②] 尽管在邮政渠道中查获的药品数量很高，但截获邮寄包裹的案件数量则没有排进前6位。可见，每一次缴获的药品量是比较大的。这也表明，缴获量的波动幅度在很大程度上与药品犯罪作为监管犯罪的特性有关，而不能认为通过邮寄包裹实施的药品犯罪在这段时期内曾经发生过下降。

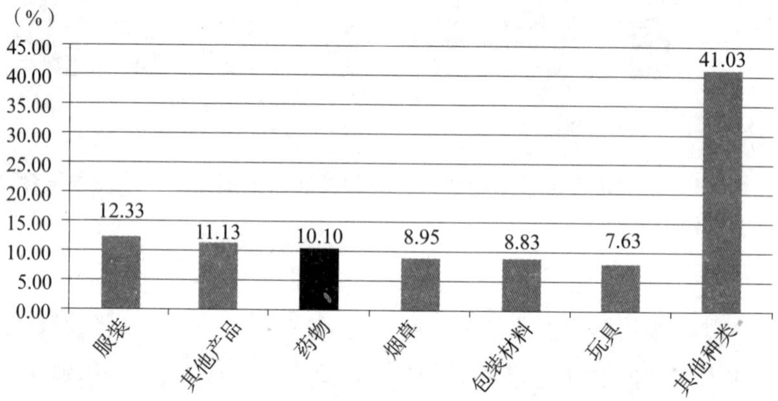

图2　2013年欧洲边境上收缴的违禁货物种类及其数量比例（欧洲委员会译，2014年）[③]

在随后的第四年中，药品在小件商品缴获量中的比重达到了第一位。欧洲委员会认为，在因对人体健康和安全具有特殊危险性而被收缴的物品中，药品从2012年的12.7%上升到2013年的25.2%，翻了一番。[④]

① *European Commission*, Report on EU customs enforcement of intellectual property rights – Results at the EU border 2013, p.35.

② *European Commission*, Report on EU customs enforcement of intellectual property rights – Results at the EU border 2013, p.38.

③ Vgl. *European Commission*, Report on EU customs enforcement of intellectual property rights – Results at the EU border 2013, p.16.

④ *European Commission*, Report on EU customs enforcement of intellectual property rights – Results at the EU border 2013, p.7.

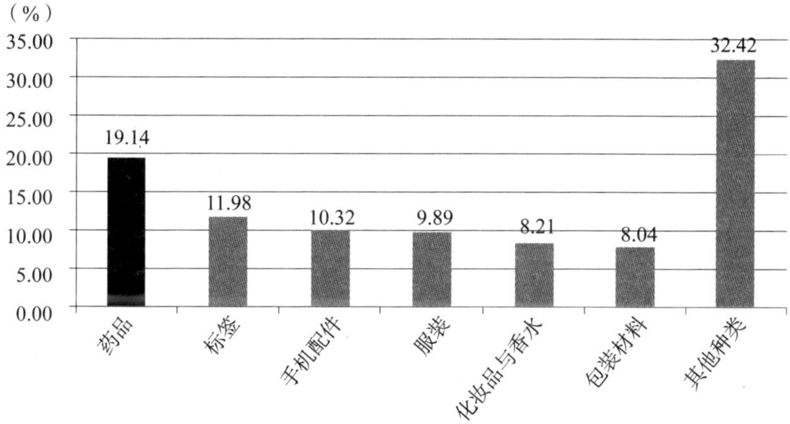

图3　2013年在欧洲边境上收缴的、通过邮政快递寄往欧洲境内的违禁货物种类及数量（欧洲委员会译，2014年）[①]

从被缴获药品的来源看，来自中国的药品占了49%，远远超出了其他国家。其次则是印度——尤其是在非专利药领域——占到16%，而中国香港则占到了14%。[②]这意味着伪造药品的输入在德国有着特殊的紧迫性，因为德国药品中所使用的有效成分有80%是在印度和中国生产的，[③]这使得药品的销售渠道极其容易受到犯罪的侵扰。

（四）2014年德国警方的犯罪数据

德国警方去年和今年给出的犯罪数据[④]很少能准确地反映当前药品犯罪的实际规模。2014年符合《德国药品法》第95条构成要件的案件共3750起（而在前一年则有3838起），同比下降了3.1%。其中将有威胁的

① Vgl. *European Commission*, Report on EU customs enforcement of intellectual property rights – Results at the EU border 2013, p.38.

② *European Commission*, Report on EU customs enforcement of intellectual property rights – Results at the EU border 2012, p.32.

③ *Schubert-Zsilavecz*, Gefahr durch Gefälschte Arzneimittel – So können sich Verbraucher schützen. Pressekonferenz Berlin, 11.06.2008, Folie 19.

④ Zuletzt *Bundeskriminalamt (Hrsg.)*, PKS Jahrbuch 2014; Bundesministerium des Innern (Hrsg.), Arbeitsgruppenbericht zur Polizeilichen Kriminalstatistik 2014, S.8, 95 f.

药品（bedenkliches Arzneimittel）带入流通的案件共331起（去年为315起），同比增加了5.1%。不被允许地交易、交付以及订购处方药的案件有1194件（前一年为1342件，同比减少了11.%）。药品伪造的案件只有3起，销售伪造药品的案件只有8起（前一年为16起）。数据如此有限有多方面的原因。一方面从犯罪现象来看药品犯罪有着庞大的黑数。如前所述，药品犯罪具有监管犯罪的属性。追究犯罪的压力此前一直很小，因此发案率也就比较低。除此之外，消费者也很难辨别药品是否是伪造的。只有当身体健康受到损害时，才有可能追查到产品及其销售链条上。但是即便如此，服用药物与具体出现的身体健康损害之间的因果关系也很难查明。除此之外，消费者是否愿意报案也取决于药品的不同种类。如果只是服用了无效的药物，消费者一般并不愿意去警局报案。当然统计方法上也是有缺陷的，德国警方的犯罪数据中并不包括海关的数据，反过来也是如此。这样一来，德国就存在两个平行且互不沟通的数据来源。因此，人们完全无须惊讶，海关提交的数据不同于警方。[①]这使得登记在册的犯罪数据很难说明问题，而海关数据的不透明也导致评价变得困难。根据这些数据是无法对药品犯罪的来源国进行准确地说明。因为这一问题存在于造假货物的走私活动之中，不仅包括药品也包括太阳镜、烟草及服装。

（五）犯罪黑数

不容忽视的是，犯罪黑数的研究亟待加强，只有这样我们才能对药品犯罪作更多的解读和阐释。目前关于药品的在线非法销售主要有两份在德国发表的研究。这些研究至少让人们初步了解了过去一直没有受到重视的药品在线交易过程中发生的犯罪。[②]研究者从24家网上药店订购了保法止（Propecia），这些网上药店都被怀疑进行了伪造药品的销售。这是一种用于治疗因内分泌失调引起脱发的处方药。其中，有19家药店在没有有效处方的情况下就确认了订单，14家药店发出了

---

① Vgl. *ABDA*, Faktenblatt Arzneimittelfälschungen v. 22.06.2015, S. 1.

② Vgl. *Tawab/Reinhardt/Flamme/Schubert-Zsilavec*, Arzneimittel per Mausklick – Zweifelhafte Qualität, in: Pharmazeutische Zeitung online, Ausgabe 08/2007.

货物，而有 6 家发出的是假药。但根据这项研究并不能就此推断，这 24 家网上药店为有组织的犯罪提供了平台，或者他们本身就是个别的犯罪人或是犯罪团伙。因为网上药店的一般商业条款（AGB）所存在的缺陷也有可能仅仅是因为疏忽。不过始终有 43% 的交易中，有充分的证据证明这些网上药店销售了假药。

另一份研究[①]则选取了 10 家网上药店，在网上订购了需要处方才能够获取的伟哥（Viagra）。在 10 份货物中有四份是包含了 100% 有效药物的伪造药品，而另外 6 份样品中有效成分则缺少了 50%—60%。

（六）世界卫生组织的数据

根据世界卫生组织 2000 年报告，[②]伪造药品可以分为以下几种：

· 没有有效成分的产品（32.1%）

· 产品的有效成分过高或者过低（20.2%）

· 产品中含有虚假成分（21.4%）

· 产品中的成分正确但包装是伪造的（15.6%）

· 真品的复制（1%）

· 产品受到了严重的污染（8.5%）

世卫组织也认为，存在非法嫌疑或已经确认非法的网上药店所出售的药品中有 50% 是伪造的。[③]这个数据表明，伪造药品的主要来源渠道是网上药店。[④]

由国际刑警组织发起的盘古行动也表明，在线销售假药的情况比德国警方数据显示的更为迫切。[⑤]2014 年在 113 个成员国的参与下，国

---

① Vgl. *Schubert-Zsilavecz,* Gefahr durch Gefälschte Arzneimittel – So können sich Verbraucher schützen, Pressekonferenz Berlin, 11.06.2008, Folie 17.

② *WHO*, General information on counterfeit medicines.

③ *WHO*, Medicines: spurious / falsely-labelled / falsified / counterfeit (SFFC) medicines. Fact sheet No. 275.

④ Vgl. *Buckley/Gostin*, Countering the Problem of Falsified and Substandard Drugs, p. 222.

⑤ Vgl. dazu den Überblick bei Interpol, Pharmaceutical crime – Operations.

际刑警组织（Interpol）与世界海关组织、欧洲刑警组织、药品生产行业、跨国的支付服务公司和物流服务公司合作展开了最近一次的盘古行动。德国海关警署（ZKA）与联邦警署（BKA）也参与了此次行动。海关警署的打击重点在邮政和快递服务商。境外的销售者利用邮政和快递服务系统将物品运进德国境内。调查锁定了一些日益专业化的网上药店。网页上提供了德国消费者所需要的药品。而这些网页的幕后人则身处在德国境外。在 2013 年 6 月进行的第六次盘古行动中，德国警方一共立案 139 起，其中有 106 家网站来源于境外的销售者，他们通过互联网销售在德国不被允许的、对身体健康具有威胁的药品。通过 2014 年第七次盘古行动德国警方又查处了 53 起案件。[①]

二　药品犯罪中存在的风险

在“药品犯罪”这种现象中存在多重风险因素。在结构上可以区分不同层面的风险，在这些层面中，不同的要素共同发生作用：行为人层面（一）；消费者、被害人层面（二）；行为实施方式与手段层面（三）；最后是法律层面（四）。

（一）行为人

根据现有的知识来看，销售不法药品组织的成员来源于多个国家。[②]这是近年来有组织犯罪最为引人注目的发展新趋势。[③]多国性意味着，多个国家对该犯罪拥有管辖权。各国关于刑事管辖权的规定并不协调、司法协助程序耗时长，甚至会出现并行的调查程序或是跨国的刑事追诉。跨国的犯罪组织还具有高度的灵活性以及高度的分工合

---

① *BKA (Bundeskriminalamt)*, Weltweiter Einsatz der Strafverfolgungsbehörden im Kampf gegen den Handel mit illegalen Arzneimitteln im Internet (PANGEA VII). Pressemitteilung v. 22.05.2014.

② *Europol (European Police Office)*, SOCTA 2013, p.6.

③ *Europol*, a.a.O. (Fn. 33), p.6.

作，[①]这些都给犯罪调查带来困难。

有组织犯罪的特征之一是逐利性。[②]但所有非组织性的犯罪人也会在经济犯罪中衡量计算各种事实上的、法律上的以及经济上的风险。因此在过去几年中，欧洲范围内药品犯罪的数量有所下降，也就并不奇怪。[③]这首先并不是因为有组织犯罪的数量事实上减少了，而是因为犯罪者包括在有组织犯罪中，总是在寻找更有利可图的，也更隐蔽、风险更小的活动领域。欧洲刑警组织在顾问团队的听证中也多次指出，要对这一现象多加注意。[④]

药品在社会中有着重要的地位。身体健康以及预防健康问题是一项重要的利益，社会对此有着庞大的需求。因此药品涉及的是刚性的利益（unelastische Güter）。[⑤]由于研发成本与获得许可的成本增加，药品的价格也相对地上涨。与之相应，非法药品的生产成本则相对较低。制造彻底的假药所需要的原料非常简单。所需要的仅仅是可压制的粉末、用来压制粉末的机器以及一些空白包装——如果是片剂甚至不需要包装。没有包装的胶囊或者药片缺少特殊的防伪特征，消费者很难识别，因而也非常容易伪造。

通过药品非法交易所获得的收益率也远高于毒品。[⑥]一千克可

---

① Vgl. *Europol*, a.a.O. (Fn. 33), S. 6, 11; *Bundeskriminalamt (Hrsg)*: Organisierte Kriminalität. Bundeslagebild 2013, S. 9.

② Vgl. *Europol*, a.a.O. (Fn. 33), p.6, 11, 15.

③ Vgl. *Europol*, Exploring tomorrow’s organised crime, p. 41; dies., SOCTA 2013, p. 44.

④ Vgl. *Europol*, a.a.O. (Fn. 33), p.44.

⑤ Vgl. *Buckley/Gostin*, Countering the Problem of Falsified and Substandard Drugs, p. 162.

⑥ Europol, 2015 Situation Report on Counterfeiting in the European Union, p. 11: 1000 美元的投资在伪造药品交易中一般可以获得 50 万美元的收益，在海洛因交易中可以获得 20 万美元的收益，而在假冒的烟草交易中则只能获得 43000 美元。vgl. auch: *Wiseman*, Kontrolle von Arzneimitteln. Verfolgung ist die beste Medizin, in: FAZ v. 10.12.2013, Nr. 278, S. T1.

卡因的原料成本大约在1000欧元；[①]而伟哥中的有效成分西地那非（Sildenafil）每千克则只需要50欧元。[②]每公斤可卡因的收益约为65000欧元[③]，因此销售可卡因的收益率大约在6500%，当然其中根据所销售的可卡因纯度以及市场的状况会有所浮动。[④]而每公斤伟哥的销售则可以获得90000欧元的收益。[⑤]因此其收益率——不过要根据具体的市场状况和计算成本进行区分[⑥]——大约为180000%。[⑦]此外，药品的伪造也可以无须有效成分，这样一来收益还可能再翻一番。无

---

① Vgl. *Kerrutt*, Illegaler Handel mit Arzneimitteln und Arzneimittelfälschungen – ein lukratives, Geschäft?, in: Pressemappe zur Pressekonferenz, Gefälschte Medikamente im Umlauf: Wie groß sind die Gefahren für Patienten und Wirtschaft?, S. 8.

② Vgl. jeweils unter Hinweis auf *Pfizer Global Security*: Kerrutt, a.a.O. (Fn. 41), S. 8; Schweim, J. K./Schweim, H. G., in: Med Klin 2/2009, 163 (165).

③ Vgl. *ADBA*, Pressemitteilungen 2008: Arzneimittelfälschungen lukrativer als Kokain; ders., Faktenblatt Arzneimittelfälschungen v. 22.06.2015, S. 1;„ Straßenverkaufspreise " in der Größenordnung von ca. 80.000 EUR nehmen an: UNODC (United Nations Office on Drugs and Crime), World Drug Report 2009 – Cocaine: Wholesale price of cocaine HCl in Germany, p. 220; Brombacher/Maihold: Kokainhandel nach Europa – Optionen der Angebotskontrolle, S. 6.

④ *UNODC*, Columbia – Coca cultivation survey 2013, p. 57; dass., World Drug Report 2009 – Cocaine: Wholesale price of cocaine HCl in Germany, p. 220, jeweils auch mit weiteren detaillierten Angaben zur "Profit Chain" im Kokain–Handel und den abhängig vom lokalen Markt differierenden Preisen; vgl. dazu auch: Stewart, Mexico' s Cartels and the Economics of Cocaine, in: Stratfor Global Intelligence. Security Weekly, January 3, 2013.

⑤ Vgl. *ADBA*, a.a.O. (Fn. 43).

⑥ Nach Untersuchungen im Rahmen des ALPhA–Forschungsprojekts (Auswirkungen der Liberalisierung des Internethandels in Europa auf den Phänomenbereich der Arzneimittelkriminalität, vgl. weiterführend: http://www.alpha.uni–osnabrueck.de/startseite.html?no_cache=1) entspricht das angegebene Preisniveau für Sildenafil–Pulver dem Angebot auf einschlägigen chinesischen Handelsplattformen mit Versandoption Deutschland. 弗朗霍夫安全信息技术研究所与阿尔法研究计划合作完成的研究中表明，在地下的网络平台上销售（包括可卡因在内）药物可以获得更高的利润。例如使用比特币购买西地那非粉末的售价换算成美元后大约为1000美元。

⑦ 可卡因、伟哥及其主要成分西地那非的利益链条差异很大，因此在价格和收益率上只有很低的可比性。一方面可卡因在其产地中美洲地区的纯度大约有80%，但销售到欧洲之后可能就只含有30%的有效成分了。而在药物伪造中则可能完全不含有任何有效成分。无法进行比较的原因还因为，研究并没有对黑市上的批发价和街边销售的零售价之间进行足够的区分。

效的成分完全可以通过正规的渠道从市场中获得（比如面粉、葡萄糖）。这意味着，伪造药品的生产是无法通过对原料成分的监管而得到规制的。这使得生产假药的过程并不像某些毒品的生产那样容易引起注意。因此，所有产品的伪造者的中心在于获取高额的利润。世卫组织的报告称，能够获取高额利润的药品包括了治疗亚健康（Lifestyle-Medikament）、癌症、艾滋病、糖尿病以及疟疾的药物。[①]

虽然盘古行动展示了针对药品犯罪展开国际联合行动的打击力度与决心，但药品犯罪被发现的风险仍然非常低。较之毒品犯罪，犯罪分子可以以更加不显眼的方式获得生产假药所需要的基本原料。原料成本低，而通过互联网就算身处国外也能进行匿名销售，这使得行为人与刑事追诉机构之间保持了必需的“安全距离”。行为地所在国缺少相关的法律规制，更是大大降低了行为人面临的风险。

（二）消费者 / 被害人层面

在欧洲关于药品犯罪的被害人的信息，我们知之甚少。引起轰动的案件所牵涉的被害人数量规模非常高。[②]其中不应当忽视的是，并非只有身体健康受到损害的人才是这类犯罪的被害人，购买了伪造产品的人也是被害人（刑法典第 263 条诈骗罪）。健康损害与财产损害的风险在所有假药案件中都是存在的。即便假药中包含有与真品药物完全相同的成分时，但该药品在没有处方的情况下，也就是以非法的方式交给消费者时，上述风险也同样是存在的。

被害人数量规模缺少相关的数据信息在很大程度上与产品以及被害人是否愿意报案密切相关。很显然，一个服用了伪造的性功能药物的人比起一个服用了伪造的抗疟药物的人，更倾向于向警察隐瞒自己被害经历。如果两人都明知药物是需要处方的，但却在不需要处方的销售商那里买药，那么他们出于自我保护的考虑也不会愿意向警方报

---

① *WHO*, Medicines:spurious/falsely-labelled/falsified/counterfeit (SFFC) medicines. Fact sheet No.275.

② 根据奥地利广播电台可知，奥地利大约有 120000 名假伟哥的受害者。

案。有的销售者会以很低的价格出售性功能药物（比如伟哥的价格为每片 0.69 欧分）。这就会刺激消费者“占便宜的心理”，同时也就使他们更加甘冒风险。低廉的价格也导致，消费者因为没有受到什么损害而放弃报案。只有在所遭受的经济损失比较重大，甚至是出现了身体健康的损害时，消费者们才愿意向警方报案。

（三）行为方式：互联网销售

在互联网上销售非法药品，或是通过互联网以非法途径销售合法药品，都为药品犯罪提供了出色的平台。越来越多的人选择在网上订购商品。[①]许多家庭开始用电脑订购商品而非阅读商品名录。由于品牌的全球化、欧盟统一市场的形成以及欧洲法院的多克·莫里斯案判决[②]等因素的作用，药品被允许在网上进行销售。网上订购药品对于消费者和病人而言不仅节省时间而且较为隐蔽。如果是非处方药，消费者还能够在价格上获得一定的实惠。如果他知道自己想要买什么，那么他也不需要咨询店员才能做出决定。即便是处方药，网上订购药品对于消费者而言也是有意义的，有可能他不想从当地的药店购买药物，他在当地或许较有名望因而不愿让人知道自己与药物之间的关系，又或者他干脆不想浪费时间走去药店买药。这种情况下，消费者通常并不想去咨询店员，因为他已经从自己的医生那里获得相关的建议。

德国联邦网上药店协会（BVDVA）2013 年的一份调查显示，在过去的三年中有 35% 的德国居民（14 岁及以上）至少有一次通过网上药店购买药物的经历。有意思的是，60 岁以上的用户占到了 32%，而且

① Vgl. *IFH (Institut für Handelsforschung)*, Pressemitteilung zum Branchenreport Online–Handel: Online–Handel knackt die 40–Milliarden–Grenze – weiterhin zweistelliges Umsatzwachstum, 2014.

② Vgl. *EuGH*, C–322/01 v. 11.12.2003 (ECLI:EU:C:2003:664) („DocMorris “), abgerufen am 11.06.2015 unter: http://curia.europa.eu/juris/showPdf.jsf;jsessionid=9ea7d0f130de7277cc00720c458eb9cdebcca32ffad0.e34KaxiLc3eQc40LaxqMbN4ObxeLe0?text=&docid=48801&pageIndex=0&doclang=DE&mode=lst&dir=&occ=first&part=1&cid=15248.

有 36% 的用户在网上订购了 10 次以上。有一半以上的用户在网上药店兑现他们的处方。[①]欧洲刑警组织也预言，居民年龄的增大以及这些人越来越多地使用互联网进行药品的订购，这些都将给犯罪的追诉带来了新的挑战。健康市场会成为重要的新兴行业，同时也极大地吸引着各种犯罪组织。[②]

对于实施犯罪的网上销售商而言，“药品消费者”这一群体具有极大的吸引力。他可以将自己的网上药店的网页布置得让人难以发现那是一个实施犯罪的平台，增加自己商品的可信度。他和他的被害人之间缺少私人的联络。交易完全是匿名进行的。他也可以赋予被害人匿名性，而这在线下交易中是不可能的。他还能以微妙的方式为消费者提供一些药店店员无法提供的东西。他可以巧舌如簧搬弄是非告诉消费者处方并不是必要的。消费者则可能会认为，在网上药店所在国的法律规定中处方是不必要的。因此他对销售者的话深信不疑。他认为自己是从国外订购药品，他可以相信这里适用的是其他国家的法律。订购者常常并不具有不法认识。在出现药物伪造的案件中，网上药店的经营者也并不需要担心是否会面临刑事上的处罚。因为他自己几乎是匿名的，而服用了伪造的性功能药物的用户也几乎没有报案的意愿。网上药店的这种跨国性质，使得深入调查这些网上药店背后的经营者究竟是什么人或组织变得极其困难。最后，如果只涉及诈骗罪的可罚性的话，那么刑事追诉机关也很可能因为《德国刑事诉讼法》第 154 条的规定而终止追诉程序。[③]

消费者在网购药品时往往无法辨别合法与非法的药物销售商。德

---

① Vgl. zu den weiteren Ergebnissen die Veröffentlichung der Versandhandelsstudie vom 28.05.2013 im Auftrag des BVDVA.

② *Europol*, Exploring tomorrow's organised crime, p.33, 37.

③ 本条规定在涉及多项犯罪的时候，刑事追诉机关有时可以终止对某些罪名的追诉。而在涉及商业性诈骗或是团伙诈骗时可以根据规定了更高法定刑的刑法典第 263 条第 3 款和第 5 款进行追诉。

国与欧盟对于经营网上药店需要哪些资质固然作出了详细的规定，[①]但是消费者并不能注意到法律所规定的各种安全特征。这些安全特征是由网上药店所在国的法律规定以及在德国境内所存在的对于邮寄包裹安全性的相关规定所决定的。只有在对相关国家国内的以及跨国的法律规定进行系统分析之后，才能够决定网上药店在其所在国是否是合法的。这就出现非常矛盾的现象：网上药店所具有的各种确保安全性的特征不够透明，对于消费者而言当然是十分不利的，他只能在极其例外的时候才能确保网上销售的药品是合法的。但这种信息的缺失也同样不利于非法销售者。一旦非法销售者知道法律规定了哪些安全标识，他们就会对这些特征加以注意，甚至是伪造。对于来自非欧盟成员国的非法销售者而言，要消除这些特征的不透明性是很困难的。如果系统性地对安全特征作出安排，安全特征的复杂性和不透明性也可以在刑事追诉过程中发挥作用。阿尔法研究项目[②]便致力于对这些安全性要素进行分析、体系化，并与弗朗霍夫生产技术研究所（Fraunhofer-Institut）（位于达姆施塔特）一起寻找技术上的解决方案，以便使今后的刑事追诉变得容易。为了避免这种只在例外情况下才出现的信息优势被缩小，本节在这里不再介绍这一项目的细节。简言之，信息不透明性的副作用也有其积极的侧面：知识上的优势。

在德国人们也认识到安全特征存在的问题。目前在德国，网上药店若获得了销售许可，则可以在网页上打上安全标识（DIMDI 标志）。获得许可的药店会被录入网上药店名录之中。通过点击安全标识人们就可以看到这个名录并在浏览器检查，转到的网页是否对应着正确的链接。但这原则上只适用于所在地在德国的网上药店。特定的情况下（符合《德国药品法》第 74 条第 1 款第 1a 项的规定）也可以适用于从欧盟和

① Vgl. die Richtlinie 2011/62/EU des Europäischen Parlaments und des Rates vom 08.06.2011 zur Änderung der Richtlinie 2001/83/EG, abgerufen am 11.06.2015 unter: http://ec.europa.eu/health/files/eudralex/vol-1/dir_2011_62/dir_2011_62_en.pdf; v.a. § 11a ApoG.

② ALPHA 为在欧洲放开互联网交易对于药品犯罪领域的影响的缩写，Näheres abrufbar unter: http://www.alpha.uni-osnabrueck.de/startseite.html?no_cache=1。

欧洲经济区的其他成员国进行的交易。这使得情况变得复杂，因为这些境外的药店自然是根据本国的法律进行设置的。除此之外，如果他们与德国的消费者接触的话，那么他们也必须满足《药店法》第 11 条 a 所规定的各种安全标准。联邦健康部（BMG）负责对安全性标准进行校准。它会定期地公布在欧盟和欧洲经济区范围内的成员国名单，在这些国家中对于药品的网络销售存在着与德国相似的规定。

虽然通过增加安全标识可以增加安全性，但安全标识在网页上往往并没有显眼到能够让消费者一眼就看到。而且最新的名录只更新到 2011 年。[①]要定期且及时地将这些安全标准与其他欧盟和欧洲经济区国家进行校准需要花费极高的成本。

2015 年 6 月 26 日欧洲范围内开始采用统一的安全标准[②③]，它将取代原有的 DIMDI 标识，并在各成员国批准的网上药店网页上作出醒目的标识。在技术上它和原有的 DIMDI 标识是一样的：标识可以链接到国内所有取得资质的网上药店名单。所有的欧盟成员国都有义务从 2015 年 6 月 26 日开始使用这些名单。标识本身以及对标识图像的准确说明被规定在《欧盟 2014 年第 699 号执行规程》的附录当中。[④]但这个标识不再表明，某家网上药店是否拥有某个特定欧盟国家的网上经营许可。使用这个标志仅仅表明，网站的经营者根据其所在国的法律

---

① Vgl. zur Länderliste auch Feiden/Pabel, in: Kloesel/Cyran, Arzneimittelrecht, § 73 Abs. 1 S. 3 AMG, Bl. 93g. 允许在德国从事网上药品销售的只有注册在德国或几个少数欧洲国家的药店：爱尔兰、荷兰（只有当同时存在线下药店时）、瑞士（只针对处方药）、捷克（只针对非处方药）、英国。

② 根据欧盟指令第 2011/62/EU 号的规定在欧共体指令第 2001/83/EG 号中新增加了第 85 条 c（为供人使用的药物制定共同的法典），其中通过互联网销售药物的行为也被规定在内，并在第三款中要求制定欧洲共同的网上销售物品标识（Versandhandelslogo）。

③ 这在德国有 4 个月的过渡期（《德国药品法》第 146 条第 11 款。vgl. BMG, Bekanntmachung zur Verwendung des gemeinsamen Versandhandelslogos nach Artikel 85c der Richtlinie 2001/83/EG v. 3.2.2015, vgl. BAnz AT 16.02.2015 B4.

④ Abgerufen am 11.06.2015 unter: http://ec.europa.eu/health/files/eudralex/vol-1/reg_2014_699/reg_2014_699_de.pdf.

获得经营网上药店的许可，但它并不表示该网站满足了德国的安全标准。由于各国的安全标准未能得到协调统一，因此这里仍然存在这两级的验证体系，就像德国联邦健康部在运作《药品法》第 73 条第 1 款第 3 句时所做的那样。这一情况表明，在欧盟境内药品的安全标准亟待进行统一和协调。

（四）法律层面

1. 国内法

毫无疑问，法律的功能之一在于保障法安定性。[①] 刑法的功能则在于代表国家对法臣属者的违法行为作出反应。刑法通过对侵扰法安定性者进行回应从而消除法安定性所受到的损害。[②] 法秩序因而重新得到确证。理解法律是违反法律的当然前提。法律的适用者（法官、检察官还有警察）也必须能够理解法律。法律层面上的风险和消极副作用正体现在这里。

在药品犯罪追诉中出现的问题不仅一言难尽而且还会涉及违宪的问题，因为目前的立法状况并不能满足基本法所要求的明确性原则。个人与企业无法清楚地知道，哪些行为方式是被禁止的。警察并没有接受过完整的法律训练，因此即便是刑事追诉机关也很难认识到哪些生活事实是被法律归为被禁止的内容的。而即便案件递交至检察机关，检察官也会因为过高的涵摄成本而按照更为明确的规则，对起诉进行限制（刑事诉讼法第 154 条）。法官的负担也不轻，因为他在适用某个犯罪构成要件时总会碰到与之相冲突的药品法或是欧盟法的规定。“法无明文规定不为罪”[③]，药品法的立法者们似乎忘记了刑法的这条基本原则以及罪刑

---

① *Isensee*, Gemeinwohl im Verfassungsstaat, in: *Isensee/Kirchhof (Hrsg.)*, Handbuch des Staatsrechts, Bd. IV, § 71, Rn. 78; Herzog, Ziele, Vorbehalte und Grenzen der Staatstätigkeit, in: *Isensee/Kirchhof (Hrsg.)*, Handbuch des Staatsrechts, Bd. IV, § 72, Rn. 26, 30; vgl. auch BVerfGE 123, 267 (408).

② *Gropp*, Strafrecht AT, § 1, Rn. 37.

③ *Feuerbach*, Lehrbuch des gemeinen in Deutschland geltenden Peinlichen Rechts, Gießen 1801, S. 18 ff.

法定原则的核心：交谈。[①]法律是通过议会的立法程序制定的。只有当法律能够为人所理解，才能为人所遵守和适用。罪刑法定原则所要保障的是平等的公民就刑法上的权利和义务进行的交谈，它使立法者和司法者都受制于在法律中所体现的意志。如果法律文本本身难以理解，那么法律中所体现的意志就无法传达，交谈也就无从谈起了。

表面上看，《德国药品法》只包含了两个刑法条文。但事实上这两个空白条款涵盖了所有立法者认为值得处罚的、与药品相关的不恰当的行为方式。仅《德国药品法》第 95 条第 1 款中就包含了 20 多个刑罚条文。[②]本条还规定了过失行为的可罚性，因此这个数量还要再翻一番。然而这还不够：《药品法》第 96 条除了它本来包含的各种选项之外还包含了 29 个构成要件。如果人们能够容忍药品法第 95 条和第 96 条这种毫无头绪的安排，那么规范的具体设置也就完全不需要了。这就是空白的犯罪构成要件。这种立法技术的特征在于，犯罪构成要件中并没有详细地描述被禁止的内容，必须结合空白构成要件与填补该空白构成要件的规范才能够真正明确被禁止的内容。德国联邦宪法法院曾就这种立法技术多次作出过判决。德国联邦宪法法院认为这种立法技术本身并不违反基本法第 103 条第 2 款的规定，但如何指引填补空白条款的规范内容在技术上则需要明确的界限。[③]

只有当填补空白构成要件的规范来自形式性法律（formelle Gesetze）且其内容足够明确的时候，一般性的指引才是被允许的。如果空白条款中授权行政机关制定法令以填补空白构成要件，那么在立法的授权中（而不是在行政机关制定的法令中）就必须对可罚性的条件进行明确。[④]联邦宪法法院所设定的上述界限，不仅确保了国家法在

---

① *Sinn*, Der Kerngchalt des Gesetzlichkeitsprinzips, in: FS I. Wolter, S. 503 ff.

② Vgl. *Schmitz,* Der Bestimmtheitsgrundsatz im Verbraucherschutzstrafrecht, in: FS B. Schünemann, S. 235 ff. (237).

③ *BVerfGE* 78, 205 (213); 78, 374 (381).

④ *BVerfGE* 75, 329 (340 f.); 78, 374 (381 ff.); vgl. auch Tiedemann, Wirtschaftsstrafrecht AT, § 5, Rn. 205.

刑事立法上的立法保留原则（Gesetzvorbehalt）（基本法第 103 条第 2 款与第 104 条），也确保了法律所禁止的内容的可认识性。这种可认识性因为空白构成要件中的指引条款的存在而变得困难了。

然而，用以填补《德国药品法》第 95 条第 1 款第 2 项和第 96 条第 2 项的空白条款的，却是另一个空白条款（《德国药品法》第 6 条），联邦宪法法院所确立的上述界限就被逾越了。因为《德国药品法》第 6 条指向的是联邦健康部所制定的规章，这些规章不仅没有全部出台而且内容也十分灵活。[①]

《德国药品法》第 95 条

（1）以下情形将处以最高 3 年的自由刑或罚金

1.（略）

2. 违反本法第 6 条所规定的规章，该规章禁止特定药品的销售行为，并将其中的特定构成要件与本条刑事规定相关联；

（略）

第 96 条

以下情形将被处以最高 1 年的自由刑或罚金：

1. 略

2. 违反本法第 6 条所规定的规章，该规章规定、限制或禁止在药物生产过程中使用特定的成分，并将其中的特定构成要件与本条刑事规定相关联。

（略）

这些构成要件之所以危险还因为，根据条文的字面规定，行为的可罚性还取决于条文所指引的规章是否又反过来指向需要进行填补的空白构成要件。这显然违反了“法无明文规定不为罪”的原则，因为能够作为刑罚基础的法律显然只能是议会制定的法律。而在规章反向

① Kritisch bereits Schmitz, a.a.O. (Fn. 65), S. 239 ff.

指引[①]的情况下，决定行为是否可罚的显然不是议会的立法者，而是行政规章的制定者。他们只是行政权力的一部分。[②]

立法者在同一个条款中多次使用这种指引技术，从而形成了阶梯式的指引，这使得混乱进一步升级直至打消了维系明确性原则的最后一丝希望。

《药品法》第96条

以下行为将被处以最高1年自由刑或罚金：

（略）

5. 在缺少欧洲共同体或是欧盟的许可或批准，违反本法第21条的规定，将药物成品、兽药、本法第35条第1款第2项或是本法第60条第3项所规定的规章中所规定的药物带入流通的。

（略）

最最混乱的是在空白构成要件中，除了指引向其他的法律规范之后还规定了例外的情况，而这些例外的情况本身又包含了空白构成要件：空白中的空白。

《药品法》第96条

以下行为将被处以最高1年自由刑或罚金：

1.（略）

违反本法第48条第1款第1句第1项的规定，交付本法第48条第2款第1、2、7项中所规定的规章中所规定的药物，当该行为并没有在本法第95条1款第6项中以刑罚加以威吓。

---

① 反向指引条款（Rückverweisungsklausel）指的是在空白条款中规定，用来填充空白条款的规章条文中又反过来指向被填充的空白条款本身的情况，类似于我国行政法规定中的“附属刑法规定”。例如药品法第95条第1款第2项与第96条第2款中规定用《德国药品法》第6条中规定的联邦健康部制定的规章对空白构成要件进行填补。但只有当规章明确规定，违反规章中所规定的具体构成要件适用上述两款刑事规定时，规章中的规定才能够对空白条款进行填补。此时，判断一个特定行为方式是否具有可罚性的并不是立法者，而是规章的制定者。同样的问题也出现在用欧盟法令来填补构成要件时，因为按照德国法律的规定，可以用来填补空白刑事构成要件的欧盟法令的具体范围是由行政机关的规章来确定的。——译者注。

② So schon Schmitz, a.a.O. (Fn. 65), S. 241.

（略）

不容忽略的是，药品方面的刑法规定急需进行修改。

2. 欧洲层面

在欧盟层面存在着大量与药品相关的规定，涉及药品的生产、销售许可以及监管的方方面面。[①]然而这些规定通常并不涉及刑法领域，虽然欧洲统一市场的建立理所当然也会对刑法发生影响，但事实是，在欧盟范围内并不存在协调一致的药品刑法。在药品法的领域中，虽然存在着大量的国际性规定，但只有少数规定涉及了网上交易的协调问题。欧盟各成员国刑法规定缺少协调，不仅采用了截然不同的立法技术，而且对于药品领域究竟应当对哪些行为加以禁止的问题也存在不同的认识。如果药品犯罪并非跨国实施的时候，这些固然不成为问题。但是一旦经由互联网实施药品犯罪成为常态，那么跨国犯罪就会给法律适用和司法协助带来问题。药品能否经由网上交易进行销售这一问题本身在欧盟内部就存在不同的声音，更不用说，是否允许在网上销售处方药的问题。这一现象非常奇怪，因为自从欧洲法院作出多克·莫里斯案判决[②]之后，出于保障商品流通自由的目的，在欧盟境内应当允许通过互联网销售非处方药。但在对爱尔兰、卢森堡、马耳他以及罗马尼亚等国进行考察之后就会发现，欧洲法院的判决在这些国家并没有得到执行。

不过欧盟原本是有可能对成员国法律进行协调的。根据《欧盟工作方式条约》（AEUV）第 83 条第 2 款的规定，欧盟可以以附录的方式通过指令（Richtlinien），从而对各成员国的刑法就已经达成协调的政治领域进行协调。这一方面，在公民健康事务尤其是药品法方面已经采取了大量的协调措施（《欧盟工作方式条约》第 168 条）。立法过程中所遇到门槛主要对成员国刑法进行协调对于执行欧盟的共同政策所具有的“必要性”。此外，还可以考虑通过《欧盟工作方式条约》第 83

---

① Vgl. Koch, Arzneimittel- und Medizinprodukterecht, in: Sieber / Brüner u.a. (Hrsg.): Europäisches Strafrecht, § 30, Rn. 1.

② A.a.O (Fn. 51).

条第1款的规定进行刑法规定的协调，因为药品犯罪具有跨国性，而各种犯罪组织也长期觊觎着这块回报丰厚的领域。

欧盟成员国中存在着不同的法规系统而且成员国之间的法律也没能得到很好的协调，这使得跨境的刑事追诉几乎是不可能的。欧盟最近通过的关于欧洲侦查命令的指令[①]也无法改变这一点。司法协助程序中要求满足双重犯罪原则，因为从国内的刑事程序法中衍生出来的刑事执行界限要求对行为在司法协助双方国家内的可罚性进行检验。[②]在欧盟之外这也是一项有效的原则。

笔者想以这样的话来做结尾："关于药品犯罪的风险与副作用，请阅读本节并向警察和法学家咨询"。不过这还是过于简单了。这是因为一方面许多问题长期以来都没有得到讨论；另一方面在德国，就算是法学家也不能完全弄清楚药品犯罪方面的法律规定。欧盟成员国之间关于药品犯罪法律的不协调使得跨境的刑事追诉无法有效展开。"药品犯罪"这一现象也令人捉摸不透，因此它还需要更多的研究从而能够获得妥善的行为建议。

［本节原以《抗制药品安全犯罪：现状与未来》为题，载于《中德法学论坛》2017年第2期。此次收入略有修改。作者阿恩特·辛恩（Prof. Arndt Sinn）为德国奥斯纳布吕克大学法学院经济刑法教席教授；译者徐凌波为南京大学法学院副教授、法学博士］

---

① Richtlinie 2014/41/EU v. 3.4.2014, ABl. EU Nr. L 130, S. 1 ff.; vgl. a. Rats-Dok. 7788/14 (Annahme im Rat am 14.3.2014), Rats-Dok. 7736/14 (Annahme im Parlament am 27.2.2014); siehe zu den Abänderungen des Parlaments PE 529.518/1 – A 7- 0477/2013.

② Vgl. dazu Böse, in: ZIS 2014, S.152 ff.

附录 《刑法修正案（十一）（草案）》有关食品药品监管渎职罪的立法评析*

刑法作为最严厉的法律制裁手段，在增强食品药品监管、保障食品药品安全的系列环节中负有不可或缺的职责。应当看到，当前刑法在惩治食品药品监管渎职犯罪时还面临查处难、追究责任难、处罚不协调等问题，阻碍了食品药品监管机制整体效用的发挥。为回应公众关切的“舌尖上的安全”问题，贯彻习总书记“四个最严”的重要指示，《刑法修正案（十一）（草案）》（以下简称《草案》）不仅拟增加药品监管渎职罪的专门规定，而且也对食品监管渎职罪作了修订，以落实“最严肃的问责”。总体看，《草案》对于食品药品监管渎职罪的规定更加完善，有利于督促食品药品监管人员认真履职，提高食品药品安全领域的治理能力。但也应当看到，《草案（一审稿）》关于食品药品监管渎职罪的规定还面临一些立法科学性上的不足。《草案（二审稿）》虽然就有关争议作了回应，仍有打磨的空间。

一 现行刑法规制食品药品监管渎职犯罪行为之不足

无论是食品监管，还是药品监管，均属于公共安全的范畴。除生

* 本节系针对《刑法修正案（十一）（草案）》的一审稿和二审稿所撰，由于书稿已接近付印，为不打破全书的结构，特作为附录收入。

产销售“假药”“劣药”“有毒、有害食品”“不符合卫生标准食品”等犯罪外，刑法还通过规制食品药品监管渎职行为，督促有关监管人员正确履职，以减少渎职行为对食品药品安全的破坏。现行刑法对食品药品监管渎职犯罪行为的规制存在诸多不足，需要以食品药品安全保障作为逻辑起点进行更为细致、科学的设置。

（一）食品监管渎职罪的不足

2011 年《刑法修正案（八）》增设了食品监管渎职罪，并配置最高 10 年有期徒刑的法定刑，加大了对食品监管渎职犯罪的打击力度。食品监管渎职罪的确立已近十年，但从中国裁判文书网搜集到的有关这方面案例却只有寥寥数十件，且普遍量刑偏轻，[①]这与现实中食品安全事故多发频发的态势形成强烈的反差。食品监管渎职罪之所以适用率低，一个重要原因是食品监管渎职罪面临适用难、认定难的困境。

1. 罪状描述高度抽象带来的适用难题

食品监管领域国家机关工作人员渎职犯罪追究刑事责任的案件相对较少，主要在于食品监管渎职罪的罪状表述简略，此罪与彼罪的界限不容易区分。[②]食品监管渎职罪的罪状表述为“负有食品安全监督管理职责的国家机关工作人员，滥用职权或者玩忽职守，导致发生重大食品安全事故或者造成其他严重后果的”，与商检徇私舞弊罪、商检失职罪及动植物检疫徇私舞弊罪、动植物检疫失职罪等犯罪在罪状表述内容上存在较大差异。食品监管渎职罪虽然属于特殊渎职犯罪，但在刑法条文中仅表述为滥用职权或者玩忽职守，行为方式的明确性、类型化不足，与《食品安全法》中关于渎职的规定也存在衔接上的问题。

---

① 笔者搜集中国裁判文书网 2012 年—2020 年被以食品监管渎职罪判处刑罚的刑事案件 66 例，涉案 108 人，其中 67 位被判处免予刑事处罚，占比 62%，涉案被告人中判罚最重的是 3 年有期徒刑，缓刑 5 年。从食品监管渎职罪有关判决来看，被告判处刑罚较轻，免予刑事处罚占比高。

② 参见卢金增、张景平《厘清食品监管渎职罪适用界限》，《检察日报》2016 年 6 月 8 日。

2. 结果要件带来的认定难题

成立食品监管渎职罪要求“发生重大食品安全事故”或“造成其他严重后果”。一方面，渎职行为造成的某些后果是否属于“重大食品安全事故”和“其他严重后果”的范畴，往往成为认定犯罪成立与否的关键，实践中一些法院将“被中央新闻媒体或者有较大影响力的新闻媒体报道，造成恶劣社会影响”认定为食品监管渎职罪的“造成其他严重后果”。[①]此种解释显然扩大了本罪的处罚范围，因为这里的“恶劣社会影响”是否属于结果，与“重大食品安全事故”是否具有等价性，不无疑问。另一方面，在食品监管渎职犯罪中，相关国家机关工作人员的渎职行为往往呈现出过程性、动态性和多元性的特征，[②]渎职行为与“重大食品安全事故”“其他严重后果”的因果关系同样面临认定的难题。食品监管渎职罪的低适用率在一定程度上可以归因于结果要件的认定困境。

（二）普通渎职罪规制药品监管渎职的不足

我国刑法中滥用职权罪和玩忽职守罪属于普通渎职罪，而食品监管渎职罪、传染病防治失职罪、商检徇私舞弊罪则属于特殊渎职罪。在当前的司法实践中，负有药品安全监管职责的国家机关工作人员渎职犯罪，致使公共财产、国家和人民利益遭受重大损失的，只能适用刑法第三百九十七条成立滥用职权罪或玩忽职守罪。刑法未对药品监管渎职犯罪作出专门规定，而是依照普通渎职罪来惩处药品监管渎职行为，显得评价不足。

1. 不符合罪刑均衡原则

频发的药品安全事件与药品监管渎职密切相关，但相对药品监管渎职行为的重大危害，无论是滥用职权还是玩忽职守，处罚均相对偏轻。对于造成特别严重后果且不存在徇私舞弊情节的药品监管渎职行

① 参见岳蓓玲《论食品安全的刑法保护》，知识产权出版社 2018 年版，第 125 页。

② 参见陈京春《论食品安全监管渎职类犯罪的因果关系——以“瘦肉精”案件为考察对象》，《政治与法律》2014 年第 9 期。

为，适用普通渎职罪只能在7年以下有期徒刑量刑。应当看到，药品监管渎职行为与食品监管渎职行为的社会危害性相当，却分别适用普通渎职罪和特殊渎职罪，法定刑差距较大，显得罪刑不均衡。

2. 不足以凸显对药品监管渎职犯罪的特殊预防

普通渎职罪作为一般国家机关工作人员的渎职行为，仅从涉案罪名体现不出对药品监管渎职犯罪的专门打击和特殊预防。药品安全与食品安全一样是重要民生问题，食药领域监管渎职行为与其他一般领域渎职行为的危害性不同，药品监管者在行使职权过程中滥用职权或玩忽职守，致使大量假劣药品充斥市场，严重危害公众生命健康安全和经济财产利益，有单独规制的必要。[①]

另外，普通渎职罪更倾向于从实际危害后果的产生来惩处药品监管渎职行为，对尚未造成严重危害后果却产生严重危害药品安全风险的渎职行为达不到规制和预防的目的。滥用职权罪与玩忽职守罪的成立要求渎职行为“致使公共财产、国家和人民利益遭受重大损失”，若药品监管渎职行为仍完全受制于结果要件的束缚，那么利用刑法控制药品安全风险，强化执法人员法规范意识的功能将会大打折扣，不利于客观上防范药品安全风险事件和减少风险事件向危机事件转化。

3. 不利于食品药品领域反渎职整体工作的开展

2013年最高人民法院、最高人民检察院（以下简称“两高”）《关于办理危害食品安全刑事案件适用法律若干问题的解释》对生产、销售不符合食品安全标准的食品，生产、销售有毒、有害食品，食品监管渎职等的司法认定作出了比较系统的解释。因刑法中没有专门的药品监管渎职罪，故2014年“两高”《关于办理危害药品安全刑事案件适用法律若干问题的解释》仅就生产、销售假药、劣药的司法认定作出解释，没有涉及药品监管渎职。药品监管渎职犯罪与食品监管渎职犯罪行为不仅法定刑上存在差距，而且由于缺少专门的药品监管渎职

① 参见逄晓枫、刘晓莉《药品监管渎职行为入罪化研究》，《河北法学》2014年第4期。

罪，涉及药品安全的司法解释也未就药品监管渎职犯罪的司法认定作出较为明确的解释，这与在食药领域建立失职渎职犯罪惩防一体化的工作机制相悖。

与食品安全一样，药品安全也事关民众福祉。因监管渎职导致假药、劣药甚至毒药混入市场流通领域，将对人民群众的身体健康造成巨大威胁，甚至造成难以估量的实际损害。有鉴于此，借鉴食品监管渎职罪的立法例，将药品领域监管人员的渎职犯罪行为从一般滥用职权罪和玩忽职守罪中分离出来，单独设置罪名和法定刑，这既可以彰显国家应对药品安全风险、保护民生的决心，也有利于建立一个负责、高效的药品安全监管机制，督促有关监管机构和人员在假药、劣药流入市场之前就及时发现并解决问题，同时，还有利于明确药品监管渎职罪的认定条件和处罚标准。

二 《草案》关于食品药品监管渎职罪的修订

2020 年 6 月 28 日，十三届全国人大常委会第二十次会议对《刑法修正案（十一）（草案）》进行了初次审议，并于 7 月 3 日在中国人大网公布《草案（一审稿）》向社会征求意见，一时间赞同者与批评者各持己见，引发了包括食品药品监管人员在内的广大社会公众的广泛讨论。10 月 13 日，十三届全国人大常委会第二十二次会议对《草案》进行了第二次审议，并于 10 月 21 日在中国人大网公布《草案（二审稿）》，再次向社会征求意见。《草案（二审稿）》虽然作出了一些调整以回应社会公众的意见，但并未完全消解食品药品监管渎职罪的内在逻辑困境，还需进一步完善。

（一）《草案（一审稿）》引发的对食品药品监管渎职罪的讨论

根据《草案（一审稿）》第二十八条的规定，刑法第四百零八条之一第一款被修改为：

负有食品药品安全监督管理职责的国家机关工作人员，滥用职权或者玩忽职守，有下列情形之一的，处五年以下有期徒刑或者拘役；造成特别严重后果的，处五年以上十年以下有期徒刑：

（一）瞒报、谎报、漏报食品药品安全事件，情节严重的；

（二）对发现的严重食品药品安全违法行为未及时查处的；

（三）未及时发现监督管理区域内重大食品药品安全隐患的；

（四）对不符合条件的申请准予许可，情节严重的；

（五）依法应当移交司法机关追究刑事责任不移交的。

从《草案（一审稿）》关于食品药品监管渎职罪的立法可以看出：1.《刑法修正案（十一）》并非将药品监管渎职罪单设条文，而是拟在原食品监管渎职罪的罪刑条款上做出修改，统一规制食品药品监管渎职犯罪行为；2. 食品药品监管渎职罪的法益保护前移，刑事违法的评价重心从法益侵害转向规范违反，对于部分尚未造成严重实害结果的渎职行为，仍肯定其刑事可罚性；3. 食品药品监管渎职罪采用具体列举的立法模式，衔接《食品安全法》《药品管理法》等前置行政法的相关规定，细化食品药品监管渎职犯罪的五种情形，突出立法的明确性和可操作性。《草案（一审稿）》中关于食品药品监管渎职罪的修订意图突破结果要件的束缚，发挥刑法督促引导食品药品监管人员正确履职的功能，可以说是一次大胆的尝试。然而，这种尝试受到来自理论和实务部门的多方质疑，在立法模式、入罪门槛、具体行为方式以及区分滥用职权型和玩忽职守型等方面引发诸多讨论。

1. 关于立法模式

在我国刑法分则条文中，基于明确性的不同，分别存在“概括”“列举”“概括＋列举”的行为立法模式。原食品监管渎职罪采用“概括”的行为立法模式，“负有食品安全监督管理职责的国家机关工作人员，滥用职权或者玩忽职守”，与刑法第三百九十七条滥用职权罪和玩忽职守罪的规定一致。《草案（一审稿）》则采取“列举”的行为立法模式，细化为五种行为。全国人大常委会法制工作委员会的立法说明中指出，修改食品监管渎职犯罪，增加药品监管渎职犯罪，进一步细化食品药品渎职犯罪情形，增强操作性和适用性。[①] 对此，赞同者认为,《草案（一审稿）》进一步强化食品药品安全保障，较好地实现了《刑法》与《食品安全法》《药品管理法》等法律的衔接，及时地回应了社会重大关切，体现了“以人民为中心”的立法理念；[②] 而持否定意见的学者则认为，“列举”行为立法模式要件规定过于明确，有悖于法律稳定性的要求，并不可取，而且没有兜底条款，不利于对食品药品监管渎职犯罪行为的惩治。[③]

2. 关于入罪门槛

原食品监管渎职罪要求渎职行为导致发生重大食品安全事故或者造成其他严重后果，入罪“门槛高”，并且因果关系证明存在现实困难，使得其在实践中几乎处于“休眠”状态。针对原食品监管渎职罪入罪“门槛高”和因果关系证明难的问题,《草案（一审稿）》取消了食品药品监管渎职罪的结果要件，仅在第一 、第四项中规定“情节严重”，其它三项都没有情节或后果的要求。对此，有学者批评指出,《草案（一审稿）》在无情节严重或导致重大损失的要件要求的情况下，将该行为直接入刑，虽然有利于加大对食药监领域渎职犯罪的打击，却既有悖渎职类犯罪的立法逻辑，也有违罪责罚相当原则，不具有合理性和正当性。[④] 还有学者从行刑衔接的角度分析指出,《草案（一审稿）》的规定在行政不法要件与刑法构罪要件上高度近似重叠，删除危害后果的构成要素，势必使得食品药品监管行政责任与刑事责任的界限更加模糊，进而导致司法适用困境。[⑤]

---

① 全国人大常委会法制工作委员会：《关于〈中华人民共和国刑法修正案（十一）（草案）〉的说明》。

② 参见高铭暄、孙道苹《〈刑法修正案（十一）（草案）〉的解读》，《法治研究》2020 年第 5 期。

③ 参见张兆松《职务犯罪立法的再检讨与完善：〈刑法修正案（十一）（草案）〉对职务犯罪的修改评析》，《法治研究》2020 年第 5 期。

④ 参见张兆松《职务犯罪立法的再检讨与完善：〈刑法修正案（十一）（草案）〉对职务犯罪的修改评析》，《法治研究》2020 年第 5 期。

⑤ 参见于杨曜、林路索、马英娟《关于〈刑法修正案（十一）（草案）〉第二十八条的思考》，《中国食品药品监管》2020 年第 8 期。

3. 关于具体行为方式

《草案（一审稿）》采用完全列举的方式，规定了行为人滥用职权或者玩忽职守的五种行为模式，有利于及时查处食品监管渎职犯罪，保障食品安全。[①]但对于这五种行为模式的规定，同样引发了学界和实务部门的广泛争议。

这五种具体行为与《食品安全法》《药品管理法》的规定既有重叠部分，又有不一致之处。[②]对于不一致之处，刑法可否依其独立于前置法的评判价值，从而肯定其刑事处罚的正当性。如行为方式第一项中的“漏报”行为，《食品安全法》并未规定追究“漏报”食品安全事故者的行政违法责任，而根据刑法规定要追究“漏报”者的刑事责任，这是否有违行刑衔接的基本要求?

对于第二项中的“未及时查处”、第四项中“对不符合标准申请准予许可的”的规定也存在争议。第二项中的“未及时查处”，虽然存在因监管人员渎职未及时消除食品药品安全风险而造成损害结果扩大的可能性，但“未及时查处”的判断标准难以明确，在适用时可能面临认定难题，从而使本规定成为象征性立法。第四项“对不符合标准申请准予许可的”的规定，内容简单概括，但需要结合食品药品监管改革实际，做进一步的限制，如药品入市需要遵循严格的审评审批制度，而食品生

① 参见曾粤兴《对〈刑法修正案（十一）（草案）〉的审思与建议》，《法治研究》2020 年第 5 期。

② 如《食品安全法》第一百四十二条：违反本法规定，县级以上地方人民政府有下列行为之一的，对直接负责的主管人员和其他直接责任人员给予记大过处分……（一）对发生在本行政区域内的食品安全事故，未及时组织协调有关部门开展有效处置，造成不良影响或者损失；（二）对本行政区域内涉及多环节的区域性食品安全问题，未及时组织整治，造成不良影响或者损失；（三）隐瞒、谎报、缓报食品安全事故；（四）本行政区域内发生特别重大食品安全事故，或者连续发生重大食品安全事故。《药品管理法》第一百四十九条：违反本法规定，药品监督管理等部门有下列行为之一的，对直接负责的主管人员和其他直接责任人员给予记过或者记大过处分……（一）瞒报、谎报、缓报、漏报药品安全事件；（二）对发现的药品安全违法行为未及时查处；（三）未及时发现药品安全系统性风险，或者未及时消除监督管理区域内药品安全隐患，造成严重影响；（四）其他不履行药品监督管理职责，造成严重不良影响或者重大损失。

产中只有特殊食品的生产才需要进行产品或者配方的注册或者备案。①

《草案（一审稿）》第三项“未及时发现监督管理区域内重大食品药品安全隐患”行为，亦争议颇多。有学者从行刑衔接视角指出，食品药品的生产经营中存在着各类风险，甚至存在许多现有技术难以查明的安全隐患，要求及时发现辖区重大食品药品安全隐患，不具有现实性。也有学者指出，该行为方式并非主观故意，且“安全隐患”也不等同于已产生危害后果，《草案（一审稿）》将该行为入刑，违背渎职类犯罪的立法逻辑和罪责刑相当原则。②还有学者认为，食品药品是风险产品，风险和隐患贯穿于食品药品生命周期的全过程，“安全隐患”不能等同危害结果和系统性风险③。

此外，对于第五项“依法应当移交司法机关追究刑事责任不移交”的规定，同样有存废的争议。“两高”《关于办理危害食品安全刑事案件适用法律若干问题的解释》第十六条第一款对食品监管渎职罪和徇私舞弊罪不移交刑事案件罪的竞合适用作出规定，依照处罚较重的规定定罪处罚。④有学者认为，行政执法人员依法应当移交司法机关追究刑事责任不移交，情节严重，需要追究渎职罪的已有罪名规定，对某一特定行政执法人员的同类行为没必要再单独作出规定。⑤还有学者认

---

① 《食品安全法》就特殊食品作了专门规定，国家对保健食品、特殊医学用途配方食品和婴幼儿配方食品等特殊食品实行严格监督管理。普通食品的生产取得一般生产许可证即可，而特殊食品的生产除取得一般生产许可证之外，还需要就相关产品或者配方向特殊食品监管部门注册或者备案。

② 参见张兆松《职务犯罪立法的再检讨与完善：〈刑法修正案（十一）（草案）〉对职务犯罪的修改评析》，《法治研究》2020 年第 5 期。

③ 参见于杨曜、林路索、马英娟《关于〈刑法修正案（十一）（草案）〉第二十八条的思考》，《中国食品药品监管》2020 年第 8 期。

④ 参见 2013 年 5 月 2 日最高人民法院、最高人民检察院《关于办理危害食品安全刑事案件适用法律若干问题的解释》第十六条第一款规定：负有食品安全监督管理职责的国家机关工作人员，滥用职权或者玩忽职守，导致发生重大食品安全事故或者造成其他严重后果，同时构成食品监管渎职罪和徇私舞弊不移交刑事案件罪……的，依照处罚较重的规定定罪处罚。

⑤ 参见张兆松《职务犯罪立法的再检讨与完善：〈刑法修正案（十一）（草案）〉对职务犯罪的修改评析》，《法治研究》2020 年第 5 期。

为，行为入罪后的法条与《刑法》其他法条存在竞合关系，从立法经济性考虑，应避免刑法条文重复甚至冲突。[①]

4. 关于区分食品药品监管滥用职权罪和食品药品监管玩忽职守罪

早在《刑法修正案（八）》设立食品监管渎职罪之时，理论界和实务界就曾围绕食品监管渎职罪的罪过心态以及是否区分食品监管滥用职权罪和食品监管玩忽职守罪产生了巨大争议。例如，时任最高人民法院副院长的张军就指出，鉴于滥用职权与玩忽职守难以区分，容易引发争论，为避免给司法适用和理论研究人为制造诸多难题，为避免引发不必要的上诉、抗诉或者申诉，“两高”将现行《刑法》第四百零八条之一的罪名确定为食品监管渎职罪，而不是确定为食品监管滥用职权罪、食品监管玩忽职守罪两个罪名。[②] 也有论者指出，两种行为都是违背职责、严重不负责任的渎职行为，但考虑到两种情形下行为人主观恶性的区别，不同情形下行为人所受到的谴责程度应有所不同，这一区别应体现在量刑上，而不能体现为罪质的区别。[③]

主张区分的学者指出，滥用职权型的食品监管渎职罪是故意犯罪，而玩忽职守型的食品监管渎职罪则是过失犯罪，司法解释将这两种类型的行为规定为一个罪名实属不当。[④] 另有学者认为，在立法修订时，如果能有意识地区分为食品药品监管滥用职权罪与食品药品监管玩忽职守罪，并为两者设置以不同的刑罚，并只规定徇私舞弊而犯食品药品监管滥用职权罪规定的从重处罚，更加符合刑法学理，也更加符合

① 此为复旦大学法学院讲师袁国何博士的观点。撰写此文时我们多次与他进行交流，感谢他给我们的启发。

② 参见张军《认真学习刑法修正案（八）促进经济社会科学发展》，《人民法院报》2011 年 5 月 4 日，第 5 版。

③ 参见李兰英、龙敏《也论食品安全监管渎职罪的责任认定》，《法学评论》2013 年第 3 期。

④ 参见张明楷《刑法学》，法律出版社 2016 年版，第 1266 页；周光权：《刑法各论》，中国人民大学出版社 2016 年版，第 512 页；参见安文录、虞浔《食品监管渎职罪疑难问题司法认定研究：以〈刑法修正案（八）〉第 49 条为主线》，《政治与法律》2011 年第 9 期。

司法实践的要求。[①]我们认为，折中调和的观点并不符合刑法立法的基本原则，基于立法科学性要求，应当体现出食品药品监管滥用职权罪和食品药品监管玩忽职守罪的区分。

（二）《草案（二审稿）》对食品药品监管渎职罪有关争议的回应

在广泛征求意见的基础上，《草案（二审稿）》将刑法第四百零八条之一第一款修改为：

> 负有食品药品安全监督管理职责的国家机关工作人员，滥用职权或者玩忽职守，有下列情形之一的，造成严重后果或者有其他严重情节的，处五年以下有期徒刑或者拘役；造成特别严重后果或者有其他特别严重情节的，处五年以上十年以下有期徒刑：
>
> （一）瞒报、谎报食品安全事故、药品安全事件；
>
> （二）对发现的严重食品药品安全违法行为未按规定查处的；
>
> （三）在药品和婴幼儿配方食品等特殊食品审批审评过程中，对不符合条件的申请准予许可的；
>
> （四）依法应当移交司法机关追究刑事责任不移交的；
>
> （五）有其他滥用职权或者玩忽职守行为的。

二审稿的修改主要体现在以下几个方面：首先，确立了“概括+列举”的行为模式，并在第五项中明确食品药品监管滥用职权或者玩忽职守的兜底性条款规定，平衡立法明确性与稳定性的内在要求。其次，提升本罪的入罪门槛，滥用职权或者玩忽职守行为需具备造成“严重后果”或者有“其他严重情节”才成立犯罪，以区分行政责任与刑事责任。最后，在具体行为方式设定上：取消第一项中的“漏报”行为；将第二项“未及时查处”修改为“未按规定查处”；取消第三项

---

① 袁国何博士的观点，他主张区分食品药品监管滥用职权罪和食品药品监管玩忽职守罪。

“未及时发现监督管理区域内重大食品药品安全隐患的”的行为设定。

总体而言，《草案（二审稿）》回应了一审稿一些争议较大的地方，更显科学和合理。但同时还应注意到，第四项“依法应当移交司法机关追究刑事责任不移交”的规定，仍然存在争论。对该行为是否明确为本罪的行为方式，可能还需要对行为本身有没有危害食品药品安全的抽象危险进行区别判断。若其中的某些行为仅违反行政法中相关规定，并不具有危害食品药品安全的抽象危险，那么规定在食品药品监管渎职罪中并不妥当，应在条文上将这部分予以取消。另外，一审稿取消原食品监管渎职罪实害结果要件，肯定危险犯的成立，将食品药品安全法益保护提前，是贯彻预防性立法的一次重要尝试，二审稿将“严重后果”和“其他严重情节”同时作为食品药品监管渎职罪的入罪标准，通过“其他严重情节”限制危险犯的成立范围。若最后照此通过，如何解释“其他严重情节”，如何理清“严重后果”与“其他严重情节”的关系，这将是食品药品监管渎职罪面临司法适用的一个难题。还有，二审稿未在立法上区分食品药品监管滥用职权罪和食品药品监管玩忽职守罪，那么有无必要在立法上进一步明确，亦或留待司法适用中再作进一步区分，还需深思。

三 食品药品监管渎职罪的扩张与限制

《草案（一审稿）》和《草案（二审稿）》对于食品药品监管渎职罪的修订及其引发的争议，不仅反映出食品药品监管人员渎职行为行政责任与刑事责任的衔接难题，也暴露出行政违法行为犯罪化边界的理论困境。我们认为，基于食品药品安全风险控制的需求，对食品药品监管渎职罪在立法上进行适度扩张是必要的，而扩张途径则体现为法益保护的前置。当然，食品药品监管渎职罪的扩张并非毫无限制，一方面，食品药品监管渎职行为刑事可罚的本质在于对食品药品安全的危害，而不是单纯的行为规范违反，食品药品监管渎职罪中的滥用职权和玩忽职守行为，应在至少具备危害食品药品安全抽象危险的基础上再予以明确化、类型化设置；另一方面，为区分和衔接行政责任和刑事责任，食品药品监管渎职罪的罪量要素同样需要在行刑衔接基础上进行规范化表达。

（一）食品药品监管渎职罪的适度扩张

1. 适度扩张的必要性

风险越大，对控制的需要就越强烈，风险和责任、风险和信任以及风险和安全都是有内在关联的。[①]近年来，"地沟油""毒奶粉""毒疫苗"等食品药品安全问题频发，不断刺痛公众敏感的神经。通常认为，食品药品安全监管人员正确履职可以有效控制风险，以保障"舌尖上的安全"。不能否认的是，在监管过程中存在各种利益主体的冲突，风险弱势群体不但要承受着风险所带来的安全隐患，还要承受被风险制造者所推卸掉的责任。[②]正是这些风险直接或间接制造者的"有组织的不负责任"，使得食品药品安全风险扩大甚至现实化为严重的不可预测、不可估量的实害结果。

如前所述，原食品监管渎职罪不仅罪状描述抽象概括，而且入罪门槛高，存在司法认定上的困难，导致司法适用率低。有学者不无道理地指出，我国食品药品犯罪的重刑主义刑事政策，未能发挥应有的遏制效果，扩大食品药品犯罪的外延涵盖，比单纯立法趋重更具现实意义。[③]我们认为，法益保护的适度前置化符合风险控制的要求，是刑法遏制和预防食品药品安全犯罪的妥当选择。无论是《草案（一审稿）》还是《草案（二审稿）》，对食品药品监管渎职罪的立法均不同程度地体现出这一特点。当然，对刑法前置化也不乏反对声音，如有学者就指出，刑法前置化，行政民事违法行为不断进入刑法制裁的视野会导致行政民事

① 参见［德］乌尔里希·贝克《世界风险社会》，吴英姿、孙淑敏译，南京大学出版社 2004 年版，第 7 页。

② 参见程岩《风险规制的刑法理性重构——以风险社会理论为基础》，《中外法学》2011 年第 1 期。

③ 参见马松建、潘照东《我国食药犯罪刑法应对策略探讨》，《河南警察学院学报》2018 年第 4 期。

违法行为与刑事违法行为之间的界限消失，进而削弱刑法的自洽性。[①]食品药品监管渎职罪是法定犯，扩张食品药品监管渎职罪，确实不能对行政违法与刑事违法界限不清的问题视而不见，但同时还应注意到，刑事责任有独立于行政责任的独特价值目标，在食品药品监管渎职罪的刑法规范上可以通过罪质和罪量两个方面进行区分。

2. 适度扩张的途径

通过实害结果和造成实害结果的可能性两个方面来综合体现对食品药品安全风险的控制日益成为刑事立法的一种有力主张。通过在渎职罪中设置危险犯来控制风险，避免实害结果的发生，这种立法模式得到不少学者的支持。[②]法律对危险犯所预设的法益危险性，通常至为严重，这种危险一旦发生，将对国家、社会或个人等法益带来严重危害。因而，在法益侵害现实发生之前，通过刑法规定的危险犯，使行为人受到刑事追究，是防止法益侵害的有效方法。[③]但危险犯如何具体设定，则是扩张食品药品监管渎职罪面临的一个立法技术难题。

由于具体危险犯中的危险需要司法人员的认定，对于渎职造成的具体危险，不仅无法回避而且可能无法查明行为与危险的因果性。抽象危险是立法设定的危险，利用抽象危险犯来控制食品药品安全风险，实际上是对法益的一种更加提前的保护。抽象危险犯不以法益侵害的危险发生为构成要件要素，司法者也无需认定具体的结果性危险是否存在，因而在控制社会风险上具有独特的功能，在涉及交通、医药等公共领域的公害犯罪中能发挥一般预防作用。[④]此外，创设抽象危险犯

---

① 参见孙万怀《违法相对性理论的崩溃——对刑法前置化立法倾向的一种批评》，《政治与法律》2016 年第 3 期。

② 如有学者主张对可能危及不特定多数人的生命、健康安全，造成重大财产损失以及其他严重公害后果的渎职罪，都应当设立危险犯的规定，以有效预防和打击日益严重的渎职犯罪。参见缪树权《渎职罪应增设危险犯的规定》，《人民检察》2006 年第 5 期（上）。

③ 参见蔡墩铭《刑法基本问题研究》，台湾汉苑出版社 1976 年版，第 136 页。

④ 参见逄晓枫、刘晓莉《药品监管渎职行为入罪化研究》，《河北法学》2014 年第 4 期；谢杰、王延祥：《抽象危险犯的反思性审视与优化展望——基于夲社会的刑法保护》，《政治与法律》2011 年第 2 期。

还可以强化执法者的规范意识，以体现刑法积极预防犯罪的职责，[①]并避免因果关系证明上的困境。[②]基于此，一些学者转而求证抽象危险犯设置的合理性，即对于食品药品监管渎职行为刑事可罚性的本质在于具备抽象危险。

关于要否在食品药品监管渎职罪中确立过失危险犯，同样引发关注。在传统刑法理论中，过失犯罪的成立都以发生一定的实害结果作为构成犯罪的必要条件，这也是掣肘过失危险犯立法最现实的障碍。针对这一问题，许多学者认为过失犯罪中的“结果”不仅包括实害结果，而且包括危险结果。[③]对照我国现行刑法总则对过失犯的定义，并不能排除过失危险犯的成立。[④]过失危险犯丰富和发展了传统过失犯罪理论，而不是对过失犯罪理论的否定。[⑤]有学者认为应当在涉及公害犯罪的情况下肯定过失危险犯。[⑥]

《草案（一审稿）》取消实害结果的要件，仅在列举的部分行为中规定须达到情节严重，或许我们可以将其看作是食品药品监管渎职罪抽象危险犯的一次立法尝试。诚然，此次立法尝试引发了诸多争议，并被《草案（二审稿）》大幅度修改，但《草案（一审稿）》所蕴含的食品药品安全风险控制理念对今后食品药品监管渎职罪的解释和适用势必会产生影响。《草案（二审稿）》虽然增加“严重后果”的要件，但同样肯定了“其他严重情节”的地位。对“其他严重情节”如何进行解释则在一定程度上决定了本罪危险犯的成立空间。我们认为，在食品药品安全领域，刑法提前介入到安全风险控制之中，适度扩张食品

---

① 参见［德］拉德布鲁赫《法学导论》，米健、朱林译，中国大百科全书出版社1997年版，第169页。

② 参见陈京春《论食品安全监管渎职类犯罪的因果关系——以“瘦肉精”案件为考察对象》，《政治与法律》2014年第9期。

③ 参见王雯汀《风险社会下危险犯的理论境域》，中国法制出版社2019年版，第196页。

④ 参见刘仁文《过失危险犯研究》，《法学研究》1998年第3期。

⑤ 舒洪水：《危险犯研究》，法律出版社2009年版，第242页。

⑥ 参见贾济东《渎职罪构成研究》，知识产权出版社2005年版，第228页。

药品监管渎职罪，具有一定的合理性和必要性，但对于抽象危险犯和过失危险犯的成立范围如何拿捏，需要慎重斟酌。

（二）对食品药品监管渎职罪立法扩张的限制

在食品药品监管渎职罪的立法中，如何平衡食品药品安全风险控制与刑事可罚的边界，是完善食品药品刑事保障所必须面对和解决的一个问题。犯罪化不能是无限制的，必须控制在合理的限度内，刑事处罚权的扩张必须始终受到刑法正当性边界的限定，而这种正当性限定的标准应当是法益的合理保护。①

1. 罪质上抽象危险的规范要求

食品药品监管渎职罪扩张的边界是，食品药品监管人员的渎职行为须至少具备抽象的危险，对于不具备危害食品药品安全抽象危险的渎职行为，不能纳入本罪的规制范围。抽象危险犯中的风险，是立法推定的风险，立法设定行为的抽象危险首先面临正当性的拷问。对食品药品监管渎职罪设立抽象危险犯是以抽象危险——发生食品安全事故、药品安全事件（致人伤亡和造成重大损失）的可能性为处罚根据的。②如《草案（二审稿）》“对发现的严重食品药品安全违法行为未按规定查处的”“在药品和婴幼儿配方食品等特殊食品审批审评过程中，对不符合条件的申请准予许可的”，因存在这种抽象危险而具备处罚根据。

《草案（一审稿）》中的“漏报”行为因不具备这种抽象的危险，而被《草案（二审稿）》取消。相较于“瞒报”“谎报”食品安全事故或者药品安全事件行为，“漏报”往往不具有提升食品药品安全风险，

① 参见韩铁《关于〈刑法修正案十一（草案）〉法益保护完善的三点思考》，https://weibo.com/ttarticle/p/show?id=2309404563531579392114。

② 食品药品瑕疵所导致的损害往往不再是“个体”的，而是区域的、全国的、甚至是全球的，一个事件就会引发更广泛的伤害。食品药品的监管不能仅从保护个体健康生命“产品”角度来定位，更应当从更具集体视角的社会治理、公共安全角度来防范系统性风险。参见马怀德、赵鹏《食品药品问题“民生化”和“公共安全化”：意涵、动因与挑战》，《中国行政管理》2015 年第 9 期。基于食品药品公共安全的定位，食品药品监管渎职罪中的抽象危险同样也应当聚焦于对不特定多数人的生命健康造成损害的可能性。

发生食品安全事故、药品安全事件或者扩大伤亡损失的可能性。因此，对于“漏报”行为，虽然破坏了食品药品监督管理秩序，但并不具有刑事处罚的正当性。假如将行政法中不属于渎职的行为直接纳入刑法规制，将会加重从业人员的心理负担，而且有违信赖原则；[①] 更为重要的是，这类行为没有法益侵害的抽象危险，不具有实质刑事违法性。

食品药品监管人员单纯“依法应当移交司法机关追究刑事责任不移交”的行为，是否会危及食品药品安全，进而发生食品安全事故、药品安全事件等严重后果，取决于食品药品违法行为的查处机制以及行政处罚和刑事处罚的衔接机制。行政处罚法规定刑事处罚优先，即对于违法犯罪行为，行政执法机关认为涉嫌刑事犯罪的，应当及时移交司法机关依法追究刑事责任。问题的关键在于，案件移送时，行政执法机关还能否同时继续调查并作出行政处罚。由于相关法律法规未有明确规定，实践中做法不统一。一种做法是案件移送司法机关，但仍可以进行行政处罚；还有一种做法是案件移送司法机关未有最后结论之前，行政机关暂不予处罚。[②] 从国家食药监管总局、公安部、最高人民法院、最高人民检察院及国务院食安办联合发布的《食品药品行政执法与刑事司法衔接工作办法》的规定来看，追究违法犯罪者刑事责任的同时并不排斥行政责任的承担，即对于尚未作出生效裁判的案件，食品药品监管部门依法应当作出责令停产停业、吊销许可证等行政处罚，需要配合的，公安机关、人民检察院、人民法院应当给予配合。在防控食品药品安全风险中行政处罚如责令停产停业、暂扣或者吊销许可证、暂扣或者吊销执照等行为罚、能力罚有时发挥着重要的作用。既然行政处罚和刑事处罚可以同时存在，那么减少事件对公众健康和生命安全造成危害的究竟是监管人员移交司法机关追究刑事责任行为的作用大还是按规定实施的查处行为作用大，亦或二者相辅相成？监管人员“依法应当移交司法机关追究刑事责任而不移交”妨害的是司法秩序，并不当然危害食品药品安全。

---

① 参见王雯汀《风险社会下危险犯的理论境域》，中国法制出版社 2019 年版，第 207 页。

② 参见张红：行政处罚与刑罚处罚的双向衔接，《中国法律评论》2020 年第 5 期。

实践中看似应受惩罚的是监管人员“依法应当移交司法机关追究刑事责任而不移交”，实际上仍然是监管人员不认真履行职责，造成有多次违法行为记录的企业未被吊销许可证照或者未被责令停产停业，致使其继续违法生产。[①] 对于该行为，仍然属于草案二审稿第二项“对发现的严重食品药品违法行为未按规定查处”的范畴。此外，《食品安全法》第一百一十条、《药品管理法》第一百条还规定食品药品监管人员可以采取查封、扣押等行政强制措施来避免食品药品安全风险的扩大。因此，监管人员虽未按照规定移交刑事案件，但通过行政手段也能在控制食品药品安全风险或者防止实害结果扩大方面起到相当的效果。再者，对于食品药品监管人员“依法应当移交司法机关追究刑事责任不移交的”行为，如果存在徇私舞弊现象，还可以通过刑法中已有的徇私舞弊不移交刑事案件罪和放纵制售伪劣商品犯罪行为罪来予以规制。总之，将“依法应当移交司法机关追究刑事责任不移交的”这一行为直接规定为食品药品监管渎职罪的行为方式，可能简单化了其中的行刑关系，建议删除这一规定。

2. 罪量上行刑衔接的规范表达

法秩序的统一性作为体系思考基础的重要观念，要求法律不包含矛盾状态。[②]《草案（一审稿）》取消食品药品监管渎职罪的结果要件，降低“入罪门槛”，在部分具体行为中做出“情节严重”“严重食品药品安全违法行为”“重大食品药品安全隐患”等表述，出现与《药品管理法》《食品安全法》高度重叠的情形，如《药品管理法》第

① 实践中确实存在因监管人员滥用职权或者玩忽职守导致行政执法机关未将涉嫌食品药品安全犯罪案件移送公安机关立案侦查而被追究滥用职权罪或者玩忽职守罪的刑事责任的情形。如新昌“毒胶囊”事件中，县药监局 6 名官员因玩忽职守罪被追究刑事责任。参见赵小燕：《原新昌县药监局 6 名官员因玩忽职守罪获刑》，http://news.youth.cn/sh/201305/t20130502_3176867.htm，中国青年网，2020 年 9 月 10 日访问。但我们查阅相关判决书发现，表面上看惩罚的是监管人员应当移送而未移送的行为，实际上仍然是这 6 名监管人员“不认真履行职责，致使有多次违法行为记录的企业未被吊销许可证照，多年来不断违法生产”的行为。

② 参见［日］京藤哲久《法秩序的统一性与违法判断的相对性》，王释锋译，甄贞校，《苏州大学学报（法学版）》2020 年第 1 期。

一百四十九条中规定行为人监管有渎职行为，情节严重的，给予降级、撤职或者开除处分，混淆了行政不法与刑事不法。

《草案（二审稿）》明确造成“严重后果”和“其他严重情节”的地位，从立法上区别了食品药品监管人员行政违法责任与刑事违法责任的界限，然而将“严重后果”“其他严重情节”共同作为罪量的规范表达并非毫无问题。

一方面，如何理解“其他严重情节”与本罪的罪过心态。前述已论及食品药品监管渎职罪同样面临罪过形式的争论。若根据传统观点，过失犯罪对应实害结果，如果将玩忽职守作为过失犯罪来看，那么玩忽职守型食品药品监管渎职犯罪只能对应“严重后果”，而滥用职权型食品药品监管渎职罪则既可以对应“严重后果”，也可对应“其他严重情节”；如果肯定本罪过失危险犯的设置，那么无论是滥用职权行为还是玩忽职守行为均可对应“严重后果”和“其他严重情节”。

另一方面，如何理解“严重后果”和“其他严重情节”的关系。如果肯定本罪危险犯的设置，则“其他严重情节”可以作为表征抽象危险犯中渎职行为本身不法内涵的次数、数量等规范表达，也可以表征具体危险犯中造成严重后果等的现实危险，以此区别于行政违法行为，[①]而可以将相应后果作为本罪一个客观的超过要素。[②]如果否定本罪危险犯的设置，仍以结果要件的有无作为本罪成立的基本条件，那么“其他严重情节”则可以看作渎职行为造成一定实害结果但尚不属于“严重后果”时以有造成“严重后果”的可能性而作出的补充性评价。我们认为，基于食品药品安全风险控制的现实需要，肯定本罪关于危险犯的设定，将“其他严重情节”解释为与“严重后果”危害相当的渎职次数、数量，以及造成“严重后果”的具体危险等，具有一定的合理性。

综上，可以看出《草案（二审稿）》对于食品药品监管渎职罪的立法仍是以法益侵害而不是单纯违反规范的行为作为基本入罪标准进行

---

① 参见陈京春《论食品安全监管渎职类犯罪的因果关系——以“瘦肉精”案件为考察对象》，《政治与法律》2014年第9期。

② 参见张明楷《“客观的超过要素”概念之提倡》，《法学研究》1999年第3期。

设计的，以示与行政违法责任的区别。将“严重后果”“其他犯罪情节”共同作为本罪罪量要素的规范表达，存在对于“其他严重情节”如何理解的问题，这其中可能需要进一步体现出食品药品风险控制的理念。

四 结语

通过对本罪罪质和罪量要素的规范分析，可以较为明显地看出《草案（一审稿）》和《草案（二审稿）》所体现出的食品药品监管渎职罪修订立法理念的变化。基于前述有关食品药品安全风险控制中刑事可罚边界的讨论，我们认为，食品药品监管渎职罪应当取消《草案（二审稿）》中第四项“依法应当移交司法机关追究刑事责任不移交的”的规定。

食品药品监管渎职罪中故意和过失笼统规定在一个法条之中，且不区分法定刑，不符合刑法立法基本原则，而且会造成故意犯罪和过失犯罪在累犯、共同犯罪上的适用困境。因此，我们赞同在立法中区分两种犯罪类型并设置不同的法定刑。[①]在明确食品药品安全监管渎职犯罪行为基础上对滥用职权型和玩忽职守型做进一步区分，并配置不同的法定刑，[②]如“瞒报、谎报食品安全事故、药品安全事件”仅限于监管人员的滥用职权实施，而另外两种行为类型则既可以是滥用职权实施也可以是玩忽职守实施。

基于上述考虑，我们特针对二审稿，提出如下修改意见，将刑法第四百零八条之一的条文草拟为：

---

① 此为我们与袁国何博士交流和讨论时所形成的观点。如果不能在立法上体现出罪名区分（主要困难可能在于刑法第三百九十七条关于一般渎职罪的规定也是将滥用职权罪和玩忽职守罪规定在一起的，当然这本身也是可以讨论在立法上加以区分的），亦可以考虑通过司法解释来区分为食品药品监管滥用职权罪和食品药品监管玩忽职守罪，这样也能解决累犯和共同犯罪的适用问题。

② 在罪行相同的情况下，故意犯罪的责任往往要重于过失犯罪。食品药品监管人员玩忽职守型犯罪的法定刑应区别于滥用职权型犯罪。可以参考过失以危险方法危害公共安全罪、重大责任事故罪等过失犯罪的有关规定，为食品药品监管玩忽职守罪设置“3年以下有期徒刑或者拘役”和“3年以上7年以下有期徒刑”两档法定刑。

负有食品药品安全监督管理职责的国家机关工作人员，滥用职权，有下列情形之一，造成严重后果或者有其他严重情节的，处五年以下有期徒刑或者拘役；造成特别严重后果或者有其他特别严重情节的，处五年以上十年以下有期徒刑：

（一）瞒报、谎报食品安全事故、药品安全事件的；

（二）对发现的严重食品药品安全违法行为未按规定查处的；

（三）在药品和保健食品、特殊医学用途配方食品以及婴幼儿配方食品等特殊食品[①]审批审评过程中，对不符合条件的申请准予许可的；

（四）有其他滥用职权行为的。

徇私舞弊犯前款罪的，从重处罚。

负有食品药品安全监督管理职责的国家机关工作人员，玩忽职守，有下列情形之一，造成严重后果或者有其他严重情节的，处三年以下有期徒刑或者拘役；造成特别严重后果或者有其他特别严重情节的，处三年以上七年以下有期徒刑：

（一）对发现的严重食品药品安全违法行为未按规定查处的；

（二）在药品和保健食品、特殊医学用途配方食品以及婴幼儿配方食品等特殊食品审批审评过程中，对不符合条件的申请准予许可的；

（三）有其他玩忽职守行为的。

（作者刘仁文为中国社会科学院法学研究所研究员，王林林为上海大学法学院讲师、法学博士）

---

① 二审稿此处使用的是“在药品和婴幼儿配方食品等特殊食品审批审评过程中”，这不禁让人产生困惑：它与《食品安全法》规定的特殊食品范围是否一致？我们的理解是一致的，否则刑法就要对“特殊食品”做出专门规定。但为何此处又只列举婴幼儿配方食品一种呢？也许是基于社会对婴幼儿配方食品更为敏感，但我们认为，要么就按照《食品安全法》的列举方式，要么就干脆都不要列举，直接说“在药品和特殊食品审批审评过程中”，以免产生不必要的歧义。